本书为教育部2020年人文社科规划基金项目"基于百年前西南文人白话作品和传教士文献的清末民初西南官话语法研究"（立项编号：20YJA740055）研究成果

清末民初西南官话文献语法研究

张超 著

中国社会科学出版社

图书在版编目（CIP）数据

清末民初西南官话文献语法研究 / 张超著. -- 北京：中国社会科学出版社，2025.4. -- ISBN 978-7-5227-4687-6

Ⅰ.H172.3

中国国家版本馆 CIP 数据核字第 20252FT774 号

出 版 人	赵剑英
责任编辑	王　越
责任校对	杨曼曼
责任印制	戴　宽
出　　版	中国社会科学出版社
社　　址	北京鼓楼西大街甲 158 号
邮　　编	100720
网　　址	http://www.csspw.cn
发 行 部	010-84083685
门 市 部	010-84029450
经　　销	新华书店及其他书店
印　　刷	北京明恒达印务有限公司
装　　订	廊坊市广阳区广增装订厂
版　　次	2025 年 4 月第 1 版
印　　次	2025 年 4 月第 1 次印刷
开　　本	710×1000　1/16
印　　张	23.75
字　　数	379 千字
定　　价	139.00 元

凡购买中国社会科学出版社图书，如有质量问题请与本社营销中心联系调换
电话：010-84083683
版权所有　侵权必究

方言历史文献语言研究大有可为

林华勇

张超博士的《清末民初西南官话文献语法研究》即将付梓，邀我写序，我不假思索就答应下来了。原因有二：第一，张超是我的博士生，他原由李炜老师指导，李老师故去后张超便跟我联系，希望我能接替李老师成为他的导师，我义不容辞；第二，张超熟悉计算机，可以娴熟处理语料库，是我主持的重大项目"清末民国汉语五大方言比较研究及数据库建设"的核心成员，眼前这一本书稿，是他教育部课题"基于百年前西南文人白话作品和传教士文献的清末民初西南官话语法研究"的研究成果，且跟我主持的项目内容密切相关，我理所应当欣然接受这一任务。

这本书有不少优点，这里主要想说两条。

第一，把19世纪60年代至20世纪30年代，跨越了近70年的西南官话文献放在一起，串起了一部由近代过渡到现代阶段（简称"近现代"）的西南官话的语法发展史，反映了近现代（或称"早期"）西南官话语法的面貌，这是一部（也许是第一部）难得的对早期西南官话语法进行描述的系统性著作。

这本书的考察对象，除了西儒编写的《西语译汉入门》（1869）、《华西官话汉法词典》（1893）、《西蜀方言》（1900）、《华英联珠分类集成》（1908）、《华英捷径》（1910）、《华西初级官话课程》（1917）六部文献之外，还包括本土文人的小说《跻春台》（1899），剧本《黄吉安剧本选》（1901—1924），以及20世纪30年代李劼人的"大河小说三部曲"（《死水微澜》《暴风雨前》《大波》）五部国人本土作品。这种把中西文献结合、不急于细分时期先行描述、概括的做法，乍一看似乎还需进一步推敲，但不妨先放一起大胆地先行先试，写了再说。这种先"干起来再说"的做法，符合无成功经验可借鉴的拓荒领域，也似乎更符合云贵川人士干脆爽朗的风格。由于张超在我的研究生中年纪最大，再加上身上有一股勇担道义、舍我其谁的作风，不知不觉获得了"超哥"的名号。实际上，将早期西南官话文献放在一起考察，从中了解有关现象在材料中的使用情况，这是一种直截了当的做法，也实属必要。读者可从中获得对早期西南官话语法的整体性认知。

第二，作者对西南官话有相当高的敏感度，善于捕捉西南官话语法的特点，详略有度，句式部分占近四分之一的篇幅，经与其他官话文献材料的比较，挖掘出不少西南官话的句式特点。例如被动句包括"着"字被动句、"被"字被动句、"拿跟"被动句等；把使役句分为致令类、容许类和任凭类，其中致使类就由"喊""叫/教""着""支"不同动词构成；将"致有句"根据意义，分为"得失"和"存缺"两大类及"致得""致失""致现""致缺"四小类等。第八章"句式"，尤能反映出作者发现事实的眼光及解决问题的能力。张超博士已经意识到，要联系汉语史、其他方言历史文献和现代西南官话，才能对早期西南官话有全面的认识。这一认识无疑是正确的。

当然，这本书还有一些小遗憾，比如有些地方的用例看不出源自哪一种早期西南官话文献，面貌描述多于演变分析，"四维语法"的分析有待进一步落实到具体问题的分析中去。但好在这本书已经启动了早期西南官话语法的系统描述，相信以上这些问题，一定会在张超今后的学术生涯中得以逐步解决。

总之，方言历史文献语言研究将继续走向深入，并大有可为。我把希望坚定不移地寄托在更为年轻的学人身上。他们朝气蓬勃，奋发有为，不怕艰苦，见识卓越。热切期待着"超哥"及青年同道本着"立大志做大事"的精神，继续向前，勇攀高峰！

是为序。

2025 年 3 月 24 日
于康乐园中文堂

目　录

第一章　前言 ……………………………………………………（1）
　第一节　文献材料 ………………………………………………（1）
　　一　清末民初传教士西南官话文献 …………………………（1）
　　二　清末民初西南文人白话作品 ……………………………（14）
　　三　文献例句标注说明 ………………………………………（18）
　第二节　研究目标、内容及理论方法 …………………………（19）
　　一　研究目标 …………………………………………………（19）
　　二　研究内容 …………………………………………………（19）
　　三　理论框架 …………………………………………………（20）
　　四　研究方法 …………………………………………………（21）
　第三节　语料的选用和信息化处理 ……………………………（22）
　　一　语料的选用 ………………………………………………（22）
　　二　语料的信息化处理 ………………………………………（22）

第二章　构词法 …………………………………………………（24）
　第一节　构词法概述 ……………………………………………（24）
　第二节　复合式构词 ……………………………………………（26）
　　一　联合型复合词 ……………………………………………（26）
　　二　偏正型复合词 ……………………………………………（29）
　　三　补充型复合词 ……………………………………………（29）
　　四　动宾型复合词 ……………………………………………（29）
　　五　主谓型复合词 ……………………………………………（30）

六　同素异序复合词 …………………………………………（30）
　第三节　重叠式构词 …………………………………………（31）
　　一　重叠式物人名词 …………………………………………（32）
　　二　重叠式称谓名词 …………………………………………（32）
　第四节　附加式构词 …………………………………………（33）
　　一　前缀型附加式合成词 ……………………………………（33）
　　二　后缀型附加式合成词 ……………………………………（34）
　　三　中缀型附加式合成词 ……………………………………（41）

第三章　部分语法范畴 …………………………………………（42）
　第一节　名词的小称 …………………………………………（42）
　　一　变音式小称 ………………………………………………（42）
　　二　重叠式小称 ………………………………………………（43）
　　三　附加式小称 ………………………………………………（43）
　　四　名词小称小结 ……………………………………………（45）
　第二节　名词的复数标记 ……………………………………（45）
　　一　复数标记"些" ……………………………………………（45）
　　二　复数标记"们" ……………………………………………（46）
　　三　复数标记"伙" ……………………………………………（47）
　　四　复数标记小结 ……………………………………………（48）
　第三节　动词的体貌 …………………………………………（48）
　　一　体貌概述 …………………………………………………（48）
　　二　将然体 ……………………………………………………（48）
　　三　起始体 ……………………………………………………（49）
　　四　持续体 ……………………………………………………（50）
　　五　已然体 ……………………………………………………（54）
　　六　经历体 ……………………………………………………（55）
　　七　反复体 ……………………………………………………（56）
　　八　尝试体 ……………………………………………………（58）
　第四节　形容词生动形式 ……………………………………（59）

一　"AA子"式形容词 …………………………………… (60)
　　二　"AABB"式形容词 …………………………………… (60)
　　三　"ABB"式形容词 ……………………………………… (60)
　　四　"程度义语素+A"式形容词 ………………………… (61)
　　五　"……眉……眼"式形容词 ………………………… (61)
　　六　"半A半B"式形容词 ………………………………… (62)
第五节　程度表达的句法手段 ……………………………………… (64)
　　一　前置状语表达程度 ……………………………………… (64)
　　二　后续补语表达程度 ……………………………………… (68)
第六节　模糊数量和主观数量 ……………………………………… (75)
　　一　模糊数量的表达 ………………………………………… (75)
　　二　主观数量的表达 ………………………………………… (80)

第四章　代词 …………………………………………………………… (84)
　第一节　人称代词 ………………………………………………… (84)
　　一　三身代词 ………………………………………………… (84)
　　二　反身代词 ………………………………………………… (92)
　　三　旁称代词 ………………………………………………… (96)
　　四　泛称代词 ………………………………………………… (100)
　　五　统称代词 ………………………………………………… (102)
　第二节　指示代词 ………………………………………………… (105)
　　一　近指代词 ………………………………………………… (105)
　　二　远指代词 ………………………………………………… (116)
　　三　逐指代词 ………………………………………………… (126)
　　四　旁指代词 ………………………………………………… (129)
　　五　泛指代词 ………………………………………………… (133)
　第三节　疑问代词 ………………………………………………… (141)
　　一　人事物疑问代词 ………………………………………… (141)
　　二　方所疑问代词 …………………………………………… (144)
　　三　数量疑问代词 …………………………………………… (146)

第五章　副词 (156)

第一节　副词概说 (156)
一　关于副词的界定 (156)
二　关于副词的分类 (156)

第二节　时间副词 (158)
一　短时义时间副词"一下" (159)
二　后序义时间副词"跟倒" (163)

第三节　范围副词 (166)
一　总括副词 (166)
二　限定副词 (172)

第四节　频率副词 (177)
一　高频义频率副词"长行" (177)
二　低频义频率副词"要不要" (179)

第五节　语气副词 (182)
一　确信义语气副词"硬是" (182)
二　幸然义语气副词"幸喜"系列 (186)

第六节　情状副词 (187)
一　久续类情状副词 (188)
二　恒定类情状副词 (191)
三　意念类情状副词 (193)

第六章　介词 (197)

第一节　介词概说 (197)

第二节　行为角色类介词 (198)
一　施事介词 (198)
二　受事介词 (202)
三　与事介词 (202)
四　工具介词 (211)

第三节　行为时空类介词 (214)
一　起点介词 (214)

二　终点介词 ·· (218)
　　三　方向介词 ·· (221)
　　四　所在介词 ·· (225)
　　五　经由介词 ·· (227)
　第四节　行为因凭类介词 ··· (228)
　　一　原因介词 ·· (228)
　　二　理据介词 ·· (230)
　　三　遵从介词 ·· (231)
　第五节　行为关涉类介词 ··· (232)
　　一　论涉介词 ·· (233)
　　二　旁涉介词 ·· (235)
　　三　免涉介词 ·· (236)
　第六节　介词研究小结 ·· (238)

第七章　助词 ·· (240)
　第一节　助词概说 ··· (240)
　第二节　结构助词 ··· (241)
　第三节　事态助词 ··· (243)
　　一　事态助词概说 ·· (243)
　　二　曾然事态助词 ·· (245)
　　三　已然事态助词 ·· (247)
　　四　未然事态助词 ·· (249)
　第四节　评价助词 ··· (250)
　　一　可行性评价助词 ··· (250)
　　二　价值性评定助词 ··· (251)
　第五节　方式助词 ··· (253)
　　一　方式助词"法" ·· (253)
　　二　方式助词"家" ·· (254)
　　三　方式助词"过" ·· (254)
　第六节　状态助词 ··· (256)

  一　强化情状程度的"法" ……………………………………… (256)
  二　强调存在状态的"家" ……………………………………… (257)
 第七节　列举助词 ……………………………………………………… (261)
  一　列举助词"等" ……………………………………………… (261)
  二　列举助词"等等" …………………………………………… (262)

第八章　句式 ……………………………………………………………… (263)
 第一节　被动句 ………………………………………………………… (263)
  一　"着"字被动句 ……………………………………………… (263)
  二　"被"字被动句 ……………………………………………… (268)
  三　"拿跟"被动句 ……………………………………………… (272)
 第二节　处置句 ………………………………………………………… (274)
  一　"把"字句 …………………………………………………… (274)
  二　"将"字句 …………………………………………………… (282)
 第三节　使役句 ………………………………………………………… (288)
  一　致令类使役句 ……………………………………………… (288)
  二　容许类使役句 ……………………………………………… (297)
  三　任凭类使役句 ……………………………………………… (300)
 第四节　比较句 ………………………………………………………… (303)
  一　平比句 ……………………………………………………… (304)
  二　差比句 ……………………………………………………… (311)
  三　极比句 ……………………………………………………… (316)
  四　递比句 ……………………………………………………… (319)
 第五节　测度句 ………………………………………………………… (319)
  一　"怕"字测度句 ……………………………………………… (320)
  二　"该"字测度句 ……………………………………………… (322)
 第六节　疑问句 ………………………………………………………… (324)
  一　选择疑问句 ………………………………………………… (324)
  二　反复问句 …………………………………………………… (325)
 第七节　致有句 ………………………………………………………… (333)

一　致有句的性质范围 …………………………………………（333）
　二　致有句的句法特点 …………………………………………（335）
　三　致有句的语义表现 …………………………………………（336）
　四　致有句的分类 ………………………………………………（339）
　五　致有句小结 …………………………………………………（341）

第九章　结语 …………………………………………………………（343）
　一　研究成果总结 ………………………………………………（343）
　二　研究意义与价值 ……………………………………………（344）
　三　研究不足与展望 ……………………………………………（344）
　四　致谢 …………………………………………………………（345）

参考文献 ………………………………………………………………（346）

第 一 章

前　　言

第一节　文献材料

本书所用的文献统称为"清末民初西南官话文献",具体包括清末民初传教士西南官话文献和清末民初西南文人白话作品两大类。

一　清末民初传教士西南官话文献

传教士西南官话文献是本书的核心语料来源材料,包括童保禄《西语译汉入门》(1869)、沙德容、路易·莫洛等合作编写的《华西官话汉法词典》(1893)、钟秀芝(Adam Grainger)编写的《西蜀方言》(1900)、文焕章编写的《华英联珠分类集成》(1908)、阿蒙森(Rev. Edwrd Amundsen, F. R. G. S.)编写的《华英捷径》(1910)以及四川大学华西医学院(原华西医科大学)开创先驱、加拿大人启尔德编写的《华西初级官话课程》(1917)六部。六部文献可用语料共计超过26万字,可作为语料而存在的句子或短语共计45415条。这些文献语料采集地覆盖了成都、川南、云东北、黔西北、贵阳等区域。从方言区片上看,这些传教士文献语料采集地涵盖了西南官话川黔片和西蜀片,以川黔片为主(李蓝,2009)。所以总体上看,这些传教士文献主要反映了清末民初西南官话川黔片和西蜀片的语言面貌,对西南官话语法史的研究价值巨大。

(一)《西语译汉入门》(1869)

清末1847年到1869年,贵州境内一直活跃着一位法国籍传教士——

童保禄，又叫童文献，法文名为 Paul Perny Hubert①。童保禄在贵州传教期间，搜集了大量语料，撰写了《西语译汉入门》(*Dictionnaire Francais – Latin – Chinois de la Langue Mandarine Parlée*)一书，于1869年在法国付梓出版。聂志（2018b）考察了童保禄在贵州的活动范围，并结合语音、词汇和语法特点进行分析，认为《西语译汉入门》"记录的语言是当时（19世纪中期）的贵阳方言"。其中所记录的一些很低俗的百姓口语语句，如"打悄悄屁"（第257、449页）"操你妈的屄"（第272页）"值得一个卵子"（第272页）"白话"（指虚假的话）"牸牛"（指未产过仔的雌性小牛）"请转"（指在尴尬情景中找台阶下）等，确实很具有西南地方特色，加之有关文献记载的童保禄活动范围确实主要在贵阳及周边区域，故确定《西语译汉入门》记录方言范围为贵阳及周边地区不无道理。根据钱曾怡（2010：13），贵阳方言属于西南官话川黔片，因此《西语译汉入门》所记录的语言反映了清末时期的西南官话川黔片的语音、词汇及语法特点。

《西语译汉入门》以法文词语为目进行编排，每条词目下列出相关的汉语词、短语或句子。可作为语料入库的短语或句子共有17157条，共计80475字。

（二）《华西官话汉法词典》（1893）

清末活跃于云贵川地区的传教士沙德容、路易·莫洛等大量采集地方百姓日常口语，编写出了供其他传教士学习的西南官话与法语对照词典——《华西官话汉法词典》。该词典共计66000余字，以汉字为目进行编排，每字下面列出以该字开头或以该字为重要构成部分的西南官话方言词语、短语或句子等，每个条目都有罗马拼音和法文解释。其中短语和句子口语特色明显，数量较大，有14942个语词，16946条语句，学界公认其具有较高的语言学价值。如庄初升、阳蓉（2014：115）认为，《华西官话汉法词典》"体量最大、内容最丰……今天看来最具语言学研究价值"。李炜、刘亚男（2015：358）也指出，《华西官话汉法词典》"每个词条下面都提供了大量口语性的例句，语料价值很高"。陈伟

---

① 参看《贵州省志·宗教志》（2007：357）、《16—20世纪入华天主教传教士列传》（2010：960）。

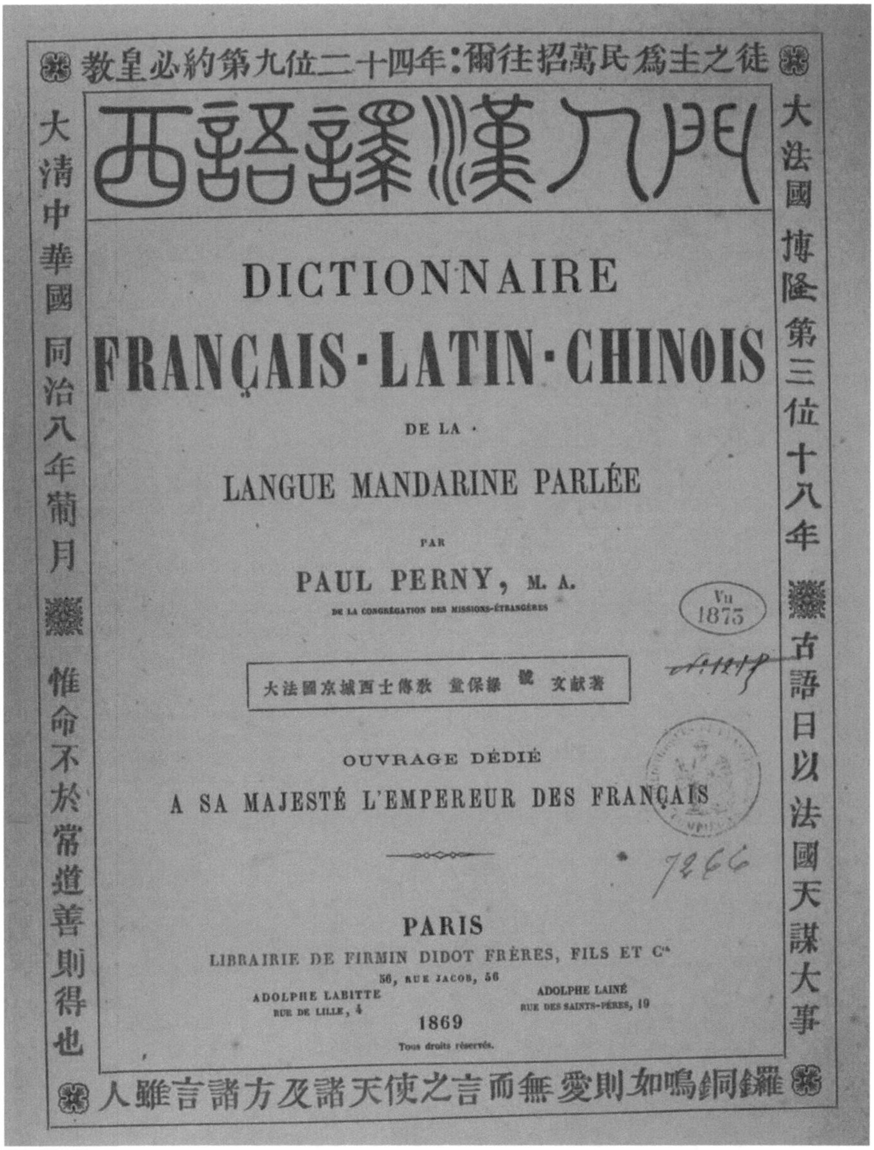
教皇必約第九位二十四年：爾往招萬民為主之徒

西語譯漢入門

大清中華國 同治八年蒲月

惟命不於常道善則得也

大法國 搏隆第三位十八年

古語日以法國天謀大事

DICTIONNAIRE

FRANÇAIS-LATIN-CHINOIS

DE LA

LANGUE MANDARINE PARLÉE

PAR

PAUL PERNY, M. A.

DE LA CONGRÉGATION DES MISSIONS-ÉTRANGÈRES

大法國京城西士傳教 童保祿 號 文献著

OUVRAGE DÉDIÉ

A SA MAJESTÉ L'EMPEREUR DES FRANÇAIS

PARIS

LIBRAIRIE DE FIRMIN DIDOT FRÈRES, FILS ET Cie

56, RUE JACOB, 56

ADOLPHE LABITTE
RUE DE LILLE, 4

ADOLPHE LAINÉ
RUE DES SAINTS-PÈRES, 19

1869

Tous droits réservés.

人雖言諸方及諸天使之言而無愛則如鳴銅鑼

图 1-1 《西语译汉入门》封面

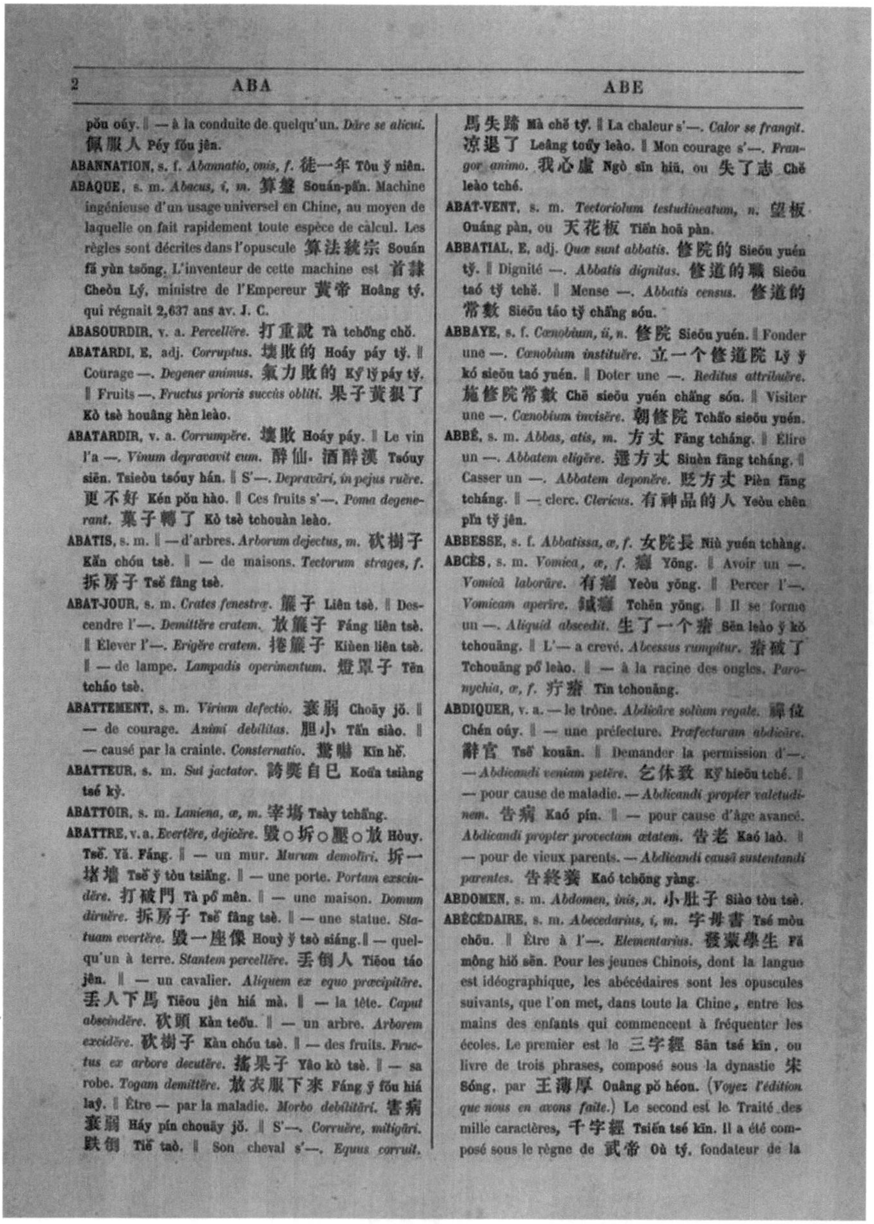

2 ABA ABE

pŏu oúy. ‖ — à la conduite de quelqu'un. *Dăre se alicui.* 佩服人 Péy fŏu jên.

ABANNATION, s. f. *Abannatio, onis, f.* 徒一年 Tôu ў niên.

ABAQUE, s. m. *Abacus, i, m.* 算盤 Souán-păn. Machine ingénieuse d'un usage universel en Chine, au moyen de laquelle on fait rapidement toute espèce de calcul. Les règles sont décrites dans l'opuscule 算法統宗 Souán fă yùn tsōng. L'inventeur de cette machine est 首隸 Cheòu Lý, ministre de l'Empereur 黃帝 Hoâng tý, qui régnait 2,637 ans av. J. C.

ABASOURDIR, v. a. *Percellĕre.* 打重說 Tà tchŏng chŏ.

ABATARDI, E, adj. *Corruptus.* 壞敗的 Hoáy páy tў. ‖ Courage —. *Degener animus.* 氣力敗的 Ký lў páy tў. ‖ Fruits —. *Fructus prioris succûs obliti.* 果子黃狠了 Kò tsè houâng hèn leào.

ABATARDIR, v. a. *Corrumpĕre.* 壞敗 Hoáy páy. ‖ Le vin l'a —. *Vinum depravavit eum.* 醉仙. 酒醉漢 Tsóuy siēn. Tsieòu tsóuy hán. ‖ S'—. *Depravāri, in pejus ruĕre.* 更不好 Kén pŏu hào. ‖ Ces fruits s'—. *Poma degenerant.* 菓子轉了 Kò tsè tchouàn leào.

ABATIS, s. m. ‖ — d'arbres. *Arborum dejectus, m.* 砍樹子 Kăn chóu tsè. ‖ — de maisons. *Tectorum strages, f.* 拆房子 Tsĕ fâng tsè.

ABAT-JOUR, s. m. *Crates fenestræ.* 簾子 Liên tsè. ‖ Descendre l'—. *Demittĕre cratem.* 放簾子 Fáng liên tsè. ‖ Élever l'—. *Erigĕre cratem.* 捲簾子 Kiùen liên tsè. ‖ — de lampe. *Lampadis operimentum.* 燈罩子 Tēn tcháo tsè.

ABATTEMENT, s. m. *Virium defectio.* 衰弱 Choāy jŏ. ‖ — de courage. *Animi debilitas.* 胆小 Tăn siào. ‖ — causé par la crainte. *Consternatio.* 驚嚇 Kīn hĕ.

ABATTEUR, s. m. *Sui jactator.* 誇獎自已 Koūa tsiàng tsé kỳ.

ABATTOIR, s. m. *Laniena, æ, m.* 宰塲 Tsày tchăng.

ABATTRE, v. a. *Evertĕre, dejicĕre.* 毀○拆○壓○放 Hòuy. Tsĕ. Yă. Fáng. ‖ — un mur. *Murum demolīri.* 拆一堵墻 Tsĕ ў tòu tsiăng. ‖ — une porte. *Portam exscindĕre.* 打破門 Tà pŏ mên. ‖ — une maison. *Domum diruĕre.* 拆房子 Tsĕ fâng tsè. ‖ — une statue. *Statuam evertĕre.* 毀一座像 Houỳ ў tsò siáng. ‖ — quelqu'un à terre. *Stantem percellĕre.* 丢倒人 Tiēou táo jên. ‖ — un cavalier. *Aliquem ex equo præcipitāre.* 丢人下馬 Tiēou jên hiá mà. ‖ — la tête. *Caput abscindĕre.* 砍頭 Kàn teŏu. ‖ — un arbre. *Arborem excidĕre.* 砍樹子 Kàn chóu tsè. ‖ — des fruits. *Fructus ex arbore decutĕre.* 搖果子 Yâo kò tsè. ‖ — sa robe. *Togam demittĕre.* 放衣服下來 Fáng ў fŏu hiá laỳ. ‖ Être — par la maladie. *Morbo debilitāri.* 害病衰弱 Háy pín chouāy jŏ. ‖ S'—. *Corruĕre, mitigāri.* 跌倒 Tiĕ taò. ‖ Son cheval s'—. *Equus corruit.* 馬失蹄 Mà chĕ tў. ‖ La chaleur s'—. *Calor se frangit.* 凉退了 Leâng toúy leào. ‖ Mon courage s'—. *Frangor animo.* 我心虛 Ngò sīn hiū, ou 失了志 Chĕ leào tché.

ABAT-VENT, s. m. *Tectoriolum testudineatum, n.* 望板 Ouáng pàn, ou 天花板 Tiēn hoā pàn.

ABBATIAL, E, adj. *Quæ sunt abbatis.* 修院的 Sieōu yuén tў. ‖ Dignité —. *Abbatis dignitas.* 修道的職 Sieōu taó tў tchĕ. ‖ Mense —. *Abbatis census.* 修道的常數 Sieōu táo tў chăng sóu.

ABBAYE, s. f. *Cœnobium, ii, n.* 修院 Sieōu yuén. ‖ Fonder une —. *Cœnobium instituĕre.* 立一个修道院 Lў ў kó sieōu taó yuén. ‖ Doter une —. *Reditus attribuĕre.* 施修院常數 Chē sieōu yuén chăng sóu. ‖ Visiter une —. *Cœnobium invisĕre.* 朝修院 Tchāo sieōu yuén.

ABBÉ, s. m. *Abbas, atis, m.* 方丈 Fāng tcháng. ‖ Élire un —. *Abbatem eligĕre.* 選方丈 Siuèn fāng tcháng. ‖ Casser un —. *Abbatem deponĕre.* 貶方丈 Pièn fāng tcháng. ‖ — clerc. *Clericus.* 有神品的人 Yeòu chên pĭn tў jên.

ABBESSE, s. f. *Abbatissa, æ, f.* 女院長 Niù yuén tchàng.

ABCÈS, s. m. *Vomica, æ, f.* 癰 Yōng. ‖ Avoir un —. *Vomicâ laborāre.* 有癰 Yeòu yōng. ‖ Percer l'—. *Vomicam aperīre.* 鍼癰 Tchēn yōng. ‖ Il se forme un —. *Aliquid abscedit.* 生了一个瘡 Sēn leào ў kŏ tchouāng. ‖ L'— a crevé. *Abcessus rumpitur.* 瘡破了 Tchouāng pŏ leào. ‖ — à la racine des ongles. *Paronychia, æ, f.* 疔瘡 Tīn tchouāng.

ABDIQUER, v. a. — le trône. *Abdicāre solium regale.* 禪位 Chén oúy. ‖ — une préfecture. *Præfecturam abdicāre.* 辭官 Tsĕ kouān. ‖ Demander la permission d'—. — *Abdicandi veniam petĕre.* 乞休致 Kў hieōu tché. ‖ — pour cause de maladie. — *Abdicandi propter valetudinem.* 告病 Kaó pín. ‖ — pour cause d'âge avancé. *Abdicandi propter provectam ætatem.* 告老 Kaó laò. ‖ — pour de vieux parents. — *Abdicandi causâ sustentandi parentes.* 告終養 Kaó tchōng yàng.

ABDOMEN, s. m. *Abdomen, inis, n.* 小肚子 Siào tòu tsè.

ABÉCÉDAIRE, s. m. *Abecedarius, i, m.* 字母書 Tsé mòu chōu. ‖ Être à l'—. *Elementarius.* 發蒙學生 Fă môug hiŏ sēn. Pour les jeunes Chinois, dont la langue est idéographique, les abécédaires sont les opuscules suivants, que l'on met, dans toute la Chine, entre les mains des enfants qui commencent à fréquenter les écoles. Le premier est le 三字經 Sān tsé kīn, ou livre de trois phrases, composé sous la dynastie 宋 Sóng, par 王薄厚 Ouâng pŏ héou. (*Voyez l'édition que nous en avons faite.*) Le second est le Traité des mille caractères, 千字經 Tsiēn tsé kīn. Il a été composé sous le règne de 武帝 Où tý, fondateur de la

图1-2 《西语译汉入门》正文页

(2018：4-5)指出："该词典所记语言：(1)通行于四川、云南、贵州三省；(2)是城乡人都使用的日常口语；(3)这种口语与当时的官话很接近。"对于西南官话的历史研究具有重要价值。瑞典著名汉学家高本汉(2003：6-7)也引用了《华西官话汉法词典》的一些材料，足以说明该词典语言材料的可信度和语言学价值。

关于《华西官话汉法词典》语言材料来源的地域范围，需根据编写者的主要活动范围来确定。词典前言中较直白地指出，"收纳了生活在四川、云南和贵州的农村人和城市人的日常口语……"但各方面考察发现，编写者活动范围可能并非涵盖云贵川全境，而是以川南为主，云南东北部和贵州西北部为辅。

《华西官话汉法词典》封面上印有"四川南部"四个字，结合作者的身份来看，这可能是指清末天主教的川南传教区域①。李玉芳等(2007：26)指出，川南主教区覆盖了宜宾、筠连、泸州、叙永、自流井、资阳、嘉定、井研、仁寿、峨眉、雅州、巴塘、会理、盐边等51个县。所以，词典作者应当主要活动在川南主教区。荣振华的考察进一步证实了前述观点。荣振华(2010：837-986)指出，《华西官话汉法词典》主编沙得容(Marc Chatagnon)活动过的地方包括古蔺、叙府、河堤口、名山、雅州、嘉定等地，而编写合作者路易·莫洛(Louis Moreau)活动过的地点主要包括嘉定、犍为、自流井、古蔺、河堤口等地，爱德华·古尔丹(Edouard Gourdin)活动过的地方主要包括会理、冕宁、越嶲等地，保罗·施理尔(Marie Paul Scherrier)工作过的地点主要是泸州。《华西官话汉法词典》中出现的一些小地名也足以证明编者曾在这些地方活动。如"李庄属南溪县管"中的"李庄"，只是一个宜宾(叙府)境内南溪县下的一个村庄。没到过此处或没到过附近地域，就不太可能提到这样的地名。《华西官话汉法词典》中的一些涉及人地关系的句子，也从一个侧面反映了编写者活动的地域范围，如"由嘉定下叙府""今天要歇嘉定""一天赶不拢嘉定""嘉定到叙府有三百六十里""一天登不拢嘉定""在嘉定坐""我隔叙府二十里""我在叙府跐多年了""叙府的银子在泸州

---

① 参看郭丽娜《清代中叶巴黎外方传教会在川活动研究》，学苑出版社2012年版，第31—40页。

要出四分平""在泸州要捱两天""云南的药打叙府的庄""我是云南生长的""搬在山里头,搬进贵州"等。这些句子内容显示了编写者可能活动于清末云贵川三省交界区域,也就是四川南部、云南东北部、贵州西北部一带。《华西官话汉法词典》中部分特色词语也从另一个侧面反映了编写者活动的区域,如疑问代词"tsɑng"(音同"胀")、"tsʼông"(音同"冲",去声)、"tsông"(音同"众")等①,主要分布在川南的珙县、兴文、古宋、南溪、江安、纳溪、筠连,贵州西北的毕节、大方、纳雍、赫章、威宁以及云南昭通等地域。《华西官话汉法词典》第593页"这条河通哪里","通"表至达义,与当下贵州毕节、大方、纳雍等地方言一致。可见,《华西官话汉法词典》语言材料主要采自川南、云南东北部、贵州西北部等地域范围,较好地记录了清末川黔滇交界地带的西南官话特点。

(三)《西蜀方言》(1900)

《西蜀方言》英文名称为 *Western Mandarin or the Spoken Language of Western China*,由清末民初活动于成都一带的传教士钟秀芝(Adam Grainger)编写,是一套用于教学的四川成都方言日常口语教材,1900年出版于上海。据邓章应(2011)、李晓东(2011:1)等的研究,《西蜀方言》全书42000余字,收词头3786个,另有191个不能确定本字的无字词。每词下都有举例,以词汇性的例子居多,共计13484条,除了401条成语以外,大部分用例都是口语特色浓厚的词语。

纵览《西蜀方言》全书,其中西南官话特色的语例俯拾皆是,如"芒刺飞在眼睛里头了"(第48页:刺字条)"脑壳上长个包"(第59页:包字条)"贼娃子来挖孔孔"(第132页:孔字条)等。所以,这部词典较完整地记录了清末民初西南官话的代表方言——成都话的语言特点,为西南官话的研究以及跨方言的比较研究等提供了较有价值的语料。

(四)《华英联珠分类集成》(1908)

清末活跃于四川的来自加拿大的传教士文焕章编写的《华英联珠分类集成》,英文名为 *A Course of Lessons in Spoken Mandarin*,原本是基于古安教学法的汉语口语教材(岳岚2017),但由于全书内容均基于西南官

---

① 拼音字母为文献中的实际注音。

DICTIONNAIRE
CHINOIS - FRANÇAIS

DE LA

LANGUE MANDARINE PARLÉE

DANS L'OUEST DE LA CHINE

AVEC UN

VOCABULAIRE FRANÇAIS - CHINOIS

PAR PLUSIEURS MISSIONNAIRES DU SÉ-TCH'OÜAN MÉRIDIONAL

HONGKONG

Imprimerie de la Société des Missions Étrangères

1893

图1-3 《华西官话汉法词典》封面

2   CHA   CHAI

杉 Chā. espèce de sapin (d'après les dictionnaires, ce caractère se prononce chān, dans nos pays on lit chá). | 樹 | chóu, sapin.
| 木 | , | móu, bois de cet arbre, très employé.

痧 Chā. Défaillance subite. 發 | , Fǎ | , être pris de ce mal.
刮 | , Kǒua | , frotter vivement avec une sapèque le bras ou le creux de l'estomac de la personne atteinte, pour activer la circulation du sang, et arrêter la douleur.
絞腸 | , Kiào tch'âng | , espèce de colique de miserere.

CHÁ

啥 Chá. | tsè, (pop.) pour 甚麼, chén mǒ, quoi? quel? comment?
| 子事 | , | tsè sé, quelle affaire? qu'y a-t-il?
你說的 | 于人, Gnǐ chǒ tī | tsè jên, de qui parles-tu?
你姓 | 子? Gnǐ sín | tsè? comment t'appelles-tu? (manière peu polie de demander le nom de quelqu'un.)

CHÁ

殺 Chǎ. Tuer, blesser avec un instrument tranchant dans le dessein de tuer.
毋 | 人, Oú | jên, 5ème commandement du Décalogue.
禁戒 | 生, Kín kiái | sēn, (litt.) defense de tuer ce qui a vie: précepte du bouddhisme par lequel il est défendu de tuer les animaux.
| 人要填(抵)命 | , jên iào t'iēn (v. tǐ) mín, l'homicide rendra vie pour vie.
這個猪肥得好 | 得了, Tchě kó tchōu féi tě hào, | tě lǒ, ce porc est gras à point, il est bon à tuer.
他幾刀又沒有 | 死, | t'a kǐ tāo, ieóu mǒ ieóu | sě, il lui porta plusieurs coups de couteau, sans toutefois le frapper à mort.

這個老師好 | 氣, Tché kó láo sē hào k'í, ce maître d'école par son air seul domine ses élèves.

煞. Chǎ kǒ, (pop.) finir.
活路 | 過了, Hǒ lóu | kǒ lò, l'ouvrage est terminé. Les chrétiens emploient souvent cette expression | kǒ pour dire qu'ils ont fait la communion.
頭回沒有 | 過, T'eóu hoúi mǒ ieóu | kǒ, (litt.) la dernière fois je n'ai pas achevé, c.-à-d. lors de ma dernière confession, je n'ai pas communié.
回 | , Hoúi | , littéral. revenir tuer. Croyance superstitieuse des payens, qui s'imaginent que les morts reviennent pour tuer leurs parents. Pour se garantir, ils ont recours à une foule de pratiques puériles et ridicules.

CHĀI

籂 Chāi. | 子, v. | , Chāi tsè, v. | |, Crible. | , cribler.
羅 | , Lǒ | , crible fin pour cribler la farine par exemple.
| 子密狠,稀狠, | tsè mì hèn, hī hèn, les mailles du crible sont trop serrées, trop larges.

CHÁI

晒 Chái. Exposer au soleil, sécher au soleil.
| 穀子, | kǒu tsè, sécher du riz.
| 乾, | kān, sécher à point. (Exposer simplement à l'air sans soleil, se dit leáng et non pas | ; voy. leáng.)
| 太陽, | t'ái iâng, se chauffer au soleil.
| 蓆, v. 簟 | , sí, v. | tién, grande natte sur laquelle on étend les denrées à sécher.
腦膪 | 不得太陽, Lào k'ǒ | pǒu tě t'ái iâng, il ne faut pas exposer sa tête au soleil.
日 | 雨淋, jě | iù lîn, exposé au soleil et à la pluie.

图1-4 《华西官话汉法词典》正文页

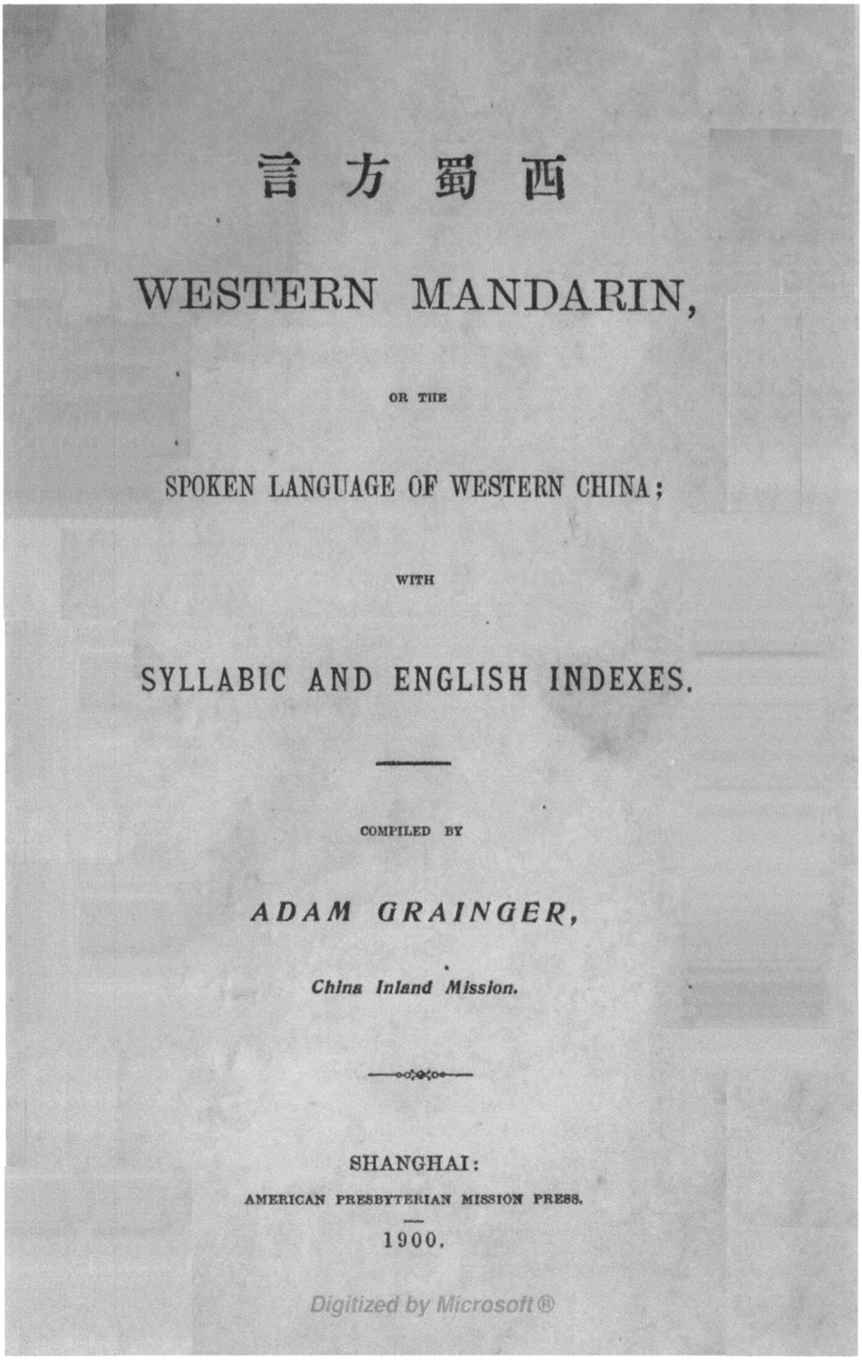

西蜀方言

WESTERN MANDARIN,

OR THE

SPOKEN LANGUAGE OF WESTERN CHINA;

WITH

SYLLABIC AND ENGLISH INDEXES.

COMPILED BY

ADAM GRAINGER,

China Inland Mission.

SHANGHAI:
AMERICAN PRESBYTERIAN MISSION PRESS.
1900.

Digitized by Microsoft®

图 1-5 《西蜀方言》封面

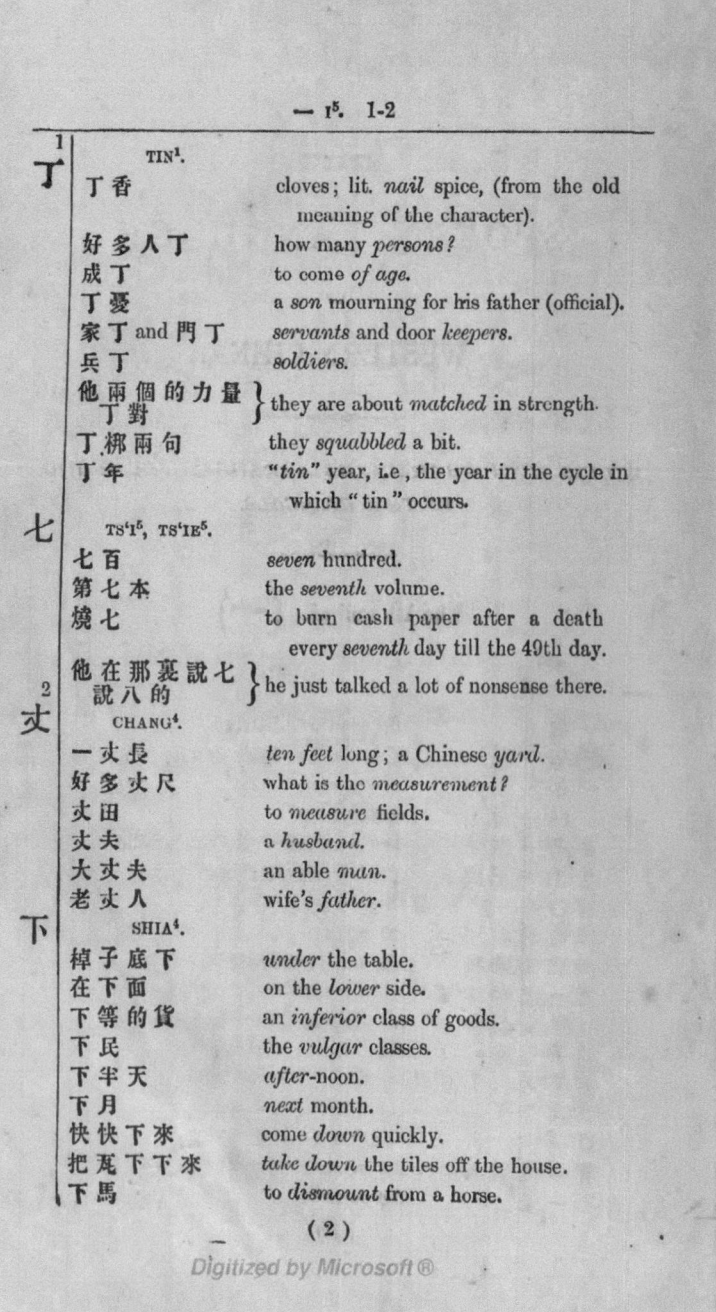

图1-6 《西蜀方言》正文页

话口语，所以又具有了相应的语料价值。

据何稀（2016：8－12）介绍，文焕章1895年到嘉定（今四川乐山）传教，1904年迁居成都，1910年回加拿大，前后于四川生活了整整15年之久，较为熟悉四川当地的人情风俗。《华英联珠分类集成》是其回加拿大前编写的，主要目的是帮助其他传教士学习四川方言的同时了解当地的风土人情。全书共100课，含句子2113条，句子内容都与日常生活高度相关，较好地反映了清末四川境内西南官话的特点。

A COURSE OF LESSONS

IN

SPOKEN MANDARIN

BASED ON THE GOUIN METHOD.

BY

J. ENDICOTT

CHENTU:
CANADIAN METHODIST MISSION PRESS.

1908.

图1－7 《华英联珠分类集成》封面

```
[3]                                    第一課
開門

第一題    先生開門

1. 先生在書房裏坐倒
2. 聽倒有人敲門
3. 把身子站起來
4. 走向門去
5. 挨攏門背後
6. 走攏門背後
7. 站在門背後
8. 把手伸起
9. 把車轉拿着
10. 把車轉一批下
11. 把門扯開
12. 門向裏頭轉
13. 門靠着飾界轉
14. 先生把手丟開

開門大吉
```

图 1－8　《华英联珠分类集成》正文

（五）《华英捷径》（1910）

《华英捷径》是清末民初活跃于云南的传教士阿蒙森（Rev. Edwrd Amundsen, F. R. G. S.）编写的西南官话口语教材，教材英文名称为 *SHOT CUT TO WESTERN MANDARIN*，于 1910 年在香港出版。全书正文 69 页，共有口语例句 704 条，大部分内容是日常生活表达等，少部分为传教语句，因此一定程度上反映了清末民初西南官话的一些特点。原文中的语句只有拼音无汉字，本书用汉字对这些语句进行了转写。

（六）《华西初级官话课程》（1917）

加拿大人启尔德编写的《华西初级官话课程》，英文全名 *CHINESE LESSONS for First Year Students in West China*，于 1917 年在华西协合大学出版。全书共 8000 多字，由 1500 多条语句组成，其中"中文部分是地地道道的四川方言,而且是一百多年前的四川方言"①。所以,整本书语料量虽然不多,但也在一定程度上反映了清末民初西南官话的词汇和语法特点,也具有重要的语料参考价值。

图1-9 《华西初级官话课程》封面

---

① 廖志林:《向启尔德医生致敬(代序)》,载于[加]启尔德编著《民国四川话英语教科书》,四川人民出版社2015年版,第1页。

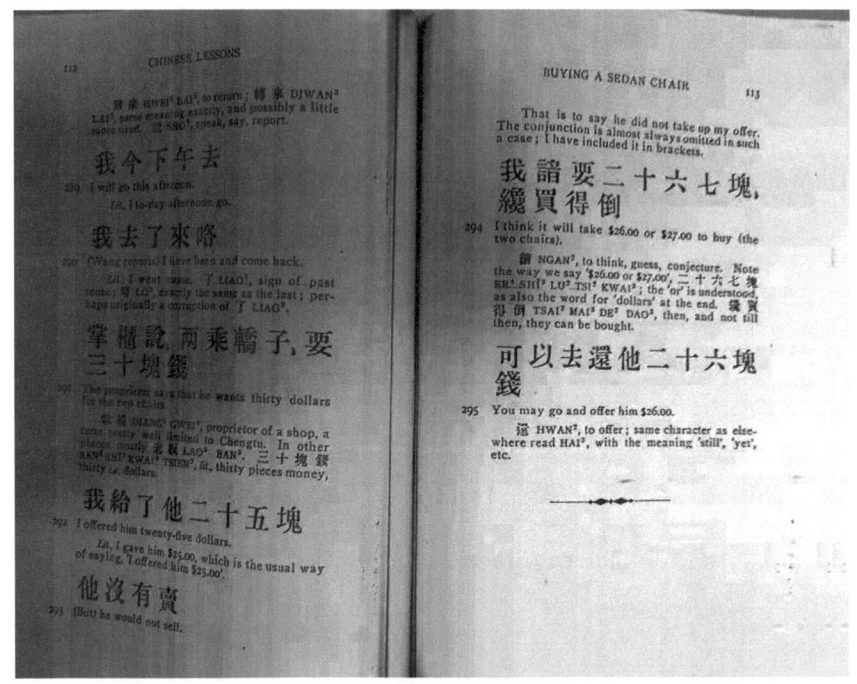

图 1-10 《华西初级官话课程》正文页

二 清末民初西南文人白话作品

本书采用的西南文人白话作品包括清代末期至民国初期的刘省三、黄吉安、李劼人等文人的小说和剧本等。

（一）《跻春台》（1899）

《跻春台》是一部话本小说集，也是公案小说集，至迟成书于1899年（清光绪二十五年），由四川省中江县本地文人刘省三撰写。全书由四十个故事构成，每个故事自成一篇。故事叙述整体有书面语特色，但其中包含不少西南官话特色词汇。故事中的人物对白则高度贴近四川方言实际，如"你父子莫得我，不知死在哪里、有啥官做！""还歇啥子？"之类，都是具有西南官话特色的句子，故《跻春台》中的人物对白具有较高的语料价值。全书人物对白语句共有4016条，合计93400字，能从一定程度上反映西南官话的词汇和语法特点。

图 1-11 《跻春台》封面

（二）《黄吉安剧本选》（1901—1924）

《黄吉安剧本选》是剧作家黄吉安于 1901 年至 1924 年创作的川剧作品集，共 20 多万字，含 18 个剧本。有关资料显示，黄吉安出生于 1836 年，具体籍贯和出生地不详，由此便可以确定长期生活于四川范围①。1898 年，黄吉安 62 岁，辞职定居成都，从此"以诗酒自娱，最喜与川剧

---

① 对黄吉安的籍贯和出生地问题，席明真《近代川剧杰出的作家黄吉安》、上海辞书出版社《中国戏曲曲艺词典》《中国大百科全书·戏曲曲艺卷》（1983 年 8 月第一版）、四川人民出版社出版的《四川省情》、乐山地方志编纂委员会合编的《乐山市历史名人录》等文献各有说法，总体上有安徽寿春、成都、眉山、新都四种不同说法。陈德忠在 1999 年在《歧见异说难定评——川剧作家黄吉安籍贯问题琐议》中对比分析有关资料后认为，"黄吉安祖籍安徽、出生于成都的说法显得合乎情理一些"。本书根据黄吉安剧本的语言特点，采信陈德忠的观点。

> 卷一 元集 | 7
>
> 至冬月，汉阳当铺请仕贵算帐，怀德闻知，即到岳家。金氏出外，见怀德身虽褴褛，貌还清秀，留进屋内待饭。言及借钱，金氏曰："你岳父的银钱尽是锁了的，我手中一时莫得，你明年若逢岳父出门，你到我家拿些回去。"于是留宿一夜。怀德折铺就睡，见床上有根钏子，拿来一看，光华射目，心想："此钏何来？若是失落，怎在铺上放得端端正正。定是我妻见我借不到钱，将钏赠我，不好明拿，故放此处。若将此钏当了，也可度活日期。"
>
> 次日，告辞回家，到孝感县当铺。掌柜将钏一看，问曰："此钏不是你的，说明来路方当。"怀德告是岳父的。问："岳父是谁？"告曰："方仕贵。"问："要当多少银子？"怀德曰："值得好多，就当好多。"掌柜曰："谅你不识，此是金钏，面制双龙，上有宝珠，价值千金，当你六百银子。但此钏关系甚大，你叫个保来，才跟你当。"怀德拿钏在手，去请正发，半路逢着正泰，见钏要看，怀德只得呈上。正泰曰："那里来的？"告曰："岳父家的。"正泰曰："放屁！你岳父不准进门，岂有送钏之理？定是偷来的！"即拉怀德进祠，知会族众，说："怀德人小鬼大，如此年纪，犯规作贼，若不处治，连累家族。"众问怀德，怀德告以得钏之由。正泰曰："此话哄谁？他岳父恨他入骨，借钱不肯，何曾到他家去？况此钏庶民没得，前日汉阳江盗劫官府，定是他伙同抢劫来。犯出这样灭族之祸，却还了得，与我拿去活埋！"众畏正泰如虎，见他发怒，那个还敢开腔。正发曰："就是抢的，孩子家，官也不究，须往他娘自身上一看，从宽免治。"正泰曰："那不得行！抢劫官府，当族长的都不追究，你耽得起么！"正发想争辩几来，又怕他叫贼攀咬，只得邀众晓地要情。正泰难违众意，叫他子炳然打个戒约稿子，极其利害，捆了又捆，要怀德写"钏存他手"作证，永世不准入祠，族内不准收留。众无奈何，

图 1-12 《跻春台》正文

艺人及玩友结识，逐渐由喜爱、熟悉，进而掌握了川剧这一艺术形式，开始创作了一些剧本传抄问世"（陈德忠，1999：35），后来有"四川的莎士比亚"之称（谭晓忠，2008：8），其剧本也有了专门称呼——"黄本"[①]。黄吉安虽是文人，但对四川方言非常熟悉，为让老百姓更容易接受川剧，其川剧作品中的人物对白富有四川方言特色，正如姜薇（2017：

---

① 黄吉安著，四川省戏曲研究所编校：《黄吉安剧本选》，四川人民出版社 1960 年版，"序言"第 1 页。

1）所说，"黄吉安创作和改编的剧本，以四川方言，主要是成都方言为唱念语言，地方特色浓郁"。如《闹齐宫》中的对白："禀将军，诸位公子都转去了。"其中"转去"就是四川方言中常用的特色词语；《闹齐廷》中的对白："咦，孤家登基的日子象没有选好，咋个就动起砍杀来了呵！"其中"咋个"就是西南官话中的特色疑问代词；《柴市节》中的对白："老爷，该没有什么变故吗（嘛）？"是一个西南官话中常用的表达揣测语气的"该字句"。这一系列生活口语化的人物对白反映了清末民初西南官话的词汇和语法特点，使整个剧本集富有语言学价值。

剧本唱词一般具有一定的书面语色彩，但黄吉安剧本中的唱词中却含有不少四川方言词，如"老幺六""打干帮"等。这类方言词在唱词中出现，进一步增加了黄吉安剧本的语言学价值。

总体而言，正如耿丹丹（2015：2）所言，黄吉安剧本"为我们研究清末民初四川方言语言特点提供了很珍贵的材料"。

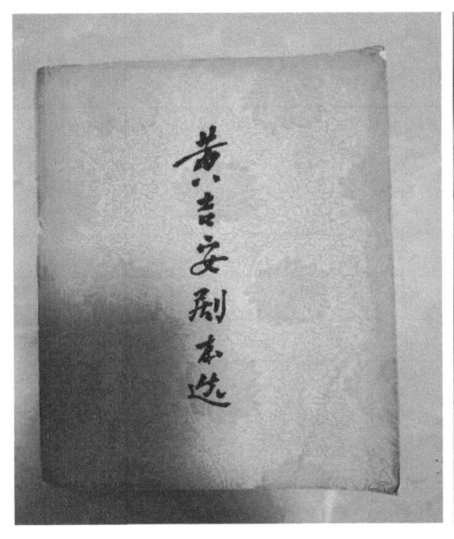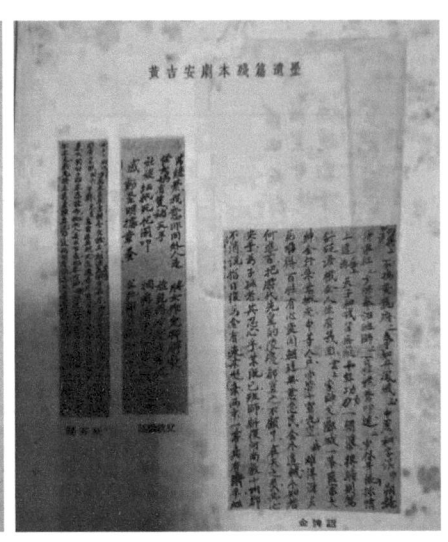

图1-13　《黄吉安剧本选》封面和部分手稿图

（三）"大河三部曲"（20世纪30年代）

"大河三部曲"是对李劼人创作于20世纪30年代的《死水微澜》《暴风雨前》《大波》三部作品的统称。李劼人生于成都，长于成都，母语方言就是成都话,所以其作品中为充分表现成都地区人物的性格特征,人物对白大都采用了成都话。纵览"大河三部曲",不难从中看到"土味儿"十足的成都话口语词句,如"争点儿(差点儿)""啥子"等。这类对白语句,在《死水微澜》中有863条,在《暴风雨前》中有5497条,在《大波》中有8576条。整体而言,李劼人"大河三部曲"中的人物对白较好地反映了20世纪早期西南官话的一些特点,具有较高的语料价值。

三 文献例句标注说明

为使行文简洁,后续研究引用文献语例时皆用加书名号的文献简称标注来源,不标示具体所在页码,如"自伙子打架"(《汉法》),表示这是取自《华西官话汉法词典》的语例。另外,为进行南北官话对比,本书同时参考北京官话、中原官话和南方官话等不同官话背景的部分文献。各种文献全名和简称对照表如表1-1所示。

表1-1 语料文献全称和简称对照表

官话类别	文献完整名称	文献简称
西南官话	西语译汉入门	西语
	华西官话汉法词典	汉法
	西蜀方言	西蜀
	华英联珠分类集成	联珠
	华英捷径	捷径
	华西初级官话课程	课程
	跻春台	跻
	黄吉安剧本选	黄吉安
	死水微澜	死水
	暴风雨前	暴风
	大波	波

续表

官话类别	文献完整名称	文献简称
北京官话	儿女英雄传	儿
	语言自迩集	语
	官话指南	指
	华音启蒙谚解	谚
	学清	清
	你呢贵姓	你
	孽海花	孽
	老残游记	老
	官场现形记	官
	官话类编	类
	燕京妇语	燕
	小额	额
	老乞大	乞
	红楼梦	红
中原官话	歧路灯	歧
南方官话	官话问答便语	答
	白姓官话	白
	人中画（琉本）	人
	学官话	学

第二节 研究目标、内容及理论方法

一 研究目标

本书主要目标是基于清末民初西南文人白话作品及传教士西南官话文献，对清末民初时期西南官话的语法面貌进行全面描写。

二 研究内容

本书主要研究内容为第二章到第九章。

第二章为构词法研究，主要基于清末民初传教士西南官话文献和西南文人白话作品人物对白语句中出现的词语，讨论清末民初西南官话的复合式构词、重叠式构词、附加式构词。

第三章主要讨论清末民初西南官话中的部分语法范畴，包括名词小称、名词复数标记、动词的体貌、形容词生动形式、程度表达的句法手段、数量的表达。

第四章主要讨论清末民初西南官话中的代词，包括人称代词、指示代词、疑问代词。

第五章主要讨论副词，参考学界既有的副词定义和分类，将清末民初西南官话的副词分为时间、范围、频率、语气、情状五个类别，并选取部分具有西南官话特色的副词进行重点探究。

第六章主要讨论清末民初西南官话中的介词，把介词分为行为角色类、行为时空类、行为因凭类、行为关涉类介词四大类。行为角色类介词介引施事、受事、与事、工具；行为时空类介词介引起点、终点、方向、所在、经由；行为因凭类介词包括原因、理据、遵从小类；行为关涉类介词包括论涉、旁涉、免涉。

第七章主要讨论清末民初西南官话中的助词，将助词分为结构、事态、评价、方式、状态、列举六大类，每一类选取部分具有特色的介词进行重点讨论。

第八章主要讨论清末民初西南官话文献中常见的句式，包括被动句、处置句、使役句、比较句、测度句、疑问句、致有句。

三　理论框架

邵敬敏在《关于新世纪汉语语法研究的几点思考》（2003）中指出，语法研究的目标"不仅涉及句法、语义、语用三个平面"，还应该认真考虑第四个平面，即"认知平面"。也就是语法研究，应当从句法、语义、语用、认知四个维度进行考察，努力揭示各语法现象之"语义的决定性、句法的强制性、语用的选择性以及认知的解释性"。邵敬敏提出了语法研究的句法、语义、语用和认知四个维度的目标，但未给出概括的理论名称。为方便称说，本书将这一语法研究理论思想概括为"四维语法"。

邵敬敏（2003）进一步指出，语法研究的哲学背景应当坚持"两点论"，而不是偏激的"一点论"，即"既看到事物的正面，也看到它的反面；既看到事物的这一面，也看到它的那一面"，基于此哲学思想提出了语法研究的"双向研究原则",即"形式跟意义的双向研究;描写跟解释的双向研究;共时和历时的双向研究;静态跟动态的双向研究;微观跟宏观的双向研究;事实跟理论的双向研究;共性跟个性的双向研究;本体跟应用的双向研究"。

基于"四维语法"和"双向研究原则",本书主要采用"双路线四维度"的研究框架。"双路线"是指"历时共时考察相结合""方言与共同语相比较"两条路线;"四维度"即从句法、语义、语用和认知四个方面对语法现象进行考察,着重描写句法特点、语义表现、语用功能三个方面,适当借鉴认知语言学理论,对一些语法现象进行认知阐释。

四 研究方法

本书总体上采用定性描写和定量分析相结合、横向和纵向相结合、语料分析和语感内省相结合的方法,具体涉及文献综述法、归纳描写法、比较分析法、语料库量化分析法。

(一) 文献综述法

本书前后参阅了四百多篇文献,各方面的研究都是在综述前辈时贤成果的基础上形成自己的观点。故文献综述法是本书用到的重要研究方法之一。

(二) 归纳描写法

本书主要基于所掌握的文献语料归纳和描写清末民初西南官话语法特点,所以归纳描写法是整个研究过程中最主要的一种研究方法。

(三) 比较分析法

一个对象的特点总是在与别的对象的比较中得以显现。为更清楚地显示清末民初西南官话的语法特点,本书在归纳描写的基础上,适当将清末民初西南官话与近代汉语、清末民初北京话、当代西南官话等进行横向和纵向比较,以此进一步分析和定性清末民初西南官话的语法特点。

(四) 语料库量化分析法

本书中,将相关文献进行了电子化处理,并以句子为基本存储单位,建成了可多维检索分析的语料库,同时也建成了当代西南官话口语语料库。研究过程中通过计算机检索统计,对有关语法现象进行量化分析,并进一步做出定性描写。这一方法的应用,减少了主观语感判断的不可靠性，增强了研究的科学性。

第三节　语料的选用和信息化处理

本书所用的语料，取自清末民初传教士西南官话文献和西南文人白话作品。以下就处理和选用的情况做简要说明。

一　语料的选用

为确保研究结论更科学，更符合清末民初西南官话口语实际，更科学地反映清末以来西南官话语法演变的情况，语料选取应用所遵循的原则是"传教士文献为主，西南文人白话作品为辅"。

《西语译汉入门》《华西官话汉法词典》《西蜀方言》《华英联珠分类集成》《华英捷径》《华西初级官话课程》等文献都由传教士执笔编写，所用的材料主要是他们在西南地区活动期间采集到的地道的口语，所以这些文献的内容都有着浓烈的口语特色。经成都、宜宾、重庆、毕节等地的原住居民读听后确认，前述这些传教士西南官话文献所记录的语句，基本上都在当今西南口语中仍然沿用着。这充分说明了这些文献内容的口语价值。

而清末民初西南文人的白话作品《跻春台》《黄吉安剧本选》以及李劼人的"大河三部曲"等，虽然作者致力于用方言写作，但仍然有大量语句偏文言特色，或大量共同语表达形式，特别是叙述部分，尽管其中存在着一些方言词，但整体上仍然具有近代汉语特色。唯独人物对白语句基本上接近真实口语。

基于以上文献特点，本书在选用语料时，就以传教士西南官话文献为主，西南文人白话作品为辅。传教士西南官话文献中的语句应取尽取，而西南文人白话作品则只取人物对白语句。

二　语料的信息化处理

为方便进行语料库检索和量化统计，本书将相关文献中全部有价值的语句作为语料来进行提取和信息化转录，并集中存储到指定的数据库，通过 WEB 前端提供检索统计服务。本着语法研究的需要，选取的语料都是短语或句子。传教士西南官话文献中的短语和句子应取尽取，西南文人白话作品则只提取人物对白语句。对提取出来的所有语句，本书在尊重原文用字的基础上，对应建立通用简体汉字对应字段，在 WEB 前端以简体汉字来提供索引服务。

对传教士西南官话文献，本书主要采用人工逐行转录的方式将其中的短语或句子转录为可检索的电子版文档；对西南文人白话作品中的小说类，先将其整体扫描识别成可编辑的电子文档，校对正确后，再用自编的软件"语料管理与检索助手"抓取人物对白书面符号标识，自动将所有人物对话提取出来单独建档。所有的语料采录归档后，再按数据库规范导入到数据库，建立简体汉字检索索引，然后以 WEB 平台方式提供公开查询服务。

第二章

构 词 法

第一节　构词法概述

梳理清末民初西南文人白话作品以及同期传教士西南官话文献中的词汇可以看到，清末民初西南官话构词特点和今天我们所熟悉的普通话构词特点相似，以下参考黄伯荣、廖序东《现代汉语》中的"词的结构类型"列表对比①。

表 2-1　　普通话与清末民初西南官话构词类型对比表

结构类型		普通话	清末民初西南官话
单纯词	联绵词 双声	参差，仿佛	娜连 [nuo⁴] [lian²]②
	联绵词 叠韵	彷徨，窈窕	啰唆
	联绵词 其他	芙蓉，玛瑙	啰唣
	叠音词	瑟瑟，皑皑	娜娜 [nuo⁴] [nuo⁴]③
	音译外来词	咖啡，沙发	圣若瑟，阿弥陀佛

---

①　表中"清末民初西南官话"列尽量考虑列示西南官话特色词，"普通话"列中的词很多在清末民初西南官话文献中也存在。
②　西南官话边鼻音不分，所以"娜连"为双声词。
③　指说话不清楚。

续表

结构类型		普通话	清末民初西南官话
合成词	复合式 联合型	途径，眉目，国家	筲箕，失迷，声气，红黑，年辰，方圆①
	复合式 偏正型	主流，彻查	活路，耳锅，泼烦
	复合式 补充型	提高，车辆	睡酣，书本
	复合式 动宾型	司机，注意	上灯，收工，发体
	复合式 主谓型	地震，耳鸣	体弱，头昏
	重叠式	姐姐，哥哥	嫂嫂，舅舅，飞飞，棒棒
	附加式 前缀型	老虎，老乡	老板，老表
	附加式 后缀型	刀子，石头，鸟儿，硬性，作者	谷子，今年子，猴儿，斧头，刀手，吹手，吃得，干得，姑娘家，娃儿伙

由表 2-1 可见，清末民初西南官话词的构成类型与普通话具有较高的一致性，普通话中各类构词类型在清末民初西南官话中都能找到对应的实例。不过有以下三点值得注意：

第一，清末民初西南官话文献中出现的音译外来词，也是共同语中常见的，暂未见西南官话独有的音译外来词。

第二，清末民初西南官话文献中部分词的词形虽然与普通话一致，但意义有所不同，如"方圆"，在清末民初西南官话以及当代西南官话中都是偏义复合词，意指"话语说得圆滑，事情办得圆满"等，而普通话中则有四个义项：（1）名词，指周围；（2）指周围的长度；（3）指面积；（4）方形和圆形。② 可见，西南官话中的"方圆"与普通话中的"方圆"在语义内涵上有很大的不同。

第三，词缀上有同有异。普通话常见的前缀"老"、后缀"子、儿、头"等在清末民初西南官话文献中也较为常见，比如带后缀"子"的词，

---

① 《华西官话汉法词典》例句："说得方圆。""方圆"只保留了"圆"的意义，是偏义复合词。

② 中国社会科学院语言研究所词典编辑室编：《现代汉语词典》（第 7 版），商务印书馆 2019 年版，第 367 页。

仅《华西官话汉法词典》就有341个。不过，清末民初西南官话文献中也出现了一些普通话所没有的词缀，比如，"~得"，可以附着于动词性语素构成"能V"或"应当V"意义的词，如"这娃儿太吃得了""猪杀得了""麦子割得了"等。还有"婆娘家""男子汉家"等词中的后缀"家"，"姑娘伙""娃儿伙"等词的后缀"伙"，都有方言特色，与普通话中同形的词存在差别。

第二节 复合式构词

复合式构词是指"词根+词根"的构词模式，即由实语素和实语素组合成词的构词方式。这样的方式构成的词即复合词，或叫复合式合成词。由前面第一节中的普通话与清末民初西南官话构词类型对比表可见，清末民初西南官话中的复合词构成类型与普通话高度一致。张一舟等（2001：15-18）指出，"普通话和成都话的复合式合成词都不超出主谓、述宾、偏正、补充、联合五种基本关系"，"二者没有结构类型方面的差异"，两者的不同"主要表现在词汇学方面"，并且从理据的角度对普通话和成都话的复合式合成词进行了简要的对比说明。成都话和普通话之间在构词上的异同也反映了清末民初西南官话和普通话在构词上的异同。

一 联合型复合词

联合型复合词是指由两个语义上并列的词根构成的合成词，从语义上看，具体包括同义复合词、反义复合词和连动复合词等。

1. 同义复合词

同义复合词是指内部构成语素之间具有同义关系的复合词，如：

冷淡　包袱　筲箕　缺少　时刻　纪念　使用　余剩
考试　试探　闹热　街市　格式　世俗　富贵　粮食
认识　失落　收拾　过失　施舍　身体　单薄　道理

以上这些词都由两个语素构成，两个语素之间在意义上相同或相近，也即具有同义关系，所以都是同义复合词，也叫同义并列复合词。清末民初西南官话中的这类词，在《现代汉语词典》中大部分都能查到，可见，在同义复合词上，清末民初西南官话和普通话具有较大的一致性。

2. 反义复合词

反义复合词是指内部构成语素之间在语义上具有相反或相对关系的复合词。这类词在清末民初西南官话文献中也有不少，并且和普通话有较大范围的重合。

黄瑞芳（2021）以《现代汉语词典》（第7版）作为统计源，共统计出其中的279个反义复合词。本书将279个反义复合词在清末民初西南官话电子语料中逐个检索，发现其中184个均有用例，即表2-2中的B组词，有91个未在清末民初西南官话文献中出现，即表2-2中的A组。而C组也是反义复合词，出现于清末民初西南官话，但未在《现代汉语词典》中出现。

表2-2　　普通话和清末民初西南官话反义复合词对照表

普通话								
			清末民初西南官话					
A			B					C
标本	捭阖	本息	安危	褒贬	本利	本末	彼此	红黑
产销	浮沉	乘除	表里	宾主	冰炭	伯仲	厚薄（薄厚）	早迟
出没	出纳	传习	裁缝	唱和	朝野	沉浮	长短（短长）	横顺
粗细	弟妹	颠末	臣民	晨昏	成败	迟早	早晚	里外
肥瘦	俯仰	干支	出入	春秋	雌雄	存亡	大小	冷热
甘苦	千群	刚韧	旦夕	得失	东西	动静	弟兄（兄弟）	善恶
供求	供销	供需	多寡	多少	恩怨	儿女	反正	开合
购销	宾兵	广袤	方圆	凤凰	夫妻	夫妇	沉浮	
寒暄	行列	好赖	父母	父女	父子纲目	高矮		
毁誉	晦明	晦朔	高低	高下公婆	公私	功过		
奖惩	姐妹	巨细	功罪	规矩	鬼神贵贱	寒热		
绝续	军民	开关	寒暑	好歹	好恶	黑白	横竖	
劳资	劳逸	利弊	横直	呼吸	呼应	缓急	吉凶	
录放	卯榫	明灭	嫁娶	稼穑	将士	交接	教学	
浓淡	起伏	起降	斤两	借贷	今昔	进出	进退	
起讫	起止	阡陌	经络	考妣	快慢	宽窄	来回	
权责	任免	枘凿	来去	来往	老少	老小	老幼	
僧尼	商贾	赏罚	冷暖	离合	利钝	利害	廉耻	
伸缩	时空	士女	买卖	矛盾	没有	男女	南北	
收支	舒卷	松紧	内外	平仄	婆媳	铺盖	前后	

续表

普通话		续表
A	清末民初西南官话 B	C
锁匙 天壤 翕张 遐迩 向背 消长 霄壤 行藏 休戚 序跋 轩轾 扬弃 依违 异同 抑扬 因果 隐现 盈亏 幽明 余缺 臧否 凿枘 增删 赠答 涨落 质量 正误 主次 主从 装卸 作息	乾坤 亲疏 轻重 曲直 取舍 去就 去留 人物 日夕 日夜 日月 荣辱 僧俗 山水 上下 身心 参商 深浅 升降 生死 胜败 胜负 师弟 始末 始终 是非 是否 收发 手脚 手足 首尾 授受 输赢 水火 水陆 朔望 死活 夙夜 损益 题跋 天地 天渊 吞吐 往返 往复 往还 往来 忘记 忘怀 文武 问答 先后 消息 兴衰 兴亡 行止 虚实 言行 妍媸 炎凉 阴阳 优劣 宇宙 原委 源流 远近 早晚 皂白 瞻顾 朝夕 真伪 枝干 中外 中西 昼夜 子女 姊妹 横直 纵横 祖孙 左右	

由表2-2可见,清末民初西南官话文献中的反义复合词与普通话《现代汉语词典》中的反义复合词大部分重合,只有少部分存在差异。其中"红黑""横顺"算是西南官话特色词,但与普通话中的"死活""反正"等一样,都可作副词,表示"无论如何"义。为什么这些不同词素构成的反义复合词能成为同义词?其中或许还有值得深究的认知机制。限于篇幅,将另文讨论。

3. 连动复合词

连动复合词是指构成语素之间语义上具有时间先后、因果、目的等关系的联合式复合词,如:

开释 见识 开设 收留 赎取 管束 责罚 帮扶 抚养
孝敬 护送 涵养 退还 换洗 教化 移栽 移交 印刻

以上这类复合词内部的两个语素在语义上或具有时间先后关系(如"移栽",有"先移后栽"的语义关系),或具有因果关系(如"孝敬",有"因孝而敬"的语义关系),或具有目的关系(如"教化",有"教是为了化"的语义关系)。这类复合词在清末民初西南官话文献、同期北京官话文献以及普通话语料中都能见到。

二 偏正型复合词

偏正型复合词是指语义上前一个语素处于修饰地位、后一个语素处于中心地位的复合词,具体包括定中型和状中型两类。

定中型:礼房 后患 棉花 花筒 教友 经堂 地势
状中型:相涉 飞跑 溺爱 暗算 干烘 游击 干咳

定中型偏正复合词多为名词,词内后一个语素为中心语素,前一个语素起修饰或限制作用;状中型偏正复合词多为动词,词类后一个语素为中心语素,前一个语素表示行为方式、状态等意义,起修饰作用。这两类偏正型复合词在清末民初西南官话文献中都有不少词例,与普通话有高度的一致性。

三 补充型复合词

补充型复合词是指语义上后一个语素对前一个语素起补充说明作用的复合词,如:

睡酣 烧化 盘起 说通 拴倒 放平 剥开 隔断 刷把

以上复合词中,前一个语素处于中心地位,后一个语素对前一个语素表示的动作行为造成的结果状态进行补充说明,前后语素间形成语义上的补充关系。就清末民初西南官话文献中的词例来看,这类复合词多为动词。

值得注意的是"刷把"类复合词,后一个语素由量词而来,补充说明前一个语素所指对象的计量单位,类似的词还有"藤条、米粒、扫把"等。这类词有的学者将之归为"名量型复合词",与"补充型复合词"等并列为复合词的下位小类,本书参照黄伯荣、廖序东《现代汉语》的处理方式仍然将之归于"补充型复合词"小类下。

四 动宾型复合词

动宾型复合词是指动词性词根和名词性词根组合且前后具有支配关系的复合词,如:

伸冤 斟酒 乘凉 掌梢 示众 罢市 失格 脱壳

解手　说亲　放水　漏水　发体　煮饭　闹房　该账

以上这类复合词中，前一个语素是动词性的，后一个语素是名词性的，语义上前一个语素对后一个语素有支配作用，两语素间形成动宾关系。对比清末民初西南官话和普通话中的动宾型复合词，可以发现有较多的词项重合。

五　主谓型复合词

主谓型复合词是指前后两个语素之间存在陈述和被陈述关系的复合词，如：

时兴　自责　自主　胆敢　体弱　地震　心累

这类复合词中，前一个语素是被陈述的对象，而后一个语素是陈述内容，前后两个语素之间具有主谓关系。这类复合词在清末民初西南官话文献中出现的词项实例较少。

六　同素异序复合词

汉语同素异序复合词存在南北方言对立的情况，比如，以北京话为代表的北方官话中的"客人""公鸡""母鸡"等，在西南官话、湘方言、粤方言、闽方言、客家方言等南方汉语方言中则表现为"人客""鸡公""鸡母"等（张一舟等 2001：17）。岑麒祥（1953）、桥本万太郎（1985）等认为，这是北方阿尔泰语和南方南亚语分别影响的结果。

单就当代西南官话而言，与北京话同素异序的词就不少。以当代成都话为例，张一舟等（2001：17）就列示了多个同素异序实例，如：

表 2-3　　　　当代普通话与成都话中的部分异序复合词

成都话	普通话
闹热	热闹
堰塘	塘堰
人客、客人	客人
鸡公、公鸡	公鸡
鸡婆、鸡母、母鸡	母鸡

本书将上表中的词语分别在清末民初时期的北京官话文献和西南官话文献中进行检索对比，得到的结果如表2-4所示（文献语料中没有的词项不记入表格，括号中的数字表示出现频次）。

表2-4　清末民初北京官话文献和西南官话文献中的部分异序复合词

清末民初北京官话	清末民初西南官话
热闹（87）	热闹（3）、闹热（12）
客人（76）	客人（11）
公鸡（3）、鸡公（1）	鸡公（3）
母鸡（5）、鸡母（1）	母鸡（1）

对比表2-3和表2-4可得到如下结论：

第一，就"热闹"这个词而言，清末民初北京官话只有"热闹"这种格式，但西南官话同时存在"热闹"和"闹热"两种格式，只是"闹热"的出现频次大得多。

第二，就"客人"而言，清末民初北京官话文献和西南官话文献不存在同素异序对立。

第三，就"公鸡"而言，清末民初北京官话是"公鸡"和"鸡公"并存，只是"公鸡"出现频次高一些；而同期西南官话则只有"鸡公"这一种形式。

第四，"母鸡"这个词在清末民初北京官话和西南官话中的表现基本一致。

由以上可见，仅就本书所掌握的文献来看，清末民初南北官话同素异序对立并不如当代成都话与北京官话的同素异序对立那么分明。

第三节　重叠式构词

重叠式构词是用词根重叠构成合成词的一种构词方式，这种手段所构成的词一般称为重叠式合成词。清末民初西南官话文献中有不少重叠式合成词，目前所找出来的都是名词，包括物人名词和称谓名词两类。

一 重叠式物人名词

物人名词是指指称事物或人物的名词。清末民初西南官话文献中重叠式物人名词总体上指物的较多,指人的较少,如:

指物类: 根根　叶叶　壳壳　包包　桩桩　籽籽　花花　身身
　　　　　梢梢　闩闩　罐罐　边边　砣砣　馍馍　飞飞　封封
　　　　　洞洞　哈哈　板板　憨憨　巷巷　笺笺　啫啫　点点
　　　　　条条　香香　丝丝　刚刚　盒盒　圈圈　秧秧　气气
　　　　　斗斗　眼眼　珠珠　影影　底底　垱垱　索索　桶桶
　　　　　坡坡　坎坎　豆豆　果果　杆杆　把把　坝坝　夹夹
　　　　　缝缝　巴巴　嘴嘴　竿竿　棍棍

指人类: 娃娃　嚷嚷①　少少②

以上这类重叠式物人名词所指称的对象大多是人们认知中偏小的事物,在句子中有时会被儿化,如:

(1) 这个娃娃儿唗得狠。(《汉法》)

(2) 你是珠珠儿?用甚么妖法盗皮大豪许多银子?(《跻春台》)

由以上可见,清末民初西南官话中的重叠式物人名词大多有"小称"功能,在当代西南官话口语中,这种功能也仍然存在。

二 重叠式称谓名词

清末民初西南官话文献中的重叠式称谓词主要是亲属称谓词,如:

爸爸　妈妈　叔叔　爷爷　奶奶　哥哥　嫂嫂　姐姐
妹妹　弟弟　舅舅　公公　婆婆　孃孃　姑姑　太太

这类重叠式亲属称谓词在文献中没有儿化的现象,在当代西南官话口语中也较少儿化现象。整体上与普通话的亲属称谓词特征相同。

---

① 嚷嚷:在西南官话中通常指说话做事不可靠的人。如:"你才是个嚷嚷。"(《西蜀方言》)

② 少少:富家仆人用以指称主家年轻公子,如:"少奶奶第二胎一定又是个小少少。"(李劼人《暴风雨前》)

第四节　附加式构词

一　前缀型附加式合成词

清末民初西南官话文献中出现的前缀主要有"老～"和"阿～"两个。

（一）"老～"前缀词

"老～"作为前缀主要构成名词，包括两类：一类用以指称某些动物，另一类则作为称谓词称谓人物。如：

指称动物：老鼠　老鸹（鸦）　老虎　老鹰　老木虫

称谓人物：

a. **老＋籍贯地名**：老陕（对陕西客人的称谓）老广（对广东客人的称谓）

b. **老＋亲属关系**：老表

c. **老＋亲属称谓**：老妈妈　老妈子　老姐子　老哥　老哥子

d. **老＋排行序数**：老大　老二　老三　老五　老六

e. **老＋姓氏**：老李　老张　老王

f. **老＋其他语素**：老者　老板　老乡　老汉儿

清末民初西南官话文献中，"老＋亲属关系"类型的词只有"老表"这一个，而通过对西南官话口语的调查发现，还有用以称谓儿女亲家或干亲家的"老亲（tɕin⁴）"①。可见，"老＋亲属关系"类型的称谓词确实存在。

清末民初西南官话文献中出现的"老＋亲属称谓"构成的词都用作社会称谓，即被称谓者和称谓者之间不存在亲属关系。而当代西南官话中同结构类型的"老爸""老妈""老姐""老弟"等则可用以称谓相应的亲属。其中"老妈"和"老汉儿"比较独特。"老妈"用以称呼母亲时不能儿化，如果儿化，则是对老年妇女的通称；"老汉"用以称呼父亲时需要儿化，不儿化则是对老年男性的通称。"老妈""老汉"在西南官话中儿化功能上的这种相反机制原因是什么？值得深入探究。

---

① 指儿女亲家或干亲家。

（二）"阿~"前缀词

清末民初西南官话文献中，前缀"阿~"构成的词都是称谓名词，具体有三种构成格式：

阿+亲属称谓：阿爷　阿妈　阿弟　阿婆

阿+排行序数：阿二　阿三　阿九

阿+姓名用字：阿龙　阿保

以上三种格式的词都是称谓词，可用于背称，也可用于面称，在当今中国西南部分地区的口语中仍然有人在用。

二　后缀型附加式合成词

普通话中常见的后缀"~子""~儿""~头"在清末民初西南官话文献中的出现频次也较高，这显示了西南官话与北方官话一致性的一面，不过在细节上存在一些不同之处。此外，"~夫""~伙""~家""~巴"等也是清末民初西南官话文献中常见的后缀。

（一）"~子"缀词

清末民初西南官话文献中，以后缀"~子"构成的词多为名词，涵盖了人们生产生活的方方面面。从音节数量上看，主要有双音节的"X子"类和三音节的"XY子"类。

1. 双音节的"X子"类词

双音节的"X子"类词主要由单音节名词附加后缀"~子"而构成。清末民初西南官话文献中的"X子"类词都是名词，主要有指人、指物和指时三类，如：

指人类：贩子　叔子　伙子　分子　夫子　爷子
　　　　　哀子　君子　蛮子　主子　疯子　才子

指物类：扇子　蚊子　桌子　柿子　银子　势子　石子　鹅子
　　　　　礅子　条子　梯子　担子　谷子　租子　摊子　颈子
　　　　　方子　弯子　面子　书子　架子　板子　树子　帘子
　　　　　皮子　秧子　刷子　绳子　漏子　耳子　法子　甄子
　　　　　枋子　房子　轿子　鸭子　痘子　飞子　痱子　粉子
　　　　　窗子　蜂子　列子　缝子　麸子　胡子　料子　袄子
　　　　　桌子　椅子　鞍子　箱子　性子　尺子　骡子　额子

鞋子	梁子	袜子	带子	尖子	海子	炉子	衫子
虫子	竿子	簿子	洞子	罐子	照子	梢子	瓶子
牌子	筏子	褂子	对子	庙子	轮子	单子	袄子
酱子	蕹子	疹子	汉子	摆子	褟子	帕子	翎子
虾子	匣子	缎子	班子	猴子	杏子	癞子	帖子
样子	盒子	响子	蝎子	旺子	泡子	笼子	包子
窝子	尾子	哥子	帽子	划子	矿子	胰子	柑子
靴子	芽子	载子	棚子	鸡子	关子	腰子	窖子
骰子	缸子	鹞子	叶子	烟子	燕子	泐子	引子
影子	面子	点子	蚕子	丸子	月子	园子	瓢子
院子	裉子	卡子	口子	盖子	桶子	橘子	楠子
坎子	间子	虱子	羔子	肝子	钉子	糠子	稿子

指时类：日子

由以上可见，清末民初西南官话文献中，后缀"~子"较为活跃，有着较高的分布频率，所构成的名词，以指物类最多。这一点与普通话相比，有较多的一致性。

2. 三音节的"XY子"类词

三音节的"XY子"类词主要由双音节名词附加后缀"子"而构成，从意义上看主要有指人、指物、指事、指时四类，如：

指人类：孤哀子　叫化子　夹舌子　小神子

指物类：苍蝇子　白雨子　干田子　青杠子　蚬拉子　刨花子　蚂蚁子

指事类：嘴巴子　耳巴子

指时类：今年子　明年子　后年子　去年子

总体上看，"XY子"结构类型的词以指物类的词为多。

3. 三音节的"AA子"类词

三音节的"AA子"类词主要由单音节名词A重叠后再加后缀"~子"而构成。这类词不多见，田野调查过程中只在毕节和宜宾乡村部分老人口中有发现，一般用于指称较小的事物，如"缝缝子""棍棍子""眼眼子"等。这类词在清末民初西南官话文献中未曾发现。文献中出现的"AA子"类结构有"少少子""暗暗子"之类的形容词生动形式，不属于这里要讨论的"AA 子"类词。

(二)"~儿"缀词

清末民初西南官话文献中以"儿"作为后缀构成的词不多,且多为名词,主要有"X 儿""XY 儿""XX 儿"三种格式类型。

1. "X 儿"类

"X 儿"类词由单音节名词附加后缀"儿"构成,发音时"儿"独立占据一个音节,如:

猪儿、狗儿、牛儿、兔儿、杯儿、伴儿、猫儿、胡儿

普通话中,"X 儿"结构中的"儿"如果独立为一个音节,往往有实义,是一个词根,如"孤儿"。而清末民初西南官话文献中出现的这类名词中的"~儿",虽然独立为一个音节,但并没有实义,是虚语素,是典型的名词后缀,张一舟等(2001:22)称之为"儿尾",本书据此把这类"X 儿"结构词称为"儿尾词"。

2. "XY 儿"类和"XX 儿"类

"XY 儿"类词通常是一个非重叠的双音节名词加儿尾词构成的,但其中的"儿"在发音时往往是儿化形式,即在前一个字音基础上加卷舌动作,不独立作为音节存在,如:

兽头儿　差头儿　想法儿　夫头儿

"XX 儿"类词是重叠式名词的儿化形式,如:

杯杯儿　丝丝儿

张一舟等(2001:22)将以上"XY 儿"和"XX 儿"两类都称为"儿化词",本书沿用这种称法。这两类"儿化词"与普通话的儿化词表现基本一致。

(三)"~头"缀词

后缀"~头"构成的词多为名词,意义上有三类:一是用以指称人或事物,二是表示方位,三是表示实施行为的价值。

1. 表示人事物的"X 头"词

后缀"~头"构成的指称人或物的词较多,通常由名词性语素或动词性语素带后缀"~头"而构成,与普通话中的"~头"缀词有较多的重合。如:

Ⅰ. 名词性语素 + "~头"

名词性语素带词缀"~头"构成的名词相对较多，从意义上看，有指物、指人、指时三类，以指物的居多。

指物类：石头　舌头　树头　壁头　稍头　屋头　心头
　　　　　柱头　门头　斧头　檀头　骨头　号头　芋头
　　　　　酵头　房头　码头　胯膝头

指人类：丫头　夫头

指时类：年头　开头

Ⅱ. 动词性语素 + "~头"

动词性语素带词缀"~头"构成的名词不多，意义都与人的行为或心理有关系，如：

行头　想头　念头　靠头

值得注意的是，以上这类由动词性语素带后缀"~头"构成的"V头"结构词，通常作为一个凝固的结构指称某种事物或现象，是名词，与后文要讨论的表示实施行为价值的"V头"结构有所区别。其中部分词既可指称某种事物现象，也可表示实施行为 V 的价值，如"想头"，在"你这想头又不对呀！（《波》）"中等同于名词"想法"，在"姑娘家哩，倒不要紧，着人调戏下子，还有想头，像我们有儿有女的妇人家，何犯着去受那些难过呢？（《波》）"这样的句子中则表示"有想的必要性"或"有想的价值"。从功能分布上看，这两种意义的"想头"是有区别的：与"想法"同义的"想头"可以受指示代词"这、那"等修饰（如"你这想头"），也可以受"的"字结构定语的限制（如"妇女的想头"），还可以受一般行为动词支配［如"丢想头（《西语译汉入门》）"］，而表价值义的"想头"则只能作存现动词"有"或"没有"的宾语。

2. 表示方位的"Y头"词

表示方位意义的"Y头"词具体有两小类，一类由方位词带后缀"~头"构成，另一类由事物名词带后缀"~头"构成，如：

Ⅰ. 方位词 + "~头"

上头　下头　里头　外头　前头　后头

Ⅱ. 事物名词+"～头"

高头①　乡头　城头　地头　怀头

Ⅰ类"方位词+头"结构词的方位意义由其中的方位词素决定，而Ⅱ类"事物名词+头"结构词中的方位意义则由"头"决定，通常表示"在……里面"的意义，如"高头"表示"在物体顶部区域里"，"地头"表示"在地里"，"城头"表示"在城里"，"乡头"表示"在乡里"。

3. 表示实施行为价值的"V头"词

这类词一般由动词V带后缀"～头"构成，常用于存现句表示值得实施行为V，或实施行为V的必要性，如：

看头　做头　听头　玩头

这类"V头"结构词只有在"有""没有""没得"等存现动词句中作存现宾语时，才能表达"值得实施行为V"或"有实施行为V的必要性"等意义，如：

（1）没得啥子看头。(《汉法》)

（2）老表，你的生意既然没做头，我来举荐你改一个行！(《波》)

清末民初西南官话文献中，与这类"V头"词功能和意义相同的还有"V场""V法"两种结构词，《华西官话汉法词典》第194页直接指明了三者可以互换，如：

（3）没得什么看头。(《汉法》)

（4）没得什么看场。(《汉法》)

（5）没得什么看法。(《汉法》)

由以上可见，三类结构中的"V"和后面的"头""法""场"结合得较为松散，或者说"头""法""场"似乎不能独立表示"值得实施行为V/实施行为V的必要性"这样的价值意义，需要依赖存现句结构才能传达出相关意义。由此看来，这三个成分有助词特点，所以邓红燕等（2020）、杨曼曼等（2020）、陈雪东等（2020）分别将三个成分作为助词来看待和讨论。张超、林华勇（2021）也将三个成分作为助词来看待，并认为相应的行为价值义源于所在的句子结构，即"值得实施行为V/有

---

① 西南官话中"高"可以指物体的顶部，"高头"有时也说成"高底"或"高上"，与"底下"相对。

实施行为 V 的必要性"是构式义。这类讨论对深度认识西南官话中的后缀"~头"等有积极价值，但暂未形成定论。考虑到前贤学人等一直将这类"V 头"结构作为后缀式名词，本书也暂将上述"V 头"类结构视为动词 V 加后缀"~头"构成的名词。

（四）"~夫"缀词

清末民初西南官话文献中，后缀"~夫"可以附着于某些名词或动词性语素之后构成名词，用以指称专门从事某种苦力活的人，如：

轿夫 马夫 车夫 挑夫 脚夫 船夫

这类词在普通话中也较为常见，意义较容易理解，在此不再展开讨论。

（五）"~伙"缀词

后缀"~伙"可以附着于某些关系名词或类属名词之后，构成带有类属意义和复数意义的名词，如：

弟兄伙 哥弟伙 官员伙 妇人伙 亲戚伙 娃儿伙

上述这类"X 伙"结构词都有某种类属义和复数义，一般用于指称一个群体，前面不能带单数意义的限定性定语，如：

（6）从前在营盘里当哨官当管带时，常有这回事，把弟兄伙喊来，演说一篇，粮子上叫做训话。（《波》）

（7）这样跟老子们下不去？那不行！老子们非同他们娃儿伙争一争不可！（《暴风雨前》）

例（6）中"把弟兄伙喊来"如果说成"把那个弟兄伙喊来"在云贵川渝等地的居民看来不合语感，而要说成"把那个弟兄喊来"才自然。同样，例（7）中"非要同那个娃儿伙争一争"不被接受，要说成"非要同那个娃儿争一争"才自然。可见，"X 伙"类名词通常是不定指的。

（六）"~家"缀名词

清末民初西南官话文献中的"~家"，和普通话中的"~家"一样，可以附着在某些名词或动词性语素后面，构成名词指称在某方面较为擅长或精于某个行业的人，如"行家、实行家、玩家"等。当然，清末民初西南官话中的"~家"也有独特的功能，还可以附着于某些通指某类人的名词后构成带类属意义的名词，如：

娃儿家 婆娘家 姑娘家 男子家

这类"X家"结构的词,X部分通常带有身份义素,整词常用于带有评价义的句子,如:

(8) 你们<u>婆娘家</u>,只晓得吃饭睡觉,别的大事,你晓得吗?(《波》)

(9) <u>娃儿家</u>,见了妈妈是要闹的。(《死水微澜》)

(10) 哥哥,你是<u>男子家</u>,却不能尽这样糊糊涂涂地过下去。(《暴风雨前》)

由以上例句可见,"X家"结构词所在句子都有一定的评价义,一般其后续语词会表达"X家"结构指称对象"应当"或"不应当"怎么样的意义。这种结构的词在当代西南官话口语中仍然较为常见,甚至"X"部分还可以加描写性定语,如"小姑娘家""小娃儿家""正经婆娘家"等。如此看来,这些词中的语素"家"与"X"部分的结合较为松散,看作助词也有一定的道理。

(七)"~巴"缀名词

清末民初西南官话文献中,后缀"~巴"常附着于一些名词性语素,构成名词指称某些事物。具体来说有三类:一类是身体部位名词带"~巴",一类是事物名词带"~巴",再一类是其他语素带"~巴"。

Ⅰ. 身体部位名词+"~巴"

耳巴 嘴巴 牙巴 尾巴 脚巴 脸巴

Ⅱ. 事物名词+"~巴"

泥巴 土巴 盐巴 荬巴 锅巴 肋巴

Ⅲ. 其他语素+"~巴"

张巴 干巴 结巴

以上Ⅰ和Ⅱ两类"X巴"结构词都是名词,而Ⅲ类则为形容词。

另外,"巴"重叠后可以附着于一些形容词构成"A巴巴"结构的形容词生动形式,如"干巴巴""远巴巴""黑巴巴""凶巴巴"。当代西南官话中这种形容词生动形式仍然丰富和常用,如"松巴巴""净巴巴";甚至其中的形容词由单音节扩展到了双音节,如"可怜巴巴"。这类"A巴巴"结构词表达的意义通常为说话者主观上不愿接受的状态。

三 中缀型附加式合成词①

和普通话一样，清末民初西南官话文献中出现的中缀型附加式合成词不多见，目前所见的中缀有"里"和"巴"两个。"巴"所构成的词在文献中有"稀巴烂""假巴意思"两个，在当代西南官话中也未发现其他的词项；"里"在文献中只有"糊里糊涂"一个，但当代西南官话口语中类似结构却不少，如：

傻里傻气　小里小气　古里古怪　怪里怪气　娇里娇气

妖里妖气　奶里奶气　乃里乃拐　邋里邋遢　土里土气

这类结构可概括为"X里XY"结构，可算是一种插入拷贝结构，即一个双音节词"XY"插入中缀"里"后再拷贝第一个音节"X"而构成的合成词（也可定为固定短语），如"糊里糊涂"，就是"糊涂"插入中缀"里"后，再拷贝第一个音节"糊"在后面而构成的。这种结构整体词性与原型"XY"相同，但意义程度色彩上往往更深。从感情色彩上看，这类"X里XY"结构词多为贬义词；从词性上看，这类结构词一般为形容词，而且属于状态形容词，不能受程度副词修饰。

---

① 本书把多音节词中间无实义的音节统称为"中缀"。

第三章

部分语法范畴

第一节 名词的小称

汪国胜、刘大伟（2020）综合曹志耘（2001）、沈明（2003）、汪国胜（2007）、方梅（2007）、林华勇（2008）等各家观点后指出，小称是"用一定的语法形式表示'小量'的语义语法范畴，有的附加一定的情感意义"，"汉语方言中表达小称的语法手段有附加式、重叠式、变音式等"。本书考察发现，清末民初西南官话和当代西南官话的小称手段包括了变音式、重叠式、附加式三种。

一 变音式小称

结合当代西南官话口语实际来看，清末民初西南官话变音式小称主要出现在阳平调的单音词的小称表达上。阳平调单音节词重叠后，后一个音节需变调为阴平才能表达小称，如：

砣砣　麿麿（馍馍）　凭凭（盆盆）　坛坛

以上这类结构可称为 AA 式，从文字上看是重叠式。但仔细考察以上的例子会发现，它们的小称义并非重叠手段带来的，因为尾字不变调的情况下，它们并无小称义。如"砣砣"读为"$[t^huo^{21}t^huo^{21}]$"没有小称义，但读为 $[t^huo^{21}t^huo^{44}]$ 则有小称义。"馍馍""盆盆""坛坛"等都具有同样的特点。这说明该结构的小称表达应当与尾字的变调有关，属于变音式小称。

结合西南官话当代口语的语音实际来看，阴平调的重叠结构如"边边""身身"等，上声调的重叠结构如"坎坎""板板"等，去声调的重叠结构"钻钻"等，后一个音节都不变调，整个结构也没有表达小称的意义。

由以上可见，清末民初西南官话中的变音式小称只适用于阳平调语素构成的重叠结构。

二 重叠式小称

重叠式小称主要适用于去声的单音节名词，如"路路""洞洞""桂桂""柱柱""缝缝""巷巷"等。刘大伟（2022）认为，"重叠式小称"是汉语方言小称的重要表达手段之一，包括单音节重叠（AA）、双音节重叠（AABB、ABB、AAB）、三音节重叠式（ABCC）等不同类型，还可以在重叠基础上附加"子"或"儿"。本书考察发现，其中"AA""AA儿""AA子"等在西南官话中都有分布。孙敏（2020）、蒋协从和唐贤清（2016）等的研究也有类似结论。这些学者的结论用于西南官话，似乎概括范围过大。事实上，西南官话的重叠式小称可能只针对去声的单音节名词而发生。

当然，以上所谈的是西南官话自然口语的现象，不包括面对婴幼儿所说的"儿语"。"儿语"名词常用重叠手段表小称，基本不考虑声调，如阴平声的"车车""羹羹"，阳平声的"篮篮"，上声的"㞎㞎""奶奶"[①]，去声的"饭饭"等。

三 附加式小称

附加式小称即在前后附加有关成分表达小称义的手段。包括儿尾小称、儿缀小称、子尾小称、"小X"小称、"奶X"小称等。

（一）儿尾小称

儿尾小称是指在原结构"X"后面增加一个音节"儿"构成"X儿"来表达小称义的一种手段，如"牛儿""刀儿"等。这类"X儿"结构中的"儿"是一个独立音节。清末民初西南官话文献中这类表达小称义的"X儿"词语大多以日常生活常见事物或动物为指称对象。根据当代西南官话口语实际，这类小称结构中的"儿"的声调有阴平和阳平两种

---

① 指母乳，如"弟弟哭了，要抱给妈妈吃奶奶了（《黄吉安剧本选》）"。

表现。

一是"儿"读作阴平，前一个字多为去声或阳平字，如：

雀儿　羊儿　牛儿　鹊儿　娃儿　兔儿

二是"儿"读作阳平，前一个字多为阴平或上声字，如：

瓜儿　刀儿　尕儿①　猪儿　猫儿　马儿　鸡儿　耗儿

在当代西南官话口语中调查发现，以上只是大体上的规律，实际上有部分词中的"儿"的声调可阴平，也可阳平，如"猫儿"的"儿"，就有阴平和阳平两读，但两种读音在意义上并无区别。

（二）儿缀小称

儿缀小称是指在结构"X"后附加卷舌动作使尾字变成儿化音节的一种小称手段，即末尾的"儿"并非独立音节，只表示一个卷舌动作。清末民初西南官话文献中这类词语不少，如：

身身儿　边边儿　珠珠儿

娃娃儿　钵钵儿

朵朵儿

柱柱儿　缝缝儿　把把儿　卡卡儿

以上例词主体部分都是重叠结构，包括了阴平、阳平、上声、去声四类声调字。可见，清末民初西南官话中，四类声调的单音节词重叠后再儿化，都可以表达小称义。当代西南官话延续着这种特点。

此外，非重叠结构儿化后也可以表达小称义，如：

单音节词＋儿缀：眼儿　事儿　方儿

双音节词＋儿缀：姑娘儿　麻雀儿　醪糟儿　老汉儿　葱花儿　豆花儿　耍痘儿

多音节词＋儿缀：

牵缠粜儿　金钱板儿　脚指拇儿　栽秧苞儿

由以上可见，附加儿缀，即儿化，是西南官话小称的重要手段之一。

（三）子尾小称

子尾小称是指在结构"X"后附加音节"子"而表达小称义的一种小称手段，如"铃子""家子""话子""块子""挂子"等。这类附加

---

① 指肉。

"子"尾表达小称的结构,实际应用中通常还会在前再加定语"小",如"小铃子""小家子""小话子""小块子""小挂子"等。

(四)"小X"小称

在一个普通名词X前附加定语"小"构成"小X"结构表达小量义或少量义,在清末民初西南官话文献中较为常见,如"小钱""小家子""小伙子""小话子""小肚子""小故事""小树林""小奴才"等。这类普通名词加定语"小"的结构通常指称事物或现象。

清末民初西南官话文献中也有取姓名中的一部分带定语"小"构成的小称结构,如"小王""小宝"等;也有亲属称谓词带定语"小"构成的小称结构,如"小妹""小哥""小弟""小婿""小姨子"。

(五)"奶X"小称

清末民初西南官话文献中,对于尚在吃奶阶段的婴儿或动物幼崽,常用"奶X"结构表达小称,如"奶娃""奶娃子""奶娃儿""奶狗""奶猫""奶马""奶牛儿"①,有时也用"奶崽"通称尚在吃奶的婴儿或动物幼崽。

四 名词小称小结

基于清末民初西地官话文献,参考当代西南官话口语可见,清末民初西南官话名词小称形式丰富,包括了变音、重叠、附加等三种手段。变音式小称主要适用于阳平调语素构成的重叠结构,重叠式小称主要适用于去声的单音节名词。附加式小称有儿尾、儿缀、子尾、"小X"、"奶X"等形式。

第二节 名词的复数标记

一 复数标记"些"

清末民初西南官话文献用例显示,清末民初西南官话已普遍用"些"表复数,如:

---

① 重庆,贵州北部、西北部一带西南官话中"奶牛儿"指处于吃奶期的牛崽,不同于"奶牛"。

(1) 人<u>些</u>走了（《汉法》）

(2) 活路<u>些</u>凑倒凑倒的来。（《汉法》）

(3) 菜<u>些</u>都长起来了。（《汉法》）

(4) 账<u>些</u>哈不开。（《汉法》）

(5) 姑奶奶<u>些</u>回来，车钱轿钱更要简便。（《黄吉安》）

(6) 监学<u>些</u>，更不说了，一个个都变成了缩头乌龟！（《波》）

(7) 都是关在城里，想出去又出去不到的乡下人<u>些</u>。（《波》）

(8) 老子不哄他们，我是要心疼<u>我幺女些</u>哟。（《黄吉安》）

以上用例中，例（1）至例（7）中的复数标记"些"前的名词大多为可数的通指性名词，所构成的"N些"结构表达的是真性复数。而例（8）中的"我幺女"特指确定的个体对象，加"些"后表达的是连类复数①。

张一舟等（2001：46－48）指出，成都话中的"些"往往还有表确指的意思，尤其是真性复数的"些"。清末民初西南官话文献中的用例对此观点提供了支持，比如例（1）中的"人些"，例（2）中的"活路些"，例（3）中的"菜些"等，在说话人看来都是确指的，或说有定的。

二 复数标记"们"

清末民初西南官话文献中，"们"一共出现了3946次，基本上都是附着于人称代词或名词之后表复数意义，与普通话中的"们"的功能大体一致，如：

(9) <u>我们</u>吃亏。（《西语》）

(10) <u>你们</u>打牌我来一个。（《汉法》）

(11) <u>他们</u>是一路来的。（《西蜀》）

(12) <u>轿夫和挑夫们</u>吃茶吃烟。（《联珠》）

从分布环境上看，"们"出现在人称代词后的频次最高，在《西语》《汉法》《西蜀》《联珠》《捷径》《课程》《黄吉安》《跻春台》《波》《暴风》《死水》11部文献语料中，"我们"出现了1777次，"你们"出

---

① 吕叔湘：《汉语语法论文集》，科学出版社1955年版，第156页。

现了739次,"他们"出现了815次,综合三项数据可见,三身代词加"们"的复数形式共出现了3331次,再加上一个"它们",人称代词带"们"构成的复数结构共出现了3332次,占了"们"总频次的84%。即其他普通名词带"们"构成的复数结构出现频次只占16%。由此可见,"们"主要附着于人称代词表复数,少量情况下附着于其他名词后表复数。

三 复数标记"伙"

清末民初西南官话文献中,"伙"也可以作为复数标记,但所能附着的名词较为有限,主要有"朋友""弟兄/兄弟""娃儿"等可用作称呼语的名词,如:

(13)劝你们,<u>朋友伙</u>,趁早悔改祈求神饶恕你们一辈子的罪。(《捷径》)

(14)也不算败,只是<u>弟兄伙</u>不服气,不甘心受一个子娃娃的统率。(《波》)

(15)当了副会长,才凭他的力量,把上下几堂<u>兄弟伙</u>召集拢来。(《波》)

(16)老子们非同他们<u>娃儿伙</u>争一争不可。(《暴风》)

结合当代西南官话来看,"婆娘""姑娘""学生""教师"等含身份义的部分词语也可以带"伙"表达复数义,但同时也有类聚义。

结合文献和当代西南官语料语来看,"伙"与"些"和"们"都有差别。"伙"不能像"些"一样可用于事物名词后,也不能像"们"那样可用于人称代词后,甚至也不能用于一些可作自称词的名词后,如"老子们"可说,"老子伙"不能说。

从当代口语实例上看,"X伙"结构还可以再带复数标记"些",如"兄弟伙些""娃儿伙些"等,也可以带大于等于二的数量定语,如"两个兄弟伙"。张一舟(2001:53)就详细讨论了这种现象,指出"伙""已丧失表复数的功能","转化为构词词缀或者说准构词词缀了"。"伙"作为词缀构成的"X伙"复数义弱化,类聚义突显。

四 复数标记小结

清末民初西南官话文献中出现的复数标记有"些""们""伙"三个，但三个标记并非平行地存在，而是各有侧重。"些"主要附着于确指性的事物名词表达复数，"们"主要附着于人称代词或部分指人名词表达复数，"伙"则仅附着于少量具有称呼语功能的名词后表复数，并有类聚义。

第三节 动词的体貌

一 体貌概述

"体""貌""态"三个术语内涵目前界限很不清晰。戴耀晶（1997：5）认为，"体"是观察时间进程中的事件构成的方式。吕叔湘（1999：16）将动词的"态"分为进行态（持续态）、完成态、经验态、短时态（尝试态）、可能态五类。张一舟等（2001：56）指出，"体"主要指"动作行为的进程，例如开始、进行、完成"；"貌"主要指"动作行为所处的特定状态，如短时、反复等"。可见，"体""貌""态"三者相互交叉，难以划清界限。有学者干脆将三者整合为"体貌"，比如，陈前瑞（2008：92）认为，"凡是跟情状的内在时间结构相关的价值都属于体貌的范畴"。为了更好地展示和描写清末民初西南官话文献中动词的有关时间结构进程、情态等的特点，本书也采用"体貌"这个术语，将其表达的内容按动作事件时间结构笼统地分为将然体、起始体、持续体、实现体、经历体、先行体、反复体、短时体、尝试体等。在清末民初西南官话文献中，各种体的表达都有词汇和语法两种手段。词汇手段主要是在状语位置采用情态动词、副词等，语法手段则包括后附助词和结构调整等。以下只讨论动词体范畴的语法表达手段。

二 将然体

将然体是动作行为还没有发生但即将开始的状态，或说是临近开始的状态。根据张一舟（2001：59）以及当代西南官话口语实际，西南官话中表达将然体的结构有"要V要V""要V不V""倒V不V"等，但清末民初西南官话文献中只发现了"倒V不V"这一种结构，如：

（1）给他点东西，他倒要不要的。(《汉法》)

结合当代口语来看，"倒V不V"中的V多为单音节动词，不含结果义的双音节动词一般也可进入这个结构，如：

（2）那个车在前头倒走不走的。

（3）那个车在前头倒想走不想走的。

（4）他家那房子，他倒修整不修整的。

而"提高""打破"等含结果义的动词不能进入"倒V不V"结构。

三 起始体

起始体表示动作行为进入开始状态。清末民初西南官话文献中较常见的起始体表达手段是"V+起来"结构，这在普通话中也常见，因此本书不拟赘述。此外，清末民初西南官话文献中还有"V+开了""V了+开来""V了+开去""开+V"等结构手段被用以表达起始体。

（一）V+开了

"V+开了"结构中的"V"通常是状态义动词或抽象行为动词，如：

（5）天亮开了。

（6）你们回来之后，绝口不要提说一字，就是怕传开了。(《死水》)

（7）与其等别人干开了，自己才挤上去，那吗，好油汤都着别人(《波》)

这种结构中，如果"V"为动作动词，则"V+开了"可能存在歧义，可以理解为一个普通的动补结构，也可以理解为表示行为开始的起始体结构，如："挖开了"，可以表示"把某物挖开了"，如"他们把墙挖开了"；也可以表示挖的行动开始了，如"他们没等口令下达就挖开了"。

（二）V（了）+开来

这种结构中，"V"如果是单音节动词，通常要带"了"；"V"如果是双音节动词，则可以带"了"，也可以不带"了"。如：

（8）我倒不像那些没脸的，着警察一喊，又打了开来。(《波》)

（9）消息传播（了）开来。

（三）V（了）+开去

这种"V（了）+开去"结构中，"V"的音节数也是可单可双。如果为单音节，一般要带"了"；如果为双音节，则"了"可带可不带。如：

（10）可见一个人做事，稍为差一点，众人一传开去，以后就不管是啥子人干的过恶，都一齐……（《波》）

（11）传将开去，那才笑话哩！（《死水》）

（四）开+V

"开+V"结构中，V通常为单音节动词，在清末民初西南官话中此类用例不少，如：

（12）这个墙开折了。（《汉法》）

（13）开挖一个槽沟。（《汉法》）

（14）讲评书的开讲三国。（《联珠》）

（15）金又上二将，与杨开打，杨杀死二将下。（《黄吉安》）

（16）心慌忙步踉跄努力开跥。（《黄吉安》）

（17）以前当警察署员时，开办狗捐，喂狗的都须去领铜牌。（《波》）

（18）我们现在已经在开办了。（《波》）

（19）你们开办小学，真是当今要紧之举！（《暴风》）

（20）等将来开奠出殡时，办热闹些，庶几可免旁人议论。（《暴风》）

需要注意的是，"起始"有时也会被看作一个持续变化的过程，所以"开+V"有时可以出现表进行义的副词"在"，如例（18）。

四 持续体

持续体是指行为动作或特定状态在特定时间段内持续进行或存在的状态，具体包括进行体、延续体、存在体三种。

（一）进行体

进行体表示行为动作正在进行。清末民初西南官话文献中的进行体表达主要借助助词"倒""起""倒起"等来实现，构成的进行体表达结构主要有"V倒""V起""V倒起"等。

1. V 倒

表进行体的"V 倒"可接宾语,也可不带宾语,如:

(21) 靠倒树子。(《西语》)

(22) 我在中间夹倒。(《汉法》)

(23) 拿条子支倒。(《西蜀》)

表示进行体的"V 倒"中,V 通常是可持续动词,如果是非持续动词,则变成动补结构,如:

(24) 你捡倒,你捡起来。(《汉法》)

某些动词兼具[±持续]义,所以句子就存在歧义,如:

(25) 钉子挂倒衣裳。(《汉法》)

例(25)既可以理解为静态的景象,可变换为"衣裳挂在钉子上",也可理解为动态的场景,可变换为"衣裳被钉子挂着了"。

2. V 起

当代西南官话中,表示进行体的"V 起"中,"起"有 $[tɕi^{41}]$ 和 $[tɕ^hi^{41}]$ 两种发音,即送气和不送气的舌面前辅音声母并行用于拼读"起",而《华西官话汉法词典》中只记录了 $[tɕ^hi^{41}]$ 这个读音。两种读音对"V 起"的语法意义没有影响,即都表示动作行为正在进行。从句法功能上看,表进行体的"V 起"可以作谓语,也可以作状语。

"V 起"可独立作谓语,也可作谓语中心带宾语,如:

(26) 眼睛蒙起了。(《西语》)

(27) 把腰杆伸起。(《西蜀》)

(28) 筏子冲在鱼嘴上搁起了。(《西蜀》)

(29) 跷起二郎腿。(《汉法》)

(30) 耸起一个肩头。(《汉法》)

"V 起"可独立作状语,也可以带宾语后作状语,如:

(31) 摸起走。(《西语》)

(32) 排起走。(《西语》)

(33) 仰起睡。(《西语》)

(34) 侧起耳朵听。(《西蜀》)

(35) 仄起身子过。(《西蜀》)

以上例（31）到例（35）都是"VP$_1$＋VP$_2$"的结构，形式上是一种连谓结构，但意义上 VP$_1$ 表达的是 VP$_2$ 得以实施的方式，起修饰作用，故本书从语义出发，将 VP$_1$ 分析为状语成分。

"V 起"也可以在状语位置重叠突显强调一种进行状态，如：

(36) 肚皮绞起绞起痛。(《汉法》)

总体而言，清末民初西南官话文献中的"V 起"及其带宾语后构成的动词短语可以充当谓语或状语；"V 起"在状语位置重叠可使某种状态得到突显强调。

3. V 倒起

当代西南官话口语中，"V 倒起"也表示进行体，常作状语成分，如：

(37) 按倒起洗。

(38) 稳倒起做。

清末民初西南官话文献中类似的例子只有一例，如：

(39) 壅倒起看。(《汉法》)

以上这类"V 倒起"可能是"V 倒"和"V 起"的融合结构，所以具有与"V 倒""V 起"一致的功能。

(二) 延续体

清末民初西南官话文献中，"下去"作为趋向动词充当其他动词的补语时，可以表示动作的方向（如"按下去"），也可以表示行为状态延续的体貌意义。

"V 下去"要表达延续体意义，其中的"V"通常不能是位移义动词（如"插"），也不能是消失义动词（如"萎"），而一般是偏抽象的行为动词（如"忍"）、言说动词（如"说"）、心理动词（如"想"）等。

从文献用例上看，"V 下去"中 V 为可持续性的偏抽象的行为动词的用例较多，如：

(40) 如其我们长远的捐下去呢？(《波》)

(41) 我们的文明举动，仍旧为我们维持下去，始终做到官民合作。(《波》)

(42) 岑宫保不来，这乱事只有拖延下去。(《波》)

(43) 一个这样，两个也这样，亏她们还有心肠活下去！(《波》)

（44）如其再这样因循下去，四川的大乱是要引动的……（《波》）

（45）你顺竖要打岔，听孙大哥说下去嘛！（《波》）

（46）如其老赵这样硬将下去的话，有后患？（《波》）

（47）若其让他搞下去，以后街面又不会清静了。（《波》）

（48）这一下，乱将下去，那就不像七月十五以后了……（《波》）

（49）要是太太平平的，大家苦一点，倒还可以拖下去。（《暴风》）

（50）哥哥，你是男子家，却不能尽这样糊糊涂涂地过下去。（《暴风》）

（51）要是容他们比赛下去，我们学生一定会失败到得零分的！（《暴风》）

（52）从破身以后，月经总是乱的。我现在真不想再干下去了，人也吃大亏！（《死水》）

（53）今天，你安心同着这鬼女子就这样混下去吗？（《死水》）

有时 V 表现为谓词性短语，如：

（54）我们总不能就这样的任其不生不死下去！（《波》）

有时"V"和"下去"之间有补语标记"得"，如：

（55）做事要合式点，人些才舒服得下去。（《汉法》）

（56）杜十娘她如今很过得下去了，怎气得死。（《黄吉安》）

（57）我的妻呀！你当真就嫁了吗？叫为夫怎么想得下去！（《脐》）

（58）自己也觉得，并不老，精精神神的，怎叫我糊涂得下去哩！（《暴风》）

表达延续体意义的"V 下去"对应的否定形式通常为"V 不下去"，如：

（59）忍不下去。（《汉法》）

（60）心服不下去。（《汉法》）

（61）处不下去。（《西蜀》）

（62）大家叫我念，我几乎念不下去，听的人全是流眼抹泪的。（《波》）

（63）我哩，就由于良心坏不下去，所以到三十多岁了，还是故我依然。（《暴风》）

总体上看，表延续体的"下去"虽然仍在补语位置，但已经没有了动作方向的意义，整体上更加虚化。也就是说，趋向动词"下去"在偏抽象的行为动词、言说动词、心理动词等之后作补语时，方向意义弱化，正朝着表延续体意义的助词方向语法化。

（三）存在体

存在体表示动作行为的静止状态的持续，当代成都话中用"V起……（得/在/哩）"句型表达（张一舟等 2001：68-69），云南、贵州等地西南官话中则常用"V起的"结构来表达，其中"的"实际发音有 [tei⁴⁴] 和 [lei⁴⁴] 两种。清末民初西南官话文献中表存在体的结构也是"V起的"，通常可独立成句，也可充当谓语或判断句宾语。

"V起的"独立成句，如：

（64）悬挂起的。（《西语》）

（65）搁起的。（《汉法》）

（66）鼓起的。（《汉法》）

"V起的"充当谓语，如：

（67）帕子包起的。（《汉法》）

（68）他两个反起的。（《西蜀》）

"V起的"充当判断动词"是"的宾语，如：

（69）他唱经是乔起的。（《汉法》）

（70）他们两个是牯起的。（《汉法》）

（71）他们两个是扣起的。（《汉法》）

（72）毛是卷起的。（《汉法》）

总体上看，表示存在体的"V起的"结构中 V 通常为静态动词，动作义动词如果进入"V起的"结构，通常表示动作持续地反复发生，如"作业他写起的"，表示"写"的行为在说话当下持续地反复发生，宏观地看就是"写"的动作状态持续存在。

五 已然体

张一舟（2001：70-71）把完成体和实现体归并为已然体，认为已然体就表示动作行为已经发生，指出"完成指行为结束"，"实现指新情况出现"，"完成"和"实现"二者常难以截然分开。本书赞成这种处理方案，并基于这个认知来考察清末民初西南官话文献中的语句。考察发现，清末民初西南官话文献中表示已然体的手段有两种①：一是动词带动态助词"了"，二是动词构成"V 都 V 了"构式。前一种手段与普通话一致，已有研究讨论较多，在此不拟赘述。"V 都 V 了"构式在当代西南官话口语中普遍存在，普通话中也存在，但学界讨论相对较少，在此稍作介绍。在"V 都 V 了"构式中，动词为单音节时通常为"X 都 X 了"格式，如"飞都飞了""来都来了""走都走了"；动词为多音节（含短语）时，通常表现为"X 都 XY 了"格式，如"喜都喜欢了""整都整烂了""打都打不开"。不过，在清末民初西南官话文献中的"V 都 V 了"构式用例较少，只找到了 1 例：

硬都硬了。(《汉法》)

这里的"硬"虽然一般作为形容词，但在该例中表示一种变化，所以本书将其看作动词。这种非典型动词可以进入"V 都 V 了"构式，加之当代西南官话口语中这种构式较为普遍，本书推断这种构式在清末民初西南官话口语中也应当普遍存在，只是文献记录较少而已。

六　经历体

经历体表示动作行为在特定时间点之前曾经发生过。当代西南官话通常用助词"过""来""的"等表达经历体，如"昨天下午我去找你过（张一舟等 2001：75）""我好久骂你来？（张一舟等 2001：78）""你昨天哪个时候看倒他的？"等。清末民初西南官话文献中表达经历体的常见手段是用助词"过"和"来"。

（一）动词结构带"过"表经历体

动词结构带"过"表经历体具体包括四种情况：

1. 光杆动词带"过"

动词不带宾语或补语，直接在后面带动态助词"过"表达经历体，如：

(73) 皮面上讲过。(《西语》)

(74) 我到处都滚过。(《汉法》)

---

① 当代西南官话口语中还有"N 都 VP 了"构式表已然，但在清末民初西南官话文献中未曾发现相关用例。

2. 动宾短语中间插入"过"

动宾短语的动语和宾语之间插入动态助词"过"表达经历体，如：

（75）受过苦。(《西语》)

（76）我还没有读过儒书。(《汉法》)

3. 动词带"过"作定语

动词带上动态助词"过"之后，充当指称性成分的定语，如：

（77）考过的事。(《西语》)

4. 动补短语后带"过"

动补短语（VC）后加助词"过"表达经历体，如：

（78）这宗事自来没有遇倒过。(《汉法》)

总体上看，清末民初西南官话表达经历体的手段与现代汉语普通话基本一致，但当代西南官话中"动宾短语+过"结构在清末民初西南官话文献中未曾发现用例。

（二）"V了"带"来"表经历体

清末民初西南官话文献中还有在"V了"结构后加"来"表示经历体的用例，如：

（79）我去了来咯。(《课程》)

（80）你不信去看，我才问了来的！(《跻》)

（81）爹爹说了来，你哥哥告诉我的。(《波》)

（82）不是，不是，只是惊惊慌慌的，像有啥子撼了来的一般。(《波》)

（83）莫乱说！三老爷的房间，我刚才看了来。(《死水》)

由以上例子可见，表经历体的"V了来"可以在句中，也可以在句末。在句末时，后面还可以出现语气词。

七　反复体

反复体表示动作行为重复地出现或持续。清末民初西南官话文献中动词的反复体表达手段与当代成都方言的反复体表达手段一致，即有"V

来V去""AABB"①"V了又V"三种手段(张一舟等2001:80)。

(一)"V来V去"式

动词与"来""去"两词配合,构成"V来V去"格式,表示动作行为反复出现,"来"和"去"的意义已虚化。如:

(84) 想来想去。(《西语》)

(85) 又过了一会儿,街上的人是那么跑来跑去地乱跑。(《波》)

例(84)中"想来想去"独立成句,例(85)中"跑来跑去"充当状语。由此可见,在清末民初西南官话中,"V来V去"至少具备独立成句和充当状语的功能。

在当代西南官话口语中,"V来V去"可以充当谓语,如"他们在院坝头跑来跑去";也可以充当定语,如"那些飞来飞去的虫虫,好像是涨水蚊";还可以充当状态补语,通常要在后面带助词"的",用以补说描述行动致使的某种状态,如"那婆娘用黄荆条把娃儿打得滚来滚去的"。

(二)"AABB"式

两个不同的动词构成"AABB"结构,表示两个动作行为交替反复出现,如:

(86) 一天到黑,来来去去的不断。(《汉法》)

(87) 行行走走,来到医馆。(《黄吉安》)

(88) 孤问你们,你们来来往往,与董承商议何事?(《黄吉安》)

以上三例中的"AABB"式动词结构都表示A和B两个行为交替反复出现。这种"AABB"式动词结构与"AABB"式形容词重叠形式有明显的区别,形容词的"AABB"式一般基于一个"AB"式形容词来重叠生成,而动词的"AABB"式是A和B两个动词分别重叠后再组合而成。

(三)"V了又V"式

动词带动态助词"了",再接重复义副词"又"作状语构成的"又V",形成"V了又V"结构,表示特定动作行为反复进行。这种结构在清末民初西南官话文献中有不少用例,如:

(89) 爹妈银钱比命还重,锁了又锁,怎偷得动?(《跻》)

---

① 张一舟等《成都方言语法研究》第80页标为"$V_1V_1V_2V_2$"。

(90) 缇萦你才问了又问呀！(《黄吉安》)

(91) 听闻国舅董承出宫，被曹相盘了又盘，问了又问，无非是奸心诡谲，防备他人……(《黄吉安》)

(92) 他才穿钉鞋戳拐棍，把你稳了又稳的。(《波》)

(93) 临别时，叮咛了又叮咛，叫我早点上省。(《波》)

(94) 奎制台亲自来救火，拜了又拜，把大红顶子都丢在火里，才把火头压住 。(《暴风》)

由文献用例可见，"V了又V"中的V可以是单音节动词，也可以是多音节动词，但以单音节动词居多。

八　尝试体

尝试体表示尝试性地实施特定行为。清末民初西南官话中表达尝试体的手段有四种：一是动词直接加尝试体助词"看"构成"V+看"；二是动宾短语加尝试体助词"看"构成"VO+看"；三是在表短时量意义的动词短语"V一下"加"看"构成"V一下+看"；四是动词重叠后加"看"构成"VV+看"。以下分别讨论。

（一）V+看

动词直接带尝试体助词"看"表达尝试体，在清末文献中就有相关用例，如：

(95) 像是你丈夫的信样，你去问看。(《跻》)

(96) 世卿，你说看。(《黄吉安》)

文献用例中的"V+看"结构之V都是言说类动词。结合西南官话当代口语来看，则其他行为动词如"走""关闭"之类均可带尝试体助词"看"表达尝试体。

（二）VO+看

动宾短语也可以带尝试体助词"看"表达尝试体，用例主要出现于民国时期的文献中，如：

(97) 管他的，问问他看。(《波》)

(98) 我们赌喝一碗冷水看！(《波》)

(99) 二天等他来了，问问他看。(《死水》)

例(97)和例(99)中的动宾短语"问问他"动词部分为重叠形

式，含小量义；例（98）中动宾短语"赌喝一碗冷水"宾语部分为谓词性结构，即谓词性宾语。这些用例说明，VO 的具体构成形式可能较为多样，其中宾语可以是名词性的，也可以是谓词性的。

（三）V 一下 + 看

"V 一下"表示短时小量地实施行为 V，加上"看"后，表示短时小量地尝试实施行为 V。这类用例不多，但在清末和民国时期西南官话文献中都有分布，如：

（100）约一下看好重。（《汉法》）

（101）凤藻，人虽年轻，却很明白事理，多同他商量一下看？（《波》）

（102）叫罗升出去打听一下看！（《波》）

（103）我倒没有主意，去和魏三爷商量一下看。（《暴风》）

由以上例句可见，"V 一下 + 看"尝试体结构中的 V 可以是单音节动词，也可以是多音节动词。

（四）VV + 看

清末民初西南官话文献中，动词重叠形成的"VV"大多有小量义，VV 再加上"看"，同样表示小量地尝试实施行为 V，如：

（104）哎呀！真是张巴！你先说说看，不好吗？（《死水》）

（105）已经退尽，又不打胡乱说了，你不信，你去摸摸看。（《死水》）

（106）等我想想看……（《波》）

（107）我们来算算看，来回的轿钱三百文……（《波》）

（108）你到街上去听听看，哪一条街，哪一家茶铺里，不是这么在说。（《暴风》）

值得注意的是，就所查到的句例来看，"VV"中的 V 都为单音节动词。

第四节　形容词生动形式[①]

清末民初西南官话文献中出现了不少形容词生动形式，主要有"AA

[①] 本节所讨论的形容词生动形式在一些学者看来应归为状态词，本书不列状态词，将这些形式都作为一种语法表现形式来看待。

子、AABB、ABB、程度义语素+A、……眉……眼"等结构类型。

一 "AA子"式形容词

形容词A作为语素重叠后再加"子",可构成表达状态义的形容词,如:

少少子 暗暗子 缓缓子 黏黏子

这类"AA子"生动形式可以作谓语,如:

(1) 你的钱够不够?<u>少少子</u>的。(《汉法》)

可以作状语,如:

(2) <u>缓缓子</u>来。(《汉法》)

也可以作补语,如:

(3) 洋芋要炖得<u>黏黏子</u>的。(《汉法》)

这类"AA子"生动形式在张一舟等《成都方言语法研究》(2001)中未曾提及,在毕节大方、金沙等地老派的西南官话当代口语中也有相关用例。

二 "AABB"式形容词

清末民初西南官话文献中也有不少由双音节形容词重叠构成的AABB式形容词,如:

伤伤心心 老老实实 实实在在 干干净净 四四方方
大大意意 大大方方 蒙蒙懂懂 含含糊糊 舒舒服服

这类AABB式形容词在当代西南官话中广泛存在,与普通话的AABB式形容词功能也基本一致,故本文不拟赘述。

三 "ABB"式形容词

形容词A带上虚化的叠音结构BB构成ABB式形容词,如:

乱纷纷 硬跷跷 干巴巴 褛稀稀 薄飞飞 红飞飞

这类ABB式形容词与普通话中的ABB式形容词功能大体一致,本书不拟详述。

四 "程度义语素+A"式形容词

清末民初西南官话文献中有一些由程度义语素修饰形容词语素构成的偏正式形容词，如：

焦A：焦黑　焦臭　焦干　焦湿

梆A：梆硬　梆臭　梆紧　梆重

溜A：溜尖　溜圆　溜酸　溜汃①

以上形容词都属于状态形容词，不能受程度副词和否定副词的修饰，可以做谓语、定语和补语等。如：

作谓语：饭<u>焦臭</u>了。(《西蜀》)

作补语：炒得<u>焦黑</u>。(《西蜀》)

作定语：<u>溜尖</u>一碗。(《汉法》)

值得注意的是，"焦"在文献中本身有形容词功能，与普通话中的"焦"同义，指"物体受热后失去水分，呈现黄黑色并发硬、发脆"(《现代汉语词典》第7版)，如"烟焦了(《汉法》)""晒焦了(《汉法》)"。在"焦黑""焦臭""焦干"等词中，"焦"都还有前述意义，但在"焦湿"中，"焦"就只能理解为程度副词性的语素了。这说明，"焦A"式形容词显示了"焦"的语法化过程。

五 "……眉……眼"式形容词

清末民初西南官话中还有不少由"眉""眼"两字嵌套其他语素构成的形容词，表达的意义均与人的面部有关。具体包括"X眉X眼"和"X眉Y眼"两类。

(一)"X眉X眼"式形容词

"眉"和"眼"前的X可以是动词性语素或形容词性语素，如：

立眉立眼　贼眉贼眼　愁眉愁眼　做眉做眼　怪眉怪眼

以上形容词中，"立""做"等为动词性语素，"贼""愁""怪"等

---

① "汃"表软烂。明代李实《蜀语》说："以即扒烂，……凡肉之烂者，地之湿者，果之熟者，粮食之不干者，人之弱者，物不刚者，皆曰汃。"后来有人新造"𤆵"代替"汃"。本书从古沿用"汃"字。

为形容词性语素。

（二）"X眉Y眼"式形容词

"眉"和"眼"前的词通常不一样，但语义上高度相关，如：

挤眉眨眼　张眉露眼　立眉竖眼

"挤眉眨眼"中，"挤"和"眨"都是针对眼睛的动作行为；"张眉露眼"中的"张"和"露"本质上同义；"立眉竖眼"中"立"和"竖"本来不同语素，但语义高度相关。

（三）"……眉……眼"式形容词句法功能

"……眉……眼"式形容词词义上都与人的表情相关，主要用于描状人的表情状态，语法功能上相应表现为状态形容词，不能受程度副词修饰，在文献中有充当谓语和状语的用例，如：

作谓语：（他）贼眉贼眼如小丑。（《黄吉安》）

作状语：张眉露眼地看。（《西语》）

联系当代西南官话来看，"……眉……眼"式形容词还可以作定语、补语等，通常要在后面加助词"的"，如：

作定语：做了个怪眉怪眼的东西，难看死了。

作补语：教个娃儿教得贼眉鼠眼的。

由以上可见，就意义和语法功能来看，"……眉……眼"式形容词都是状态形容词。

六　"半A半B"式形容词

清末民初西南官话文献中存在着一些"半A半B"式形容词，以下从句法、语义和语用三个维度简要分析。

（一）"半A半B"式形容词句法特点

根据结构中A和B的词性特点，大致可将"半A半B"式形容词分为四个小类：

a. A和B为形容词性语素：半生半熟　半假半真　半新半旧

b. A和B为动词性语素：半醒半睡　半醉半醒　半耕半读

　　　　　　　　　　半死半活　半信半疑　半吞半吐

　　　　　　　　　　半掩半开

c. A和B为区别词性语素：半男半女

d. A 和 B 为名词性语素：半人半狗

这类"半 A 半 B"结构形容词不能受程度副词修饰，在清末民初西南官话文献中有充当谓语、定语、补语等句法成分的用例，如：

作谓语：等为父返任之后，辞官不做，与儿等半耕半读，乐享天伦便了。(《黄吉安》)

作补语：煮（得）半生半熟。(《西语》)

作定语：半生半熟的肉。(《西语》)

结合当代西南官话口语来看，这类"半 A 半 B"结构形容词还可以充当状语和补语，如：

作状语：我半醒半睡地过了一个晚上。

作补语：他讲个事也讲得半真半假的。

（二）"半 A 半 B"式形容词语义表现

从内部看，"半 A 半 B"式形容词中的 A 和 B 之间具有反义关系。有的相互间是非此即彼的矛盾关系，即相互间为绝对反义关系，没有第三种状态存在，如"半假半真"中的"假"和"真"、"半信半疑"中的"信"和"疑"；有的相互间是相对反义关系，即可能有第三种情况存在，如"半新半旧"中的"新"和"旧"、"半人半狗"中的"人"和"狗"。

从外部看，"半 A 半 B"式形容词整体语义由 A 和 B 互融生成，具体有两种表现：一是表达一种介于两个极端之间的情状，二是指两种极端的情况交替出现。前者如"半生半熟"指食物等处于生与熟之间，也指认知上对某些内容处于有印象但又不十分熟悉的状态；"半醉半醒"指喝酒后有醉酒发晕的现象，但又同时还保持着一定的正常思考的能力。后者如"半假半真"通常指命题内容有时假有时真，真假两种情形交替出现；"半人半狗"通常指有时拥有人的正常生活，而有时则像狗一样生活，人狗两种状态交替出现。

基于上述两种语义表现，"半 A 半 B"式形容词在语用上相应具有两种功能，一是用以描述处于两个极端之间的情状，二是用以描述两种极端情况的交替出现。

第五节 程度表达的句法手段

汉语表达程度的手段包括词汇手段（如"冰凉"）、词法手段（如"梆硬""漂漂亮亮"）、句法手段等。本节只讨论程度表达的句法手段。清末民初西南官话文献中，程度表达的句法手段包括前置状语和后续补语两种。

一 前置状语表达程度

前置状语表达程度义时，主要是采用程度副词作状语。清末民初西南官话文献前置状语表达程度的手段，与普通话有同有异，以下具体分析。

（一）前置状语表弱程度

清末民初西南官话文献中，表达弱程度的前置状语通常由"稍微""略微"和"有点"等副词来充当。

用"稍微"作前置状语的语例只有1例，所修饰的中心语是动词短语，如：

（1）稍微有一点脏就要拿去洗。（《课程》）

"略微"在文献中也仅有1例，所修饰的中心语是动词，如：

（2）你把大令妹劝进去，我好略微收拾一下，去找田老兄。（《暴风》）

"有点"作前置状语的例子较多，如：

（3）说话有点謇（《汉法》）

（4）这个熸肉有点哈喉①（《汉法》）

（5）房子有点偏（《西蜀》）

（6）大家都有点马马虎虎，鼓不起劲。（《波》）

（7）老人家听见学生来说，很有点不自在，才叫小侄来奉求世伯。（《暴风》）

---

① "哈喉"：西南官话中用来形容变质的猪油或含猪油的食物经过喉咙时让人感觉到有异样的状态。

(8) 自己又大病一场，脑壳<u>有点</u>糊涂，所以想到邪道上去了。(《死水》)

由以上例子可见，"有点"修饰的对象可以是一个性质形容词，如例(3)；也可以是性质形容词的否定结构，如例(7)；还可以是状态形容词，如例(6)；"有点X"结构前还可以加程度副词"很"，如例(7)。

如果要进一步弱化程度，则对"有点"进行重叠构成"有点点"，表示在"有点"的基础上进一步弱化，如：

(9) <u>有点点</u>疯。(《西语》)

当代西南官话口语中整体作状语的"有点"和"有点点"尾音有时会儿化，即读成"有点儿"和"有点点儿"；清末民初西南官话文献中"有点儿"只在"有点儿后患"(《波》)这个动宾短语中出现，作状语的"有点"和"有点点"后均不带"儿"。

(二) 前置状语表一般程度

清末民初西南官话文献中充当前置状语表达一般程度的词有"很""十分"等，它们所修饰的中心成分可以是形容词及其否定形式、动词短语等。

中心成分为形容词：

(10) 待人<u>很</u>厚。(《西语》)

(11) 没有<u>十分</u>醉。(《汉法》)

中心成分为形容词的否定形式：

(12) 心里<u>很</u>不自在。(《西蜀》)

(13) <u>十分</u>不合理。(《西语》)

中心成分为动词短语：

(14) <u>很</u>逗人笑。(《西语》)

(15) 孤<u>十分</u>讲情，天子要拿来剐。(《黄吉安》)

田野调查发现，当代西南官话口语中还有用"蛮""扎实"等作前置状语表一般程度的情况，但在清末民初西南官话文献中未发现相关用例。

(三) 前置状语表极性程度

清末民初西南官话文献中充当前置状语表极性程度的词主要是"最""极""极其""寡""溜"等副词，它们所修饰的中心成分多为形容词，也有少量为动词短语。

1. "最"作前置状语表极性程度

程度副词"最"可以修饰形容词、否定性动词短语、"有"字动宾短语等构成状中结构表达极性程度义,如:

(16) 圣体是最尊贵的。(《汉法》)

(17) 他丈夫去世最早。(《联珠》)

(18) 这一般人里头,王寅伯最油滑,说不上恩怨,只算是一个会做官的人。(《波》)

(19) 暗室欺心,神目如电,惟有邪淫最不可犯。(《黄吉安》)

(20) 闹了多少久的罢市,都说这是抵制政府专横最有效的一种武器,刚刚罢了小半天,就喊开市。(《波》)

例(16)至例(18)中心语都是形容词,例(19)中心语为否定性动词短语,例(20)中心语是"有"字动宾短语。

2. "极"作前置状语表极性程度

程度副词"极"作前置状语,修饰形容词、心理动词、能愿动词、"有"字短语等表达极性程度义,如:

(21) 一言提醒梦中人,如此极好!(《跻》)

(22) 一个极美的所在。(《汉法》)

(23) 我们的命极苦。(《西蜀》)

(24) 现今虎踞冀州,部下能事者极多,可谓英雄?(《黄吉安》)

(25) 金兀术座营极宽大。(《黄吉安》)

(26) 翁姑年寿极高,到那时媳来迎接。(《跻》)

(27) 谈闺道阃,歌唱淫词,是伤风败俗,其罪极大。(《跻》)

(28) 此功极大,应宜戒食莫杀。(《跻》)

(29) 我佃户田五爷喂兔极多,他家无人,我们去捉几个来吃。(《跻》)

(30) 他是极气慨的。(《跻》)

(31) 廪生教书,学规极严,品行端正,老父台何得平空白地说此伤。(《跻》)

(32) 此人莫说三全,就是十全都有!但我妈极爱,怎说得成咧?(《跻》)

(33) 何车夫好个子弟,忠勤朴孝,和睦乡邻,极肯出力帮人,可惜死了。(《跻》)

（34）城外陈家有个女子，名叫鸭婆，貌虽不扬，极有孝心，你要不要？（《跻》）

（35）我们好个妹妹，平日极有恩情，家贫又无嫁奁，如何过得光阴？（《跻》）

以上例句中，例（21）至例（31）被"极"修饰的中心语都是形容词；例（32）中心语为心理动词，例（33）中心语是能愿动词，例（34）、例（35）中心语均为"有"字动宾短语。

3."极其"作前置状语表极性程度

程度副词"极其"作前置状语表极性程度义，所修饰的中心成分多为形容词，少量为心理动词，如：

（36）媳曾学得文王课，极其灵验，一占便知。（《跻》）

（37）牛公极其清廉，或者可以辨白。（《跻》）

（38）夫死守节，极其真心，楼居数年，足不履地，不会妇女……（《跻》）

（39）我亦得有鼠药，极其利害，只用粒许，立刻倒地，待我赠你。（《跻》）

（40）想法国虽然远在海外，就因为有电报之故，消息极其灵通……（《暴风》）

（41）他哪里是劝你？分明是咒你！我们要家极其忌讳。（《跻》）

以上例（36）至例（40）中"极其"修饰的都是形容词，例（41）中"极其"修饰的是心理动词。

4."寡"作前置状语表极性程度

现代汉语中，"寡"表示"少、缺少"，作形容词，如"寡言少语"[1]。西南官话中的"寡"在"少"义基础上进一步发展出了表极性程度义的副词功能，如：

（42）寡苦的。（《汉法》）

（43）寡淡的。（《西蜀》）

例（42）"寡苦"意为"特别苦、非常苦"，例（43）"寡淡"意为

---

[1] 中国社会科学院语言研究所词典编辑室编：《现代汉语词典》（第7版），商务印书馆2019年版，第474页。

"特别淡、非常淡",都表达极性程度意义。结合当代西南官话口语来看,性质形容词和心理动词都可以受"寡"修饰。

5. "溜"作前置状语表极性程度

清末民初西南官话文献中,"溜"也可以作前置状语修饰形容词表极性程度义,如:

(44)溜尖的,溜汃的①,溜酸的。(《汉法》)

(45)溜尖一碗。(《汉法》)

(46)这个醋酸得好,溜酸的。(《汉法》)

(47)溜圆。(《西蜀》)

结合西南官话口语来看,能受"溜"修饰表极性程度义的形容词不多,主要都是能构成"A溜溜"生动形式的形容词,如"溜尖"对应有"尖溜溜","溜汃"对应有"汃溜溜","溜酸"对应有"酸溜溜","溜圆"对应有"圆溜溜"等。"高"没有"高溜溜"的说法,相应地没有"溜高"的说法。

二 后续补语表达程度

后续补语表达的程度也可以分为弱程度、一般程度和极性程度三种。

(一)后续补语表弱程度

清末民初西南官话文献中,用来表弱程度的补语成分有"些""点""一些""一点"等。中心成分有形容词、动词或动词短语两种情况。

1. 中心成分为形容词

补语成分对应的中心成分为形容词,即构成"A+(一)些/点"结构,如:

(48)早一些。(《西语》)

(49)要恰一点。(《汉法》)

(50)你快些。(《西语》)

(51)洒脱些。(《西语》)

(52)走上头要绕一下,好走些。(《汉法》)

(53)铁箍要经事些。(《汉法》)

---

① "汃"在原文献中写作"㓎",本书参照实际意义规范为"汃"。

(54) 买堆的划得来些。(《汉法》)

(55) 做事要励朗些。(《汉法》)

(56) 走动一下人要安逸一点。(《西语》)

"A+（一）些/点"结构也用于差比句，表示两个比较项之间存在微小差异，如：

(57) 利比本大些。(《西语》)

(58) 他比我们好些。(《西语》)

(59) 烧炭比烧柴减省些。(《汉法》)

"A+（一）些/点"结构可以整体做状语，如：

(60) 快些做。(《西语》)

(61) 早些预备。(《汉法》)

2. 中心成分为动词或动词短语

程度补语对应的中心成分为动词或动词短语，形成"VP+（一）些/点"结构，如：

(62) 你忍耐些。(《西语》)

(63) 加长一些。(《西语》)

(64) 做大一些。(《西语》)

(65) 写短些。(《西语》)

(66) 放矮些。(《西语》)

(67) 举高些。(《西语》)

(68) 把箱子挽高一点。(《汉法》)

(69) 喊快一点。(《汉法》)

(70) 骨头鼓出来一点。(《西语》)

以上例（62）是动词"忍耐"直接带补语"些"，例（63）至例（70）都是动补短语再带补语"些""一些""一点"等。

动词带动态助词"了"之后，还可以再带弱程度补语"些"，如：

(71) 寒退了些。(《西语》)

(72) 他好了些。(《西语》)

3. 微弱程度的表达

如果要表达比弱程度更弱的微弱程度，就采用"一些"的重叠形式"一些些"，或添加前置状语"略"，如：

(73) 多<u>一些些</u>。(《汉法》)

(74) <u>略</u>好了<u>些</u>。(《西语》)

例（73）采用"一些些"作补语表达微弱程度，例（74）则在弱程度表达结构"好了些"前面加状语"略"表微弱程度。

当代西南官话口语中，"一点点"也可以表微弱程度，但清末民初西南官话文献中未曾见到相关用例。

（二）后续补语表一般程度

清末民初西南官话文献中，表一般程度的后续补语一般为"很"，以下按其对应的中心语的词性分类阐述。

1. 中心语为形容词

形容词作为中心成分带补语"很"的用例较多，中心成分和补语"很"之间有的无补语标记，有的则有补语标记"得"。如：

(75) 果子<u>黄很</u>了。(《西语》)

(76) 买<u>贵很</u>了。(《西语》)

(77) 神父<u>谦卑很</u>了。(《汉法》)

(78) 不要看他<u>轻很</u>了。(《汉法》)

(79) 要账不可逼<u>紧很</u>了。(《汉法》)

(80) 不要财心<u>紧很</u>了。(《汉法》)

(81) 火来<u>快很</u>了，一点都没有抢倒。(《汉法》)

(82) 这间房圈<u>润得很</u>。(《汉法》)

(83) 他<u>懒得很</u>，造孽都堪得。(《汉法》)

(84) <u>忧闷得很</u>。(《西语》)

(85) 地头窖<u>浸得很</u>。(《汉法》)

(86) 这个人<u>迂酸得很</u>。(《汉法》)

(87) <u>瘦得很</u>一个筋骨人。(《汉法》)

由以上例子可见，不管是单音节形容词还是双音节形容词，带补语"很"时，补语标记都可以有，也可以无。不过，结合当代西南官话母语者的语感来看，当"A+很"整体作动词补语时，其间不能加补语标记"得"，如例（76）"买贵很了"不能说成"＊买贵得很了"。另外，处于"不要/不可"构成的禁止类祈使句中的"A+很"，中间也不能出现补语标记"得"，如例（78）"不要看他轻很了"不能说成"＊不要看他轻得很了",例(79)"要账不可逼紧很了"不能说成"*要账不可逼紧得很了"。"A+很"所处的主谓结构如果成句并带句尾"了","A+很"中间也不能插入补语标记"得",如例(77)"神父谦卑很了"不能说成"*神父谦卑得很了"。这些现象说明,形容词作为中心语带补语"很"时,补语标记"得"的隐现有条件限制。

此外,形容词为中心构成的"A+很"结构前面再加副词"太"作状语,可以表示程度超出了预期的合理限度,如:

(88)门坎太高很了。(《汉法》)

2. 中心语为动词或动词短语

动词或动词短语作为中心语带补语"很",大多数会有补语标记"得",如:

(89)要死得很。(《西语》)

(90)恨得很。(《西语》)

(91)恨人得很。(《西语》)

(92)我不请他,爱耍奸得很。(《汉法》)

根据当代西南官话母语者的语感,以上例句中的"得"去掉后,不影响人们对句子的理解,说明其中的"得"也不是必有的。

文献中也出现了少量不带补语标记"得"的"V+很"结构,如:

(93)我拿跟他揉很了。(《汉法》)

(94)走很了烧裆。(《西蜀》)

通过当代西南官话母语者验证发现,例(93)和(94)"很"前都不能加"得"。这说明动词或动词短语作为中心语带补语"很"时,补语标记"得"的隐现有条件限制。

动词作为中心词带补语"很"构成的"V+很"结构前再加副词"太"作状语,表示程度超出预期的合理限度,如:

(95)也不要太减省很了。(《汉法》)

(三)后续补语表极性程度

清末民初西南官话文献中,充当后续补语表极性程度的词有"极""已极""到极"三种情况。

1. "极"作补语表极性程度

"极"主要作形容词补语,偶尔充当部分动词的补语,都表示性质、状态或行为等达到极性程度，如：

（96）你今天已<u>困乏极</u>了，可早些去睡罢。(《黄吉安》)

（97）此子<u>坏极</u>，偷盗抢劫无所不为……(《跻》)

（98）那就<u>好极</u>了。(《波》)

（99）不料现在比川边的事<u>棘手极</u>了！(《波》)

（100）叫他们晓得，咱们对他们实在<u>宽厚极</u>了……(《波》)

（101）那个鬼老娘子也<u>可恨极</u>了！(《波》)

（102）可见爱我，也只是<u>寻常极</u>了，才有四次的肌肤之亲……(《波》)

（103）你也<u>蠢极</u>了！(《波》)

（104）哭着要妈妈，要爹爹，要妹妹，就是我也<u>难过极</u>了，心酸得要哭。(《波》)

（105）我真不愿意，<u>讨嫌极</u>了！(《波》)

（106）大前年孙二表嫂从湖北回来，也说水路<u>险极</u>了，走一天，怕一天。(《暴风》)

（107）忽闻远处山崩地裂似的一声大响，说是<u>厉害极</u>了，连衙门里的房子都震动了。(《暴风》)

（108）他是交涉员，自从当了代表回去，越发<u>活动极</u>了。(《波》)

（109）他<u>钦佩你极</u>了，说这是值得鼓吹的，一定要问你的真姓。(《波》)

（110）我有时<u>爱</u>他<u>爱极</u>了，抱着他乱亲的时候都有……(《波》)

（111）有时把他<u>恨极</u>了，硬想就如对陶大表哥一样，大家说明白……(《波》)

（112）房子也有多，要搬去，刚主二表哥不消说是<u>愿意极</u>了。(《波》)

以上例（96）至例（107）中心成分都是形容词，例（108）中心成分为抽象动词，例（109）到例（111）中心成分为心理动词，例（112）中心成分为能愿动词。由此可见，"极"可以充当形容词、心理动词、能愿动词以及部分抽象动词的补语表达极性程度意义。

2. "已极"作补语表极性程度

"已极"意义上可以理解为"已达极致程度"，在清末民初西南官话文献中可作形容词补语表达极性程度义，如：

(113) 固属荒唐已极，但此女生就风流，十分窈窕……（《黄吉安》）

(114) 如今贫困已极，将要讨口，不如把亲毁了。（《跻》）

(115) 无怪外国人动辄骂我们野蛮，真个野蛮已极！（《暴风》）

(116) 难道还要我们花钱去安顿他们？这真不合算已极！（《暴风》）

以上补语"已极"补充说明的中心成分都是形容词。文献中未见到其他词性的词带"已极"补语的用例。

3. "到极"作补语表极性程度

清末民初西南官话文献中，"到极"也可以充当补语表极性程度义，意为"到达极致程度"，如：

(117) 禅师之法这般玄妙，好到极了，但不知坏不坏心咧？（《跻》）

(118) 一生事业皆同，独娶妻全然不同，他的好到极，我的孬到极，是啥来由？（《跻》）

清末民初西南官话文献中用"到极"作补语表达极性程度义的用例不多，但当代口语中仍然存在这种表达。

4. "到住/到注"作补语表极性程度

清末民初西南官话文献中，还出现了用"到住/到注"作补语表极性程度义的情况，如：

(119) 他才是假得过多，黄得到住！（《黄吉安》）

(120) 独清真是古板到注了，一点顽笑都不懂。（《波》）

(121) 少收他妈的一百七八十担租，这把草堂寺和尚鸠到注了！（《波》）

(122) 老王，我今天着你鸠到注了！（《波》）

(123) 这一晌果然大热起来，昨天在路上，真把我晒到注了……（《波》）

(124) 昨天也着我们把他方到注了……（《波》）【方：故意使人难堪】

(125) 我想大姐那里，一定骇到注了。（《波》）

(126) 把这一起忘恩负义的东西，千刀万剐地整到注。（《暴风》）

(127) 像这么样的大案子，官府不把你结结实实地整到注，肯让你

死吗?(《暴风》)

(128) 大先生,说老实话,这几天,真个把我<u>整到注</u>了!(《暴风》)

(129) 见个个都在说要打学生,要咋个咋个地把学生<u>整到注</u>!(《暴风》)

由以上例子可见,"到住/到注"作补语表极性程度义时,中心成分可是形容词,如例(119)和例(120),也可以是动词,如例(121)至例(129)。根据西南官话母语者的语感,"A 到注/到住"后面如果不带句尾"了",其间可以插入结构助词"得",如果后面有"了",则一般不能在中间加"得",比如"独清真是古板到注了"不能说成"*独清真是古板得到注了"。

5. "不得了"作补语表极性程度

清末民初西南官话文献中,"不得了"也可以作补语表极性程度意义,一共有4条语例,如:

(130) 昨天去看颜姻伯,他老人家正<u>焦得不得了</u>……(《波》)

(131) 你们那时的胆子,真个也太小了,见着痞子,就<u>骇得不得了</u>。(《暴风》)

(132) 打了胜仗,反而割地求和,当时不仅自己人<u>愤慨得不得了</u>,就是外国人也觉诧异……(《暴风》)

(133) 官不依了,从制台起,都<u>骇得不得了</u>,硬说百姓犯了滔天大罪……(《死水》)

就文献用例来看,补语"不得了"的中心成分都是心理动词。但就当代西南官话田野调查结果来看,形容词也可以带"不得了"补语表极性程度义,如"干得不得了""吵得不得了""硬得不得了"等。无论是文献还是当代口语用例,补语"不得了"前都一定有补语标记"得"。

6. "完"作补语表极性程度

清末民初西南官话文献中,"完"可以充当形容词的补语,表达极性程度义。如:

(134) <u>焉完了</u>。(《汉法》)

(135) <u>肌瘦完了</u>。(《汉法》)

(136) <u>旧完了</u>。(《汉法》)

(137) <u>精伶完了</u>。(《汉法》)

(138) 这个东西厌人完了。(《汉法》)

例（134）到例（138）中的"完"都表示极性程度意义，类似于普通话中的"极"。需要注意的是，例（135）中的"肌瘦"、例（138）中的"厌人"在西南官话中都是形容词。

"形容词+完"表极性程度的用法在当代西南官话中仍然十分常见，如：

(139) 噫，那板凳脏完的，坐得一屁股都是灰。(贵州毕节金沙)

(140) 他家姑娘长得漂亮完的，啷会嫁不出去嘛？(贵州毕节金沙)

在清末民初北京官话文献以及南方官话琉球官话课本中，"完"都是动词用法，常单用或构成"V完"动补结构。由此可见，"形容词+完"表极性程度的用法可能是西南官话的特色之一。

第六节 模糊数量和主观数量

本节主要讨论清末民初西南官话文献中模糊数量和主观数量的表达。模糊数量包括连续模糊量和离散模糊量两种情况，主观数量包括主观小量和主观大量两种情况。

一 模糊数量的表达

模糊数量包括连续模糊量和离散模糊量两种情况。

（一）连续模糊量

张超（2021：199）指出，"连续量是指持续无界限地累积形成的量，一般指时间发展或事件状态持续等引起的一种无边界的不可数的量"。比如时间累积的量就是一种连续量，如"五年来""自从上任以来"之类，都表达了模糊的连续累积的时间量。这种连续量由于有累积，又可称为累积量。清末民初西南官话文献中连续量的模糊表达主要借助表数助词"来"和"以来"实现。

1. 用助词"来"表达模糊连续时量

清末民初西南官话文献中常见的模糊连续时量的表达手段之一就是用助词"来"构成"X+来"结构，其中X是一个时间量结构，通常是数词和时段名词构成的短语，有时也含有量词或"近、多"等词，如

"三年、五个月、两天、历年、数月、近两天、五年多"之类。这类结构带"来",构成"数词+天/月/年+来"结构表达持续累积形成的模糊的时间长度,如:

(1) 历年来遭兵燹倾家失业。(《黄吉安》)
(2) 几年来常听见人人在说……(《波》)
(3) 一见了面,大家的旧情又会引起,十几年来全是这样。(《波》)
(4) 把红灯教打平后,向洋鬼子们说了些硬话,近几年来,洋鬼子能这样的平静……(《波》)
(5) 并非有特别手段,不过能够维新,能够把数百千年来的腐败刮清,而一意维新。(《暴风》)
(6) 老实说,近年来,我因为苦读之故,不能挣钱,家已屡空……(《暴风》)
(7) 以前的报没有拿在街上叫卖的,这是近一个月来才作兴起来了,倒是一桩好生意!(《波》)
(8) 一个多月来,慌也把我慌死了,不能同你谈一句知心话……(《波》)
(9) 再说句良心话,筹防局实在也该早撤,几个月来,办了些啥子事?(《波》)
(10) 我记得清清楚楚,……十月来睡过五夜,白天还来过七回……(《死水》)
(11) 邓先生,你可晓得近两天来,很有些人在说激烈话吗?(《波》)
(12) 澜生已经找着了路子,所以近几天来,他是很放心的。(《波》)
(13) 不要尽说笑了,刚主,说是近两天来,颇有人在传说四川要独立的话。(《波》)
(14) 近两天来,你倒是快快活活的。(《波》)
(15) 我们虽说近几天来,忙得不得开交,毕竟是新进……(《波》)
(16) 所以两天来,军政府都开着军事会议。(《波》)
(17) 几天来,大家处得情情美美的。(《暴风》)

由以上语例可见,数词(含"历")和"年""月""天"等时段名词构成的时间量结构带上助词"来",可以表达连续累积的模糊的时间长度。有时数词前还可以带"近"字突显模糊性,如例(4)中的"近几年来",例(6)中的"近年来",例(12)的"近几天来"等;或加"数"字突显量大,如例(5)中的"数百千年来";或在数量结构之后加"多"表示一般性的大量,如例(8)中的"一个多月来"。

从句法功能上看,"时间量结构+来"在句中都是作状语,表示事件发生的时间范围。

2. 用助词"以来"表达模糊连续时量

清末民初西南官话文献中用助词"以来"表达模糊连续时量具体有"X+以来""自/从+X+以来"两种情况。

Ⅰ. X+以来

清末民初西南官话文献中"X以来"结构中的X变量可以是表达时点意义的词,也可以是表达时段意义的词。

第一,X表达时点。X表示时点意义,"X+以来"就表示以X时点为起点,以说话时间为终点的一个时间段。如:

(18)我<u>出世以来</u>,横行天下,遇色就贪,见女就嫖,我今还在人世,又未见报。(《跻》)

(19)某<u>出师剿寇以来</u>,往往捷书夜达甘泉,并不曾奉过金牌,为何今天朝廷陡然有此这……(浪子)或者龙颜大喜,嘉奖谐将,也未可知。(《黄吉安》)

例(18)中的"出世"是瞬间实现的事件,表达一个时间起点;例(19)中的"出师剿寇"从宏观上看也表达一个时间起点。两例中的"出世以来"和"出师剿寇以来"都表示从特定起点时间到当下的一个时间段。

第二,X表达时段。X是一个时间数量结构,表达的是一定长度的时间段,如:

(20)<u>两天以来</u>,罗先生他们的脸色全是那么样的阴沉,态度全是那么样的颓唐,一下听见了我的话,满天云雾都散尽了。(《波》)

(21)<u>一年以来</u>,都没有这样耍过了,澜生,是不是?(《波》)

(22)<u>几天以来</u>,到处都在开会,这里闹着组织政党,那里闹着监督政府,正经调和军政,维持市面,像这里这种会,就再没人出来组织了!

(《波》)

以上例句中的"两天""一年""几天"等都是时间数量结构,表示一个时间段,带上"以来"后,仍然表示一个时间段,时间长度就是前面的数量结构表达的长度。

Ⅱ. 自/从 + X + 以来

"X + 以来"前面加上起点标记介词"自"或"从"之后,构成"自/从 + X + 以来",其中的 X 就只能是表达时点意义的词语,如:

(23) 朕<u>自登极以来</u>,最重节义,凡天下有义夫节妇,准其举报,朕即旌表立庙建坊,春秋祭祀,与天地完正气,与国家固根基,何等郑重!(《跻》)

(24) 本县<u>自到任以来</u>,凡事问心无愧,此次接差,丝毫不敢失礼,何以见了大人,大不相宜。(《黄吉安》)

(25) <u>自我朝定鼎以来</u>,匈奴为害朔方。(《黄吉安》)

(26) <u>从嘉庆匪乱以来</u>,所兴的捐输,不再缴纳!(《波》)

(27) 以前不说了,都没有相干,可是<u>从六月以来</u>,还不是一点没送吗?(《波》)

结合语例来看,"自/从 + X + 以来"中的 X 一般为谓词性结构或时间名词。"自/从 + X + 以来"如果处于句首,其后一般要有停顿,如例(25);如果处于句中,则一般前后都要有停顿,如例(27);如果处于主谓之间,其后可停顿,也可以不停顿,如例(23)中"最"前面的停顿就可以省略。

(二) 离散模糊量

张超(2021:201)指出,离散量"是指可以按个体或按容器单位进行计数的量"。清末民初西南官话文献中,离散量的模糊表达主要借助"把""多""上下"等助词来实现。

清末民初西南官话文献语料显示,数量结构、量词或相当于量词的位数词后可以带表数助词"把"表达说话者对事物数量的估测,在具体应用中有三种表现形式。

1. 一 + 量 + 把

"一 + 量 + 把"即数词"一"加量词,再加"把"形成的结构,如:

(28) 这个活路要<u>一炮把</u>钱。(《汉法》)

（29）来不来要一枹把钱。(《汉法》)

根据西南官话母语者的语感，"一 + 量 + 把"结构中的"一"可以省略，但不能替换为其他数词。以上两例中的"一"都可以省略，但如果换成"二""三"等数词就不合法。

2. 位数词 + 把

位数词是指"十""百""千""万"等表示十进制位数的词。西南官话中，这类位数词既有数词的功能，也有和量词一样计量的功能，所以能和量词一样直接带"把"表达模糊量。如：

（30）你尽管去商景，漫说千把银子，就添几百，也是无妨之事。(《黄吉安》)

（31）孙老爷今日把你操扰久了，明日到船上拿百把银子去吃茶。(《黄吉安》)

但是，根据西南官话母语者的语感，位数词"十"不能带"把"表模糊量，清末民初西南官话文献以及当代西南官话口语中都未见表模糊量的"十把"。"十"通常是带"来"表达模糊量。"百""千""万""亿"等都可以直接带"把"表达模糊量。

表模糊量的"位数词 + 把"结构前面不能加数词。比如"百把"前面加数字"三"，构成的"三百把"就不再是模糊量结构，而是"三百 + 把"的数量短语，其中的"把"只能理解为量词。

根据西南官话母语者的语感，模糊量结构"位数词 + 把"前面可以加"几"和下级位数构成的模糊数词，构成"几XY把"的模糊量结构，如"几十百把""几百千把""几千万把"等。清末民初西南官话文献中也有此类用例，如：

（32）不说这些平常药，几十百把钱一副，就是几两银子一副的，你也该吃呀。(《死水》)

（33）经过的大概情形，不过增添了几十百把个会员。(《波》)

就西南官话母语者的语感来说，"几XY把"表达的量比"位数词 + 把"表达的量更有模糊性和不确定性。

3. 量 + 把

表模糊量的"量 + 把"结构在清末民初西南官话文献中共出现十余例，如：

(34) 有个把月。(《汉法》)

(35) 等天把两天。(《汉法》)

这类"量+把"结构中的量词还可以拷贝出来再加数词构成一个数量短语接续在后面，构成"量+把+数+量"的结构（两个量词相同），如例（35）中的"天把两天"。再如"块把两块（钱）""条把两条（烟）""桶把两桶（水）""斤把两斤（米）""顿把两顿（饭）""回把两回（事情）"等。可见，不管是名量词还是物量词，都可以进入"量+把+数+量"结构。

"量+把"后面也可以直接带相同的量词构成"量+把+量"的结构，如"回把回""趟把趟""桶把桶"等。根据西南官话母语者的语感，这类"量+把+量"结构通常用来表达低概率模糊量，如"大家挑的水中，有桶把桶带沙子。"该句意为大家所挑几桶水中，偶尔有一两桶带沙子。

前文谈到，"一+量+把"结构中的"一"省略后，就变成了"量+把"结构，但在上述"量+把+数+量"和"量+把+量"两种结构中，不能用"一+量+把"替换"量+把"。即"一+量+把"和"量+把"在功能上并不全等。"量+把"源自"一+量+把"，但功能有所发展。

二 主观数量的表达

（一）主观小量

所谓主观小量，即说话者主观认知上数量、体积等的少、小、微等。清末民初西南官话文献中表达主观小量的手段主要是"一+小+量"和"一+量+量（儿）"。

1. 一+小+量

清末民初西南官话文献中，存在着在"一+量"结构中间插入"小"构成"一+小+量"结构来表达主观小量的用法，如：

(36) 成都这般绅士，一多半是啥子党，一小半是保皇党，和他们革命党全然不同。(《波》)

(37) 我们在日本，一个鸡蛋就值一角钱，一小杯洋酒，值上四角……(《暴风》)

文献中这类用例只有 2 例。但当代西南官话口语中，这种用法则较为普遍，如：

(38) 我要一小瓢水。

(39) 画一小朵花。

(40) 整一小桌饭。

(41) 打他一小巴掌。

(42) 不要看他一小个人，嘴巴厉害得很。

(43) 今年过年还是争取回家一小趟。

由以上用例可见，"一+小+量"中的"量"可以是固定量词，也可以是临时量词；可以是物量词，也可以是动量词。从语用上看，"一+小+量"都表示说话人主观上刻意把事物或事件往小的方面说。

2. 一+量+量（儿）

"一+量+量（儿）"也是清末民初西南官话文献中用以表达主观小量的结构，如：

(44) 拈一撮撮儿米。（《汉法》）

(45) 七两多一滴滴。（《华英》）

(46) 我还没有学一滴滴。（《华英》）

(47) 一丝丝儿都没得。（《汉法》）

(48) 一丝丝都不要。（《西蜀》）

(49) 不多宽一溜溜儿。（《汉法》）

(50) 裁一溜溜下来。（《汉法》）

(51) 多一些些。（《汉法》）

(52) 二里一些些。（《汉法》）

(53) 一点点醋。（《西语》）

(54) 一点点事不消惊动那样多人。（《汉法》）

(55) 操习一点点。（《西语》）

由以上语例可见，"一+量+量（儿）"中的"儿"可有可无，带"儿"的似乎可以强化主观小量特征。能进入"一+量+量（儿）"结构的量词通常本身就含小量义，以上语例中的"撮""滴""丝""溜""些""点"等在西南官话中本就是表小量义的量词。非小量义的量词不能进入表主观小量的"一+量+量（儿）"结构，如"一个个""一把把"等只能理解为多量或大量。

（二）主观大量

清末民初西南官话文献中表达主观大量的主要是借助助词"打"来实现，具体包括"数+打+数+（量）""量+打+量+（名）"两种结构模式。

1. 数+打+数+（量）

"数+打+数+（量）"即"数词+打+数词+（量词）"，其中两个数词必须相同，如：

（56）十打十个。（《汉法》）

（57）去了十打十个钱（《西语》）

（58）百打百钱。（《汉法》)

（59）百打百。（《汉法》）

（60）百打百斤。（《西语》）

由以上例子可见，表主观大量的"数+打+数+（量）"中量词可以省略，如例（59）。以上语例中的数词都是位数词，结合当代西南官话口语来看，除了"一"之外，"两"到"九"等系数词也可以进入这个主观大量表达结构①，并且可以和很多量词搭配，如：

（61）恁小一砣石头，两打两个人，都抬不动！

（62）他太心重了，得了三打三个家（苹果），还嫌少！

（63）他家有四打四头大肥羊。

（64）她嫁过去生了五打五坨儿，肯生得很！

（65）你恁个勤快啊，喂它六打六个猪！

（66）他饭量太好了，今天中午吃了七打七碗饭。

（67）今早晨我挑了八打八挑水，就用完了？

（68）你昨晚些喝九打九杯酒，醉死你！

值得注意的是，西南官话口语中，"数词+位数词"这类组合型数词（如"三十、两百、六千"之类）会被类同于"数词+量词"来处理，相应的主观大量表达结构就是"数词+打+数词+位数词"。如"三打三十、两打两百、六打六千"。不过，这类用例未在清末民初西南官话文献

---

① 西南官话口语中没有"二打二个"的说法，一般说成"两打两个"。

中出现。

此外，两个或两个以上的系数构成的组合型数词，如"五十一""三百零五"之类，通常向前拷贝开头一个数，并加入"打"构成主观大量表达结构，如"五打五十一""三打三百零五"等。

2. 量+打+量+（名）

"量+打+量+（名）"即"量词+打+量词+（名词）"。这种结构的用例在清末民初西南官话文献中仅出现了1例，如：

（69）寸打寸。（《汉法》）

就当代西南官话口语来看，"量+打+量+（名）"的用例则较为常见，如：

（70）走了<u>个打个</u>星期了，电话都不来个。

（71）今天那些收苞谷的秤有问题，我家五十斤苞谷在他秤上一称，就少<u>斤打斤</u>。

（72）恁一点点活路就做了<u>天打天</u>，你也太拖得了。

从意义上看，"量+打+量+（名）"结构中量词前隐含着一个数字"一"，但这个"一"绝对不能出现，如"*一寸打寸、*一寸打一寸、*一打一寸"等说法均不被接受。

调查发现，本身含小量义的量词不能进入"量+打+量+（名）"结构，如"*<u>点打点</u>、*<u>些打些</u>、*<u>颗打颗</u>"等不被接受或可接受度很低。量词"个"语义指向的名词是单数个体时，一般也不能进入"量+打+量+（名）"结构，如一般不说"*个打个苹果"，但如果"个"指向的名词表示一个集合，则可以构成"个打个+名词"结构，如例（70）中的"个打个星期"。如果量词本身含有多量义，则即便后面的名词是单数个体也能构成"量+打+量+（名）"结构，如：

（73）他家羊儿跑去土头，吃他<u>沟打沟</u>苞谷。

例（73）中的"苞谷"并未明确含有大量义，但"沟"是集合量词，是西南地区农村用以表示一行庄稼的量词，含有大量义，所以可构成"沟打沟苞谷"的说法。

由以上可见，"量+打+量+（名）"结构要成立（或具有可接受度），其中量词和名词至少要有一项含大量义。

第四章

代　　词

第一节　人称代词

普通话中的人称代词在清末民初西南官话文献中都存在，且功能一致。但清末民初西南官话文献中还存在普通话所没有的一些人称代词。以下将文献中出现的人称代词列表展示。

表4-1　　　　　清末民初西南官话文献中的人称代词

分类			单数	复数
人称代词	三身代词	第一人称代词	我	我们
		第二人称代词	你	你们
		第三人称代词	他/她/它	他们/它们
	反身代词		自家、各人、自己、各自、本人	
	旁称代词		人家、别个、别人	
	泛称代词		人	人些
	统称代词			大家、齐家

一　三身代词

（一）第一人称代词

1. 第一人称单数代词"我"

清末民初西南官话文献中第一人称单数代词主要是"我"，与普通话中的"我"的功能大体一致。就其在文献中的功能表现来看，"我"可以独立充当句法成分，也可以与其他词构成复指短语或联合短语后充当句法成分。本书基于《汉法》《西蜀》《课程》《联珠》四部传教士西南官话文献统计了"我"的句法功能分布情况,具体见表 4-2。

表 4-2　第一人称单数代词"我"在传教士文献中的句法功能分布情况

句法功能		汉法	西蜀	课程	联珠	句例
单独充当句法成分	作主语	704	214	39	36	我敷你二分水。
	作动词宾语	118	72	4	2	你认得我不?
	作介词宾语	58	39	7	1	你把我怎么样?
	作定语	126	63	2	8	不要扰乱我的心。
	作兼语	17	9	0	4	没钱叫我怎样去法?
与其他词构成复指短语充当句法成分	作主语	4	9	0	0	我自己做的。
	作定语	0	1	0	0	我两个的房子是挨着的。
与其他词构成联合短语充当句法成分	作主语	1	2	0	0	我和你同路。
	作定语	0	1	0	0	你我的意见相同。

由表 4-2 可见,清末民初西南官话文献中的第一人称单数代词"我"与其他词构成复指短语或联合短语等充当句法成分的情况相对较少,主要句法表现是单独充当主语、宾语、定语、兼语等句法成分。

2. 第一人称复数代词"我们"

清末民初西南官话文献中第一人称复数代词主要是"我们",与普通话中的"我们"功能也大体一致。本书同样基于《汉法》《西蜀》《课程》《联珠》四部传教士西南官话文献对"我们"的句法功能表现进行了分布统计,结果如表 4-3 所示。

表 4-3　第一人称复数代词"我们"在传教士文献中的句法功能分布情况

句法功能		汉法	西蜀	课程	联珠	合计	句例
单独充当句法成分	作主语	17	32	11	6	66	我们占上房。
	作动词宾语	12	2	1	0	15	不要来啰嗦我们。
	作介词宾语	4	1	0	0	5	先给我们一个知会。
	作定语	12	8	1	1	22	我们的意思不是赚钱。
	作兼语	2	0	0	0	2	天主免我们受那个患难。

续表

句法功能		汉法	西蜀	课程	联珠	合计	句例
与其他词构成复指短语充当句法成分	作主语	17	6	0	1	14	我们兄弟俩打伙。

由表4-3可见,四部传教士西南官话口语文献中,"我们"单独充当句法成分的句子有110例,包括了主语、动词宾语、介词宾语、定语、兼语等;而"我们"与其他词构成复指短语或联合短语充当句法成分的句子只有14例,且全部充当主语。可见,在文献中,"我们"在句法上的表现是以单独充当句法成分为主。

值得注意的是,能够与"我们"组合构成复指短语的结构包括代词"大家",数量短语"两个、几个",表示身份意义或关系意义的名词或名词短语"百姓、兄弟俩"等。

民国时期李劼人小说《波》中出现了"咱们"的用例,一共出现33次。仔细考察发现,"咱们"都出现在来自北方的"旗人"的对白中,也即小说作者为了体现说话者的北方旗人身份,刻意让其对白中出现了"咱们"这个第一人称复数代词。而其他的清末民初西南官话文献中,未见到有"咱们"的用例。由此可见,清末民初时期西南官话口语中可能并不存在"咱们"这个代词。田野调查发现,当代西南官话口语中也不存在"咱们"。所以清末民初西南官话中第一人称复数代词应当只有"我们"。

(二) 第二人称代词

1. 第二人称单数代词"你"

清末民初西南官话文献中的第二人称单数代词"你"可以单独充当句法成分,也可以与其他词构成复指短语或联合短语后充当句法成分,这些功能与普通话中的"你"一致。本书基于《汉法》《西蜀》《课程》《联珠》四部传教士西南官话文献对"你"的句法功能表现进行了统计,结果如表4-4所示。

表4-4　第二人称单数"你"在传教士文献中的句法功能分布情况

句法功能	汉法	西蜀	课程	联珠	合计	句例
作主语	505	165	26	15	711	你倒上了坎。
作动词宾语	135	75	10	7	229	我不认得你。
作介词宾语	76	1	0	0	77	他要来跟你争。
作定语	103	43	0	1	147	你的船载啥子？
作兼语	5	0	1	0	6	神父安排你做会长。

由表4-4可见，第二人称单数代词"你"以单用为主，与其他词构成复指短语后充当句法成分的用例较少，构成联合短语后充当句法成分的用例为0。

另外，"你"可以和"一个人""这（一）个人""自己"等构成复指短语后充当句法成分，可以充当主语、宾语、定语等。

充当主语：

（1）你这一个人多嘴。（《汉法》）

（2）你这个人好不精伶。（《汉法》）

（3）你自己要将息。（《西蜀》）【你自己要包容】

充当动词宾语：

（4）我兄弟求你老兄。（《汉法》）

（5）我拿五块钱，吃你自己。（《课程》）【我拿五块钱给你，你自己去吃。】

充当定语：

（6）费你老兄的心帮我问一声。（《汉法》）

（7）定斩你二人的头示众。（《联珠》）

在本书所掌握的文献语料中，"你"与其他词组合后充当句法成分的用例不多。四部传教士文献中仅发现了"你"与其他词构成复指短语充当主语的句子10例，充当动词宾语的句子2例，充当定语的句子2例。

值得注意的是，"你"和其他词构成的复指短语可以表单数，也可以表复数。与"你"构成复指短语表单数的词语包括称谓名词（如：老兄、兄弟、老人家），单数含义的数量短语（如：这一个人、一个人），反身代词（如：自己、各人）等，而与"你"构成复指短语表复数的词语一般是复数含义的数量短语（短语中的数大于或等于2），如"二人、两个、两位"等。当"你"和其他词语构成的复指短语表复数时，"你"可以替换为"你们"。

另外，清末民初西南官话文献中未见和北京话中功能等同的第二人称敬称代词"您"，在当代西南官话口语中也不存在。文献中，对听话人的敬称往往用"你+敬称名词"的方式来构成，如"你老人家、你老兄、你老哥、你老姐子、你老弟"等。这种用法在同时期北京话文献《语言自迩集》中也存在，如："<u>你老先生</u>的头发短得很，顶儿上也就没有了。(94页)""<u>你老</u>前年坐海船不是受了累了么？(103页)"

2. 第二人称复数代词"你们"

第二人称复数代词"你们"在文献语料中的出现频率相对单数的"你"就少了很多。以四部传教士西南官话文献来看，"你们"在《汉法》中出现21例，《西蜀》中出现9例，《课程》中出现6例，《联珠》中出现3例。

在清末民初西南官话文献中，第二人称复数代词"你们"句法表现主要有两类：一是单独充当句法成分，二是与其他词构成复指短语或联系合短语充当句法成分。这些功能与普通话中的"你们"基本一致。以下看一些语例。

(8) **单独充当主语**：<u>你们</u>还没有安息吗？(《西蜀》)【安息：休息】

(9) **单独充当宾语**：你爹爹故意逗<u>你们</u>的。(《黄吉安》)

(10) **单独充当定语**：<u>你们</u>的房子在那里？(《汉法》)

(11) **单独充当介词宾语**：为<u>你们</u>我费了多少心（《汉法》）

(12) **单独充当兼语**：前日命<u>你们</u>去捉郑南风，可曾拿到么？(《跻》)

(13) **与其他词构成复指短语作主语**：<u>你们男人家</u>无情无义，只图在外嫖娼宿妓，丢得我孤孤单单，一天嘴都闭臭了！(《跻》)

(14) **与其他词构成复指短语作宾语**：现在朝廷降诏，正要淘汰<u>你们这些贪官污吏</u>。(《黄吉安》)

(15) **与其他词构成复指短语作定语**：<u>你们两个人</u>的手拿开。(《课程》)

值得注意的是，能够与"你们"构成复指短语的结构一般为短语，在"数"的范畴上均为复数，所以常含有"这些、两个"等表达复数意义的限制性成分。

（三）第三人称代词

1. 第三人称单数代词"他/她/它"

在清末民初西南官话文献中，只有《黄吉安》和《跻》少量区分了指人的"他/她"和指物的"它"，其余文献均未出现"它"。

第三人称单数代词用例相对较多，仅以"他"的用例来看，《汉法》有1067例，《西蜀》有400例，《课程》有23例，《联珠》有276例，《黄吉安》有493例，《跻》对话中有624例。由这些语例可见，第三人称单数代词"他/她/它"可以单独充当句法成分，也可以和其他词组合为复指短语或联合短语后再充当句法成分。这些功能与普通话中的"他/她/它"基本一致，以下只简要各举一例。

（16）**单独作主语**：他赶不倒他的老人（《汉法》）【我比不上他的老人】

（17）**单独作宾语**：杀他几刀，又没有杀死。（《汉法》）

（18）**单独作定语**：多久没有上他的门。（《汉法》）

（19）**单独作兼语**：引他进来。（《汉法》）

（20）**单独作介词宾语**：我与他不得干休（《汉法》）

（21）**与其他词组合成复指短语充当主语**：他一个人吃不倒。（《汉法》）

（22）**与其他词组合成复指短语充当宾语**：老爷，拉着他两人何事？（《黄吉安》）

（23）**与其他词组合成复指短语充当定语**：武王不能听他两人的劝。（《联珠》）

（24）**与其他词组合成复指短语充当介词宾语**：玩耍，不要跟他两个玩。（《汉法》）

总体上看，第三人称单数代词"他"和相关词语构成的复指短语能够充当句法成分的能力与"他"单用时基本一致。只是根据语料反映的情况，充当主语的语例占有绝对的优势。比如《汉法》中，第三人称单数代词"他"和相关词语构成的复指短语充当句法成分的语例共有7例，其中有5例作主语，另2例作介词"跟"的宾语；《西蜀》中共有18例，其中有15例作主语，2例作定语，1例作介词宾语。

此外，单数代词"他"和"一家、两个"等表复数意义的数量短语构成复指短语充当句法成分时，单数代词"他"相当于第三人称复数代词"他们"，两者可以相互替换。

2. 第三人称复数代词"他们"

在清末民初西南官话文献中，存在着第三人称单数指物代词"它"，但没有该代词对应的复数形式"它们"。文献中第三人称复数代词主要是"他们"，既可用来指人，也可用来指物。

"他们"在文献语料中出现频次也不算少，《汉法》有 53 例，《西蜀》有 17 例，《课程》有 7 例，《联珠》有 24 例，《黄吉安》有 38 例，《跻》对话语料中有 18 例。在这些语例中，"他们"主要的句法功能包括两类：一是单独充当句法成分，二是与其他词语构成复指短语后充当句法成分。这些功能与普通话中的"他们"也基本一致，以下各举一例说明。

(25) **单独充当主语**：他们是一路来的。(《西蜀》)

(26) **单独充当宾语**：这些娃娃儿繁得很，我夯不着他们。(《汉法》)

(27) **单独充当定语**：他们的罪遗流到儿孙 (《汉法》)

(28) **单独充当介词宾语**：众人把他们劝不住就都走了。(《联珠》)

(29) **单独充当兼语**：叫他们出外就学。(《联珠》)

(30) **与其他词语构成复指短语后充当主语**：他们两弟兄一点分别都没得 (《汉法》)

(31) **与其他词语构成复指短语后充当宾语**：这一方尽是他们张家。(《汉法》)

(32) **与其他词语构成复指短语后充当兼语**：可以喊他们担挑子的进来 (《课程》)

(33) **与其他词语构成复指短语后充当介词宾语**：给他们两个说就是咯。(《课程》)

值得注意的是，可以和"他们"组合成复指短语的结构包括"两个"之类复数含义的数量短语、名词或名词短语、指人的"的"字短语等。如果"他们"后面的词语是"数词+关系名词"或"两+量词"结构的数量短语，那么，复数的"他们"可以替换为单数的"他"。比如在《汉法》中，有"他们两个划得来"【他们两个能友好相处】的说法，也有"他两个不斗头"【他们两个不能相处到一起】。很显然,这两例中,"他们"和"他"可以互换。

（四）三身代词余论

《黄吉安剧本选》出现了第一人称单数的"俺",共有30例,其中《鞭督邮》中出现27例,《青梅宴》中出现3例,而且都集中出现于人物张飞的对白中。其他16个剧本中第一人称都是"孤""寡人""我"等,未出现"俺"的用例。在清末民初西南官话的其他文献中都未出现"俺"的用例。查检《三国演义》原文,发现其中张飞的对白中也多有第一人称"俺"出现。以上这些说明,《黄吉安剧本选》里面《鞭督邮》和《青梅宴》中出现的"俺"很可能是作者在创作时受原著影响为突显人物性格而沿用的,并非用的是当时西南官话口语中的第一人称单数代词。所以本书未将"俺"列入清末民初西南官话的三身代词系统内。

第一人称复数代词"俺们"在《鞭督邮》中出现2例,在其他文献中均未出现,也当是和"俺"一样,是受原著影响而采用的词语。故本书也未将"俺们"列入清末民初西南官话的三身代词系统。

总体上看,清末民初西南官话的三身代词比较少,三种人称的单复数显得对称平衡,即单复数各有一个,并且复数形式均由单数形式附加词缀"们"而形成,三种人称代词的单复数对应关系都是"X——X们"。

本书查检了清代至民国时期的北京官话文献,结合刘亚男（2017）研究,发现清末民初西南官话中的三身代词与北京官话有同有异,如表4-5所示。

表4-5　　清末民初西南官话和北京官话三身代词系统比较

三身代词	西南官话	北京官话
第一人称单数	我	我、俺
第一人称复数	我们	我们、俺们、咱、咱们
第二人称单数	你	你、您
第二人称复数	你们	你们
第三人称单数	他	他
第三人称复数	他们	他们

综合表4-5可见，清末民初西南官话没有北京官话中的第一人称单数"俺"，第一人称复数的"咱""俺们""咱们"等，也没有第二人称单数敬称代词"您"。

在清末民初西南官话中，三身复数的表达不限于用三身复数代词，有时也会用"单数三身代词+复数意义结构"的复指短语来表达。其中的"复数意义结构"主要有"两个""两个人""几人"等，如：

(34) 他要跟我两个对审。(《汉法》)

(35) 贱婢！你两个还不跪下！(《黄吉安》)

(36) 不是我来他两个说不拢。(《汉法》)

在当代西南官话中，也有用"单数三身代词+几个"这样的结构表达三身复数的用法，如：

(37) 你几个倒是要得安逸哦，老娘忙得火起。(四川宜宾江安)

以上这种"单数三身代词+复数意义结构"的三身复数表达模式在清代至民国时期的北京官话文献中也存在，如：

(38) 太太急得没法，拼着自己身体，奔向前去，使尽生平气力，想拉开他两个。(《官话指南》)

(39) 于是当天议定，等他几人来见老前辈时，一概不许接待，以为抵制之策。(《官话指南》)

由以上可见，"单数三身代词+复数意义结构"的三身复数表达模式可能是清代至民国时期汉语官话的共性特点。

二 反身代词

清末民初西南官话文献中出现的反身代词有"自己、各人、自家、各自、本人"等几个，以下就典型反身代词做具体分析。

(一) 自己

"自己"可以独立充当句法成分，充当主语、宾语、定语等，如：

(40) **作主语**：自己烂了。(《汉法》)

(41) **作宾语**：轻人轻自己。(《汉法》)

(42) **作定语**：谁肯说自己的瓜儿苦？(《汉法》)

"自己"也可以和其他表指称或指代的词配合使用，构成同位短语后充当句法成分，如：

（43）<u>他自己</u>把神龛罢了。（《汉法》）

（44）由不得<u>你自己</u>。（《西蜀》）

（45）<u>他自己</u>的钱。（《西蜀》）

（46）难道说这一桌燕窝席，<u>我们自己</u>吃不来吗？（《黄吉安》）

（47）<u>丞相自己</u>有衙门，怎么在舍下就问起案来了？（《黄吉安》）

（48）把我咒语一念，想要多少金银，<u>他自己</u>会来。（《跻》）

由以上例子可见，能够与"自己"组合成同位短语的成分包括单数代词、复数代词以及名词等。

（二）各自

清末民初西南官话文献中，"各自"的句法功能比较单一，只单独充当句法成分，并且只充当主语和宾语，如：

（49）大限来时<u>各自</u>飞。（《汉法》）

（50）你不愿读书<u>各自</u>去。（《汉法》）

例（49）和例（50）中的"各自"都是充当主语。

在清代及民国时期的北京官话和其他南方官话文献中，"各自"的语义及句法功能表现与清末民初西南官话文献中的"各自"基本一致，此处不拟再展开说明。

"各自"在当代西南官话中，通常在书面化的表达（或偏高雅的语体表达）中还保留着反身代词用法，而日常生活口语中已较少反身代词的用法，发展出了情状副词的用法，如：

（51）不要客气，<u>各自</u>吃，菜有多的。（四川宜宾江安）

（52）你<u>各自</u>干，不要怕。（四川宜宾江安）

根据语境，例（51）、例（52）中的"各自"都要理解为"毫无顾忌地"。这种功能表现将在副词部分进行讨论。

（三）各人

作为反身代词的"各人"，意义上等同于"自己"，可以用"自己"来替换，通常作主语、定语等，没有和其他词组合成同位短语的情况。

（53）**作主语：**<u>各人</u>打扫门前雪。（《汉法》）

（54）**作定语：**这是<u>各人</u>的事。（《汉法》）

值得注意的是，清末民初西南官话文献中的"各人"并非全部是反身代词用法，除了反身代词意义外，还有表"每个人"意义的逐指用法。

本书统计四部传教士西南官话文献发现:"各人"总共出现36次,其中13次只能理解为反身代词"自己",占比约为36%;21次理解为逐指义"每个人",占比约为58%;有2次可理解为"自己",也可以理解为"每个人",占比约6%。

"各人"在清代至民国时期北京官话文献中也有表示"每个人"的逐指用法和等义于"自己"的反身代词两种用法,在一些用例中甚至两种解释均可。本书选择了6部清末民初北京官话文献对"各人"的三种语义出现频次进行了统计,具体如表4-6所示。

表4-6　　　　　　　"各人"不同语义出现频次

官话类	文献	自己	每个人	自己/每个人	合计
北京官话	《儿女英雄传》	28	8	2	38
	《言自迩集》	0	3	1	4
	《官话指南》	7	0	1	8
	《您呢贵姓》	4	0	0	4
	《学清》	2	0	0	2
	《官话类编》	27	13	9	48
小计		68(65%)	24(23%)	13(12%)	104

从表4-6可见,北京官话的6部文献中,"各人"作为反身代词表"自己"义的频次明显占优势,占65%,而表"每个人"的逐指用法仅占23%,兼表两种用法的情况占12%。

现综合上面的统计将清末民初西南官话和北京官话中"各人"反身和逐指两种用法的占比情况汇总如表4-7所示:

表4-7　　晚清至民国北京官话和西南官话中"各人"反身和
逐指两种用法占比情况

官话类	反身	逐指	兼表反身和逐指
北京官话	65%	23%	12%
西南官话	36%	58%	6%

不难看出,在清末民初时期,在"各人"词汇化为反身代词的进程上,北京官话先发生演变,西南官话略显滞后。

那么,在西南官话中,从晚清至今一百多年的时间中,"各人"有没有发生较大的变化呢？调查发现,当代西南官话中的"各人"在各地区的表现并不平衡。比如在四川、重庆全境以及贵州北部的一些方言点中,"各人"大多理解为反身代词"自己",少数情况可理解为"每个人",如：

(55) 弟娃,你今天是不是又喝酒了哦？你<u>各人</u>走远点儿哦,少在这里乱教我的娃儿。(四川南充)

(56) 他两个早就不和了,吃饭都是<u>各人</u>煮<u>各人</u>的。(四川宜宾长宁)

例(55)中的"各人"与第二人称单数代词"你"构成同位短语,只能理解为"自己",而例(56)中的第一个"各人",既可理解为"自己",也可理解为"每个人",第二个"各人"一般应理解为"自己"。例(56)中"各人"的两解现象的存在,至少说明"各人"的词汇化还没有真正完成。

但在贵州东部的一些方言点中,"各人"则合音成了"管 [kuan^{21}]"(肖亚丽 2017),除了作为反身代词外,还有作为副词的用法,如：

(57) 饿了不晓得<u>管</u>吃。(贵州天柱)【饿了不知道自己吃】

(58) 油钱和过路费<u>管</u>算。(贵州锦屏)【油钱和过路费另外算】

由以上两例可见,"各人"在贵州一些西南官话方言点中不仅完成了词汇化,而且还进一步发生了语法化①。

(四) 本人

清末民初西南官话文献中,反身代词"本人"单独充当句法成分时,通常作主语或宾语。

(59) **作主语**：一愿二愿,<u>本人</u>心甘愿。别人欢欢喜喜,你要叽叽呱呱,不是替人展瘦劲？(《跻》)

(60) **作宾语**：你不信去问<u>本人</u>。(《汉法》)

"本人"也可以与其他词语构成同位短语后充当句法成分,如：

---

① 张超：《贵州方言反身代词"各人"的共时和历时考察》,《贵州师范学院学报》2023年第5期。

(61) 本罪是自己本人犯的。(《汉法》)

由例(61)可见,"本来"可与反身代词"自己"、三身代词单数以及其他称谓词或人名等构成同位短语,然后充当相应的句法成分。

(五) 自家

在清末民初西南官话文献中,"自家"可以独立充当主语、宾语、定语等,如:

(62) **作主语**: 有些话自家又羞出口,老爷何不小勾留? (《黄吉安》)

(63) **作宾语**: 有能杀死一人者,赏钱五十串;杀死自家的,百串钱烧埋。(《跻》)

(64) **作定语**: 自家的人 (《汉法》)

"自家"也可以和其他代词组合构成同位短语,然后充当句法成分,如:

(65) 我自家去拿。(《跻》)

总体上看,清末民初西南官话文献中的"自家"功能表现与共同语中的"自己"基本一致。

三 旁称代词

张超(2021:46)指出,旁称代词是"用来指称说话人自己或话语中谈及的某个对象之外的人的人称代词"。清末民初西南官话文献中的旁称代词有"人家""别个""别人"等三个。"别人"与普通话中的"别人"一致,此处不予赘述,以下选择"人家"和"别个"略作介绍。

(一) 人家

清末民初西南官话文献中,旁称代词"人家"在多部文献中都有分布,本书统计了其中《汉法》《西蜀》《课程》《联珠》《黄吉安》《跻》文献中的分布情况,结果如表4-8所示[①]:

---

① 已排除"老人家""妇道人家"之类结构中的"人家"。

表4-8　　　　　旁称代词"人家"在部分文献中的用例情况

文献	《汉法》	《西蜀》	《课程》	《联珠》	《黄吉安》	《脐》
用例数	147	28	5	1	11	3

由表4-8可见,"人家"可算是清末民初西南官话文献中的常见词之一。

1. "人家"的句法特点

从句法功能上看,在清末民初西南官话文献中,旁称代词"人家"可以单独充当主语、宾语、定语、兼语等句法成分,如:

(66) **作主语**:人家把大汤吃完了。(《课程》)

(67) **作定语**:推在人家身上。(《汉法》)

(68) **作介词宾语**:跟人家做伴儿。(《汉法》)

(69) **作动词宾语**:下下都要说人家。(《汉法》)

(70) **作兼语**:总要人家说你一个好字才好。(《汉法》)

"人家"也可以和别的指称性词语组合成一个同位短语后再充当句法成分,如:

(71) 人家韩二奶奶并未读过书,认得字的呀。我们那个,假巴意思,还认了一肚皮的字,却啥子都不懂!(《死水》)

例(71)中,"人家"后面跟随一个称谓名词"韩二奶奶"构成同位复指短语后整体充当句子的主语。这种用例不多见。李劼人的"大河三部曲"中一共有262条"人家"用例,只出现了例(71)一条同位短语作句法成分的情况。

不过在当代西南官话口语中,"人家"和别的词构成同位短语后充当句法成分的情况并不少见,如:

(72) 人家杨小拉的字可赶比你们都好。【人家杨小拉的字可比你们都好。】(贵州毕节大方)

(73) 小的时候大家都觉得人家小敏不好看,现在长大了发现人家才是最漂亮的。(四川成都简阳)

2. "人家"的语义表现

仔细分析清末民初西南官话文献中的"人家",可见其有三种意义:

第一，实指听说两方之外的第三方。在具体的语境中，这个第三方是听说双方都知晓的，也即"人家"所指对象是明确的，一般可以替换为第三人称代词"他""他们"等。前述例（66）（67）（68）（69）中的"人家"尽管充当不同的句法成分，但意义上都是指代听说双方之外的第三方。

第二，虚指听话人之外的任意对象。这时的"人家"不对应现实中具体的对象，属于一种"泛指代"。前文例（70）中的"人家"就是一种虚指用法，在具体的语境中，可以把"人家"理解为说话人，也可以理解为听说双方之外的任意人。

第三，说话人自称。这种情况下的"人家"相当于第一人称代词"我"。带这种意义的"人家"的句子，往往带有娇嗔式的抱怨情绪，如：

（74）那更不行！人家好好的问他咋个[为什么]同人打捶[打架]，他半句不说，只是要鸡，这样看不起人家，人家还有啥心肠顾他！（《死水》）

（75）我晓得，那没良心的胖杂种，一定不来了！……狗入的胖杂种，挨千刀的！……死没良心，平日花言巧语，说得多甜！……人家害了病，看也不来看一眼。……挨刀的，我晓得你是生怕老娘不死！老娘就死了，也要来找你这胖挨刀的！（《死水》）

例（74）是《死水微澜》第二部分第八节中钟幺嫂针对顾天成说的带抱怨情绪的话，其中"人家"语义上相当于第一人称代词"我"。例（75）是《死水微澜》第五部分第六节中少妇在其婆婆面前抱怨情夫的话，其中的"人家"语义上也是指自己，相当于第一人称代词"我"。

由于有一定的"娇嗔抱怨"情感特征，这种意义的"人家"往往出自女性之口。这说明，表自称的"人家"具有强烈的性别色彩。

对于上述"人家"的三种意义，吕叔湘《现代汉语八百词》（1980：463）中其实早有概括。吕叔湘把"人家"的意义概括为三种："（1）指自己或某人以外的人；（2）指某个人或某些人；（3）指'我'，有亲热或俏皮的意味。"结合前面的论述来看，吕氏概括的（1）义就是一种虚指用法，（2）义是实指第三方的用法，（3）义则是自指用法。吕叔湘认为表自指的"人家""有亲热或俏皮的意味"，而本书结合清末民初西南官话文献和西南官话母语者的口语来看，表自指的"人家"则主要表达一种娇嗔式的抱怨，只不过所表达的抱怨，有的是真正的抱怨，而有的是虚假的抱怨。

上述"人家"的三种意义和用法在清末北京官话文献《语言自迩集》中也能看到。这说明，至少在清末民初时期的汉语官话中，"人家"已经普遍具备了前述三种意义及用法。

3. "人家"小结

综上可见，在清末民初西南官话文献中，"人家"是一个旁称代词，基本的语法特点为：句法上可以充当主语、定语、宾语、兼语等；语义上则有实指第三方、虚指听话者之外的人以及自指等三种。

（二）别个

"别个"在清末民初西南官话文献中一共出现17次，以下分别讨论其句法特点、语义表现和语用功能。

1. "别个"的句法特点

结合语例来看，"别个"和其他代词一样，可以独立充当主语、宾语、定语等，如：

（76）**作主语**：李春霆挥着扇子笑道："别个正想搬走哩，你还想搬回来。"（《波》）

（77）**作宾语**：听倒说他要更跟别个。（《汉法》）

（78）**作定语**：要答应就答应，别个朋友未必有我这样热心罢！（《黄吉安》）

2. "别个"的语义表现

"别个"作主语和宾语时，为人称代词，具体有两种语义表现：

第一，旁指听说双方之外的对象。即"别个"相当于"别人"，指代说话人和听话人之外的第三方对象，如例（77）。

第二，表自指。"别个"也可以用于自指，如例（76）。结合文献来看，例（76）所在的语境是：楚子材到学堂拜访李春霆，觉得学堂舒服，于是对楚子材说："学堂里果然好些，真想搬了回来！"李春霆回应道："别个正想搬走哩，你还想搬回来。"可见，李春霆是用"别个"自指，是说自己正好有打算搬走的意思。此时的"别个"相当于第一人称代词"我"。

"别个"作定语时，有两种情况：

第一，带结构助词"的"后修饰中心语，这种情况的"别个"要理解为旁指人称代词，相当于"别人"，如：

(79) 将来日子长哩！我现在还是别个的人。(《死水》)

第二，直接修饰中心语，这种情况下的"别个"应理解为指示代词，相当于"另外的"意义，如例(78)。

3. "别个"的语用功能

当"别个"用于自指时，有一定的语用表达功能，往往是说话者刻意用以委婉表达自己情况。例(76)中的李春霆就在委婉说明自己的打算。此类用例在当代西南官话口语中也不少见，如：

(80) 他还跑来跟我借钱，别个这两关都还差钱哟。【他还跑来向我借钱，我这段时间都还差钱呢】(四川成都简阳)

例(80)中的说话者就是在委婉地说明自身的"差钱"的现状，以实现委婉拒绝向外借钱的目的。

4. "别个"小结

从共时角度看，"别个"充当主语和宾语时，一般理解为人称代词，可旁指，也可以自指。表自指时，具有委婉表达自身情况的语用价值。"别个"充当定语时，如果带"的"，相当于旁指人称代词"别人"，如果不带"的"，而是直接作定语修饰中心语，则可理解为指示代词"另外的"。

从历时角度看，"别个"表自指的功能在民国时期文献中开始出现，在当代西南官话口语中广泛存在。这在一定程度上显示，西南官话"别个"的自指功能可能是从民国初期开始的。

四 泛称代词

泛称代词又叫泛指代词，是指语义上一般并不指代某个具体对象的人称代词。清末民初西南官话文献中真正称得上泛称代词的就是"人"和"人些"。

(一) 单数泛称代词"人"

名词"人"在西南官话特定语境中可以作为代词来用，以下分别看看其句法特点和语义表现。

1. 泛称代词"人"的句法特点

清末民初西南官话文献中，作为泛称代词的"人"，和其他人称代词一样，可以充当主语、宾语、定语、兼语等，如：

（81）**作主语**：人都还本分。（《汉法》）

（82）**作宾语**：你那句话好伤人。（《汉法》）

（83）**作定语**：欢乐人的心。（《汉法》）

（84）**作兼语**：派人迎赵母来奉养。（《联珠》）

从文献语例上看，泛称代词充当句法成分时，都是单用，没有和其他名词组成同位短语再充当句法成分的情况。

2. 泛称代词"人"的语义表现

"人"作为泛称代词，一般指代的对象比较泛化，并不具体对应到语境中的特定对象，如例（81）至例（84）中的"人"的指代对象都较模糊。但某些语境下，"人"的指代对象会被具体化，如：

（85）（小丽带着婴儿宝宝回娘家，把婴儿交给丈夫，先进屋看母亲。其母亲看到她后，问道:）人呢？你没有带来？

上例中的"人"就指代婴儿。由于语境的作用，"人"的指代对象被具体化，变成特指用法。

总体而言，不管是在文献中还是在当代口语中，泛称代词"人"的主要用法是泛指，少数情况由于语境的作用会产生特指用法。"人"的特指用法也是代词照应功能的体现，是为照应语境中提及过的某个人的用法。

（二）复数泛称代词"人些"

单数的"人"具有泛称代词功能，其复数形式"人些"也具有泛称代词功能。清末民初西南官话文献中"人些"一共出现9次，都是泛称代词用法，不存在名词用法。

1. 泛称代词"人些"的句法特点

在句法上，清末民初西南官话文献中泛称代词"人些"主要充当作主语，未见充当其他句法成分的用例，如：

（86）做事要合式点，人些才舒服得下去。（《汉法》）

（87）屋头人些不和。（《汉法》）

（88）人些嘈得很。（《汉法》）【人们吵闹得很】

（89）人些都是不宜好的，下等人更是这样。（《波》）

2. 泛称代词"人些"的语义表现

"人些"是"人"的复数形式。"人"泛指单数对象，"人些"则泛指群体对象。上述例（86）至例（89）中的"人些"都泛指范围不明确的群体。类似用例在当代西南官话口语中仍然常见，如：

（90）这人些赶哪些去咯？（四川宜宾江安）

（91）那是那年子一股风，人些炒起来的。（四川宜宾江安）

（92）你们寨子头人些怪得很。（贵州毕节大方）

尽管"人些"前面可能出现限制范围的词语，如例（87）的"屋头"，例（90）的近指代词"这"，例（92）的"你们寨子头"等，但"人些"的指代范围仍然是模糊的。结合文献语料和当代口语语料来看，"人些"不存在特指用法。

五 统称代词

张超（2021：51）指出，统称代词是指"统称某一范围内所有人的人称代词"。在清末民初西南官话中，具有统称功能的人称代词有"大家""齐家"和"大齐家"三个，其中"齐家"和"大齐家"应为同一个词的不同变体形式。

（一）大家

清末民初西南官话文献中，"大家"用例较多，在各部文献中均可见到。本书选择《汉法》《西蜀》《课程》《联珠》《黄吉安》《跻》六部文献对"大家"的用例情况进行分布统计，结果如表4-9所示。

表4-9　　　　　"大家"在文献中的用例分布情况

汉法	西蜀	课程	联珠	黄吉安	跻
8	13	2	14	53	24

以下略举几例。

（93）大家都是帮忙。（《汉法》）

（94）大家将就些。（《西蜀》）

（95）将将十二点半钟，就要请大家吃饭。（《课程》）

（96）四个女儿都回娘家来了，大家商量，方济于事。（《黄吉安》）

（97）大家不闹，请你占先？（《黄吉安》）

(98) 我们<u>大家</u>商量（《西蜀》）

(99) 我们<u>大家</u>歇下气。（《课程》）

从句法功能上看，大家主要充当主语［如例（93）（94）（96）（97）］、兼语［如例（95）］，有时则放在复数人称代词后构成复指短语再充当句法成分，文献中只见到充当主语的用例，如例（98）和例（99）。

从语义表现和语用功能上看，"大家"具有三种应用情况：

一是指代话语事件所涉及的全部人员，包括说话人、听话人以及参与话语事件的其他全部人员，如例（93）（94）（98）（99）。

二是指代说话人所代表的一方的全部人员，如：例（95）是要求听话人在十二点半钟时请说话人一方的全部人吃饭；再如例（97），"大家"与第二人称"你"相对，显然指代的是说话人一方的全部人员。

三是照应前文，指代前文所提及的群体，如例（96）中，"大家"就是照应前文中提到的"四个女儿"，指代的也就是这"四个女儿"。

当然，联系实际的语例来看，例（98）和例（99）中的"大家"也可能表示上述第二种意义，即指代说话人代表的一方的全部人员，与听话人相对。这就使例（98）和例（99）这类句子在语境不充分的情况下会产生歧义。

（二）齐家/大齐家

"齐家"作为统称代词，在当代西南部分地区依然存在，如云南盐津、贵州毕节等地，有时也用作"一齐家"，如"明天我家交待姑娘，你们<u>一齐家</u>过来耍哈。【明天我家出嫁女儿，你们大家过来玩。】"可能是因为"齐家"分布地域有限的原因，在清末民初西南官话文献中仅《汉法》存在1例，如：

(100) <u>齐家</u>都要到堂。（《汉法》）【大家都要到堂。】

清末民初西南官话文献中，还有一个统称代词"大齐家"。由于核心部分是"齐家"，可将其看作是"齐家"的变体形式，用例可见于《黄吉安》和《跻》，如：

(101) 公子潘（唱）就请你，

　　　公子元（唱）在中间，

　　　公子商人（唱）是钟都要停摆。

公子潘（唱）大齐家，
公子元（唱）坐不成，
公子商人（唱）等子昭回来。
公子潘（唱）你殿左，
公子元（唱）你殿右……

(《黄吉安剧本选·闹齐廷》)

(102) 龙虎大王（唱）败头队，多少人都阴倒下，独不见蛇耗王我的娃娃。

盖天王（唱）摸地王我的儿声色大，二队败多半打了瓜。

龙虎大王（唱）基础立何愁不能支大厦，拼命全靠大齐家。

盖天王（唱）敌兵来上桥定冲马，强弓劲弩一齐发、包射死他。

(《黄吉安剧本选·朱仙镇》)

(103) 做喜事都要来帮忙跑跳，有忧事大齐家努力效劳……大齐家站过来忙把喜道，吩咐了管厨司快上酒肴。(《跻》)

(104) 像你们在前世都未修善，到今生支落得将力卖钱。就该要立志向忠厚勤俭，主家事须当做己事一般。每日里起得早睡得迟晏，切不可当主勤背主耍奸。紧工月大齐家多把劲展，莫只徒喊主人去请天天。主人喊主母唤手足灵便，身未去声先应莫装痴憨。待火房与牧童站高望远，切不可因些小就映祖先。(《跻》)

据西南官话母语者的语感，以上这些用例中的"大齐家"都可以用"大家"来替换。

田野调查发现，当前宜宾本地方言口语中，仍然有人在用"大齐家"，如：

(105) 准备好没有，大齐家出发。(四川宜宾)

不过，在宜宾话中，相当于代词"大家"的词语，除了"大齐家"之外，还有一个"大齐伙"，如：

(106) 大齐伙都在这啊，那我们开始。(四川宜宾)

(107) 到底是啥子想法，大齐伙我们要一起商量。(四川宜宾)

在清末民初西南官话文献中只出现了"齐家"和"大齐家"两个。

古代汉语中有"修身齐家治国平天下"的说法，其中的"齐家"是"治家"之意。宜宾等地的西南官话中相当于"大家"的统称代词"齐家"显然与古代汉语中的"齐家"没有关系。在清代至民国的北京官话和其他南方官话文献中,都没有看到作为统称代词的"齐家"的用例,可见,西南官话的"齐家"也不是从北京官话或其他南方官话中引入的。综合看来,"齐家"可能是西南官话的自源性词语,当是"大齐家"的省略形式。所以,"大齐家"和"齐家"其实是一个词,可看作一个词的两种变体形式。

第二节 指示代词

根据张超(2021:53),清末民初西南官话文献中的指示代词可以从两个角度进行分类:一是根据指示或指代对象与说话者的空间关系以及指示指代的范围,可分为近指、远指、逐指、旁指、泛指五个小类;二是根据指代内容范畴分为通用、时间、方所、方式与状态、人事物五个小类。两个角度的分类构成一个矩阵表,具体如表4-10所示。

表4-10　　　　清末民初西南官话文献指示代词分类表

	通用指示	时间指示	方所指示	方式与状态指示	人事物指示
近指代词	这,这些	这下,这下子,这阵,这时,这时节	这里,这瀬,这堂,这边	这样,这么,这么样,这们,这们样,纵,纵个	
远指代词	那,那些	那时,那时节,那下,那下子,那暂,那回	那里,那瀬,那堂,那边	那样,那么,那么样,那们,那们样	
逐指代词	各				样行
旁指代词	别的,其余,其他				别样,别个
泛指代词	某				家伙

一　近指代词

清末民初西南官话文献中的近指代词主要是以"这"为基础构成的

系列指示代词。有注音的文献，如《汉法》，把"这"注音为 Tché [tṣei³⁵]，这只是代表了口语中的一种读法，而且属于比较正式的文读音。除此之外，当代西南官话口语中还有[tṣʅ⁴⁴]（之）、[tsʅ⁴⁴]（兹）、[tsɛ³⁵]等不同的读音。由"这"构成的近指代词从内容上看有通用、时间、方所、方式与状态四类。

（一）通用近指代词

近指代词中，"这"和"这些"为通用近指代词，可以指示或指代时间、方所、方式、状态、人物、事物等。"这"通用于单数和复数，"这些"只用于复数。以下分别看看这两个词的具体用法。

1."这"的用法

"这"可以单独使用，也可以构成"这+（数词）+量词+名词""这+（一）+量词""这+名词"等结构。

Ⅰ.单独应用指代相关内容

"这"可以单独应用，指代前文所述及的时间、方所、方式、状态、人物、事物等内容，通常充当主语或定语等。如：

（1）<u>这</u>是无妨的事。（《汉法》）

（2）<u>这</u>也还是小事。（《汉法》）

（3）<u>这</u>规矩是我们祖传。（《西蜀》）

（4）况且<u>这</u>事他都晓得。（《西蜀》）

以上例句中的"这"都是单独充当句法成分，在例（1）、例（2）中作主语，在例（3）、例（4）中作定语。

Ⅱ.构成"这+（数词）+量词+名词"定中结构指代相关内容

"这"可以带数量短语或量词构成"这+（数词）+量词+名词"结构，指代语境中的特定对象、群体或其他相关内容，如：

（5）<u>这个猪</u>肥得好，杀得了。（《汉法》）

（6）我<u>这几天</u>欠安。（《西蜀》）

（7）<u>这一下子</u>，灶弄归一了。（《课程》）

（8）至于<u>这一切</u>……（《西蜀》）

例（5）中的"这个猪"指代语境中听说双方共知的某头猪，作主语；例（6）中的"这几天"指代刚过去的几天，是一个时间段，整体作状语；例（7）"这一下子"整体指代当下的时间，作状语；例（8）"这一切"指示前文语境中提到的全部事物，作介词"至于"的宾语。

Ⅲ. 构成"这+（一）+量词"结构指代语境中的内容

"这"可以和量词构成指量结构指代语境中前文所述及的轮次、方所、方式、状态、人物、事物等内容，"这"和量词之间有时会有数词"一"。如：

(9) <u>这把</u>刀锋快。(《汉法》)

(10) <u>这个</u>叫啥子名字？(《汉法》)

(11) 百串不多，八十不少。<u>这点</u>不够众人买水吃，拿来做啥？(《跻》)

(12) <u>这个</u>不算好 (《西蜀》)

(13) <u>这个</u>拿来重起。(《课程》)

(14) <u>这一挑</u>，重一百三十七斤。(《课程》)

(15) <u>这一起</u>，尽是筒子，要一百一十个钱一捆。(《课程》)

(16) <u>这一家</u>才合式一点。(《课程》)

(17) 好，我歇<u>这一间</u>。(《课程》)

(18) <u>这回</u>着了，二回小心点。(《汉法》)

(19) <u>这一回</u>要看成我。(《汉法》)

(20) <u>这回</u>不但亏钱亏银子人都要吃亏。(《汉法》)

(21) <u>这回</u>他遇倒对头。(《汉法》)

从以上例子可以看出，"这+（一）+量词"结构中的量词，可以是物量词［如例(9)至例(17)］，也可以是动量词［如例(18)至例(21)］。"这+（一）+物量词"结构一般回指前文述及的方所、方式、状态、人物、事物等，"这+（一）+动量词"结构一般回指前文述及的行为轮次等，也间接指示了时间。

Ⅳ. 构成"这+名词"结构起指别作用

"这"也可以直接作定语修饰名词，构成"这+名词"结构，对事物进行指别，在句法上可以充当主语、定语、宾语、状语、同位语。如：

(22) **作主语**：<u>这鬼</u>叫很。(《汉法》)

(23) **作定语**：曹操深信<u>这人</u>献粮的话。(《联珠》)

(24) **作状语**：<u>这时</u>卖允丰正绍酒的自仙楼，怕已不行？(《波》)

(25) **作介词宾语**：王长兴，把<u>这洗脸盆</u>捡在海底下。(《课程》)

(26)**作动词宾语**:又炖不来牛肉,又买不来牛肉,你们本是不吃<u>这东西</u>的,偏要听人家乱说。(《死水》)

(27)**作同位语**:你<u>这</u>人才不识好!(《跻》)

2."这些"的用法

Ⅰ.单独应用充当主语和宾语

"这些"可以独立指示或替代语境中前文提及的人物、事物、时间、方所、方式、状态等,形式上不带任何修饰成分,也不修饰限制其他成分,句法上可以充当主语和宾语。

(28)**作主语**:<u>这些</u>都不说了,事非经过不知难!(《死水》)

(29)**作宾语**:不说<u>这些</u>。(《汉法》)

Ⅱ.构成"这些+名词"结构充当句法成分

"这些"可以直接修饰名词作定语,构成"这些+名词"结构,指代语境中提及的相关内容,整体充当主语、宾语、状语和其他代词的同位语等。

"这些+名词"结构可作主语和宾语,如:

(30)**作主语**:<u>这些</u>摔话我听伤了。(《汉法》)

(31)**作宾语**:我懒爱做<u>这些</u>活路。(《汉法》)

"这些+名词"结构中名词如果是时间名词,整个结构也可以充当时间状语,如:

(32)**作状语**:<u>这些</u>时,还是正正经经说个好人家的女儿,一则你那家务也才有人照管,招弟的头脚也才有人收拾。(《死水》)

"这些+名词"结构有时也做人称代词的同位语,如:

(33)**作同位语**:你们<u>这些</u>丑鬼,跟我站远些,莫惹得老子忧气!(《跻》)

"这些+名词"作为同位语时,前置成分如果为第二人称,句子大多含有责骂意味。

(二) 时间近指代词

时间近指代词即用于指示或指代时间的近指代词。清末民初西南官话文献中的时间近指代词有"这时""这时节""这下(吓)""这下(吓)子""这阵"五个。其中"这时""这时节"与普通话中的"这时""这时节"基本一致,本书不拟详述。张超(2021:54-56)对

"这下（吓）""这下（吓）子"做了具体分析，在本书中也不作赘述。在此仅就"这阵"进行简单分析。

"这阵"在清末民初西南官话文献中一共出现6次，都可理解为"这个时候"，在句子中都充当时间状语，如：

(34) <u>这阵</u>该你昏君凶。(《黄吉安》)

(35) 你<u>这阵</u>是冠者了。(《西蜀》)

(36) 我生不能解死父之忧，死转加生父之恨，我<u>这阵</u>还死不得呀！(《黄吉安》)

(37) 噫，尊驾<u>这阵</u>还不去睡呀？(《黄吉安》)

(38) 惊惊张张的，把我骇得！……我心头<u>这阵</u>还在跳哩！……老鬼，真是老昏了！(《死水》)

以上语例中的"这阵"都是时间状语，句法位置上相对灵活，可以放在句首，如例（34），也可以放在主谓之间，如例（35）至例（36）。

"这阵"也可以作动词"到"的宾语构成表时间意义的动宾短语后充当句子的状语，如：

(39) 到<u>这阵</u>还有这们多的人。(《波》)

在当代西南官话中，"这阵"还可以说成"兹阵"，意义和功能不变。

清末民初西南官话文献中"这阵"能作为近指时间代词，与当代西南官话中"阵"能作为时间名词有较大的关系。

当代西南官话口语中的时间名词"阵"单用时，通常用于"X+的+阵"结构，表示某事件发生的时候。其中的X可以是一个谓词性成分，也可以是一个时间名词。如：

(40) <u>吃中午饭的阵</u>开始落雨了。

(41) <u>娃儿上学的阵</u>你在搞哪样？

(42) <u>割菜子的阵</u>你在哪儿打工？

(43) 这种皮衣<u>冬天冷的阵</u>穿起才安逸。

(44) <u>昨天12点的阵</u>我家吃饭在。

由以上例子可见，"X+的+阵"表示的时间意义是比较模糊的，可以是较短的一个时段，也可以是较长的一个时段，还可以是一个时点。具体意义取决于定语部分X所表达的内容。"阵"的这种时间名词用法应当是"这阵"作为时间近指代词用法的基础。

(三) 方所近指代词

清末民初西南官话文献中常见的指示方所的近指代词是"这里、这边、这瀬、这堂"等。根据语料可见,"这里""这边""这瀬""这堂"四个词完全同义,都是指示或指代方所,可以相互替换。

在句法上,这些方所近指代词可以单独充当主语,如:

(45) 这边拿的是四两二!(《波》)

(46) 这瀬好,那瀬不好。(《汉法》)

还可以受定语修饰,充当主语部分的中心成分,如:

(47) 我们这里没得那个风俗。(《汉法》)

(48) 他这堂生了根子。(《汉法》)

(49) 山这边穿过那边。(《汉法》)

也可以充当动词宾语,如:

(50) 走这里要切好多。(《汉法》)【走这里要近很多。】

也可以充当介词宾语,如:

(51) 我在这里要停住几天。(《汉法》)

也可以作状语,如:

(52) 这里跕下,那里跕下。(《汉法》)【这里蹲一会儿,那里蹲一会儿。】

(53) 这边躺,我来好生烧个泡子赔礼,使得吗?(《死水》)

当代西南官话中,"这里、这边、这瀬、这堂"四个词仍然存在,"这里"在多数地方表现为"兹底""这底"等。另外还有"这点儿""这堂个儿"等也近指方所。

在清代北京官话和南方官话文献中,没有发现"这瀬"和"这堂"的用例,说明这两个词可能具有地域性特征。

(四) 方式与状态近指代词

方式状态近指代词是指代方式、程度、状态、数量等的近指代词。根据语料,清末民初方式状态近指代词有"这样""这么""这么样""这们""这们样""纵""纵个"不同的形式。其中"这们""这们样"中的"们"可能是"么"在西南官话口语中的地域变体。在《汉法》中,"纵"写作"重","纵个"写作"重过",本书将这两个形式改写为"纵"和"纵个",理由为:第一,这两个近指代词实际读音为 [tsoŋ^{35}]

和［tsoŋ³⁵ ko³⁵］,其来源暂无从考证,因而本字暂无法确定;第二,和北方官话类似,"重"在西南官话口语中有［tsoŋ³⁵］(重量)和［tsʰoŋ²¹］(重叠)两种读音,因此用"重"和"重过"记写这两个近指代词易让不熟悉西南官话的人误读;第三,张一舟、张清源、邓英树(2001)写作"纵"和"纵个",明生荣(2007)写作"仲"和"仲个",本书采用张一舟等的写法。

上述七个方式状态近指代词语义上一致,但在句法功能上存在一定的内部差异,以下具体来看看。

1. 作状语修饰形容词

方式状态近指代词除"这么样"和"这们样"之外,其余五个词均可以修饰形容词作句子或短语中的状语。如:

(54) 哪有这个事? 怕你听错了,没得这们多罢。(《黄吉安》)
(55) 不知他是个啥样子,就有这们好的命哦?(《跻》)
(56) 他是啥子功名,这们势耀?(《跻》)
(57) 你这卖千家的,这们嘴烈!(《跻》)
(58) 为啥子换这么多毛钱来?(《课程》)
(59) 没得这样憋脱。(《汉法》)
(60) 看他这样造孽我心中不忍。(《汉法》)
(61) 吴王见他这样软弱卑小就不防备。(《联珠》)
(62) 听厌了,听厌了,也值得这样张张巴巴的!(《死水》)
(63) 不要纵多。(《汉法》)

从语义上看,方式状态近指代词修饰形容词时,都是在指示一种性质存在的某个程度状态。

2. 作状语修饰动词

七个方式状态近指代词均可修饰动词、动词短语或短语内部的状语。如:

(64) 冬下衣裳要穿得厚点,夏天要单薄些,这样穿得合式。(《汉法》)
(65) 你这样做定要受谈。(《汉法》)
(66) 是要拯救这样被害的人民。(《联珠》)
(67) 今日这样看来,莫非要报应在我母子身旁吗!(《黄吉安》)

(68) 你却不晓得，蔡大嫂是规规矩矩的女人，又是我的亲戚，你跟她有好熟，她能这样向你说？(《死水》)

(69) 我真不懂得，婆娘家为啥子见了当婊子的这样看不起！(《死水》)

(70) 人家好好的问他咋个同人打捶，他半句不说，只是要鸡，这样看不起人家，人家还有啥心肠顾他！(《死水》)

(71) 这么样转一个弯儿，大家的面子顾全了，我们就吃些亏，也不在乎了？(《波》)

(72) 这们说来又怎么开交？(《跻》)

(73) 若是未死，这们喊叫他都不出来吗？(《跻》)

"纵"和"纵个"在本书所掌握的清末民初西南官话文献中未见有修饰动词作状语的用例，但根据当代西南官话母语者的语感，以上例句中的近指代词均可换作"纵"或"纵个"。也即在当代口语中，"纵"和"纵个"修饰动词作状语的用法较常见。如：

(74) 你昨天纵说法，他就是不得听进去。(贵州毕节金沙)

(75) 我纵个吼你，你得生气不？(贵州毕节金沙)

从语义上看，方式状态近指代词修饰动词时，有两种理解：一是指示动作行为的方式，如例(64)、例(65)、例(66)、例(67)、例(68)、例(71)等；二是指示动作行为施行的程度状态，如例(69)和例(70)。有的句子因此就可作两种理解，如例(73)，"这们"可能是指示"喊叫"的方式，也可能是指示"喊叫"行为施行的程度状态。

3. 作定语修饰名词

结合清末民初西南官话文献以及当代西南官话口语语料来看，只有"这样""这么样""这们样""纵个"四个词可以修饰名词作定语成分。如：

(76) 找倒这样的牛，可以把价讲定。(《课程》)

(77) 怎能教子成就这样的人。(《联珠》)

(78) 有这样的忠臣吗？(《黄吉安》)

(79) 你若是生在城里，就当不到太太奶奶，姨太太总好当的，也比只守着这样的一个掌柜强得多呀！(《死水》)

(80) 不要说太太奶奶的话，我觉得，就像你这样的人，也比我强！

(《死水》)

(81) 像这样的好邻居，那里晓得就会死哩！(《死水》)

(82) 洋鬼子又不会使刀，碰着这样的队伍，只好倒！(《死水》)

(83) 你看孤这样光景，你打个甚么主意！(《黄吉安》)

(84) 罗哥那里是这样人？(《死水》)

(85) 说句不怕你嫂子呕气的话，象你这样一个人材，又精灵，又能干，嫁跟蔡掌柜一个人，真太委屈了！(《死水》)

"这样""这么样""这们样"三个词修饰名词时，中间可以有结构助词"的"，如例（76）至例（82）；也可以不加结构助词而直接组合，如例（83）至例（85）。从语义上看，"这样""这么样""这们样"修饰名词时，都是在指示名词所代表的事物具有的某种性质状态。有时相关的性质状态词会在名词前出现，如"这样的忠臣""这样的好邻居"等，其中的"忠"和"好"也正是代词"这样"要指示的内容。也就是说，这种结构中，指示代词和后面的形容词实际上是语义复现，在语用上就起到了强调的作用。

4. 单独作主语

方式状态近指代词"这样""这么样""这们样"可以作主语，一般都是出现在评述性的判断句中，语义上回指前文述及的方式、状态等，整句是对前述行为的方式和状态进行评述。在清末民初西南官话文献中仅发现两例"这样"作主语的句子。

(86) 这样都还好，都使得。(《汉法》)

(87) 这样浪费。(《跻》)

以上两例中的"这样"实际上是"这样做"的简略说法，整句就是对"这样做"的评述。

结合当代西南官话口语来看，以上两例中的"这样"可以替换为"这么样""这们样""这么""这们""纵""纵个"等，说明所有方式状态近指代词都可以单独充当判断句主语。

5. 单独作宾语

在清末民初西南官话文献中，方式状态近指代词可以单独充当判断动词"是"的宾语，如：

(88) 就是他，就是这样。(《汉法》)

(89) 原来是这样（《西蜀》）

(90) 我的意思是这样（《西蜀》）

(91) 万不料成这样。（《西蜀》）

(92) 早晓得这样，我第一不该出主意，她晓得了，一定要报复我。（《死水》）

(93) 真情是这么样的，你们不要听旁人的怂恿，来生事。（《波》）

(94) 如今有了饭吃又想酒哈，再是这们，我连饭都不拿跟你吃，看你会做啥子！（《跻》）

(95) 我的脾气是这们样的！（《波》）

(96) 既然是这样，不谈了。（《汉法》）

(97) 是纵个我不管你的。（《汉法》）

偶尔也有作其他动词宾语的情况，只是用例较少，如：

(98) 其实哩，只是气她，我们再横也横不到这样。（《死水》）

以上来自清末民初西南官话文献的用例已涉及到"这样""这么样""这们样""这们""纵个"五个词，剩下的"纵"在同时期语料中未见，但在当代西南官话口语中有类似的用法，如：

(99) 是纵哦，我还以为你不来了。（贵州毕节金沙）

(100) 是纵的话，这日子没得过法了。（贵州毕节金沙）

总体上看，方式状态近指代词具备独立充当宾语的能力。

6. 单独作谓语

方式状态近指代词"这样""这们样""这么样""纵个"四个可以单独作句子的谓语，如：

(101) 做官的人都这样，我费了多大的力，才学会的，亏你说是怪样子哩！（《死水》）

(102) 只算是妻命好，若不靠他老婆曾师母，他能这样吗？（《死水》）

(103) 并说，爱并不要这么样，倘若光是这么样，那简直是淫了。（《波》）

清末民初西南官话文献中未发现"这们样"和"纵个"单独作谓语的用例，但结合当代西南官话口语语感来看，上述三例中的"这样"或"这么样"均可替换为"这们样""纵个"，不能替换为"这么"和

"纵"。说明方式状态近指代词除"这么"和"纵"以外，均可单独充当谓语。

7. 作语篇过渡成分

清末民初西南官话文献中有"（是）这样看来""这样一来""这们一来"等结构的短语，不在句内充当句法成分，而是在句首独立存在，起着承前启后的篇章功能，是一种语篇过渡成分。方式状态近指代词往往是这类语篇过渡成分中的重要构成元素。如：

（104）<u>是这样看来</u>，你们做官的，还不如我们吃的好咧！（《黄吉安》）

（105）<u>这样一来</u>，文章就顺了。（《波》）

（106）<u>这们一来</u>，四川的事简直就弄糟了！（《波》）

以上划线部分整体为语篇过渡成分，其中的"这样""这们"等从意义上发挥着承接上文内容的作用，这是划线部分能成为语篇过渡成分的关键因素。

有时候，方式状态近指代词带上语气词或后加停顿，也具有承上启下的语篇功能，如：

（107）<u>这样儿</u>，你倒是丢心丢意的去了，妾又拿甚么东西来装殓你呀。（《黄吉安》）

（108）<u>这们罢</u>，你用文牍的资格，先上去说一篇，跟着我以交涉的资格，也来说一篇。（《波》）

可见，"这样""这们"等近指代词本身就具有承上启下的语篇过渡功能，前后附加其他较虚的成分后，也仍然保持这种语篇功能。

8. 方式状态近指代词小结

清末民初西南官话文献中方式状态近指代词有"这样""这么""这么样""这们""这们样""纵""纵个"七个，七个词意义基本一致，但句法功能却有一些差别。其中"这样""这么样""这们样""纵个"四个高度一致，具备上述七种句法功能；"这么""这们""纵"这三个词一致，不能充当主语、宾语、定语等句法成分，其他功能与"这样"等四个词相近。

查检清代北京官话和南方官话文献发现，"这样""这么""这么样""这们""这们样"在南北官话中均有用例存在，而"纵""纵个"均没有相关用例，说明这两个词具有西南地域特色。

二 远指代词

清末民初西南官话文献中，远指代词以"那"为中心，衍生出了专指时间的"那下""那下子"，专指方所的"那里""那㘄""那堂""那边"，专指方式状态的"那样""那么""那么样""那们""那们样"，专指人物事物的"那个"等。"那"的读音在《汉法》记作 lá [la³⁵]。当代西南官话口语中表远指的指示代词实际还有 á [a³⁵]（阿）、ā [a⁴⁴]（阿）等不同的读音，这应当是对"那"字的白读，且这种白读音很可能在清末民初就已存在。对于这种白读音，本书不拟用其他读音相近的字来代替，均统一用"那"字来记录。

（一）通用远指代词

"那"在西南官话当代口语中有 [a³⁵]、[a⁴⁴]、[la³⁵] 等读音，其中 [la³⁵] 为文读音。《汉法》中注音为 lá [la³⁵]，应当只是记录了当时的文读音。

清末民初西南官话文献中，远指代词"那"和"那些"可以通用以指示或指代人物、事物、时间、方所、方式、状态等。"那"可以单复数通用，而"那些"一般用于复数。以下分别看看"那"和"那些"的用法。

1. 那

Ⅰ．"那"单独应用

"那"单独应用是指不受其他词修饰，也不修饰限制其他词，而独立运用于句子中的情况。"那"单独应用时一般都是充当判断句主语，整个句子对前文提及的人物、事物、时间、方所、方式、状态等进行评述。如：

（109）<u>那</u>是费钱的事。(《汉法》)

（110）<u>那</u>是有一个缘故。(《汉法》)

（111）<u>那</u>不是好东西。(《汉法》)

（112）<u>那</u>是要万数银子。(《汉法》)

（113）<u>那</u>倒容易。(《汉法》)

（114）那是人做的，不是得生成的。(《汉法》)

（115）那是个不懂事的 (《西蜀》)

（116）那是个才头 。(《西蜀》)

（117）那是势所必然的。(《西蜀》)

（118）那是个大意人。(《西蜀》)

（119）那是势所必然的 (《西蜀》)

（120）那是个左性子的人 (《西蜀》)

有时候，单用的"那"也有承上启下的连词功能，如：

（121）那我不管。(《汉法》)

（122）那一打起来，不是要乱杀人吗？(《波》)

（123）那一定要生大变化了！(《波》)

例（121）中的"那"既可理解为前文提及的人物、事物、时间、方所、方式、状态等，也可理解为顺承前文语意而推出后文内容的表推断因果关系的连词，相当于"那么"。而例（122）和例（123）中的"那"就只能理解为连词。

Ⅱ. 构成"那+量+名"结构

"那"可以限制量名结构，构成指量名短语后充当句法成分，"那"在其中主要起指别作用，如：

（124）你那句话好伤人。(《汉法》)

（125）他那个生意是某人出的稍/稍头。(《汉法》)

（126）那个人的疑心大。(《汉法》)

（127）那个房子有三丈的开间。(《汉法》)

（128）那个脚色惹不得。(《汉法》)

（129）没得那件事的影影。(《汉法》)

（130）我说那个根原跟神父听。(《汉法》)

（131）巴不得出一封银子，没得那个力量。(《汉法》)

（132）长行念倒那个事。(《汉法》)

（133）还没有拢那个地步。(《汉法》)

（134）掸了那股气色就把病惹倒了。(《汉法》)

从以上例子可见，"那+量+名"的结构意义上主要起指别作用，即对所言对象进行限定明示，以区分于其他同类对象，如"那个人"区分于"其他人",以此明确所言的对象。在句法上,"那+量+名"整体可以充当主语,如例(124)至例(128),也可以整体充当定语,如例(129),还可以充当动词宾语,如例(130)至例(134)。"那+量+名"整体还可以再带限制性定语,如例(124)和例(125)。

Ⅲ. 构成"那+数+量+名"结构

清末民初西南官话文献中,"那"也可以充当"数+量+名"结构的限制性定语,构成"那+数+量+名"结构,意义上起指别作用。如:

(135) 那一股地方说了多久竟自没有说成。(《汉法》)
(136) 为你那一件事我又谈得有多少敷水的话!(《汉法》)
(137) 不服那一口气。(《汉法》)
(138) 把那一碗饭打脱了。(《汉法》)
(139) 那一张字要拔出来。(《汉法》)
(140) 那一本书有四五十篇。(《汉法》)
(141) 那一笔账我招呼起来。(《汉法》)
(142) 那一杆秤称得好重?(《汉法》)
(143) 那一层话丢了不谈了。(《汉法》)
(144) 那两个人相像。(《西蜀》)
(145) 我稀罕你那几个钱?(《汉法》)
(146) 那几十吊钱硬是斗起去了。(《汉法》)

在"那+数+量+名"结构的用例中,数词为"一"的情况居多。如果数词为"一",往往可以省略而变成"那+量+名"结构,如"那一件事"可以说成"那件事","那一口气"可以说成"那口气"。不过有时这种省略会造成歧义,如"那一口气"变成"那口气"后,由数量短语变来的"口气"可能被理解为一个词,进而造成句子歧义。

从功能上看,"那+数+量+名"结构与"那+量+名"结构完全一致,整体可以充当主语[如例(135)、例(139)、例(140)、例(141)、例(142)、例(143)、例(144)、例(146)]、动词宾语[如例(137)、例(145)]、介词宾语[如例(136)、例(138)]等。同样,"那+数+量+名"结构也可以整体上再带限制性定语,如例(136)中的"你"就是"那一件事"的限制性定语。

Ⅳ. 构成"那+数+名/动"结构

清末民初西南官话文献中,"那"也可以构成"那+数+名/动"结构,具体分两种情况。

第一为"那+数+名"结构,这其实是"那+数+量+名"结构省略量词后产生的结构,如:

(147) <u>那一天</u>逢场(《西蜀》)

(148) 就是<u>那一乡</u>的人都尊敬。(《联珠》)

(149) 我就看不来<u>那一脸</u>的骚疙瘩,又那样的高,那样的粗相,一点不秀气!(《波》)

(150) 我不管你们<u>那一界</u>,总之,你说,四川独立的新闻!(《波》)

(151) 如其你要用这三哨来打<u>那一哨</u>,这简直是肉包子打狗,有去没回,不过,难的便是巡防营向来跟陆军便不大对,只是陆军动手,倒也未必独立得起。(《波》)

第二为"那+数+动"结构,这种结构中的动词成分表达的往往是指称性的意义,即属于名词化用法,当为"那+数+名"结构延伸影响的结果。如:

(152) 定是你愿狂柳絮舞随风,再不然临去秋波<u>那一送</u>,才惹得天大的祸事降九重。(《黄吉安》)

(153) 比如开会那天,楚子材得到我们<u>那一指点</u>,跑上台去,睁起眼睛一胡说。(《波》)

(154) 得亏我<u>那一说</u>,把侯治国的胆子也才引大了,兴致也才引了起来。(《波》)

"那+数+名"和"那+数+动"形式虽然相似,但其实存在差异。"那+数+名"中数词如果为"一",往往可以省略,如"那一天"可以说成"那天","那一乡"可以说成"那乡"。而"那+数+动"结构中数词通常为"一",也不能省略,如"那一说"不能说成"那说","那一送"不能说成"那送","那一指点"不能说成"那指点"。另外,"那+数+动"还具有强调行为时量小但效果强的语用功能,以上例(152)至例(154)三例中的"那+数+动"均有这种功能。

Ⅴ. 构成"那+数+量"结构

清末民初西南官话文献中,"那"也可以直接和数量结构组合,构成

"那+数+量"结构。如：

(155) 这个场归那一属。(《汉法》)

(156) 我没有习那一行。(《汉法》)

(157) 后头那一曹。(《汉法》)

(158) 单把那一样不见(《西蜀》)

(159) 煞割那一本。(《西蜀》)

(160) 帮过那一个。(《课程》)

(161) 那一笔以二十亩田押借来的银子，你不是看见输光了，不够，还借了片官二百两？(《死水》)

(162) 如其你恨他两眼，他反而生了心，说是你有了啥子意思了，管你受得受不得，就叫幼丁把点心送了上来，还说是那一排，那位先生敬的。(《波》)

(163) 偏没有一个像男儿汉的，我倒说一句怪话，胯裆底下枉自多了那一根！(《波》)

(164) 从上莲池那一段，那里才顶偏僻。(《波》)

(165) 他们为啥子那一次便穷凶极恶得同吃人的夜叉一样，现在又这样规规矩矩起来？(《波》)

这种结构由于缺少有明确所指的中心成分名词，在应用中对语境的依赖性较强，如以上例（155）至例（160）中的"那+数+量"结构，由于语境信息不足，让人看不出具体所指。当然，这种句子在具体对话应用中，"那+数+量"结构的具体所指双方一般是共知的。有时，"那+数+量"结构具有语用上的委婉避讳的表达功能，如例（163）就是用"那一根"指代男性生殖器，避免了直言的不雅。

Ⅵ. 构成"那+量"结构

清末民初西南官话文献中，"那"也可直接和量词构成"那+量"结构指代语境中的人物、事物、时间、方所、方式、状态等，如：

(166) 那个爱不好的。(《汉法》)

(167) 那个年纪大点。(《汉法》)

(168) 那个是哥子，那个是兄弟。(《汉法》)

(169) 那个丢垰垰头。(《汉法》)

(170) 这个易得，那个难得。(《汉法》)

(171) 那个把他肘起。(《西蜀》)

(172) 这个纵是好,那个还是要不得。(《西蜀》)

(173) 他夯着我那个怕他。(《汉法》)

从语义上看,以上例子中,例(166)至例(168)中的"那个"都是指代人物;例(169)至例(171)中的"那个"指代事物;例(172)中的"那个"既可以指代物品,也可以指代事件,也可以指代方式方法;例(173)中的"那个"指代状态。就本书所掌握的清末民初语料中的用例来说,从句法上看,"那+量"大多单独充当主语成分,像例(173)那样充当状语的比较少见。

句法上,当代西南官话中"那+量"结构还可单独充当宾语,如:

(174) 我要那起。【我要那种。】(贵州毕节金沙)

(175) 你搬开那堆,(东西)肯定在里面。(贵州毕节金沙)

一个词或短语充当主语和充当宾语应当具有平衡性,即能单独充当主语的,一般也能充当宾语,由此推知,清末民初实际口语中,"那+量"结构应当也能单独充当宾语。

Ⅶ. 构成"那+名"结构

清末民初西南官话文献中,"那"可以直接和名词组合成"那+名"结构。如:

(176) 那贼咬了他一口。(《汉法》)

(177) 你那船是几匹桡?(《汉法》)

(178) 那门是半掩半开的。(《西蜀》)

(179) 见不得你那小家子见识。(《汉法》)

(180) 把衣裳挂在那钉钉上。(《汉法》)

(181) 果真有那事。(《汉法》)

(182) 在某官手头那衙门的规矩兴得好。(《汉法》)

(183) 那时节我还没有出世。(《汉法》)

"那+名"结构在句法上可以充当主语,如例(176)、例(178),可以充当动词宾语,如例(179)到例(181),可以充当定语,如例(182),也可以充当状语,如例(183)。"那+名"结构外层也可以再接受限制性定语,如例(177)中的"你那船",人称代词"你"就是"那船"的外层限制性定语。

Ⅷ. 构成"那+'的'字短语"结构

由于"的"字短语具有指称功能，所以也能像名词一样接受"那"的限制而构成"那+'的'字短语"结构，如：

(184) 我那<u>烧锅的</u>。(《汉法》)

(185) 把那<u>不好的</u>行为废去。(《西蜀》)

"那+'的'字短语"结构句法功能理论上应与"那+名"结构一致，只是用例不多。

2. 那些

"那些"是"那"的复数形式，可以指代或指别人物、事物、时间、方所、方式、状态等。

从句法上看，"那些"通常作主语、宾语、名词的限制性定语等，如：

(186) **作主语**：<u>那些</u>不讲，只问他品行如何，能守成规么？(《跻》)

(187) **作宾语**：不要想<u>那些</u>。(《汉法》)

(188) **作定语**：<u>那些</u>年辰不像如今。(《汉法》)

(189) **作定语**：好的，你不肯学，总要学<u>那些歹人</u>。(《汉法》)

值得注意的是，"那些"虽然是"那"的复数形式，但与"那"的句法功能并不完全一致。比如"那"除了单独充当主语、宾语以外，还可以构成"那+数+量+名""那+数+名""那+量+名""那+量""那+名"等结构充当句法成分，而"那些"除了单独充当主语和宾语以外，一般只能直接作名词的限制性定语，即构成"那些+名词"结构。

(二) 时间远指代词

清末民初西南官话文献中近指时间用"这下"和"这下子"的用例不少，但却未见相对的"那下"和"那下子"的用例。文献中这种时间近指和远指的对称性没有被体现。但在当代西南官话口语中，这种对称性是存在的，"那下""那下子"和"这下""这下子"一样，都是口语中常用的结构。如：

(190) <u>那下</u>你个子很小，才打齐我的腰杆。【那时候你身材很小，身高才齐我的腰部。】

(191) 早晓得你<u>那下子</u>不要嫁跟他了。【早知道你那时候不要嫁给他了。】

根据近指和远指的对称性表现，可推知清末民初西南官话实际口语中也应当存在"那下"和"那下子"。

文献语料中远指时间的词语主要有"那时""那时节""那个时候""那时候""那暂"等，如：

（192）<u>那时节</u>我还没有出世。（《汉法》）

（193）这时节不比<u>那时节</u>（《西蜀》）

（194）却因是罗歪嘴的表弟媳妇，他<u>那时</u>假绷正经，拿出话来把众人挡住。（《死水》）

（195）路上人少，你都心痛钱，进城去还要加班，<u>那时</u>跟你摆个大筐筐，才叫心痛咧！（《跻》）

（196）听说那洋人也很喜欢她，特为她买了多少稀奇古怪的好东西，她现在使用的，全是<u>那时候</u>买的。（《死水》）

（197）妈还是老不化气，你<u>那时候</u>的道理，到现在那有不改变的？（《波》）

（198）<u>那暂</u>不晓得。（《西蜀》）【那时候不知道】

以上例子中的时间远指代词在句法上均作状语。其中"那暂"在全部文献中仅存一例，但这应当不是偶然产生的记录，因为在当今西南官话区黔中、黔西北、川南等地域的口语中，"那暂"作为远指时间代词比较常见，实际读音多为"阿暂[a^{35} tsan^{41}]"。

（三）方所远指代词

清末民初西南官话文献中出现的方所远指代词主要有"那里""那濑""那堂""那边"等。这些词与方所近指代词功能具有平行性，在句法上主要充当主语（含主语中心语）、动词宾语（含宾语中心语）、介词宾语（含宾语中心语）、定语等。

方所远指代词作主语（含主语中心语），如：

（199）这濑好<u>那濑</u>不好。（《汉法》）

（200）房子<u>那边</u>坐下去了。（《西蜀》）

（201）你们<u>那边</u>兴不兴？（《西蜀》）

（202）幺伯<u>那里</u>欠的五十两，可收到了没有？（《死水》）

（203）如其当真动了刀兵，你这里杀得进来，我们<u>那里</u>又何尝杀不进去？（《波》）

(204）我那里是房子太窄，弟兄几人又住在一处，实在不方便，不然，我都要欢迎你们到舍下去的。(《波》)

(205）我早看见他了，那边还有个穿军装的，不是盐道杨嘉绅吗？(《波》)

方所远指代词作动词宾语（含宾语中心语），如：

(206）板子搭不拢河那边。(《汉法》)

(207）愿意加入同志会的，请到那里书名！(《波》)

(208）还是到舒老幺那里去过夜，好不好？(《死水》)

(209）不会有啥子别的打算，比如朱山，不是一到重庆就投降到端方那边了？(《波》)

方所远指代词作介词宾语（含宾语中心语），如：

(210）你在那堂起身。(《汉法》)

(211）我主仆就向那边去。(《黄吉安》)

(212）就是从曾师母那里拿来的。(《死水》)

(213）赶不及收拾行李，在一个同事伍管带那里，借了三元钱，连夜连晚就跑了出来。(《波》)

(214）黄澜翁是十年交好，以前在川边赵大人那里带兵，昨天才回来，特来拜访他的。(《波》)

方所远指代词也可作定语，如：

(215）我那边黎秀才有一女，十八未字，都还体面，只未读书。(《跻》)

(216）今天丈母那里的饭太早了点，幺小姐没下厨房，菜也差一些，太太跟我们吩咐几样啥子好菜，让我们好好的消个夜来补虚。(《波》)

在当代西南官话口语中，方所远指代词还有"那［a^{35}］堂个儿"，功能与如上所述词语一致。"那［a^{35}］堂个儿"中的"个"和"儿"都是比较虚化的成分，似乎只起着衬音的作用。这个说法或许在清末民初就已存在，只是文献未见记载。

（四）方式状态远指代词

清末民初西南官话文献中出现的方式状态远指代词主要有"那样""那么""那么样""那们""那们样"等。这些词都远指某种方式或状态，句法上主要充当宾语、状语、定语等。

方式状态远指代词作宾语，如：

(217) 说这样，说那样。(《汉法》)

(218) 后来，听别人说来，才全然不是那样。(《死水》)

(219) 还是那样吗？(《死水》)

(220) 我就再憨，也不会呆到那样。(《死水》)

也可以作定语，如：

(221) 如此能干之女，嫁个那样的无情丈夫，丢妻远出，十年才归，又使他受尽冤苦，还要殉节，真正难得。(《跻》)

(222) 衣是你的，况又对徒弟说麻打伙那样秽语，怎能辩脱？(《跻》)

由以上例子可见，方式状态远指代词作定语时，后面可以出现结构助词"的"，也可以不出现。

受本身语义影响，方式状态远指代词更多情况下是作状语修饰形容词或动词，如：

(223) 要不倒那样多。(《汉法》)

(224) 挑不起，没得那样大的力量。(《汉法》)

(225) 你看那样措词，丢在水中连鱼虾都闹得死！(《黄吉安》)【你看那样措词，丢在水中连鱼虾都毒得死。】

(226) 莫那们大意。(《西蜀》)

(227) 你那们行市，那样能干，怎么问我要钱？(《跻》)【你那么厉害，那样能干，怎么问我要钱？】

(228) 噫，贼有那们大胆，敢提头打人吗？(《跻》)

(229) 不是那们说，我妈把你卖了，今夜来抬，你知道么？(《跻》)

(230) 说老实话，他那样地爱我，我也不忍心欺负他，你我的情，只好等到来世再叙的了！(《死水》)

方式状态远指代词作状语时，如果所修饰的中心词为动词，可以带结构助词"地"，如例(229)。

另外，"那么""那们"还有连词功能，一般位于句子前面发挥承前启后的作用，如：

(231) 那们又去谋财害命！(《跻》)

(232) 那么，等她跑！(《死水》)

如以上两例所示,"那们"或"那么"作连词放在句首时,其后有时无停顿,与后续句融为一体,有时则有一定的停顿,与后续句关系显得松散。

三 逐指代词

清末民初西南官话文献中表达逐指意义的指示代词有"各"与"样行",两个词都有"每一X"的意义(其中"X"根据指代对象不同替换为不同的量词),但在具体用法上有所区别。

(一)逐指代词"各"

"各"表达逐指意义时,有三种用法。

1. 独立充当小句主语

"各"单独应用表达"每一"的意义,一般充当小句主语,意义上往往回指前文出现的先行词语指称的对象。如:

(233)就绑二人在树各鞭五十。(《联珠》)

(234)又搁茶壶茶碗各一个在方桌上。(《联珠》)

(235)谁知两塚之上,各生梓树一株,枝枝相交,结为连理。(《黄吉安》)

(236)你们都是小人行险,只图银钱,不顾人命,各打二百!(《跻》)

(237)左右与爷各掌嘴八十!(《跻》)

(238)好,我与哥哥各拿五串私房钱。(《跻》)

例(233)中"各"回指"二人",例(234)中"各"回指"茶壶茶碗",例(235)中"各"回指"两塚",例(236)中"各"回指"你们",例(237)中"各"回指"左右与爷",例(238)中"各"回指"我与哥哥"。值得注意的是,与"各"相呼应的先行词语语义上都是复数。

2. 修饰名词作定语

"各"可以修饰名词构成"各+名"结构,充当名词的定语,表达"每一+名"的意义,如:

(239a)各人的本性不同。(《汉法》)

(240a)总理各国事务衙门。(《汉法》)

(241a) 文武各官都来问安。(《联珠》)
(242a) 要是各省另有好办法呢,就照着人家的办。(《死水》)
(243a) 把二号调羹摆在各人面前。(《联珠》)

在"各+名"结构中,"各"充当限制性定语,和名词一起构成了一个意义明确的语言单位,一般不需要在语境中出现其他词语来呼应。此外,"各+名"结构中间可以补充一个量词,补充后意义不会发生变化,如:

(239b) 各个人的本性不同。
(240b) 总理各个国(家)事务衙门。
(241b) 文武各个官都来问安。
(242b) 要是各个省另有好办法呢,就照着人家的办。
(243b) 把二号调羹摆在各个人面前。

由以上变化可知,"各+名"与"各+量+名"结构语义上等值。至于在汉语历史长河中这两种结构谁先谁后的问题,可能得根据量词出现的历史来确定。"各+名"结构类似于"数+名"结构,很多人觉得"数+名"结构是"数+量+名"结构省略的结果,这其实值得商榷。众所周知,上古汉语中并没有"数+量+名"结构的用法,而较为多见的则是"数+名"结构,就是后世的文言文中,也常见这种用法,如清朝文言文《口技》中,就可见"一桌一尺"之类表达。根据宗守云(2012)的研究,量词一般是实体名词逐渐范畴化化过程中衍伸出的一个词类[①],也就是说,量词是后面才发展出来的词类,而"数+名"结构早已有之。可见,"数+名"结构不宜说成是"数+量+名"省略量词的结果。同理,"各+名"结构也不宜说成是"各+量+名"结构省略量词的结果。

3. 带量词后作句法成分

"各"带上量词构成"各+量"结构,可以充当主语、定语、兼语等句法成分。

"各+量"结构可作主语,如:

(244) 各位明夜再请早。(《联珠》)

[①] 宗守云:《汉语量词的认知研究》,世界图书出版公司2012年版,第122—133页。

(245) 各位既要加刑,还要不要钱咧?(《跻》)

"各+量"结构作定语,如:

(246) 摊派各家铺子处五十个钱。(《汉法》)

(247) 各位先生一下请了。(《汉法》)

(248) 忍受各样疼痛凌辱搓磨。(《汉法》)

(249) 烽火一举各处的救兵都来。(《联珠》)

(250) 提刑差又把各样刑具摆好。(《联珠》)

"各+量"结构也可以作兼语,如:

(251) 请各位久坐细听我讲。(《联珠》)

(252) 他说请各位静坐。(《联珠》)

综合用例来看,能充当主语和兼语的"各+量"结构往往指代的对象是人,并且量词也往往是带敬意的用于人的量词"位"。其他物量词与"各"结合构成的"各+量"通常作名词的定语。

4. 关于"各"的其他用法

根据前文所述,"各"作为逐指代词,可以单独充当主语,也可以修饰名词作定语,还可以带上量词构成"各+量"结构后充当句法成分。但"各"还有一种意义的用法很容易与表逐指意义的用法发生混淆,那就是反身代词用法。如以下例子:

(253) 各管各的。(《汉法》)

(254) 这是各人的事。(《汉法》)

例(253)中的"各"可解释为每一个人,也可解释为自己。例(254)中的"各个"也同样可解释为每一个人,也可解释为自己。这说明反身回指与逐指意义存在着心理上的内在联系,这或许是"各人"发展为反身代词的内在心理原因。

(二) 逐指代词"样行"

清末民初西南官话文献中,"样行"一共有 4 例,读音为 [jaŋ^{35} xaŋ^{21}]。结合语料语境来看,"样行"是一个逐指代词。以下简要介绍其句法特点和语义表现。

1. "样行"的句法特点

结合具体的语料来看,"样行"都是作主语,如:

(255) 样行都不管。(《汉法》)

(256) 样行都要在管。(《汉法》)

(257) 这宗土样行都出。(《汉法》)

(258) 气力，本钱样行都争。(《汉法》)

以上例句中的"样行"都是所在小句的主语。据西南官话母语者的语感，在当代西南官话口语中，"样行"也没有充当其他句法成分的用法。

2. "样行"的语义表现

结合语料语境来看，"样行"在语义上可以理解为"每一样"，主要用于逐指一定范围内的事物事件。上述例（255）至例（258）中的"样行"都在遍历逐指一定范围内的任意事物。例（255）和例（256）中"样行"逐指该管能管的每一件事情；例（257）中"样行"逐指土地能种植生产的各种东西；例（258）中的"样行"逐指各种"本钱"和"气力"，这同时也是一种回指用法。

作为逐指代词的"样行"在当代西南官话口语中仍然在使用，主要见于贵州黔东南、毕节等地的口语中。

四　旁指代词

旁指代词是指代语境中某个或某些确定对象之外的不确定对象的词。清末民初西南官话文献中出现的旁指代词主要有两类，一是通用性的"别的""其余""其他"等，二是指代人、事、物的"别样""别个"等。

（一）通用性旁指代词

通用性旁指代词是可以旁指人物、事物、时间、方式、状态和前文内容等的指示代词，如"别的""其余""其他"等。在本书所掌握的清末民初西南官话文献语料中，"其余"的用例仅15例，其中还有6例是《黄吉安》中具有文言色彩的语句，真正口语化的语例只有《波》中的9例。"其他"的用例也较少，仅在《波》中出现了8例。而"别的"在语料中的用例则和前述两词形成鲜明对比，一共出现了101例，且绝大部分都是口语性的表达。这说明，在清末民初西南官话口语中通用性旁指代词以"别的"为主。从句法上看，通用性旁指代词可以作主语、宾语、定语等。以下各举一些例子来看看它们的功能。

1. 作句子或主谓语短的主语

通用性旁指代词作句子或主谓短语的语例主要见于李劼人《波》，如：

（259）他别的不行，但是我所吩咐他的，他是可以不要命的非做到不可，这却是我试过来的。(《波》)

（260）别的不说，四乡的土匪不要再抢人，吃用的东西不要再这们贵，我们做买卖的，总该像以前一样，天天都能开张，进几个钱。(《波》)

（261）别的姑且不说，光说平等，这就与我们中国太不合式。(《波》)

（262）别的就是法制局，分编纂、审核、文牍三科，这更不行，这全是他们法政学堂的人包办了，连我们光懂公事的人，还不行，你自然更无分了。(《波》)

以上例（259）中主语"他"的谓语是主谓短语"别的不行"，这个主谓短语的主语就是"别的"。例（260）、例（261）、例（262）三例中"别的"都充当分句主语。

"其他"未见有作主语的用例；"其余"也未见有单独充当主语的用例，但有带上"的"字构成"的"字短语后充当主语的用例，如：

（263）其余的丢在哪里？(《波》)

（264）会长顶胆大了，同我说话时，脸上的肉还不住的打战，眼睛也是诧的，其余的更不消说。(《波》)

2. 充当名词的限制性定语

通用性旁指代词充当名词的限制性定语的语例在清末民初西南官话文献《汉法》《死水》《波》等文献中都能见到，如：

（265）这个小伙子没得别的毛病，就是手痒。(《汉法》)

（266）人倒好，很和气的，一点不象别的有钱人，不拘对着啥子人，总是笑嘻嘻的，有说有讲。(《死水》)

（267）他又主张把已收的一千多万款子保存着，拿来办理别的实业。(《波》)

（268）说你神不守舍，有了别的啥子事情在心上哩，偏我随便哼一句，你又听见了。(《波》)

（269）东西买好了，要是没有别的耽搁，只须在待诏铺打个辫子就一同去。(《波》)

（270）其余几个，对四川绅士都不见好，尤其对于谘议局和同志会的一般绅士，平日提起，就恨不得咬下一块肉的。(《波》)

（271）只是把首饰银钱红契等要紧东西，放在衣包里提去，其余的箱笼，锁好就是了。(《波》)

（272）本来四川、湖北、湖南、广东四省，都是同一样的事情，其他三省的人都不闹，只你四川一省闹，朝廷依了你四川，又咋个对付那三省呢？(《波》)

（273）街上已是这种情形，其他各界，自不必说。(《波》)

（274）他已是如此，我看其他的人更不必说了！(《波》)

（275）至于其他的人，兄弟敢担保，从此再没有那天那种事情了。(《波》)

以上例子中"别的、其余、其他"等都是充当其后名词的定语。其中"其余"和"其他"作定语时，可以带"的"，也可以不带"的"。充当定语的"别的"形式上仿佛是"别"带上定语标志"的"的结果，如果这样的理解成立，则"别"能独立作为旁指代词。可在实际的语例中，只看到"别"作为否定副词的用法，没有看到"别"单独作为旁指代词的用法。只有"别的"作为一个整体来用时，才有旁指代词的意义。故以上例（265）至例（269）应当都是"别的"整体充当定语。这一点和"其余、其他"加定语标志"的"充当定语的情形不同。

3. 充当动词宾语

"其余"和"其他"未见有充当宾语的用例，只有"别的"有较多的作宾语的用例，主要见于《死水》和《波》两部文献，如：

（276）我不气她别的，为啥子把我的母鸡抢去了？(《死水》)

（277）我不是当面凑合的话，真是傻子福气好，要不是讨了你，不要说别的，就他这小本营生，怕不因他老实过余，早倒了灶了，还能象现在这样安安逸逸的过活吗？(《死水》)

（278）没别的！只是想探问仇人的下落！(《死水》)

（279）且不说别的，就这几天罢市以来，游手好闲的人满街都是，情形已经不妥了。(《波》)

（280）自从罢市以来，他实在很忙，除了在公司里办事，罗先生他们还时时派他出来调查这样，调查那样，不说别的，连剃头的时候也没有。(《波》)

以上例子中，"别的"都作了前面动词的宾语，其中例（276）中"别的"作双宾句中的间接宾语。

（二）人事物旁指代词

人事物旁指代词是专用于旁指人或事物类实体的指示代词，有"别样""别个"两个。"别样"通常用于事物，"别个"通常用于人。两个词可以充当的句法成分有主语、宾语、定语、介词宾语等。

作句子主语，包括施事主语和受事主语，如：

（281）你是打空手走路，自然可以，别个抬着一百多斤，多老火哟！(《波》)

（282）别个正想搬走哩，你还想搬回来。(《波》)

（283）别样都不愁，单愁救不倒灵魂。(《汉法》)

作动词宾语，以文献语例来看，通常为受事宾语，如：

（284）老子说别个，把你龟儿就惹着了……(《波》)

（285）听倒说他要更跟别个。(《汉法》)

（286）拿跟别个去了。(《汉法》)

（287）可以用做别样。(《汉法》)

（288）还有别样没得。(《汉法》)

（289）不图啥子别样，只图救灵魂。(《汉法》)

作名词或名词性结构的定语，如：

（290）并且为啥子要体贴别个喜欢的，才送？(《死水》)

（291）我现在还是别个的人！(《死水》)

（292）要答应就答应，别个朋友未必有我这样热心罢！(《黄吉安》)

（293）救灵魂比不得别样的事。(《汉法》)

作介词"把"的宾语，即指代处置对象，如：

（294）我比她的孙大哥笨多了，我不会同她商商量量的把别个搬开，免得碍眼睛！(《波》)

从以上用例可见，清末民初西南官话文献中，旁指代词句法功能较为灵活多样。

五 泛指代词

张超（2021：60）指出，泛指代词是"在话语中没有直接而明确的指代对象的指示代词"。清末民初西南官话文献中泛指代词主要有"某"和"家伙"。

（一）通用性泛指代词"某"

"某"可以泛指人物、事物、事件、时间、处所等，因此是一个通用性的泛指代词。从具体应用上看，"某"有实指和虚指两种用法。实指就是在语境中有明确指代对象的用法；虚指就是在语境中没有明确指代对象的用法。

1. "某"的实指用法

实指用法的"某"一般充当主语、兼语、动词宾语、介词宾语、与其他名词构成同位短语、作姓氏名词中心语等。

A. 作主语

（295）某想荆棘丛中，非栖鸾凤之所，不如杀却督邮，别图远大之计。（《黄吉安》）

（296）某有一计，不劳诸公费心，这贼性命只在我吉平手中。（《黄吉安》）

（297）某先将砒霜鸩羽预备停当，假若早晚来请，只须一剂毒药送葬大吉，何须急出病来！（《黄吉安》）

以上例子中的"某"都是句子的主语，并且语义角色上都是所在小句中行为动作的施事或事物的领有者。

B. 作兼语

"某"可以在兼语结构中充当兼语成分，如：

（298）曹贼请某赴宴，差得董事过府推病辞谢，并打探吉平消息，怎么这般时候尚未归来？（《黄吉安》）

（299）出宫门不凑巧他偏偏在这，（架桥）待某回避一时。（《黄吉安》）

（300）夜已深了，左右无人，这锦袍之中必有讨贼密诏，待某看过明白。（《黄吉安》）

（301）天子下诏，命某亲往董府调治。（《黄吉安》）

以上例子中的"某"既作前面及物动词的宾语，又作后面动词的主语，明显都是兼语成分。

C. 作介词宾语

"某"也可以充当介词的宾语，语义上充当与事或处置对象等角色。

（302）董车骑<u>与某</u>至交，闻他出宫之时，曹操再三盘问，篡夺显然，不免去往董府问个明白。（《黄吉安》）

（303）适才王侍郎之言，<u>与某</u>倒还相合，不如先立义状，以免败盟，方为正理。（《黄吉安》）

（304）某实在无主意了，会<u>把某</u>急坏了。（《黄吉安》）

以上例子中的"与某、把某"等都是介宾短语，"某"作介词的宾语。

D. 作动词宾语

"某"也可以作动词宾语，即指代行为动作的受事，如：

（305）嗳呀，吓煞<u>某</u>也！（《黄吉安》）

（306）若依<u>某</u>，劈头一刀把命送。（《黄吉安》）

（307）贼心诡谲玉玲珑，就知主上委任<u>某</u>。（《黄吉安》）

（308）奸贼只可一时哄，事后疑心便不差<u>某</u>。（《黄吉安》）

（309）尔等愿将元者降元，不愿降元者快散，不用跟着<u>某</u>了。（《黄吉安》）

（310）尔三百骑，随<u>某</u>冲上桥头。（《黄吉安》）

以上例子中的"某"均置于及物动词后作动词宾语。

E. 置于其他称人名词前构成同位短语后充当句法成分

"某"也可以带上其他称人名词构成同位（复指）短语充当句法成分，如：

（311）自丰沛随汉王身经百战，哪一战不是<u>某樊哙</u>当先。（《黄吉安》）

（312）汉营中大小将俱有差遣，不差<u>某武阳侯铁发冲冠</u>。（《黄吉安》）

以上例子中划线的两处均为"某+称人名词"形式的同位短语，也即称人名词与"某"形成复指关系。

F. 作姓氏名词的中心语成分

"某"也可以受姓氏修饰构成一个定中结构指代特定人物对象，如：

（313）<u>文某</u>今日，收场结局，似此足矣。（《黄吉安》）

(314) 文某实在感激不尽了。(《黄吉安》)

(315) 刘某今夜要来会你大娘，求你方圆，莫关窗门。(《跻》)

(316) 杨某是店中的客，得病死了，难道不用钱吗？(《跻》)

(317) 陈某虽是苟合，谁个不说是我丈夫？(《跻》)

以上例子中的"X某"结构均为"姓氏+某"的形式，都是充当句子的主语。这种结构理论上也可以充当宾语、定语等，但在清末民初西南官话文献语料中未曾发现。不过当代西南官话中作宾语和定语的情况并不少见。如：

(318) 李小姐，勒[那]几天王某手下的弟兄招待不周，李小姐千万不要见外哟！(何客霞《鬼神谜案》)

(319) 乌某祖上数代都是一贫如洗，早已视荣华富贵为过眼云烟。(何客霞《鬼神谜案》)

(320) 多承你们一路上照顾张某。(贵州毕节金沙)

以上例（318）、例（319）中的"王某、乌某"均作定语，例（321）中的"张某"作宾语。

以上所列关于"某"的六种用法，都是用以指代人的，指代对象在语境中都比较明晰，为实指用法。前五种用法都是"某"独立使用的情况，意义上都是自指，相当于第一人称词"我"。第六种用法的"姓氏+某"结构，可以自指，也可以他指。如第六种（F）用法中，例（313）、例（314）、例（315）的"文某、刘某"就是自指用法，而另外两例中的"杨某、陈某"等均为他指用法。

综合以上例句可以看到，前五种用法，即"某"单独使用（含与其他名词构成同位短语）的例句均出自《黄吉安剧本选》，且句子整体上都是文白夹杂的特色，说明这些用法当是对近代汉语的一种直接延承。而代表清末民初口语特点的文献语料中，未曾发现"某"独单使用的情况，只见着"姓氏+某"兼具自指和他指的用法以及下文要讨论的"某+名词"的虚指用法。

2. "某"的虚指用法

在清末民初西南官话文献以及当代西南官话口语中，"某"往往被用于虚指说话人不愿明示或本不清楚的对象，一般用于修饰通指意义的名词作定语，所构成的偏正结构往往虚指时间、处所、人物和事件等。

A. 虚指人物

"某"修饰某些以人为所指对象的通指性名词或重叠后可以虚指人物。如：

(321) 上覆<u>某人</u>。（《汉法》）【上覆：谴责，责骂。】

(322) <u>某人</u>穿得火燎燎的。（《汉法》）【火燎燎：形容被火烤着的感觉。】

(323) 挂账要写明白<u>某人</u>，某年，某月，某天。（《汉法》）

(324) 尔不必怕，如今府尊已死，其子扶丧还乡去了，小姐现嫁与<u>某藩台</u>为妻。（《跻》）

(325) 昵一点的喊<u>某哥子</u>。（《波》）

(326) 摹做<u>某人</u>的样子。（《西蜀》）

(327) 祭舆情孤命得心腹<u>某某</u>，造谣言乱迁徙法不轻松。（《黄吉安》）

(328) 是童生的长兄俞大明，他未同去，实童生与<u>某某</u>等八人去的。（《跻》）

以上例子中的"某"所在的短语在句子中都没有明确地指代特定人物对象，为虚指用法，形式上有"某+人""某+称谓名词"、重叠式"某某"等。从语用上看，这些虚指用法，有的是话语本身不需要明确指代对象的，如例（323）、例（325），有的是说话者也可能不明确指代对象的，如例（326），有的则可能是说话刻意弱化甚至隐匿指代对象，如例（321）、例（322）、例（324）、例（327）、例（328）。

值得注意的是，"某人"和"某某"单用一般为虚指用法，但再带上姓氏名词作定语后，则转为实指用法，相当于上文所述的"姓氏+某"的用法，如：

(329) 传<u>某人</u>来了。（《西蜀》）

可见，虚指人物的代词增加特定的意义范围的限制，可以使指代对象变得明晰，进而由虚指转为实指。

B. 虚指处所

"某"修饰通指意义的"处、地"等构成的偏正短语往往可以虚指处所，如：

(330) <u>某处</u>的口音不好听。（《汉法》）

(331) 又某处有一颗镇地火的神珠,嵌在一尊石佛额上的,也是被洋鬼子偷了,并且是连佛头齐颈砍去的,那地方果就喷出地火,烧死多少人畜。(《跻》)

(332) 尚在某处念经,一天快乐无忧。(《跻》)

(333) 又某处有一颗镇地火的神珠,嵌在一尊石佛额上的,也是被洋鬼子偷了,并且是连佛头齐颈砍去的,那地方果就喷出地火,烧死多少人畜。(《死水》)

以上例指中的"某处"均虚指处理,并没有明晰的处所对象被指代。

C. 虚指时间

"某"修饰表时间的通指类名词构成的偏正短语往往可以虚指各类时间。如:

(334) 挂账要写明白某人,某年,某月,某天。(《汉法》)

(335) 只说某日命干儿看女,正逢云开无礼调媳之事,到上堂时,干儿自有话说。(《跻》)

(336) 我于某夜三更,前来接尔。(《跻》)

(337) 自京回云南住在某店,于某日得下重疾,托某铜客带信回家。(《跻》)

以上例子中,"年、月、天、日"等通指性的名词受"某"修饰后,构成的偏正短语在句子语境中并没有明确地指代某一时间对象,因此都是虚指用法。

D. 虚指事件或事物

"某某"既可以指代人,也可以指代事件或事物,如:

(338) 本局定于月之某日上午九钟开会,讨论某某事件,风雨不改,晷刻不移。(《波》)

理论上说,"某"应当可以构成"某事"和"某物"指代事件或事物,但在清末民初语料中没有相关的语例,这可能与"某事、某物"的说法偏于书面语体的原因有关。在当代西南官话口语中,指代事物时还可以用"某+量词"或"某+数量短语+名词"的结构形式,如:

(339) 眼光中似乎带着某种奇怪的意思。(何客霞《鬼神谜案》)

(340) 乌光宗回家之后,父母总是问起他与李家小姐之间的事,乌光宗的回答让父母听了很是高兴,然而乌光宗心里却始终有一个身影,

虽然逐渐淡去，而其最后的影子却似乎永远定格在心中的<u>某一个空间</u>里，再也无法忘怀。(何客霞《鬼神谜案》)

不过这样的用法在清末民初语料中未曾发现。

3."某"的意义和用法小结

《黄吉安剧本选》中大量文白夹杂的关于"某"的用例均为实指用法，而清末民初口语性程度高的语料中出现的关于"某"的用例大多为虚指用法。此外，以当代西南官话口语来看，"某"已经不能单独使用，往往要进入"姓氏+某"结构或"某X"结构中之后才能在句子中充当句法成分，发挥指代的功能，并且延续清末民初的状态，仍然以虚指用法为主，只有在表自指意义或再带上意义明确的限性定语（如：张某人）时才可能为实指用法。由此可见，从近代汉语到晚清及至当代，"某"发生了由实指到虚指的演变。

(二) 人事物泛指代词"家伙"

清末民初西南官话文献中，"家伙"一共有44例，其句法、语义和语用表现如下。

1."家伙"的句法特点

作为泛指代词的"家伙"，可以充当主语、宾语、谓语等，如：

（341）**作主语**：我的人数虽少，<u>家伙</u>却硬铮，有二十六支新式五子快，有二十支九子枪，有十八支双响劈耳子，其余全是后鞘毛瑟，并且弹药都很够。(《波》)

（342）**作动词宾语**：一切动用<u>家伙</u>。(《汉法》)

（343）**作介词宾语**：把<u>家伙</u>亮出来！(《死水》)

（344）**作谓语**：这个人好<u>家伙</u>！(《汉法》)

值得注意的是，"家伙"可以独立充当主语和宾语，但在谓语位置上必须带有修饰语。例（344）中的定语"好"去掉后剩下的"这个人家伙"在西南官话母语者的语感中不被接受，觉得不可理解。这说明"家伙"不具有独立充当谓语的功能，真正充当谓语的是"修饰语+家伙"这样的偏正短语，是"修饰语"的描状义使整个偏正短语具备了述谓功能，所以可以充当谓语。

2."家伙"的语义表现

清末民初西南官话文献中，"家伙"出现44次，其中13次被用来指代工具类事物，另外31次都用来指代人物。

A. 指代工具类事物

上述例（341）至例（343）中的"家伙"都是用以指代工具类事物，此类用例还有不少，如：

（345）看病也与中国医生不同，不立脉案，不开药方，惟见其刀刀叉叉，尚有稀奇古怪之<u>家伙</u>，看之不清，认之不得。（《死水》）

（346）做活路搂<u>家伙</u>。（《汉法》）

（347）倒是逃跑了，另自改个行，这个吃饭<u>家伙</u>，或者还牢实一点！（《波》）

（348）周秃子这东西，真是鸠人的好<u>家伙</u>！（《波》）

（349）我是打过仗火来的，不说你们使的这些<u>家伙</u>，打不过快枪，就是夷匪的叉子枪，打得又准又远，还打不过我们哩。（《波》）

（350）把<u>家伙</u>放下来，要命的就走！（《波》）

（351）光说一件，快枪的射程可以打到三里开外，不等你的<u>家伙</u>拿拢，你们身上已着穿了窟窿了。（《波》）

以上例句中的"家伙"都泛指某种工具。

B. 指代人物

清末民初西南官话文献中，"家伙"被用来指代人物的用例较多，如：

（352）恶<u>家伙</u>！（《汉法》）

（353）这个人怪<u>家伙</u>。（《汉法》）

（354）他怪<u>家伙</u>，拈不倒他。（《汉法》）

指代人物的"家伙"一般要带修饰性的定语，以上例（344）以及例（352）至例（354）中"家伙"前的定语如果被去掉，"家伙"指代就不明，且句子可能不被接受。比如例（354）去掉定语"怪"变成"他家伙，拈不倒他"，在西南官话母语者的语感中不被接受，"家伙"也就不具备指代人物的语义了。

3. "家伙"的语用功能

结合文献语例来看，指代人物的"家伙"前面的修饰成分多由带贬义的形容词来充当，主要有"狠、恶、怪、坏、懒、皮、犟、笨"等。这类贬义形容词修饰"家伙"构成的"A家伙"在应用中可能表达贬抑情感，也可能表达昵爱之情。如例（352）"恶家伙"通常为贬抑用法，而例（353）和例（354）中的"怪家伙"则多表达一种昵爱之情。褒义形容词"好"作定语构成的"好家伙"多用于指事物，偶尔用于指人时，通常有昵爱之意。

4. "家伙"用法小结

总体上看，清末民初西南官话文献中的"家伙"，既能指代工具类事物，也能指代人物。在指代人物时，需要带上贬义形容词充当的修饰语，用以传达说话者对所指代人物的贬抑或者昵爱之情。

扩大研究视野后可见，"家伙"这个代词并非西南官话特有。清末北京话文献《语言自迩集》中就有18条"家伙"用例，如：

（355）那刀子、锤子、勺子、盘子、碟子、饭碗、酒杯，这些个都是吃饭的<u>家伙</u>。（83页）

（356）我买了他一桌<u>家伙</u>，还有厨房用的些零碎东西，同烧火使的，他开的帐，你给算一算错不错。（86页）

（357）是，他做的汤和奶油点心很好吃。你今儿在我这儿吃饭罢，好不好？来！把<u>家伙</u>端上来。告诉厨子做那个生菜小鸡儿，用鸡子儿香油和在一块儿，教他使那个细盐不使粗盐。还要各样儿的果子，叫他小心点儿买熟分的。（102页）

纵览《语言自迩集》中全部语例，"家伙"只被用来指代事物，没有指代人物的用法。这种表现与元明时期白话作品中"家伙"的用法一致，体现了对近代汉语的传承。

清末民初西南官话文献中的"家伙"自然不是天外来物，也是由元明时期的"家伙"发展而来，只是在一些因素的影响下，在清末出现了指代人物的用法。结合当代西南官话口语来看，"家伙"还有作量词、形容词词缀（杜晓莉2006）等更虚的用法。

"家伙"作量词，可用以表示动量，如：

（358）你再这样我跟你<u>一家伙</u>哦。（贵州毕节金沙）

（359）这里再挖<u>一家伙</u>。（贵州遵义播州）

"家伙"作为形容词词缀,有强调程度的意义,如①:

(360) 今天<u>热家伙</u>(太热),不去做活路(干活)了。【活路:活儿。】

(361) 那女子娃儿长得<u>趣家伙</u>,好多人给她相人户。【趣家伙:很漂亮。相人户:介绍对象。】

从以上讨论可以看出,在西南官话中,从近代汉语到清末民初西南官话,再到当代西南官话,"家伙"在经历着由实到虚的语法化过程。

第三节 疑问代词

对疑问代词,有不同角度的分类。本书参考学界通行的分类标准,从语义角度,将疑问代词分为人事物疑问代词、方所疑问代词、时间疑问代词、方式情状疑问代词、原因疑问代词、数量疑问代词六个小类。具体见表4-11。

表4-11　　　　　　　　　疑问代词分类表

分类	词例
人事物疑问代词	谁、哪个、什么、啥子、啥、哪样
方所疑问代词	哪里、哪儿
时间疑问代词	多久、好久、啥时候
方式情状疑问代词	怎、怎个、怎么、怎样、怎么样、咋样、咋个、咋、如何
原因疑问代词	为何、为啥、为啥子、为什么
数量疑问代词	好多、多少、几

一　人事物疑问代词

用来询问人、事、物的疑问代词,就是人事物疑问代词。就清末民初西南官话文献而言,这类疑问代词包括"谁""哪个""什么""啥子""啥""哪样"等。文献中各代词出现频次如表4-12所示。

---

① 例子引自杜晓莉《四川苍溪话中的形容词后缀"家伙"》,《云南师范大学学报》(哲学社会科学版)2006年第6期。

表4–12　　　　　人事物疑问代词在文献中的用例情况　　　　　（单位：次）

时代	语料文献	谁	哪个	什么	啥子	啥	哪样
清末	西语	6	12	30	1	0	5
	汉法	6	36	52	93	0	0
	西蜀	1	21	52	0	0	0
	课程	0	1	4	9	0	0
	联珠	4	2	3	0	0	0
	黄吉安	122	9	113	21	41	0
	跻	92	32	58	59	151	2
民国	死水	10	20	10	78	37	2
	波	40	43	20	335	173	0
	合计	281	176	332	596	402	9

【注】1. 文献中"哪个"都写作"那个"，根据句子内容全部校正后再进行统计。

2. 文献中"什么、甚么"并用，统计时归并为"什么"。

表4–12显示的主要趋势特点为：清末文献中，"什么"出现频次较高，而民国时期文献中，"啥子"则占较大比例。

人事物疑问代词在具体应用中有问人、问事、问物三种情况。表4–12所列六个疑问代词中，"谁"专用于问人，"什么""啥子""啥""哪样"等通常用于问事和问物，"哪个"单用时多用于问人和问物，如果作定语，则可用于问人、问地、问时、问物。

（一）询问对象宽泛的"哪个"

"哪个"早期其实是一个"疑问代词+量词"结构，即"哪+个"，意义可理解为"哪一个"，可以作为定语修饰其他名词，实现问人、问事、问方所、问时间等功能，具体的疑问对象由其所修饰的中心语名词来决定，如：

（1）没得哪个人敢惹他。（《汉法》）

（2）在哪个堂？（《西蜀》）

（3）哪个时候吃的？（《西蜀》）

（4）抬轿子的就问先生歇哪个店。（《课程》）

很明显，以上四例中，具体询问的对象类别由中心语名词来确定。例（1）的"人"决定句子询问的对象是人；例（2）的"堂"决定句子询问的对象是方所；例（3）的"时候"决定句子询问的对象是时间；例（4）的"店"决定句子询问的对象是物。

如果"哪个"后面不带中心语成分，即它独立充当主语或宾语时，则一般是问人，相当于"谁"。比如以上例（1）去掉中心语"人"后变成"没得哪个敢惹他"，"哪个"仍然是问人；而例（2）"在哪个堂"省略为"在哪个"，整个句子就不被接受；例（3）"哪个时候吃的"变成"哪个吃的"，句子就会由问时间变成问人；例（4）"歇哪个店"变成"歇哪个"也同样不被接受。在清末民初西南官话文献中，问人或虚指人的"哪个"几乎都是单独充当主语、宾语、兼语、介词宾语等，如：

（5）**作宾语**：这句话不得伤乎哪个。(《汉法》)
（6）**作宾语**：我不强勉哪个。(《汉法》)
（7）**作主语**：我不要他读，看哪个又把我怎样！(《跻》)
（8）**作介词宾语**：你跟哪个记仇？(《汉法》)
（9）**作定语**：这是哪个的脚印？(《西蜀》)
（10）**作主语**：是哪个提起说的？(《西蜀》)

以上例（5）、例（6）、例（7）中的"哪个"都是虚指人的用法，句法上都是充当宾语；例（8）至例（10）中的"哪个"都是问人的用法，句法上充当主语、定语、介词宾语等。虚指人的"哪个"不能用实指意义的"哪一个"来替换；问人的"哪个"意义上还可以用"哪一个"来代替，但实际用例中不存在用"哪一个"问人的情况，说明当时母语者的语感中已普遍把"哪个"作为整体来使用，以实现问人的功能。以上这些一定程度上显示出"哪个"已经词汇化为一个疑问代词。

（二）问事和问物的"什么、啥子、啥、哪样"

在清末民初西南官话文献语料中，问事和问物的疑问代词"什么、啥子、啥、哪样"四个并行存在，只是从用例数上看，"啥子"和"啥"有明显的优势。本书所查检的文献中，"什么"共有302例，"啥子"有595例，"啥"有402例。"啥"和"啥子"其实是同一个词的变体形式，如果将两个词的用例合并起来，就有997例，这相比"什么"的302例来说，优势非常明显。"哪样"也用以问事和问物，但用例极少，仅有4例。可见，清末民初西南官话口语中，问人和问物的疑问代词以"啥、啥子"为主，以"什么"为辅，"哪样"仅是偶尔会出现的词。

在当代西南官话口语中,"啥、啥子、哪样"三个都是常见的问事和问物的疑问代词,但存在着地域分布上的互补性。总体上看,四川、重庆一带以"啥、啥子"为主,以"哪样"为辅;云南、贵州一带以"哪样"为主①,"啥、啥子"为辅。

二 方所疑问代词

方所疑问代词是指用于询问方位或处所的疑问代词。清末民初西南官话文献中的方所疑问代词主要有"哪里、哪儿"两个。两个词在文献中的分布情况如表4-13所示。

表4-13　　　"哪里"和"哪儿"在文献中的用例情况

	哪里	哪儿
《汉法》	48	0
《西蜀》	12	0
《课程》	2	0
《联珠》	1	0
《黄吉安》	44	0
《跻》	64	0
《死水》	37	0
《波》	69	5
合计	277	5

从表4-13所示可以看出,清末民初西南官话文献语料中方所疑问代词以"哪里"最为常见,"哪儿"只出现于时间更晚近的《波》之中。

方所疑问代词有疑问和非疑问两种用法,以下分别讨论。

(一)方所代词的疑问用法

方所疑问代词往往用以替换陈述句中的方所名词而实现对方所信息的询问,其前常有介词"从、在、往"或动词"到、在、过"等,也可以独立作主语。如:

---

① 不少地方"哪样"以合音词"啷"的形式出现。

(11) 你们的房子在<u>哪里</u>？（《汉法》）

(12) 昨晚些歇<u>哪里</u>？（《汉法》）

(13) 在<u>哪里</u>起火？（《汉法》）

(14) 你拢<u>哪里</u>来了？（《汉法》）

(15) 坐居在<u>哪里</u>？（《西蜀》）

(16) 从<u>哪里</u>来？（《西蜀》）

(17) 过<u>哪里</u>去？（《西蜀》）

(18) 你们听看，<u>哪里</u>在吹箫样？（《黄吉安》）

(19) 御河沿在<u>哪里</u>？（《黄吉安》）

(20) 你从<u>哪里</u>送来的？（《跻》）

(21) 你藏在<u>哪里</u>去了？（《跻》）

(22) 他又拉到<u>哪里</u>去？（《跻》）

(23) 哎呀！那处没找到你，你跑往<u>哪里</u>去了？（《死水》）

由以上例子可见，表疑问的方所代词通常作为处所介词或位移动词的宾语，有时前面也不存在介词或动词，直接以主语的形式出现，如例(18)。

(二) 方所疑问代词的非疑问用法

方所疑问代词的非疑问用法主要包括反问和陈述两种情况。

1. 方所疑问代词的反问用法

方所疑问代词可以构成反问句，如：

(24) 无怪清朝要悖时，要倒灶，你只看那些旗婆子，<u>哪里</u>像人？（《波》）

(25) 我<u>哪里</u>要吃荞面？（《死水》）

(26) 人生一世，<u>哪里</u>有常常好的？（《死水》）

(27) 无缘无故<u>哪里</u>去寻咧？（《跻》）

(28) 天宽地阔，无名无号，<u>哪里</u>去请？（《跻》）

(29) <u>哪里</u>做得出来这样傻的事？（《汉法》）

(30) 我在四川几十年，<u>哪儿</u>瞧见一个像绅士的人？（《波》）

(31) 四川人的性格，<u>哪儿</u>及得湖南人？这次铁路收归国有，湖南人着余抚一镇压，早已烟消火灭，我不信四川人竟会闹得成事。（《波》）

以上例子中的"哪里、哪儿"均不表示疑问，用以构成反问句，整个句子表达与核心谓词相反的意义,如例(24)意为"不像人",例(25)意为"不吃荞面",例(26)意为"没有常常好的",例(27)意为"无处去寻",例(28)意为"无处去请",例(29)意为"做不出来这样傻的事",第(30)意为"没有瞧见一个像绅士的人",例(31)意为"比不上湖南人"。

(三)方所疑问代词的陈述用法

方所疑问代词用于普通陈述句时,往往表示任指意义。如:

(32)<u>哪里</u>黑<u>哪里</u>歇。(《汉法》)

(33)晓得他藏在<u>哪里</u>。(《汉法》)

(34)金茴败在<u>哪里</u>,我便追在<u>哪里</u>,我一腔热血与你拼了。(《黄吉安》)

(35)不晓得从<u>哪里</u>得来的多少快枪,又有抬炮。(《波》)

(36)问他到底是<u>哪里</u>不舒服,他又说不出来,只说心里不爽快。(《波》)

(37)一块午时茶,不晓得要到<u>哪儿</u>去买。(《波》)

以上这些例子中的"哪里、哪儿"都没有表疑问,只是表达一种较虚的任指意义,所以整个句子是陈述语气。

三 数量疑问代词

数量疑问代词是用于询问数量的疑问代词。清末民初西南官话文献中出现的数量疑问代词有"好多、多少、几"等。

(一)好多

在清末民初西南官话文献中,"好多"有"副+形"短语和疑问代词两种身份。作为"副+形"短语的"好多",带有对数量多的感叹色彩,不在本节讨论范围。以下着重讨论作为疑问代词的"好多"的句法特点和语义表现。

1."好多"的句法特点

就清末民初西南官话文献语料来看,"好多"在句法功能上主要是充当宾语和定语,例如:

(38)**作行为动词宾语**:要添<u>好多</u>?(《汉法》)

(39)**作定语**:要<u>好多</u>钱一个月?(《课程》)

(40) **作判断句宾语**：总数是<u>好多</u>？（《西蜀》）

作行为动词宾语的"好多"后面其实可以补充出其他名词成分，如"要添好多？"也可以说成"要添好多油？"之类。所以"好多"作行为动词宾语，应当是其作为定语所修饰的中心语在语境中省略造成的一种现象，即形式上是宾语，语义上实则是定语。作判断句宾语的"好多"对应的主语如果表达数的概念，则其后不能补出名词，如例（40），即这种情况下的"好多"在形式上和语义上都是宾语。

"好多"作定语时，后面一般没有结构助词"的"，但偶尔出现"的"，也不影响理解。所修饰的中心语表达的对象一般是在人们的认知中可计数的，如"钱""年""利息"等。一些在人们认知中具有唯一性的或不可计数的事物名词，不能受"好多"修饰，如"好多天空""好多精神"等在西南官话母语者的语感中不被接受。

2. "好多"的语义表现

在语义上，"好多"有两种表现，一是表示对数量的疑问，二是表示不确定的数量。

A. 表示对数量的疑问

"好多"可以处于定语位置或宾语位置表示对特定对象的数量的疑问，例（38）和例（39）中的"好多"都是这种意义。再如：

(41) 你奉教有<u>好多</u>年辰了？（《课程》）

(42) 你不要问我，只问你自己，你花了<u>好多</u>本钱？（《波》）

(43) 你得了<u>好多</u>利息？（《波》）

(44) 不管她，老婆们又有<u>好多</u>的见识？（《波》）

(45) 尤其近一个多月，把人害得坐卧不安，你只算算，我们光是闹搬家，就闹了<u>好多</u>次？（《波》）

以上例句中，"好多"分别修饰了"年、本钱、利息"等，实现了对这些名词所指对象的数量的询问。例（45）中"好多"与量词"次"搭配，实现对量词计量内容（行为次数）的询问。

"好多 + 名词"整体充当动词宾语时，在特定语境中，中心成分名词可以省略，这样在句子形式上"好多"就变成了动词的宾语，这时的"好多"仍然可以表达对数量的疑问，如：

(46) 你平<u>好多</u>？（《汉法》）

（47）你批好多？（《西蜀》）

（48）我名下分好多？（《西蜀》）

（49）请问先生一样买好多？（《课程》）

（50）数得好多？（《课程》）

（51）要好多？（《跻》）

（52）你说你还有点队伍，有好多？（《波》）

以上这类例句中的"好多"从形式上看是宾语，但从语义上看其实是被省略成分的定语。这类句子询问的内容需要在特定语境中明确。

B. 表示不确定的数量

"好多"也可以表达一种不确定的数量，如：

（53）有好多算好多。（《汉法》）

（54）就是这三个，没得好多。（《汉法》）

（55）值得好多，就当好多。（《跻》）

（56）全省码头有好多好多，你们哥弟伙有好多好多。（《死水》）

（57）同志会们，人数倒多，股头倒多，这儿一队二三百人，那儿一股六七百人，但是硬铮军火已没有好多，人心更不齐，你要朝东，我偏要朝西。（《波》）

（58）我们有百多支硬家伙，在黑夜里跟他一哄，他晓得我们有好多人马。（《波》）

以上例（53）至例（58）中的"好多"都没有表疑问，只表达模糊的不确定的数量。

3. "好多"的语用功能

从语用上看，"好多"主要有三个功能：一是询问数量，用来构成针对数量的特指问，如例（46）至例（52）；二是陈述模糊数量，用来构成表达模糊数量的陈述句，如例（53）至例（58）；三是辅助表达感叹，如"今天周末，公园里好多人哦！"这里的"好多"表达的是模糊量，强调"人"之"多"，附带感叹语气。

（二）多少

数量疑问代词"多少"主要充当定语或宾语，表达对数量的询问或代指不确定的数量，可以构成特指问，也可以修饰名词构成以多量为叹点的感叹句。

1. "多少"的句法特点

清末民初西南官话文献中,"多少"大多充当定语,少量充当宾语。

A. 作定语

"多少"作定语有三种情况:

一是修饰名词,如:

(59) 使了<u>多少</u>钱?(《汉法》)

(60) 去了<u>多少</u>钱?(《西蜀》)

(61) 一天打柴,卖得<u>多少</u>钱?(《跻》)

(62) 他们有<u>多少</u>人?(《死水》)

二是修饰量词,构成"多少+量词"的模式,如:

(63) 公田共有<u>多少</u>亩?(《跻》)

这种"多少+量词"的模式语料中不多,仅发现了1例。

三是修饰形容词构成"多少+形容词"模式,如:

(64) 陷下去<u>多少</u>深?(《西蜀》)

(65) 飘落<u>多少</u>远?(《西蜀》)

(66) 眼睛送他<u>多少</u>远?(《西蜀》)

(67) 嘘起<u>多少</u>高?(《西蜀》)

例(64)到例(67)中的形容词实际上已没有原本的形容词意义,而是表达某种属性量度意义,例(64)中的"深"指"深度",例(65)(66)中的"远"指"远度",例(67)中的"高"指"高度"。所以从意义上看,这些形容词实际上都相当于名词,因此能带定语"多少"。不过这种用法在当代西南官话口语中很少出现,以上这些"多少+形容词"结构通常都说成"多+形容词",如"多深""多远""多高""多宽""多厚"等。

总体上看,清末民初西南官话文献中,"多少"可以修饰限制名词、量词或表达量度意义的形容词。

B. 作宾语

"多少"可以直接受动词支配,充当动词宾语,动词可以是行为动词,也可以是存现动词,如:

(68) 要<u>多少</u>呢?(《波》)

(69) 一队人有<u>多少</u>?(《波》)

(70) 衣服首饰共有<u>多少</u>?(《跻》)

(71) 大武田土共有多少?(《跻》)

在西南官话母语者的语感中,凡能带名词宾语的动词都可以把"多少"作为宾语。在语境中,充当宾语的"多少"后面一般可以补出一个名词中心,所以作宾语的"多少"可以看作是"多少+名词"的省略形式。不少以"多少"为宾语的句子主语往往就是"多少"的潜在修饰中心,如例(70)中"衣服首饰"就是"多少"的潜在中心语,即"衣服首饰共有多少?"可以变换成"共有多少衣服首饰?"以此来看,"多少"作宾语也可能是所修饰的中心语提级移位到话题语语后的结果。

2."多少"的语义表现

结合清末民初西南官话文献语料来看,"多少"的语义有三种表现。

第一,表示对数量的询问。

在清末民初西南官话文献中,"多少"主要用来表示对数量的疑问,前述例句中的"多少"都是这个意义。"多少"表疑问意义作定语时,通常修饰名词,偶尔修饰量词或形容词。形容词一般不带定语,为什么"多少"可以修饰形容词呢?现简要分析。

从以上例(64)到例(67)可见,"多少"后面所跟的形容词都是有对应的相反形容词的,如:深—浅、远—近、高—低。从语义上看,"多少+形容词"询问的都是形容词表示的性质或状态的程度量值,以 A 来代表形容词,这种模式的实际语义可表示为"多少+A 度",如:"多少深"="多少深度","多少远"="多少远度","多少高"="多少高度"。也就是说,这些形容词代表的其实是以某个点为参照起点的三维空间上向某个方向延伸的距离量值(向量)。如图 4-1 所示:

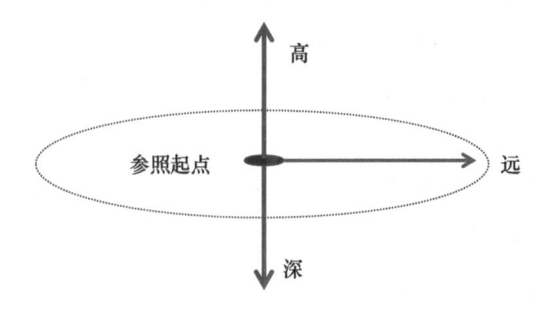

图 4-1 "多少 A"表达距离量值示意图

不难看出，"多少高"询问的是从参照起点开始在空间中由下向上延伸的度，"多少远"询问的是从参照起点开始在空间中由内向外延伸的度，而"多少深"则询问的是从参照起点开始在空间中由上向下延伸的度。概括而言，"多少+形容词"询问的是空间中离开参照起点的距离量值。正因为如此，所以在"深—浅、远—近、高—低"这样的成对匹配的形容词集合中，只有"深、远、高"等进入了"多少+形容词"的结构模式。

这种"多少+形容词"模式询问距离量值的用法，主要存在于清末传教士文献中，在同时期的北京话语料《语言自迩集》中没有发现，在民国前期的语料中也未曾发现，在当代西南官话口语中仍然有人在用，但比较少见。当代西南官话口语中同义的表达一般是"多+形容词"，如例（64）到例（67）用当代西南官话口语的习惯来说会是如下的形式：

（64'）陷下去多深？

（65'）飘落多远？

（66'）眼睛送他多远？

（67'）嘘起多高？

由以上可见，"多少+形容词"模式询问距离量值的用法当是晚清时期西南官话口语中的一种独特现象，但在百年来的发展中，这种用法逐渐消失。

第二，表示任意数量。

"多少"也可以表达任意数量，所在的句子一般为陈述句，如：

（72）不论多少。（《汉法》）

（73）南京光复，汉阳打了胜仗，把清兵打死多少，打伤多少，云南是咋个独立的，贵州又是咋个独立的，这些远地方的事，都登载得这们详细，为啥重庆的事情，反而一字不提？（《波》）

（74）大家捐钱不论多少都写在薄子上。（《联珠》）

以上例子中的"多少"并不表达询问，也不表示具体的特定数量，而是任指可能的数量。

第三，表示模糊多量。

"多少"有时也可以表达一种模糊的多量，所在的句子一般为感叹句。如：

(75) 为你那一件事我又谈得有<u>多少敷水</u>的话！（《汉法》）

(76) 为你们我费了<u>多少</u>心！（《汉法》）

(77) 他害我使<u>多少</u>冤枉钱！（《汉法》）

(78) 涨大水垮<u>多少</u>田坎！（《汉法》）

(79) 我已向他说过<u>多少</u>回。（《死水》）

(80) 早晓得这时候要回来，不关房门了，省<u>多少</u>事！（《死水》）

(81) 如其办到不流血就独立了，你们也算做了<u>多少</u>阴德事。（《波》）

(82) 这是东路上赛过<u>多少</u>码头的刘老三！（《死水》）

(83) 有<u>多少</u>活路要现学。（《课程》）

(84) <u>多少</u>事我都在装疯！（《波》）

(85) 以前的<u>多少</u>公事，现在满可以废除，十分不得已，一封信足以了之。（《波》）

例（75）至例（85）中的"多少"都表示多量，但并不明确量的范围，附带有说话者主观上的多量含义，所以也是一种主观大量的表达手段。

第四，表示极少量。

"多少"在一些特别的语境下还可以表示极少的量，如：

(86) <u>多少</u>吃点不坏事。（《汉法》）

(87) 你们<u>多少</u>留一点，老爷做盘费。（《黄吉安》）

(88) <u>多少</u>添点也抬得了。（《跻》）

以上三例中的"多少"都表示的是极少量，是一种象征性的量。

3."多少"的语用功能

从语用上看，"多少"主要被用来构成针对事物数量的特指问句，上述例（59）至例（71）都是这种特指问。当"多少"表达模糊多量时，则句子就带有感叹语气，就构成了含主观大量的感叹句，如例（75）至例（85）。当"多少"表达极少量时，句子往往用于劝导，如例（86）至例（88）。

（三）几

数量疑问代词"几"在清末民初西南官话文献中共出现 988 次，而在同时期的北京话语料《语言自迩集》中出现 129 次，说明这个"几"

在当时的北方话中都是常用词,是汉语官话的共性成分。根据语料分析,在清末民初西南官话文献中,"几"的主要功能包括询问数量、代指十以内的少量数等。

1. 询问数量

"几"用于询问数量时,有如下三种表现形式。

A. 带上名量词询问事物数量

几乎所有的固定名量词和临时名量词,均可出现于"几"的后面,进而实现对相关事物的数量的询问。如:

(89) 你有几岁?(《汉法》)

(90) 几天路程?(《汉法》)

(91) 你走了几处?(《课程》)

(92) 买几个土碗?(《西蜀》)

(93) 这样美色,天下又有几个?(《跻》)

(94) 人生能有几个三十几岁?(《死水》)

(95) 他问我吃吃吃,吃几个汤圆。(《黄吉安》)

B. 带上动量词询问行为数量

几乎所有固定动量词和临时动量词均可放在"几"的后面,进而实现对相关行为的量的询问。如:

(96) 随后又来了几回?(《汉法》)

(97) 我往返了几回?(《西蜀》)

(98) 此子累次戏人妇女,廪生责戒几次?(《跻》)

(99) 像这种时间,谈何容易,一年里能有几次?(《波》)

C. 带上时间刻度单位词询问时点

"几"可以带上时间刻度单位词"时、点、点钟"等询问具体的时点。如:

(100) 两眼观螃蟹,看你横行到几时?(《汉法》)

(101) 哥哥,几时回来的?(《跻》)

(102) 几时回省的?(《波》)

(103) 经罗先生那们撩着说了几点钟,亏得他会请我去干这种事。(《波》)

清末民初西南官话文献中没有"几点"的用例,但当代西南官话口语中却比较多，如：

（104）这下儿几点了？

（105）我们几点去？

由以上可见，表时间刻度意义的"点""点钟""时"等都可以受"几"修饰构成"几X"结构用以询问时点。

2. 代指十以内的数

"几"也可不表示询问，而是被用以代指十以内的个位数。具体有两种表现，一是单独代指十以内的数，二是与位数词搭配后代指相应位置上的数。

A. 单独代指十以内的数。如：

（106）少得有几个字。（《汉法》）

（107）跟你几耳使！《汉法》）

（108）没得几根胡子。（《汉法》）

（109）在成都月屈了几年。（《西蜀》）

（110）我这几天耍起在。（《西蜀》）

（111）学堂哩，又都放了假，找不到几个人，本地绅粮是怕事的，请也请不出来。（《波》）

（112）我邀约了两三个弟兄，结实跟他拍了几次巴掌，他慢慢才稳住了。（《波》）

（113）只要吃药不耽搁，几天就全好了。（《波》）

从以上例子可见，"几"在句指代十以内的不明确的个位数。个位数在人们的认知中一般属于较小的数，所以这类单用"几"代指数字的句子语用上往往有强调少量的意义。

B. 与位数词搭配，代指相应数位上的数。如：

（114）一个院子坐十几家人。（《汉法》）

（115）着几百板子。（《汉法》）

（116）有几千几万人。（《汉法》）

（117）一头少装十几斤。（《课程》）

（118）煮十几二十分钟，就拿起来。（《课程》）

（119）几十个人。（《西蜀》）

（120）跑了二十几年的滩，还是一个光杆。（《死水》）

如以上例子所示，从结构上看，"几"与其他位数词搭配代指相应数位上的数之用法有"数字+十+几"和"几+位数词"的用法。当位数词在前时，只有"十"可以出现在"几"的前面，如"十几、二十几、三十几、四十几"等，而较大的位数词"百、千、万"等则不能直接放在"几"前面，这说明"几"在这类组合中仍然代指十以内的个位数。

第五章

副　　词

第一节　副词概说

一　关于副词的界定

关于副词的界定，本书采用张谊生（2000）的观点，即副词是一种半开放类的词，"主要充当状语，一部分可以充当句首修饰语或补语，在特定条件下，一部分还可以充当高层谓语和准定语"，"具有限制、描摹、评注、连接等功能"。本书确定汉语副词的基本原则是"以句法功能为依据，以所表意义为基础"。

二　关于副词的分类

不少学者对副词进行过分类，但各家从不同的角度出发，分类结果并不统一。黎锦熙（1992），黄伯荣、廖序东（1997）等以语义为标准将副词分为6类；邢福义（1993），刘月华、潘文娱等（2001）等以语义为标准分为7类；王力（1985），吕叔湘（2002）按语义标准分为8类；杨树达（2007：208-327）按语义标准分为10类；张谊生（2000）分为描摹性副词、评注性副词、限制性副词3大类。杨荣祥（2007：48）指出，"副词各次类的语法功能特征可以从三个方面观察：一、对被修饰成分的语法属性的选择；二、在句法结构中的语义指向；三、不同次类在句法结构中共现时的顺序位置"。杨荣祥（2007）据此将副词分为"总括、类同、限定、统计、程度、时间、频率、累加、情状方式、语气、否定"11类。各家的分类和定名都有其道理。

本书参考各家观点，以意义为主要标准，兼及语法功能特点，把清末民初西南官话文献中的副词分为时间、范围、频率、程度、语气、否定、情状七个大类，各大类成员较多的，又根据它们的意义表现分成不同的小类。以下将副词的分类系统整理如表5-1所示。

表5-1　　　　　　　清末民初西南官话文献中的副词分类

时间副词	时期副词	过去时期副词	曾、曾经、不曾、已经、已、刚、刚刚、刚才、将才
		现在时期副词	正在、在
		将来时期副词	立即、即刻、立刻、立时、马上、立马、将要、将、早晚、早迟
	时长副词	短时副词	瞬间、一下、登时
		长时副词	永、永远、一直、从来、一向、一贯、历来、向来、往往
	顺序副词	先序副词	预先
		同序副词	同时
		后序副词	跟倒、随后
范围副词		总括副词	全部、都、一并、一齐、一下、尽都、一起
		额外副词	另外、另自、单另、脱另
		限定副词	寡是、光是、只是
频率副词		高频副词	长行
		低频副词	要不要
程度副词		强程度副词	完、硬是、溜、寡、几多、刚刚（适切）
		弱程度副词	很、有点、几多
		适切程度副词	刚刚、将将

续表

语气副词		确信副词	本来、理应、真心、必定、必然、定然、当真、简直、偏、并、又、就
	揣测副词	必然揣测	必定、必然、定然
		或然揣测	大约、大略、大概、恐怕、怕、似乎
		委婉副词	未必、未免、不免、不妨
	问诘副词	诘问	难道、岂
		悟问	莫非
		究问	到底、究竟
		试问	可曾
		叹问	何曾
		诫问	何必
		决断副词	千万、务必
	料评副词	意料之外	竟、竟自、居然
		意料之内	果、果真、果然、果不其然
		幸然副词	幸喜、幸喜得好、幸喜得、幸好
否定副词			莫、不得、没得
情状副词		久续类	佇、老实
		恒定类	左还、生死、横顺、红黑
		意念类	挑自、各自、好生、阴倒

对于表5-1中所列的副词,本书选择一些具有西南官话特色的成员进行重点探讨。

第二节 时间副词

张超(2021:89)指出,"能够显化行为事件或状态所属时间范畴的副词,才是严格意义的时间副词"。副词主要修饰的对象是动词,而动词通常表示动作行为事件的过程或状态,这是一种时间过程。从时间角度看,行为事件具有实施时期和存续时长两种属性。时间副词修饰动词,就会对行为事件的实施时期或存续时长进行显化。

人们对于行为事件的时间认知,总基于特定的参照时点,这个参照时点通常是说话的时间或语境中的某个时刻。行为事件的实施时期往往由参照时点来决定,分为过去、现在和将来。有的时间副词在修饰动词时,就会显化这种时期意义,彰显行动事件发生的时期(或叫时段)。例如,"刚刚写完作业"就表示"写完作业"这个事件实施的时期为离说话时点刚过去的不远的一段时间;"正在写作业"表示说话的当下"写作业"的事件正在进行;"即将写作业"表示"写作业"的事件会发生于说话时点之后。"刚刚""正在""即将"三个副词,都以说话时间为参照时点,分别表达过去、现在、将来三个时期意义。

行为事件在人们的认知中都有一定的存续时长,有的副词修饰动词后,就会显化这种时长。如"一向",往往用来表示某行为状态从某个时点开始到当下一直持续,如"他一向很倔",表示"他很倔"的状态从说话者认知"他"开始到说话当下一直存续。"瞬间明白"中的"瞬间"则表示"明白"这个行为状态的发生只用了较短时间,之后便是一种结果状态的持续。

相关联的行为事件的发生往往有一定的时间顺序,有些副词就被用以显示这种时间顺序,如"预先""同时""跟倒""随后"之类。

综上可见,时间副词修饰行为动词,可以表达时期、时长、顺序三方面的意义,据此就分为时期副词、时长副词、顺序副词三个次类。时期副词进一步分为过去、现在、将来三小类;时长副词进一步分类长时、短时两小类;顺序副词进一步分类先序、同序、后序三小类。表5-1详列了各小类成员。

清末民初西南官话文献中的时间副词大部分与共同语一致,只有少部分具有独特性。以下本节选择具有独特性的短时义时间副词"一下"、后序义时间副词"跟倒"作具体分析。

一 短时义时间副词"一下"

清末民初西南官话文献中,短时义副词"一下"共出现22例,以下结合语例分析其句法、语义、语用特点。

(一)句法特点

结合文献语料用例及当代西南官话口语用例来看,短时义副词"一下"都是修饰谓词性结构作状语,句法上具有两个特点:

1. 修饰复杂谓词性结构

复杂谓词性结构是相对光杆动词来说的，是指带动态助词、状语、宾语、补语等成分的结构，如：

(1) 一下不得来。(《汉法》)

(2) 病人一下不怕得。(《汉法》)

(3) 上了大瘾烟一下丢不脱。(《汉法》)

(4) 一下染不出来。(《汉法》)

(5) 一下改不倒。(《汉法》)

(6) 我的事紧迫，一下周转不过。(《汉法》)

(7) 这个生意一下不得落盘。(《课程》)

(8) 事一下有变。(《汉法》)

(9) 一下就讲不出话了？(《跻》)

(10) 我儿小心谨慎，并未放荡，未必一下就流了。(《跻》)

(11) 父母千辛万苦抚养成人，于今看看找得来钱，为父靠你兴家立业，怎么一下就死了？(《跻》)

(12) 外州县的城，又是那样小法，一下乱杀起来，那能像省城，随便咋个，都可逃脱。(《波》)

以上例句显示了"一下"所修饰的成分的特点，都是偏复杂的结构。如果把以上例句的中心动词单独拿出来接受"一下"的修饰，如构建成"一下来、一下怕、一下丢、一下周转"等，则"一下"不一定还表时间，而有可能表范围，整个句子就成了歧义结构。

2. 与"就""又"等副词同现时通常位于外层

表短时义的"一下"可与"就""又"等表达时间、重复等意义的副词同现，通常处于句法结构的外层，如：

(13) 说是一下就收拾好了，怕没有这们容易。(《波》)

(14) 一下就讲不出话了？(《跻》)

(15) 我儿小心谨慎，并未放荡，未必一下就流了。(《跻》)

(16) 父母千辛万苦抚养成人，于今看看找得来钱，为父靠你兴家立业，怎么一下就死了？(《跻》)

(17) 何以一下又转变了，竟自说起定期礼遣来？(《波》)

不过，就当代西南官话的实际来看，"一下"和"又"也可以交换位置,如例(17)中的"何以一下又转变了"可以说成"何以又一下转变了"。不过交换位置后,语用上的目的有所变化。"何以一下又转变了"强调"转变"的重复性出现,"何以又一下转变了"强调转变的时间短、速度快。

(二) 语义表现

从文献语料上看,短时义副词"一下"总体上看是表示短时义,但具体应用中有两种语义表现:

1. 表示在较短的时间段内

清末民初西南官话文献中,"一下"可以修饰肯定性或否定性动词短语表示在较短的时间段内某行为事件实现或不能实现。这种结构中的"一下"可解释为"短时间内",如:

(18) 病人一下不怕得。(《汉法》)

(19) 上了大瘾烟一下丢不脱。(《汉法》)

(20) 一下染不出来。(《汉法》)

(21) 一下改不倒。(《汉法》)

以上例(18)至例(21)中的"一下"都表示在较短的时间内,修饰谓词性短语后,表示该谓词短语表达的行为事件在较短的时间内发生或完成,或在较短的时间内不能实现。

2. 表示快速而意外地

清末民初西南官话文献中,"一下"还可以修饰动词短语表示在短促的时间内出乎意料地发生某种情况。这种结构中的"一下"兼具时间长度意义和情状意义,可以释为"忽然",如:

(22) 一下就讲不出话了?(《跻》)

(23) 我儿小心谨慎,并未放荡,未必一下就流了?(《跻》)

(24) 父母千辛万苦抚养成人,于今看看找得来钱,为父靠你兴家立业,怎么一下就死了?(《跻》)

(25) 好倒却好,倘一下死了又便怎的?(《跻》)

(26) 你想,都是娇生惯养在书房里长大的斯文人,一下听见罢市了,摸头不着脑的,咋个不害怕呢。(《波》)

(27) 你昨夜还那样的骂孙大哥,没良心,平素咋个咋个的要好,一下就不顾你了,就没轿子,背也应该把你背回去啦!(《波》)

(28) 只怕抗粮抗税的话闹开了去后,<u>一下</u>暴动起来,那才不好收拾哩!(《波》)

(29) 何以<u>一下</u>又转变了,竟自说起定期礼遣来?(《波》)

(30) 外州县的城,又是那样小法,<u>一下</u>乱杀起来,那能像省城,随便咋个,都可逃脱。(《波》)

(31) 我们就好比那有钱的人,吃惯了好的,穿惯了好的,<u>一下</u>喊穿件补疤衣裳,就搞不惯哦!(《黄吉安》)

(32) 大哥平素高明,怎么<u>一下</u>就糊涂了!(《黄吉安》)

(33) <u>一下</u>讨了个又年轻又有钱的女人,还有啥子说的,立刻就算从糠筅里头跳到米筅里头了。(《死水》)

(34) 不晓得咋个<u>一下</u>着一个姓史的洋婆子知道了,跟了她妈二十两银子,把她收养在教堂里。(《死水》)

以上语例中的"一下"都表示某种情况快速地、出乎意料地发生,既有时间意义,也有情状意义。

(三) 语用功能

从句类角度看,短时义副词"一下"主要用于陈述句、疑问句和感叹句。

用于陈述句时,句子通常带有"没想到""意料之外"的评注意义,如:

(35) 你昨夜还那样的骂孙大哥,没良心,平素咋个咋个的要好,<u>一下</u>就不顾你了,就没轿子,背也应该把你背回去啦!(《波》)

(36) 只怕抗粮抗税的话闹开了去后,<u>一下</u>暴动起来,那才不好收拾哩!(《波》)

用于反问句时,句子也有"没想到""意料之外"的评注意义,中心语成分以否定性结构居多,如:

(37) 我儿小心谨慎,并未放荡,未必<u>一下</u>就流了?(《跻》)

(38) 何以<u>一下</u>又转变了,竟自说起定期礼遣来?(《波》)

当然,以上例句的评注意义并非由"一下"来决定,而是句子整体传达的一种主观语气意义,"一下"因表示短时义而使句子的"没想到""意料之外"等意义得以强化突显。从这个角度说,短时义副词"一下"在语用上有强化突显"没想到""意料之外"等主观评注意义的作用。

二 后序义时间副词"跟倒"

张超(2021:104)指出,后序副词是"用以表示所修饰的行为事件接续其他行为事件而发生的时间副词"。清末民初西南官话文献中的后序副词有"跟倒"和"随后"两个,与先序副词"预先"、同序副词"同时"一起同属于时间副词中的顺序副词。结合文献语例来看,"跟倒"和"随后"功能几乎等同,各种语境中都可以互换。以下着重讨论"跟倒"的句法特点、语义表现和语用功能。

(一)句法特点

作为副词的"跟倒"句法上修饰的中心成分都是复杂动词短语,即中心成分不能是光杆动词,并且可以和"就""又""才"等副词共现。

1. 修饰复杂动词短语

作为后序义副词的"跟倒",通常要修饰复杂的动词短语,具体包括以下三种情况:

A. 中心成分为动宾短语

(39)这下子,奶头洗咯,<u>跟倒</u>挤奶子。(《课程》)

(40)刘备<u>跟倒</u>取了成都。(《联珠》)

例(39)中"跟倒"表示"挤奶子"这个行为要无间隔地接续前述"洗奶头"行为而发生;例(40)中"跟倒"表示"取了成都"接续语境中陈述的前一个事件而发生。

B. 中心成分为"把"字结构

"跟倒"可用于"把"字介宾语短语修饰的动词结构之前,如:

(41)<u>跟倒</u>把肉跟菜摆在先生面前。(《课程》)

(42)<u>跟倒</u>把盆子洗干净。(《课程》)

以上两例中"跟倒"修饰"把"字结构作状语的动词短语,表示特定行为无间隔地紧接着语境中的前一个行为而发生。

C. 中心成分为兼语结构

"跟倒"也可以用于兼语结构之前,如:

(43)<u>跟倒</u>有人向司马懿说。(《联珠》)

例(43)中"有人向司马懿说"是一个兼语结构,表达的是一个事件,受"跟倒"修饰,表示这个事件无间隔地接续前一个事件而发生。

2. 可与关联性副词同现并处于外层

"跟倒"与动词关系并不十分密切，它和所修饰的动词之间还可以出现"就""又""才"等副词，即它可以和"就""又""才"副词共现，并处于句法结构更外层的位置，如：

（44）程婴<u>跟倒</u>就向屠岸贾报假信。（《联珠》）

（45）<u>跟倒</u>又到门房去缴票销差。（《联珠》）

（46）<u>跟倒</u>才送刘禅到洛阳。（《联珠》）

以上3例中"跟倒"之后都出现了关联性副词。例（44）中的"就"，例（45）中的"又"，例（46）中的"才"都是关联性副词，意义都与时间有关系，都强调前后行为的顺序连续，与"跟倒"的时间副词意义相谐，共同强调所修饰的谓词性结构所表示的行为状态无间隔地接续语境中的前一个行为状态而出现。

在当代西南官话口语中，有关联性副词出现在"跟倒"之前的情况，如①：

（47）这盘麻将打完了，我们就<u>跟倒</u>过来。

张一舟等（2001：266）认为例（47）中的"跟倒"也是时间副词。本书认为这个定性欠妥。例（47）中的"跟倒"在语境中往往可以补出"跟"的对象，如：

（48）（你们先走倒，）这盘麻将打完了，我们就<u>跟倒</u>（你们）过来。

也就是说，当"跟倒"前面出现关联性副词"就"之类时，"跟倒"的动词特色明显，"跟倒"与后续谓词性结构组合构成的结构应当是连谓短语，这个连谓短语整体受副词"就"等关联性副词修饰。

综上可见，作为时间副词的"跟倒"如果与关联性副词"就、又、才"等共现时，应当位于关联性副词之前。

3. 用于句首位置

后序义副词"跟倒"也可用于主谓短语之前，也就是句首位置，如：

（49）<u>跟倒</u>他就离席换衣。（《联珠》）

主谓短语本身表达一个事件，是谓词性结构，所以时间副词"跟倒"也可以修饰主谓短语。不过这种情况也可以理解为是时间副词"跟倒"

---

① 语例转引自张一舟等《成都方言语法研究》，巴蜀书社2001年版，第266页。

前置于句首的现象，如例（49）中的"跟倒"其实可以还原到主谓之间，变成：

（50）他跟倒就离席换衣。

在实际应用中，例（49）和例（50）的意义基本相同。

3. 可修饰谓词性名词短语

一些名词短语具有谓词性意义，即具有陈述性，也可以受"跟倒"的修饰，如：

（51）跟倒几天的雨。（《西蜀》）

"几天的雨"形式上是名词短语，但意义上是在描述一种状态，"跟倒几天的雨"就表示紧接着无间隔地出现了"几天的雨"的状态。不过这种用法较为少见，清末民初西南官话文献语料中仅出现了 1 例。

综上可见，后序义副词"跟倒"句法分布位置主要有主语前和主谓之间两处；当它与关联性副词"就""又""才"等共现时，其位置往往靠外层，即放在"就""又""才"等副词之前。这在当代西南官话口语中也可以得到验证。

（二）语义表现

从语义上看，副词"跟倒"主要表示按顺序无间隔地接续前一个事件或状态而发生新的事件或状态，所以称为"后序义副词"。如：

（52）程婴跟倒就向屠岸贾报假信。（《联珠》）

（53）跟倒他就离席换衣。（《联珠》）

（54）跟倒才送刘禅到洛阳。（《联珠》）

例（52）意为"向屠岸贾报假信"的事情接续前文语境中的事件而发生；例（53）意为"他离席换衣"这个事件无间隔地接续前文语境中的事件而发生。例（54）表示"送刘禅到洛阳"这个事件接续前文语境中的其他事件而发生。

（三）语用功能

结合文献语例以及当代西南官话口语来看，后序义副词"跟倒"具有承前启后的话语连接功能，通常连接表达前后相续两个事件的分句，如：

（55）这下子，奶头洗咯，跟倒挤奶子。（《课程》）

（56）你把牛拉到圈跟前拴起，跟倒就把圈门关上。（《课程》）

例（55）中"跟倒"表示"挤奶子"承接"洗奶头"而发生，例（56）中"跟倒"表示"把圈门关上"承接"把牛拉到圈跟前"而发生。两例的前后两分句之间都具有一种顺承关系。由此可见，后序义时间副词"跟倒"同时也是一个表达顺承关系的关联词。

第三节 范围副词

范围副词一般修饰动词或动词短语作状语，表示行为事件涉及的对象范围，具体包括总括、额外、限定三类。总括范围副词"表示总括无例外语义指向都是谓语中心词的语义相关项，如施事、受事、无明显施受关系句中的陈述对象、处置对象等"[①]。清末民初西南官话文献出现的总括范围副词包括"全部""都""一下""一把连""一并""一齐""一遍手""尽都"等。额外范围副词通常被用以表示涉及特定范围之外的对象，或实施额外的行为，强调独特的行为实施方式或关涉对象。清末民初西南官话文献中的额外范围副词有"另外""另自""单另""脱另"等。限定范围副词是表示特定范围之外无其他情况或对象的副词。清末民初西南官话文献中的限定范围副词有"寡是、光是、只是"等。本节选择总括范围副词"一下"和"一把连"、限定范围副词"寡是"和"光是"等进行具体考察和分析。

一 总括副词

总括范围副词简称总括副词。本节选择"一下""一把连"这两个具有西南官话特色的总括副词来讨论，以此窥一斑见全豹地展示西南官话总括范围副词的特点。

（一）总括副词"一下"

清末民初北京官话文献中，"一下"都是数量短语的用法，未见有范围副词的用法。同期的南方官话文献中，"一下"在琉球官话课本《人中画》中出现了两例，但都不是范围副词的用法。而同期西南官话中，"一下"却有较多的作为总括范围副词的用例。由此可见，"一下"在不同官

---

① 杨荣祥：《近代汉语副词研究》，商务印书馆2007年版，第50页。

话方言中的功能不尽相同,在西南官话中出现了更虚的总括范围副词的用法。以下着力讨论清末民初西南官话中作为总括副词的"一下"在句法特点、语义表现和语用功能。

1. 句法特点

结合清末民初西南官话文献语料来看,作为总括副词的"一下"通常位于主谓之间,其与中心成分的句法特点上的表现有三个特点:

A. 修饰动词结构,如:

(1) 把东西<u>一下</u>收了。(《课程》)

(2) 枕头,铺盖,卧禅,<u>一下</u>拿开。(《课程》)

(3) 还望大老爷免我刑杖,与我一个快性,到阴间<u>一下</u>受刑,就沾恩了。(《跻》)

B. 与总括副词"一把连"共现,如:

(4) 箱子一把连<u>一下</u>堆好了。(《课程》)

结合当代西南官话口语语感来验查,"一把连""一下"共现时,顺序可以交换,句子语义不变,所以例(4)又可以说成"箱子一下一把连堆好了"。

总括副词"一下"不能位于"就""又"等副词前作状语,一旦进入"一<u>旦</u>+就/又+VP"这样的结构,"一下"就只能理解为短时义时间副词,如例(5)中的"一下"就是短时义时间副词。

(5) 到那时,只要尤铁民运动的陆军果真可靠,岂不<u>一下</u>就响应了?(《波》)

C. 修饰数量结构。这在清末民初西南官话文献中未曾发现用例,但在当代西南官话口语中比较普遍,如:

(6) 一间屋十五块,三间屋<u>一下</u>四十五块。(贵州遵义播州)

例(6)中,总括副词"一下"直接修饰了数量短语"四十五块"。

总体上看,总括副词"一下"只能用于主谓之间,主要修饰动词结构、数量结构,也可以和总括副词"一把连"共现。

2. 语义表现

在清末民初西南官话文献中,作为总括副词的"一下"用于总括特定范围内的全部对象,可用普通话的"全部、通通"等来对译。在具体应用中,总括副词"一下"语义上可以前指,也可以后指。

A. 语义前指表统括

总括副词"一下"可以表示对主语对象范围的统括，也可以表示对"把"字句处置对象范围的统括。这两种情况的统括对象都位于"一下"的前面，所以都是"一下"的语义前指用法。这种前指用法又可称为统括用法。如：

（7）枕头、铺盖、卧禅，<u>一下</u>拿开。（《课程》）

（8）把东西<u>一下</u>收了。（《课程》）

例（7）的主语是并列关系的名词短语"枕头、铺盖、卧禅"，"一下"表示对这个短语中的三个对象进行统括，即要拿开的是这三个对象全部；例（8）中"一下"对"东西"进行统括，"东西"是"收"的对象，全句表示要"收"语境中的全部"东西"。

B. 语义后指表统计

结合当代西南官话口语语料来看，总括副词"一下"也可以指向其后的数量结构，表示一种统计结果。因此，这种后指用法可称为统计用法。如：

（9）衣食住行，<u>一下</u>花不倒一千块。（贵州贵阳乌当）

（10）这三样菜，<u>一下</u>是十五元钱。（贵州贵阳息烽）

（11）一间屋十五块，三间屋<u>一下</u>四十五块。（贵州遵义播州）

（12）我<u>一下</u>点了五个菜。（贵州毕节金沙）

（13）<u>一下</u>找十个人就差不多了。（贵州毕节金沙）

由以上例句可见，"一下"都指向了后面的数量短语，数量短语表达的数量意义正式句子表达的统计数量结果。例（9）表示"花"出的钱合计不足"一千块"，例（10）表示"三样菜"合计共有"十五元钱"，例（11）表示"三间屋"的费用合计"四十五块"，例（12）表示所点的菜合计有"五个"，例（13）表示所找的人合计有"十个"。

3. 语用功能

从句类上看，总括副词"一下"所分布的句子，包括了陈述句、疑问句、感叹句、祈使句四大类。

从信息焦点功能上看，总括副词"一下"不管是前指统括用法还是后指统计用法，都具有焦点提示作用，可以有效地将其总括内容作为句子信息的焦点突显出来。

(二) 总括副词"一把连"

清末民初西南官话文献和当代西南官话口语中,"一把连"都有总括副词的用法,意义和功能类同于普通话的"全部""一齐"等。以下分别讨论其句法特点、语义表现及语用功能。

1. 句法特点

清末民初西南官话文献中"一把连"共出现 19 次,排除 4 次独立出现的情况,只有 15 例存在与其他词语搭配的情况。就 15 例来看,其句法特点如下。

A. 位于主语之前

"一把连"可以位于主语之前,其后可以有停顿,也可以没有,如:

(14) 一把连,都不少一个。(《西语》)

(15) 一把连我都要。(《汉法》)

例(14)中没有明显的主语,但"都"前应存在隐含的主语,"一把连"后加了停顿;例(15)中"一把连"处于主语"我"之前,其后没有停顿标记。但结合当代西南官话口语语感来看,例(15)"一把连"之后也可以停顿。

B. 位于主谓之间

"一把连"所在的语例有些有主语,有些无主语,凡其紧邻动词短语而出现的用例,本书都认为是位于主谓之间的用例。从其与后续动词结构的关系上看,具体包括两种情况:

第一,直接修饰无状语的动词结构,如:

(16) 他的女一把连嫁了。(《汉法》)

(17) 点过,(他们)一把连在。(《汉法》)

(18) 一把连落在我身上。(《汉法》)

(19) 这些家具要一把连抹干净。(《捷径》)

(20) 一把连归一你可以下去。(《捷径》)

(21) 挑子一把连装归一了,又过了秤。(《捷径》)

第二,修饰带状语副词"都"的动词结构,或与总括副词"都"同现,如:

(22) 一把连都来了。(《汉法》)

(23) 一把连都要。(《汉法》)

(24) 箱子<u>一把连</u>都锁好了。(《课程》)

例（22）和例（23）中，"一把连"和"都"都表示范围，两者同现于动词结构前，有突显范围的作用。语序上"一把连"通常位于"都"的前面，但如果将两者的语序交换也不影响理解。比如西南官话母语者的语感中，"一把连都来了"和"都一把连来了"没有意义差别。

第三，与总括副词"一下"同现，如：

(25) 箱子<u>一把连</u>一下堆好了。(《课程》)

由以上可见，总括副词"一把连"在句法特点上不排斥其他总括副词。

2. 语义表现

"一把连"语义上类同于普通话的"全部"，表示对语境中的对象范围的统括，在文献语例中语义都指向前面的主语，如：

(26) 箱子<u>一把连</u>都锁好了。(《课程》)

(27) 他的女<u>一把连</u>嫁了。(《汉法》)

(28) 这些家具要<u>一把连</u>抹干净。(《捷径》)

(29) 挑子<u>一把连</u>装归一了，又过了秤。(《捷径》)

"一把连"在例（26）中指向主语"箱子"，在例（27）中指向主语"他的女"，在例（28）中指向主语"这些家具"，在例（29）中指向主语"挑子"。这些有主语的句例中，"一把连"都无一例外地语义前指。

省略了主语的句子中，"一把连"也前指隐含的主语，如：

(30) (他们) <u>一把连</u>都来了。(《汉法》)

(31) (那些东西) <u>一把连</u>我都要。(《汉法》)

给例（30）例（31）合理地补上主语后，可以看到，"一把连"语义明显指向补出的主语。

例（31）的主语是受事主语，如果把这个受事主语放到宾语位置，以当代西南官话母语者的语感来看不能接受：

(32) ＊<u>一把连</u>我都要（那些东西）。

把例（32）中的"我"提到主语位置后，句子同样不被接受：

(33) ＊我<u>一把连</u>都要（那些东西）。

由此可见，总括副词"一把连"语义只能前指，不能后指。当代西南官话的相关语例也符合这一原则：

（34）正月十五我家接媳妇，请你帮一下忙，到时娃儿些<u>一把连</u>过来耍。（贵州毕节金沙）

（35）这些东西<u>一把连</u>拿给我。（云南临沧，陈丽萍2001）

由于语义前指主语，并且表示总括意义，所以总括副词"一把连"所在小句的主语通常是复数意义的名词或名词短语，从前述语例中可以看到这个特点。

不过，在当代西南官话中，也存在"一把连"所在小句主语为单数名词结构的用法，如：

（36）你把阿堆垃圾带出去一下，之张烂帕子<u>一把连</u>带去丢了。【你把那堆垃圾带出去一下，这张烂帕子一起带去丢了。】（贵州毕节金沙）

例（36）中，"之张烂帕子（这张烂帕子）"是单数意义的名词短语，仿佛违反前文说到的主语通常为复数名词结构的原则。但仔细分析可以发现，"之张烂帕子"前面还有"阿堆垃圾（那堆垃圾）"这个复数意义名词结构，如果把第一个分句"你把阿堆垃圾带出去一下"整个去除，则句子就变得不可接受了。可见，"一把连"所在小句的主语如果是单数，则前面必须出现与主语对象一起被统括的对象。这种情况下的"一把连"在统括意义之外附带表示了连带意义。

综合上述分析，本书将统括副词"一把连"在西南官话中的语义表现概括为："一把连"语义前指，对前面的主语或语境指出的对象进行统括，通常要求所在小句主语为复数意义的名词结构；如果所在小句主语是单数意义的名词结构，则前文语境中必须出现与小句主语对象一起被统括的对象。

3. 语用功能

"一把连"语义前指，对前面的对象进行统括，实际上也是对前面对象的再一次综合性的表述，因此在语用上就有突出焦点信息的功能。再来看相关语例：

（37）箱子<u>一把连</u>都锁好了。（《课程》）

（38）他的女<u>一把连</u>嫁了。（《汉法》）

（39）正月十五我家接媳妇，请你帮一下忙，到时娃儿些<u>一把连</u>过来耍。（贵州毕节金沙）

根据西南官话母语者的语感，这类句子中"一把连"前后都可以略作停顿以示强调，所强调的内容就是前面述及的对象，一般就是充当主语的名词结构的所指。这种强调作用也就把主语部分作为焦点进行了显化。所以"一把连"在语用上有突出焦点信息的功能。

二　限定副词

限定范围副词简称限定副词。本节着重讨论"寡是"和"光是"，示例性地描写西南官话限定副词的特点。

（一）限定副词"寡是"

清末民初西南官话文献中的"寡是"只出现了两例，以下结合当代西南官话的用例来分析其句法、语义和语用特点。

1. 句法和语义特点

句法上，限制范围副词"寡是"一般修饰形容词或动词作状语。如：

（40）上海的菜<u>寡是</u>甜，我吃不惯。（贵州毕节金沙）

（41）你不要<u>寡是</u>哭，要想一下办法。（贵州毕节金沙）

（42）这个汤<u>寡是</u>咸，一点都不好喝。（贵州遵义凤冈）

（43）<u>寡是</u>着急也没有用。（贵州遵义凤冈）

以上四例中的"寡是"都是限定副词，修饰谓词作状语，语义上相当于普通话的"只是"，语义指向后面的被修饰成分。

"寡是"由于语义上等同于现代汉语的"只是"，所以和"只是"一样，也具备转折关联词的功能，如：

（44）好倒好，<u>寡是</u>少得很。（《西蜀》）

（45）是倒是个好事，<u>寡是</u>我没得钱做。（《西蜀》）

例（44）和例（45）中的"寡是"都具有转折关联意义，即前面先承认某种情况，后续用"寡是"表达与前面所述不匹配的情况，主要表达现实境况与预期的不符。

由以上可见，"寡是"和普通话的"只是"一样都可以表达转折意义，但是不及"只是"虚化程度高。在句子中表转折意义的"只是"后面可以停顿，连词特点明显，而按西南官话区域本地人的语感，"寡是"后一般不能停顿。试对比：

（46）＊好倒好，<u>寡是</u>，少得很。

（47）好倒好，<u>只是</u>，少得很。

在当代西南官话中,"只是"也较为常用。对比以上两例可见,例(46)中"寡是"后有停顿,不合当地人语感;例(47)"只是"后有停顿,当地人觉得很自然。

2. 语用功能

"寡是"语用上的功能表现在两个方面:

一是陈述对某种单一状态的不满意,这主要是"寡是"作为限定范围副词充当状语时的功能,如:"寡是甜"表明说话者对只有甜这种状态的不满意;"寡是哭"表明说明说话者对只有"哭"这一种状态的不满意;"寡是咸"表明说话者对只有"咸"这一种状态的不满意;"寡是着急"表明说话者对只有"着急"这一种状态的不满意。

二是表达某种现状达不到预期的理想效果的遗憾情绪,这主要是"寡是"作为转折关联词时的功能。比如,上述例(44)就表达某种事物因"少得很"而不符合说话者的理想预期进而产生的遗憾情绪;例(45)表达"我没得钱做"的遗憾。

3."寡是"小结

综合清末民初西南官话文献的实际应用来看,西南官话中的"寡是"自清末以来,主要功能是充当限定范围副词,但已有表达转折语气的语用功能,只是还没有像"只是"那样虚化为转折连词。

(二)光是

"光是"作为一个限定范围副词在清末民初西南官话文献中一共出现38次,以下从句法、语义、语用三个角度分析其特点。

1. 句法特点

"光是"后的成分,有名词性的,也有动词性的。

A. 修饰名词性结构

"光是"后面可以接续名词性结构,具体有两种情况:

第一,所接续的名词性结构独立存在,与后续成分不存在句法关系,如:

(48)光是我一个儿。(《汉法》)

(49)你不要紧,光是一个姓名,晓得你是啥子人?(《波》)

(50)你看,光是这个头,不是我夸口的话,全成都的女人……(《波》)

例（48）中的"我一个儿"是复指式的名词短语，例（49）、例（50）中"光是"后面的成分都是偏正式的名词短语。三个例句中"光是"意义等同于单音节的范围副词"光"，可以和"光"互换而不影响句子意义，其修饰的名词短语都独立存在，并不与后续其他成分存在句法关系。这类结构中的"光是"也可能被理解为一个状中短语，即可能把"是"理解为判断动词，"光"作为副词修饰"是"作状语。这体现了"光是"词汇化过程中结构的重新分析现象。

第二，所接续的名词性结构充当后续成分的主语，如：

(51) 光是眼眼一点烟。(《捷径》)

(52) 光是四民罢业这一项，已够他们吃惊。(《波》)

(53) 幺姑，你没看见哟！我那天去看他，光是板子，已经打得那样凶。(《死水》)

(54) 现在打仗，那像以前，光是一味的蛮冲，是不够的。(《波》)

(55) 在前半个月，倒还可以，这几天，光是这里，还忙不过来哩！(《波》)

(56) 巡防兵便自告奋勇，光是衙门门口，就打死了几千人。(《波》)

(57) 光是把帽辫子剪了的，已经不大刺眼。(《波》)

(58) 光是大门就不同，水磨青砖的柱头……(《暴风》)

(59) 告诉你，大少爷，光是新繁县就有六七十亩。(《暴风》)

(60) 想来也不多，你看，光是成都省不过十来个人罢？(《死水》)

(61) 陆哥，你可晓得，我那几天，光是花在她身上的钱，是多少？(《死水》)

例（51）至例（61）中，"光是"后的名词性结构有光杆名词、复指式名词短语、偏正式名词短语等，都充当了后续成分的主语，与后续成分之间，有的无停顿，有的有停顿。根据西南官话母语者的语感，这个停顿可有可无，比较自由。

B. 修饰动词性结构

"光是"也修饰动词性结构，如：

(62) 光是读书。(《西语》)

(63) 这个药吞不得，光是噙在口头。(《汉法》)

（64）光是晓得吃饭不晓得做活路。(《汉法》)

（65）不要打，光是拿板子样一下。(《汉法》)

（66）光是会吃。(《西蜀》)

（67）那个嘛，我光是得到五十八两五啦，我不干。(《捷径》)

（68）有多少人光是开干号。(《捷径》)

（69）光是拿他临走时，打破茶碗的样子来说，你能相信……(《波》)

（70）新津地方又险又生，光是问路，就不会有人告诉他。(《波》)

（71）光是怕，不中用的！(《波》)

（72）一个多月，把人害得坐卧不安，你只算算，我们光是闹搬家，就闹了好多次？(《波》)

（73）只要没有枪声，光是抢，倒还不要紧呀！(《波》)

（74）光是做官，没有钱，还是不好的呀！(《暴风》)

（75）这样的恩人，光是拜一拜，不够得很。(《暴风》)

（76）妈，你光是这样说，你就不晓得，人是知好歹的。(《死水》)

由以上语例可见，"光是"后的动词性结构可以是光杆动词、动宾短语、状中短语、连谓短语等。

C. 修饰代词结构

"光是"所修饰的成分，也可以是代词性结构，如：

（77）光是这一个。(《捷径》)

（78）如今没有那鬼女子了，光是我，你们自然舍不得。(《暴风》)

（79）爱并不要这么样，倘若光是这么样，那简直是淫了。(《波》)

例（77）中的"这一个"和例（78）中的"我"都是体词性的代词，指代特定对象，与名词性结构类同；例（79）中的"这么样"是谓词性的，描状某种现象，与动词性结构类同。

2. 语义表现

从前述例子看，不管后续成分是名词性结构还是动词性结构，或是代词性结构，"光是"的语义都指向后续成分，即语义后指。

后续成分是名词性结构（含体词性代词结构）时，"光是"表示将范围限定在后续成分表达的对象上，后续成分必须是有界的、定指的、单数的。如：

（80）你不要紧，<u>光是一个姓名</u>，晓得你是啥子人？（《波》）

（81）<u>光是我一个儿</u>。（《汉法》）

（82）在前半个月，倒还可以，这几天，<u>光是这里</u>，还忙不过来哩！（《波》）

（83）想来也不多，你看，<u>光是成都省</u>不过十来个人罢？（《死水》）

后续成分是动词性结构（含谓词性代词结构）时，"光是"表示将范围限定在动词性结构表达的事件或现象上，动词结构所表达的意义范围一般是明确的，如：

（84）这个药吞不得，<u>光是噙在口头</u>。（《汉法》）

（85）<u>光是拿他临走时，打破茶碗的样子来说</u>，你能相信……（《波》）

（86）<u>光是做官</u>，没有钱，还是不好的呀！（《暴风》）

总体上看，"光是"的语义后指所修饰的成分，要求被修饰成分所指范围明确。

3. 语用功能

从语用上看，"光是"有突显焦点、标记话题、突显转折语气等作用。

A. 突显焦点

"光是"在语用上可以引起听话者对所修饰成分的注意，起到突显焦点信息的作用，如：

（87）<u>光是我一个儿</u>。（《汉法》）

（88）<u>光是怕</u>，不中用的！（《波》）

（89）<u>光是晓得吃饭</u>不晓得做活路。（《汉法》）

B. 标记话题

"光是"修饰名词性结构，并且该名词性结构还有后续成分时，该名词性结构往往是话题成分。"光是"在这样的句子中就有标记话题的语用功能，如：

（90）<u>光是四民罢业这一项</u>，已够他们吃惊。（《波》）

（91）现在打仗，那像以前，<u>光是一味的蛮冲</u>，是不够的。（《波》）

（92）<u>光是大门</u>就不同，水磨青砖的柱头……（《暴风》）

例（90）中"四民罢业这一项"是后续话题，"已够他们吃惊"是述题成分。例（91）中"一味的蛮冲"是"是不够的"所陈述的话题。例（92）"大门"也是话题，后续"就不同""水磨青砖的柱头……"等连续对其进行陈述。

C. 表转折语气

"光是"也和"只是"一样，可以表达转折语气，通常由积极转向消极，即表示主观上对某种情况认可的前提下，对另一相关情况的不认可，如：

（93）他肯来，<u>光是</u>怕父母不喜欢。(《西蜀》)

（94）是倒是个好人，<u>光是</u>有点脾气。(《汉法》)

例（93）先承认"他肯来"的情况，然后转折表达"怕父母不喜欢"的担忧；例（94）先承认"是个好人"的情况，然后转折表达"有点脾气"的不足。

第四节 频率副词

频率副词，又叫频度副词（关黑拽，2019），也有"时量副词"（王世凯，2010）、"动量副词"（关黑拽，2019：31）等名称，是语言中用以表达行为动作在一定时间范围内发生频次的副词。清末民初西南官话文献中出现的频率副词有"又、还、常、时常、偶然、长行、始终、再、总是、总、见或、依旧、仍旧、随时、要不要"等。其中"又、还、常、时常、长行、始终、再、总是、总、随时"等为高频义频率副词，"偶然、见或、要不要"等为低频义频率副词。本节选择西南官话特有的高频义副词"长行"和低频义副词"要不要"进行简单讨论。

一 高频义频率副词"长行"

高频副词即高频义频率副词。"长行"作为高频义频率副词，在清末民初西南官话文献中一共出现了 15 例，以下结合这些语例分析其句法、语义和语用特点。

（一）"长行"的句法特点

从文献中的语例上看，"长行"通常位于主谓之间或单独处于谓词性结构之前，充当状语，如：

(1) 这个老婆婆跟他的媳妇<u>长行</u>有一点口舌。(《汉法》)

(2) 他<u>长行</u>害病。(《汉法》)

(3) <u>长行</u>挂在心头上。(《汉法》)

(4) <u>长行</u>念倒那个事。(《汉法》)

例(1)、例(2)的"长行"都位于主谓之间,例(3)、例(4)都没有主语,"长行"作为句子开头。不管句子有无主语,"长行"后续成分大多为动词性结构,通常是动宾短语或动补短语。

"长行"所修饰的成分也有少量为拟声词,如:

(5) <u>长行</u>唧唧喷喷。(《西蜀》)

例(5)中的"唧唧喷喷"是拟声词,具有陈述功能,所以也能受"长行"修饰。

如果句子有能愿动词,能愿动词可以在"长行"之前,也可以在"长行"之后,如:

(6) 要<u>长行</u>搅,才不得烧煳。(《课程》)

(7) 王长兴,你要<u>长行</u>同挑子一路。(《课程》)

(8) 这个小炉子,<u>长行</u>要架起柴。(《课程》)

(9) 我给你说这个小脚盆,<u>长行</u>要洗干净,嘭起。(《课程》)

由以上可见,"长行"与中心语之间的关系并不十分紧密。但是通过对西南官话母语者的语感调查后发现,如果"长行"修饰的中心语是单音节动词,则能愿动词要放在"长行"之前可接受度才高。比如例(6)如果按例(10)方式来说,可接受度较低:

(10) *<u>长行</u>要搅,才不得烧煳。

例(10)在西南官话母语者语感中可接受度低,可能与韵律有关。

总体上看,"长行"用于修饰谓词性结构,如果所在小句中出现能愿动词,当"长行"所修饰的中心成分为单音节词时,能愿动词要置于"长行"之前,否则,能愿动词可以在"长行"之前,也可以在"长行"之后。

(二)"长行"的语义表现

从语义上看,"长行"相当于普通话的"经常",语义后指,表示被修饰的动词结构表达的行为高频率发生或持续发生,如:

(11) 他<u>长行</u>害病。(《汉法》)

(12) 王长兴，你要长行同挑子一路。(《课程》)
(13) 我给你说这个小脚盆，长行要洗干净，嘭起。(《课程》)
上述三例中的"长行"都指向后面其所修饰的中心成分。

(三) "长行"的语用功能

就清末民初西南官话文献语例来看，"长行"主要用于祈使句和陈述句。

"长行"用于祈使句时，通常带能愿动词"要"，表示说话者希望听话者高频率地执行某行为，如：

(14) 要长行搅，才不得烧煳。(《课程》)
(15) 王长兴，你要长行同挑子一路。(《课程》)
(16) 这个小炉子，长行要架起柴。(《课程》)
(17) 我给你说这个小脚盆，长行要洗干净，嘭起。(《课程》)

"长行"用于陈述句时，不能出现能愿动词"要"，句子有评述意义。结合西南官话母语者的语感来看，通常表达说话者主观认知上的"高频"，如：

(18) 这个老婆婆跟他的媳妇长行有一点口舌。(《汉法》)
(19) 长行挂在心头上。(《汉法》)
(20) 长行念倒那个事。(《汉法》)
(21) 他长行害病。(《汉法》)

就例(21)而言，以西南官话母语者的语感来看，"他长行害病"，一般是说话者主观上觉得"他害病"发生的频率高才会这样说。

二 低频义频率副词"要不要"

低频副词即低频义频率副词。清末民初西南官话文献中有地域特色的低频义频率副词是"要不要"。

"要不要"在清末民初文献西南官话文献中有三个意义：一是表示"需要意义"的实义动词"要"的肯定与否形式的组合；二是能愿动词"要"的肯定与否定形式组合；三是整体作为一个词表示行为非持续地、偶尔地出现，为频率副词。前两种意义的"要不要"往往存在于正反问句中，比如实义动词"要"构成的正反问句"如今充其量，只能拨得出一百元，不晓得你要不要？(《波》)"，能愿动词"要"构成的正反问句

"他问妈妈要不要回去。(《波》)"。第三种意义的"要不要"已经词汇化为一个频率副词,意义上类同于共同语的"时不时",这才是本书要讨论的对象。以下简要看看其句法句义特点。

(一)"要不要"的句法特点

低频义频率副词"要不要"在句法特点上表现为三种情况,以下简要分析。

一是带状语标记后修饰动词结构,如:

(22)抹灰帕子<u>要不要</u>地拿到外头去抖干净。(《课程》)

(23)<u>要不要</u>地铲点油在蛋面上。(《课程》)

例(22)和例(23)"要不要"后面都带了状语标记"地"。根据西南官话母语者的语感,这个状语标记并非必有项,但省去后容易造成句子歧义,即有可能被理解为反复问句。所以这类句子中"要不要"后面的状语标记"地"一般会保留。

二是与"又"共同修饰动词结构,通常在"又"的前面,即处于修饰语外层的位置,如:

(24)<u>要不要</u>又发脾气。(《西蜀》)

例(24)中"又"处于"要不要"之后,整个句子如果说成"又要不要发脾气",在西南官话母语者看来不被接受。

三是修饰主谓短语,如:

(25)<u>要不要</u>病又发。(《汉法》)

例(25)中心成分"病又发"是一个主谓短语。

总体而言,作为低频义频率副词的"要不要"只充当状语,不作其他句法成分。

(二)"要不要"的语义表现

从上述语例可见,"要不要"语义上相当于"偶尔""时不时"等,表示低频率、非常见地发生某事件或现象。在句子中,"要不要"通常语义后指。再集中看前文提到的语例:

(26)抹灰帕子<u>要不要</u>地拿到外头去抖干净。(《课程》)

(27)<u>要不要</u>地铲点油在蛋面上。(《课程》)

(28)<u>要不要</u>又发脾气。(《西蜀》)

(29)<u>要不要</u>病又发。(《汉法》)

以上例句中,"要不要"语义上都指向后面的中心语在分,表示中心语成分表达的现象或事件低频地出现。例(26)表示"拿到外头去抖干净"这个行为需要偶尔实施;例(27)表示"铲点油在蛋面上"这个行为需要偶尔执行;例(28)表示偶尔再次发脾气;例(29)表示病偶尔又发作。

在当代西南官话中,低频义频率副词"要不要"具有同样的语义表现,即仍然是语义后指,如:

(30)包谷饭<u>要不要</u>吃一顿还是很好吃的。(贵州遵义凤冈)

(31)我出去逛下,你<u>要不要</u>地看下祺祺,醒了跟我打电话。(贵州毕节金沙)

例(30)中的"要不要"语义指向"吃一顿";例(31)中的"要不要"语义指向"看下祺祺"。两例都是语义后指用法。

由以上可见,低频率频率副词"要不要"充当状语,语义只能后指。

(三)"要不要"的语用功能

清末民初西南官话文献中,低频义频率副词"要不要"都出现于祈使句或事件陈述句中,如:

(32)抹灰帕子<u>要不要</u>地拿到外头去抖干净。(《课程》)

(33)<u>要不要</u>地铲点油在蛋面上。(《课程》)

(34)<u>要不要</u>又发脾气。(《西蜀》)

(35)<u>要不要</u>病又发。(《汉法》)

例(32)、例(33)都是祈使句;例(34)、例(35)都是一般事件陈述句。含低频率频率副词"要不要"的祈使句通常表达说话者希望听话者低频地执行某行为;而含低频义频率副词"要不要"的一般陈述句则被用以描述某种规律性的低频出现的现象。

(四)余论

"要不要"在近代汉语中就已存在,是一个反复问结构。在清朝及民国时期北京官话文献语料中出现的"要不要"都是反复问格式,未见有作为低频义频率副词的用法。南方官话文献琉球官话课本中也未见"要不要"这个结构的用例。如此看来,在汉语中,"要不要"可能率先在西南官话发生词汇化和语法化,演化出了低频率频率副词的功能,成了西南官话的特色副词之一。

第五节 语气副词

语气副词是用以在状语位置表达某种语气意义的副词。邵洪亮、蔡慧云（2019：238）指出，语气副词"在句中的功能相当于一个'高层谓语'，属于句子所表达的基本命题之外的模态性成分，表示说话人对基本命题的总体性态度或评价"。可见，语气副词意义相对抽象，但所表达的"态度或评价"能让人明显感知到。就一般认知而言，人们的"态度或评价"有不同的类型，相应地，语气副词也有不同类型。本书参考贺阳（1992），齐沪扬（2002），杨荣祥（2007），邵洪亮、蔡慧云（2019）等，结合西南官话母语者语感，将语气副词分为确信、揣测、委婉、问诘、决断、料评、幸然7个小类，各小类成员可参见表5-1。以下着重讨论清末民初西南官话文献中相对独特的语气副词"硬是"和幸然义语气副词"幸喜"等。

一 确信义语气副词"硬是"

清末民初西南官话文献中，"硬是"一共出现33次，都是作状语强调和确认句子所述的事实情况。根据其句法、语义和语用特点，本书将其定性为确信义语气副词。以下分别讨论其句法、句义和语用特点。

（一）"硬是"的句法特点

根据清末民初西南官话文献语例，"硬是"在句法特点上有四种搭配情况：

一是修饰形容词性结构，如：

（1）你们做事<u>硬是</u>体面。（《汉法》）

（2）八字<u>硬是</u>有些尅妻（《西蜀》）

（3）<u>硬是</u>不错。（《西蜀》）

（4）事不凑巧，<u>硬是</u>急人。（《黄吉安》）

上述语例中的"硬是"修饰的中心成分都是形容词或相当于形容词的结构。根据西南官话母语者的语感，这些形容词前面还可以出现表程度义的状语成分，如例（2）中的"有些"表程度义，出现在了"硬是"之后和中心形容词之前。例（1）、例（3）、例（4）也可以在中心成分之前加上程度副词，如：

（1'）你们做事硬是［非常］体面。

（3'）硬是［十分］不错。

（4'）事不凑巧，硬是［很］急人。

可以看出，"硬是+形容词结构"中间可以插入程度副词。也就是说，"硬是"可以和典型的程度副词共现，句法位置在形容词修饰成分的外层，可描述为"［硬是［程度副词［形容词］］］"。据此可以判断，"硬是"不是程度副词。

二是修饰动词性结构，如：

（5）那几十吊钱硬是斗起去了。（《汉法》）

（6）不是得大意，硬是挑自做的。（《汉法》）

（7）硬是舍不得你。（《波》）

（8）到公司赴会，到不只这一次，往回听见各位先生演说，也有忍不住要流眼泪的时候，却不像今天这一次，硬是忍不住。（《波》）

（9）硬是有一是一，有二是二，毫无虚假奉承，所以我们越搞越不得出头。（《波》）

（10）硬是害了半个月的热病，还在吃药，要不是害怕逾限，还该保养一周的。（《波》）

（11）想我们随大王起义以来，硬是斩关过寨，处处得胜，没打过一回败仗，咋个今天才败一回，这个人心里就像吊吊的样。（《黄吉安》）

（12）我听了他的话，硬是一心一意的想跟他一辈子，为他，我得罪了多少人，结下了多少仇！（《死水》）

由例（5）到例（12）可见，"硬是"可以修饰多种动词结构，包括动补结构、动宾结构、联合式动词结构等。所修饰的动词结构有时可以带表方式意义的副词，如例（6）中的"挑自"就表方式，放在了"硬是"和"做"之间。由此可见，"硬是"在修饰动词结构时，可以和方式副词共现，句法位置可以描述为"［硬是［方式副词［动词］］］"。

三是修饰比况结构，如：

（13）现在我才晓得啥子叫风潮了，硬是潮水一般，凭你啥子东西，着它一卷就完了！（《波》）

比况结构是谓词性结构，往往表达一种状态，所以也能受"硬是"

修饰。此类用例在清末民初西南官话文献中仅找到1例。在当代西南官话口语中，此类用例并不少，如：

（14）这个娃儿硬是大人一样，说话懂事得很。

（15）你这个人，硬是猪一样，笨得无法。

四是修饰主谓结构，如：

（16）说不定硬是革命党的大军真个坐着火轮船杀来了。(《波》)

例（16）中，"革命党的大军真个坐着火轮船杀来了"整体受"硬是"修饰。这样的例子在清末民初西南官话文献中仅有1例，但在当代西南官话中并不少见，如：

（17）他硬是婆娘要生娃儿了，不出去打工了。

（18）家家都硬是各有各的难处。

总体上看，"硬是"主要用以修饰形容词性结构、动词性结构、比况结构、主谓结构等。如果中心成分是形容词性的，"硬是"和中心成分之间可以插入程度副词；如果中心成分是动词性的，"硬是"和中心成分之间可以插入方式副词。总体上看，"硬是"作状语时，如果还有程度状语或方式状语等同现，它往往处于离谓语中心较远的位置。

（二）"硬是"的语义表现

从"硬是"的句法搭配特点上可见，它所修饰的中心成分都是谓词性的结构，都是用于陈述某种状态或事件的结构。整个句子因为有"硬是"的存在，就有了对句子所述事件或状态进行确认的语气意义，如：

（19）你们做事硬是体面。(《汉法》)

（20）不是得大意，硬是挑自做的。(《汉法》)

（21）你这个人，硬是猪一样，笨得无法。

（22）家家都硬是各有各的难处。

试对比去掉"硬是"后的句子：

（19'）你们做事体面。

（20'）不是得大意，挑自做的。

（21'）你这个人，猪一样，笨得无法。

（22'）家家都各有各的难处。

由以上对比可见，去掉"硬是"后，句子表达的意义基本不变，但少了语气上的强调和确认。所以，"硬是"主要表达一种确信的语气意义。

根据张谊生（1996）的分类标准，这个"硬是"属于评注类副词，也就是本书分类体系中的语气副词。俞理明、江佳惠（2022）也指出，"硬是"作为评注性副词，"常在句中修饰谓词性成分，对谓词性成分所描述的性状加以强调"。结合实际语例来看，"硬是"确实就是用以"强调和确认事实情况"的语气副词（张超 2021：121）。

从语义指向上看，"硬是"的语义是指向所在的整个小句的，即充当"高层谓语"对整个小句命题内容进行确信和强调，如例（19）中"硬是"指向"你们做事体面"；例（20）中"硬是"指向"XX 挑自做"；例（21）中的"硬是"指向"你（像）猪一样"；例（22）中的"硬是"指向"家家各有各的难处"。这种语义表现完全符合邵洪亮、蔡慧云（2019：238）所描述的语气副词的特点。

（三）"硬是"的语用功能

"硬是"作为确信义语气副词，所表达的"确信"具有强烈的主观色彩，是说话者用以表达主观上对命题保持的确信态度的副词。需要确信的内容往往是在说话时间之前既存的，所以"硬是"所在的句子表达的往往是既存的事实或状态，如：

（23）八字<u>硬是有些尅妻</u>（《西蜀》）

（24）<u>硬是害了半个月的热病</u>，还在吃药，要不是害怕逾限，还该保养一周的。(《波》)

（25）现在我才晓得啥子叫风潮了，<u>硬是潮水一般</u>，凭你啥子东西，着它一卷就完了！(《波》)

以上语例都是说话者对已知事件或状态的主观强调和确认，表明说话者主观上对句子命题内容的高度确信。

正是由于"硬是"用于表达主观上对既定事件或状态的强调和确认，所以一般不能用于祈使句，因为祈使句涉及的事件是未然的。比如以下句子在西南官话母语者的语感中是不可接受的：

（26）*你硬是帮我搬一下。

（27）*硬是把门修一修。

例（26）和例（27）都是祈使句，但所表达的事件都是未然事件，不能进行强调和确认，所以用"硬是"后句子不被当地人的语感所接受。

王燕（2021）指出，昆明汉语方言中的"硬是"可以充当负面评价话语标记。本书调查发现，不仅云南的昆明，四川、重庆、贵州很多地方口语中"硬是"也有表达负面评价的功能，如：

(28)（语境：孩子固执，不听劝。母亲很生气，说）你呀，硬是……

例（28）中"硬是"就有强烈的负面评价语气，后面实际省略了评价的命题内容。由于这不是清末民初西南官话文献的语例，在此不展开讨论。

二　幸然义语气副词"幸喜"系列

幸然类语气副词主要用以表示因有某种特别的事物或事件而未遭遇不希望的后果时的幸然语气，包括"幸喜、幸喜得好、幸喜得、幸好"等。在本书所搜集到的清末民初西南官话文献语料中，"幸喜、幸喜得好、幸喜得"三个词语例共有 21 例，分布于《西语》《汉法》《西蜀》《跻》《黄吉安》等，"幸好"共有两例，出现于李劼人的《波》和《暴风》。以下看看各词的语例。

(29) 幸喜折不多。(《西语》)

(30) 幸喜离脱了。(《西语》)

(31) 幸喜我有主见，不然枉送性命！(《跻》)

(32) 爬树子几乎跌个兵，幸喜我鞋儿穿得松。(《黄吉安》)

(33) 幸喜皇上有道，望外施仁。(《黄吉安》)

(34) 幸喜妻会调停，不然这个命案落在我身上，骇煞我也！(《跻》)

(35) 我借耳环吃酒，从你土过，摘点海椒，掉了环子，幸喜遇着相公与我送来，倘若失了，丈夫知道定要把我打死。(《跻》)

(36) 幸喜你去得快咧，倘若狗咬到他，那才莫祥咧！(《跻》)

(37) 我儿今后须仔细防着，幸喜你有孝心，菩萨保佑你，不然身遭毒口，你娘又靠何人咧？(《跻》)

(38) 幸喜尔出于无心，方遇本县与尔昭雪。(《跻》)

(39) 幸喜奴身体不肥重。(《黄吉安》)

(40) 幸喜得昨夜晚把话说拢，只要银三百两便把良从。(《黄吉

安》)

(41) 为父还是活不起来的，儿呀，<u>幸喜得</u>我们遭际的是这一位圣德皇上呀！(《黄吉安》)

(42) <u>幸喜得好</u>我来了。(《汉法》)

(43) <u>幸喜得好</u>你没有赶船。(《汉法》)

(44) <u>幸喜得好</u>今天落雨。(《汉法》)

(45) <u>幸喜得好</u>，他不吃我了，今日这条性命都是捡到的，好好好，寻路回去罢了。(《跻》)

(46) <u>幸好</u>，菩萨保佑，表少爷，你竟自好了，只是比以前瘦得多。(《波》)

就以上语例而言，结合西南官话母语者的语感来看，"幸喜""幸喜得""幸喜得好""幸好"四个词可以等义互换。它们都表达未遭遇不期望的后果时的幸然心理和语气。当代西南官话中还有一个常用的"幸得好"与它们同义，但在清末民初西南官话文献中未曾出现，故在此不作讨论。

第六节 情状副词

张超（2001：127）指出，情状副词是"修饰动词以表示动作行为的情景状态或方式等意义的词"。张一舟等（2001：299）、杨荣祥（2007）等都称这类副词为"情态方式副词"，认为其"主要用在动词性词语之前，表示动作和行为的状态方式"①，"语义上表示动作行为进行时的情景状态"，"或表示动作行为进行后结果的状态"，"或表示动作行为进行的方式、形式、手段等"②。本书参考前述学者观点，出于简化称名的需要，称这类副词为"情状副词"。

清末民初西南官话文献中的情状副词可以从意义角度进一步细分为久续、恒定、意念三个小类，具体参见表5-1。久续类情状副词表示行为状态长久持续，包括"侭""老实"等；恒定类情状副词表示行为状态

---

① 张一舟、张清源、邓英树：《成都方言语法研究》，巴蜀书社2001年版，第299页。
② 杨荣祥：《近代汉语副词研究》，商务印书馆2007年版，第66页。

不会随其他因素发生改变，从结构上看都是反义复合词，包括"左还""红黑""生死""横顺"等；意念类情状副词表示行为动作发生的心理倾向，包括"挑自""各自""好生""阴倒"等。

一 久续类情状副词

"侭"和"老实"表示行为状态长久持续，本书称之为久续类情状副词，为清末民初西南官话文献中富有地方特色的情状副词。以下分别讨论。

（一）侭

"侭"在一些方言研究文献中也写作"尽"或"紧"，在清末民初西南官话文献中兼具使役动词和情状副词两种功能。

作为情状副词的"侭"，修饰动词或动词短语VP，表示VP动作长时间地重复进行或某种行为状态长时间地持续，如：

（1）侭抠。（《汉法》）

（2）不要侭哭了！（《死水》）

（3）侭哭了！真讨厌！（《死水》）

（4）只是，妈，我吃的都是些贵重药，他侭不送钱来，我这病咋个会好呢？（《死水》）

（5）我侭等你。（《西蜀》）

以上例（1）至例（5）中的"侭VP"都表示VP表达的动作或行为状态长时间地持续。

情状副词"侭"表示长时间持续的意义与使役动词"侭"高度相关。先看看"侭"作为使役动词的用例：

（6）侭他在那里，慢慢煮。（《汉法》）【任由他在那里，慢慢煮。】

（7）侭他诀骂，不要答应。（《汉法》）【任由他谩骂，不要答应。】

（8）侭他搅。（《汉法》）【任由他搅（搞）。】

由例（6）至例（8）可看到，"侭"作为使役动词，通常构成"侭+某人/某物+VP"这样的兼语结构，其中"侭"意义上等价于"任由、任凭"等，表示放任某人或物的特定行为状态长时间地持续地存在。这其中最为核心的意义要素就是"行为状态长时间持续"，这是使役动词"侭"和副词"侭"的意义关联点，即动词"侭"和情状副词"侭"都有［+行为状态长时间持续］的语义特征。可见，使役动词"佲"基于［+行为状态长时间持续］的语义特征发展出了情态副词的功能。

另外，"佲+某人/某物+VP"结构中的兼语"某个/某物"当为第二人称时，往往可以省略，如上举例（1）"佲抠"也可以理解为现场对话中的祈使句，相当于"佲你抠"。再看当代西南官话口语中的一个例子：

（9）菜有多的，<u>佲吃</u>。（贵州毕节金沙）

例（9）中的"佲吃"意为"随便你/你们吃""任由你/你们吃"，包含行为"吃"的持续时间上的放任和"吃"的受事"菜"的量上的放任。然而，同样是"佲V"结构，在特定的语境下，又可理解为长时间持续某行为状态，而不再有放任的意义，如：

（10）你看他，得点小馒头，<u>佲吃</u>，耽搁时间。（贵州毕节金沙）

例（10）中的"佲吃"，就不再是任由吃的意义，而是"长时间吃"的意义，没有"容任、放任"的使役意义。

由例（9）和例（10）可见，"佲V"结构的歧义现象应当是"佲"使役动词发展为情状副词的重新分析阶段的表现。

受情状副词"佲"修饰的动词变成否定形式时，否定词要放在"佲"的前面，如：

（11）不要<u>佲</u>哭了！（《死水》）

再如，"我佲等你。（《西蜀》）"变成否定句一般是"我不会佲等你""我没有佲等你"等，一般不会说成"我佲不等你""我佲没有等你"等。

在清朝至民国北京官话文献中，未看到"佲（尽）"作为情状副词的用例，但"尽着"有情状副词的用法，如：

（12）瞧见你一个人儿仰着个额儿，<u>尽着</u>瞅着那碑上头。（《儿》）

清末民初南方官话文献中也未发现"佲（尽）"作为情状副词的用例。

综合来看，表示行为状态长久持续的情状副词"佲（尽）"当属于清末民初西南官话的特色方言词。

（二）老实

在清末民初西南官话文献中，"老实"兼具形容词和副词的功能。

作为形容词的"老实",是与"狡猾、奸诈"等词意义相对的,表示"忠厚、诚实"的意思,句法上一般作谓语、定语、状语等,如:

(13) 你这人才老实,他就是杨客人,你认不得吗?(《跻》)

(14) 我老实话跟你说。(《汉法》)

(15) 再老实告诉你,没有嫁跟你以前,就跟他们好过了。(《波》)

以上三例中的"老实"都是形容词,表示"忠厚、诚实"的意思。例(13)中的"老实"作谓语,例(14)中的"老实"作定语,例(15)中的"老实"作状语。

作为形容词的"老实",可以构成"AABB式"重叠结构,在句子中充当谓语、定语和状语等,如:

(16) **作谓语**:你出去向人说话,总不要老老实实,有一是一,有二是二的讲。(《波》)

(17) **作定语**:老老实实一个人。(《汉法》)

(18) **作状语**:硬就听了她的话,老老实实地看守着房子,一步不敢走。(《波》)

作为副词的"老实",意义上就与"忠厚、老实"无明显关系了,主要用以修饰动词,表示动作行为长时间持续,有强调行为累积量大的意味。如:

(19) 你老实敲。(《汉法》)

(20) 老实想一下,下细想一下。(《汉法》)

(21) 你老实操。(《汉法》)

(22) 为啥子不老实吃一个饱?(《死水》)

(23) 赵尔丰老实这样凶吗?(《波》)

(24) 一面我就留住众人,再打一天牌,老实回来晏点,免得眼巴巴的望你,一个人胡思乱想,多难过的。(《波》)【晏:音同"暗",表示时间晚。】

(25) 你可吩咐下去,从明天起,早晨老实晏点儿开。(《波》)

(26) 老实没有人烟了,是深山菁林吗?(《波》)

(27) 大人老实不客气,闻风不动的,只叫绑去砍了……(《波》)

不难看出,以上例(19)到例(27)中的"老实",不能再解释为"忠厚、诚实",而用"努力、总是、实在"等解释更合实际,都表示所修饰的动作行为持续不变地存在。例（19）表示努力于"敲"的行为，让这个行为持续存在；例（20）表示努力于"想"的行为，让"想"的行为持续存在；例（21）表示努力于"操"的行为，让"操"的行为持续存在；例（22）表示努力于"吃"的行为，让"吃"的行为持续并到达"饱"的结果；例（23）表示"凶"的状态稳定不变地持续；例（24）表示努力实现"回来晏（晚）"的结果；例（25）表示尽可能让"开"的行为晚点出现；例（26）表示"没有人烟"的状态持续存在；例（27）表示"不客气"的状态持续存在。

由以上分析可见，副词"老实"主要修饰谓词性结构，表示动作行为或状态长时间稳定不变地持续。所以将其定性为久续类情状副词。

久续类情状副词"老实"所在的小句如果变成否定句，否定词要放在"老实"的前面，如：

（28）为啥子<u>不老实</u>吃一个饱？（《死水》）

在当代西南官话中，情状副词"老实"仍然在使用，如：

（29）洗袜子，脚蹬蹬的地方，要<u>老实</u>洗才能洗干净。（贵州毕节金沙）

清末民初的北京官话和其他南方官话文献中，"老实"基本上是作为形容词来用的，暂未见到"老实"充当情状副词的用法。所以情状副词"老实"可以看作清末民初西南官话的特征词。

二 恒定类情状副词

恒定类情状副词是用以强调行为状态不会受外部因素影响而发生改变的副词。清末民初西南官话文献中的情状副词主要有"左还、生死、横顺、红黑"几个。先看文献中的用例：

（30）<u>左还</u>要死。（《汉法》）

（31）<u>左还</u>要去。（《汉法》）

（32）<u>生死</u>不肯。（《汉法》）

（33）我<u>生死</u>不敢辞。（《汉法》）

（34）你们看，这人也太怪了，<u>生死</u>不收我的鸡，还<u>生死</u>要拿她一只下蛋母鸡还我！（《死水》）

（35）<u>横顺</u>都是要死的。（《汉法》）

(36) 今天横顺要走拢,先生。(《课程》)

(37) 横顺扯开了的,见一面,有始有终,也使得。(《波》)

(38) 还有罗先生他们,尚被他押在衙门里,你一进攻,他有本事先把罗先生他们杀了,横顺都是死,说不定还要喊他的巡防兵当真开红山,把城里的百姓,不分老幼男女,杀一个干净,房子烧成平地。(《波》)

(39) 红黑不肯吃药。(《汉法》)

(40) 他红黑要走,留不倒。(《汉法》)

(41) 我跟他说,(他)红黑听不进去。(《汉法》)

(42) 管他驾云讨口,我假装糊涂,红黑要钱,给他一个明砍,过硬教训他几句,看他该晓得打回避牌了。(《黄吉安》)

(43) 这个尊驾,今夜红黑不睡,云英也不敢来,这个事定搞不成,待我去睡倒在床上等。(《黄吉安》)

以上例句显示,"左还、生死、横顺、红黑"这几个副词在句中都表示所修饰的行为状态长时间保持稳定不变,或强调行为结果不会受外力影响而改变。所在句子基本上可以理解为"无论怎么样,都VP"。比如,"左还要死"可以理解为"无论怎么样都要死";"左还要去"可以理解为"无论怎么样都要去";"生死不敢辞"表示"无论怎么样都不敢辞";"今天横顺要走拢"表示"今天无论怎么样都要走拢"。

从构成上看,恒定类情状副词大多由具有反义关系的语素联合构成,属于为反义复合词。其中"左还"稍显特殊。在西南官话中,"左"和"还(环)"都表示方位,"还(环)面"往往与"左面"相对,所以"左还"也是一种广义上的反义复合结构。

从句法上看,恒定类情状副词所在的小句如果变成否定句,否定词不能在恒定类情状副词前,而要在其后,如:"红黑不肯吃药",不能说成"不红黑肯吃药";"我生死不敢辞"不能说成"我不生死敢辞"。同理,能愿动词也不能出现在恒定类情状副词的前面,而要出现在恒定类情状副词的后面,如"左还要去"不能说成"要左还去"。在这一点上,恒定类情状副词与久续类情状副词有明显区别。

在当代西南官话中,暂未见到"左还"的用例,而"生死""横顺"

"红黑"① 仍然在应用，如：

（44）得了癌症，横顺是医不好的，医它搞啷嘛。（贵州毕节金沙）

（45）那猪今天早上横顺是要杀的，就不用喂了。（贵州毕节金沙）

（46）跟他讲了半天的道理，他生死都不同意。（贵州毕节金沙）

（47）我说捡几个鸡蛋跟他带到贵阳跟小的些吃，他生死都不要。（贵州毕节金沙）

（48）你红黑不听打招呼。（贵州毕节金沙）

（49）喊你不整嘎你红黑要整，把手整到了，安逸喽！（贵州毕节金沙）

对于"左还""横顺""红黑"三个词，本书查检了清末民初的北京官话文献和南方官话文献，均未找到相关用例，说明它们可能是清末民初西南官话的特色方言词。

另外，"生死"这个结构，清末民初的北京官话文献和其他南方官话文献都是作为"生"和"死"的联合式短语来用的，未见有情状副词的用法。西南官话的情状副词"生死"，有可能是近代汉语中就有的联合式动词短语"生死"词汇化和语法化的结果。

三　意念类情状副词

意念类情状副词包括"挑自、各自、好生、阴倒"等。

（一）挑自

情状副词"挑自"在语义上与普通话的"故意"或"特意"相当，表示主体故意地、刻意地实施某行为。如：

（50）不是得大意，硬是挑自做的。（《汉法》）

"挑自"在清末民初西南官话文献中仅有一个例句。不过在当代西南官话口中语中相关用例则较多，如：

（51）明明晓得人家心里有气，你还挑自惹。（贵州遵义余庆）

（52）我晓得的，他挑自整我。（贵州毕节金沙）

（53）弄个远的，他挑自来看我，很真心啦。【弄个：这么。】（贵州

---

① "红黑"在西南官话口语中的读音有 [xoŋ²¹ɛ²¹]、[xoŋ²¹xei²¹]、[xoŋ²¹xɛ²¹] 等；"横顺"一般读作 [xuan²¹sun³⁵]、[xuən²¹sun³⁵] 等。

毕节织金)

从语例可见,"挑自"修饰动作行为,强调动作行为的有意性。如果修饰的行为是说话者主观上认为负面的,则"挑自"就有强调行为恶意性的作用,对应为普通话的"故意";如果修饰的行为是说话者主观上认为善的,则"挑自"就有强调行为主体善意的作用,对应普通话的"特意"。

"挑自"在清代及民国前期北京官话和其他南方官话文献中都未发现用例,可能是清末民初西南官话的特色方言词。

(二) 各自

在清末民初语料中,"各自"既是反身代词,也是情状副词。作为情状副词,"各自"主要用作状语修饰动词,表示鼓励行为主体无所顾忌地实施动作行为。如:

(54) <u>各自</u>走你的。(《汉法》)

(55) 你<u>各自</u>胜(撑)倒。(《汉法》)

(56) 有话你<u>各自</u>拿出来。(《汉法》)

(57) 你<u>各自</u>做就是。(《西蜀》)

例(54)表示鼓励"你"不用考虑其他任何因素,只管实施"走"的行为。例(55)表示"你"不用顾忌其他因素,只管"撑"(西南官话口语中也常读为"胜")着。例(56)表示鼓励"你"毫无顾忌地"拿出来"。例(57)表示鼓励"你"尽管做,不用顾忌任何因素。

从文献语料用例来看,"各自"在句法上都紧邻所修饰的动词或动词短语,其间没有其他修饰语存在。不过联系当代西南官话口语来看,"各自"与所修饰的动词之间还可插入别的修饰性状语,如:

(58) 你<u>各自</u>慢慢吃,时间还早得很。(贵州贵阳乌当)

由此可见,表示行为情状的修饰语可以位于"各自"和所修饰的行为动词之间。

"各自"在清末民初的南方官话文献中未发现用例,在北京官话文献中用例不少,但都是代词用法,未见有作为情状副词的用法。所以一定程度上看,情状副词"各自"可能是西南官话特色方言词。

（三）好生

清末民初西南官话文献中，情状副词"好生"都充当状语，修饰动词，在语义上相当于共同语的"认真、仔细、谨慎"等，一般用于提醒行为主体在实施行为时心理上予以重视或注意力集中，常用于对话中，所以句子中的行为主体一般为第二人称。如：

(59) 你的病好生养倒。(《汉法》)

(60) 好生防倒。(《汉法》)

(61) 好生照管倒。(《西蜀》)

(62) 角角上要好生洗干净。(《课程》)

(63) 好生抬起，放不得手。(《课程》)

(64) 王长兴，你好生看倒他们抬炭的走。(《课程》)

(65) 我吩咐你的话要好生记倒。(《西蜀》)

(66) 你好生扶着，孤要去看来。(《黄吉安》)

(67) 话不好生说，就出手动粗？(《死水》)

以上例（59）至例（66）中的"好生"都是表示心理上对所实施的行为予以重视，例（67）主要用于提醒听话人专注于"说"的行为。

情状副词"好生"在清末民初的北京官话和其他南方官话中均有用例，说明该词是汉语官话中的共性成分。

（四）阴倒

"阴倒"作为意念类情状副词，在清末民初西南官话文献中主要放在状语位置上，表示行为主体刻意隐匿所实施的行为，即暗中实施行为，语义上类同于共同语的"暗地里、暗中"等。如：

(68) 阴倒害人不显。(《汉法》)

(69) 阴倒做我的过场。(《汉法》)

(70) 阴倒不等人晓得。(《汉法》)

(71) 阴倒偷父母的钱。(《汉法》)

(72) 趁昏君未在城中，今夜晚上阴倒把城门开了，放敌兵进城。(《黄吉安》)

以上例句中，"阴倒"都表示暗中实施所修饰的行为动作，多为贬义的。联系当代西南官话口语来看，"阴倒"还可以表示行为或状态不张扬地持续或存在，多为褒义。如：

（73）他一直阴倒学了不少技术。（贵州毕节大方）

（74）这个人阴倒厉害，一百多斤的米，他一下就甩到背上了。（贵州毕节金沙）

以上句子表达的都是褒扬义。"阴倒"作状语，强调所修饰的行为的不张扬。这种不张扬符合传统的价值观念，故整句表达的是褒扬义。

第六章

介　词

第一节　介词概说

郭锐（2002：231）给出的介词的划分标准如下：

（～〈实词〉＋〈谓词性成分〉）【状中】｜（〈谓词性成分〉＋～〈实词〉【后状语】）

由上可见，介词应当是介引实词置于谓词性成分之前作状语或位于谓词性成分后面作补语的虚词。据此标准，本书从清末民初西南官话文献中找出了46个介词，参考题元角色理论，根据介词所引介的对象与中心动词的语义关联情况，将介词分类如表6-1。

表6-1　　　　清末民初西南官话文献介词分类表

一级分类	二级分类	三级分类	例词
行为角色介词	施事介词	被动	被、着、拿跟
		依赖	凭、凭着
		任由	由
	受事介词		把、拿
	与事介词	受益关系	为、跟、帮、给
		相与关系	和、跟、同、同倒
		指涉关系	跟、问
		比较关系	跟、照、照倒、照着
	工具介词		以、过、用、拿

续表

一级分类	二级分类	三级分类	例词
行为时空介词	起点介词		自、从、自从、在
	终点介词		到
	方向介词		往、向、朝
	所在介词		在
	经由介词		顺着、由
行为因凭介词	原因介词		因、为
	理据介词		论
	遵从介词		依倒、按、按照
行为关涉介词	论涉介词		论
	旁涉介词		连
	免涉介词		除了

第二节　行为角色类介词

行为角色介词是介引动作行为角色对象的介词。根据意义，具体可分为施事、受事、与事、工具等不同的角色小类。

一　施事介词

施事介词是介引动作行为施事角色的介词，有"被、着、拿跟、凭、凭着、由"等，具体可分两类：一类是表示被动意义的"被、着、拿跟"等，另一类是表示依赖意义的"凭、凭着"等。

（一）被动介词"着"

清末民初西南官话文献中，"着［tsau^{21}］"（一些文献中常写作"遭"）可以作为被动介词构成"着＋NP＋VP"结构的被动句，如：

（1）<u>着</u>虫吃了。(《汉法》)

（2）进山<u>着</u>蛮子抢。(《汉法》)

（3）<u>着</u>太阳晒。(《汉法》)

（4）这样气冲冲的，又<u>着</u>啥子鬼祟起了？(《死水》)

（5）那是曾经<u>着</u>洋人打得弱弱大败过。(《死水》)

（6）小的叫王洪顺，是成都正府街卖布的，前次到资阳县贩布，不晓得为啥子<u>着</u>巡防营拿了去的！（《死水》）

（7）总有一天，他们的脑袋子要<u>着</u>我砍掉的！（《波》）

由以上例子可见，与被动介词"被"一样，其中的"着"主要起介引行为施事的作用，所构成的"着＋施事＋VP"结构中，VP大多为动补结构，只有少量光杆动词用例，如例（2）和例（3）。

"着"和"被"相比，语法化程度还不高，主要理由为：

第一，在文献中，"着"的介词用法和动词用法并行存在。如：

（8）你要<u>着</u>了。（《汉法》）

（9）<u>着</u>几百板子。（《汉法》）

（10）我<u>着</u>他一百银子。（《汉法》）

显而易见，以上例（8）至例（10）中的"着"都是实义动词。

第二，"着＋施事＋VP"结构中，"着"后有时会出现动态助词"了"，如：

（11）<u>着</u>了鬼打。（《汉法》）

由例（11）可见，"着＋施事＋VP"结构中的"着"既可理解为动词，又可理解为介词，这与"被＋施事＋VP"中的"被"有明显的不同。这说明"着"正处于由动词向介词演变的语法化过程中。

在当代西南官话中，介引施事表示被动意义的"着"较为常用，如：

（12）哎呀，还不快点吃，<u>着</u>姐姐吃完了。（贵州毕节金沙）

（13）去年因为喝酒，<u>着</u>我爸爸敲了一餐。（贵州黔东南天柱）

在清朝至民国时期的北京官话和其他南方官话中有没有介引施事表被动意义的"着"呢？本书从《老乞大》《歧路灯》《红楼梦》《儿女英雄传》《语言自迩集》《官话指南》《华音启蒙谚解》《学清》《你呢贵姓》《官话类编》《燕京妇语》《小额》《官话问答便语》《人中画》《白姓官话》《学官话》16部文献中共查检出含"着"字的用例15914条，逐条进行核实，只在南方官话性质的《人中画》里发现了一例被动用法，如：

（14）赏花损德不须提，好色从来<u>着</u>鬼迷。（《人》）

例（14）中的"着鬼迷"从形式和语境意义上都当理解为被动结构，但由于只有一个孤例，而且还是韵文形式，并非自然口语，所以不能据此判断当时其他南方官话中的"着"有被动用法。可见，基于清末民初北京官话、其他南方官话等文献的用例来看，西南官话的"着"可能率先开始由动词语法化为被动介词。

（二）被动介词"拿跟"

清末民初西南官话文献中，"拿跟"兼具动词和介词的功能。作为介词的"拿跟"主要构成"拿跟+NP+VP"结构表达被动意义，如：

（15）这田拿跟竹子燃狠了。（《汉法》）

（16）拿跟人家哄倒了。（《汉法》）

（17）我拿跟他揉很了。（《汉法》）

（18）一百银子都拿跟他揉脱了。（《汉法》）

（19）拿跟鬼买死的。（《汉法》）

（20）箧箱拿跟虫蛀了。（《汉法》）

（21）拿跟贼偷了。（《汉法》）

以上例句核心部分都是"拿跟+NP+VP"结构，句子意义重点在VP部分，整句有被动意义，"拿跟+NP"处于修饰地位，介引VP行为的施事。"VP"部分一般为动补结构，或至少要带动态助词，如例（20）的"蛀了"。由此可见，这些例句中的"拿跟"，意义和功能基本等同于被动介词"被"和"着"，所以也是一个被动介词。

从来源上看，"拿跟"的介词功能源自其动词功能。清末民初西南官话中的"拿跟"作为动词时，相当于北京官话中的"拿给"，实际包含了两个动作过程，一是"拿"，二是"给"，即先获取到特定对象，然后发生"给"的行为，使对象发生位移或控制权转移。在实际应用中，动词"拿跟"有两种应用形式：

A. 构成"拿跟+指人NP"动宾结构

"拿跟"以指人NP作为支配对象，表示将某物位移至NP处或将某物控制权转移至NP名下，如：

（22）不拿跟你。（《汉法》）

（23）我有心拿跟你。（《汉法》）

B. 构成"拿跟+指人NP+V"兼语结构

"拿跟"带指人宾语后再带一个光杆动词，光杆动词表示的行为之施事就是前面的指人宾语，整个结构是兼语结构，如：

(24) 拿跟他看。(《汉法》)

(25) 拿跟他穿。(《汉法》)

"拿跟 + 指人 NP + V"这种兼语结构中的"指人 NP"泛化扩展到指物的 NP 时，就形成了可表被动意义的"拿跟 + NP + VP"被动结构，"拿跟"也就因此被重新分析为被动介词。

（三）依赖介词"凭"和"凭着"

清末民初西南官话文献中，"凭"和"凭着"都具有介词功能，主要起介引行为施事的作用，构成"凭/凭着 + NP + VP"结构，整句表达行为实施执行对施事具有依赖性，如：

(26) 要凭几个明白人说和。(《汉法》)

(27) 取钱向来无定法，全凭我短打擒拿。(《黄吉安》)

(28) 凭着媒人说合，当后老婆也喜欢，当两头大也喜欢。(《波》)

(29) 不想事一落到头上，反而就像着炸雷轰憨了似的，只凭胡雪生一个人去胡闹。(《波》)

例（26）中"几个明白人"是"凭"介引的施事，是"说和"行为的实施主体，整句表示对"几个明白人"的依赖性；例（27）中"凭"介引"短打擒拿"的施事"我"，整句表示事件对"我"的依赖性；例（28）中的"凭着"介引"说合"的施事"媒人"，表示事件对"媒人"的依赖性；例（29）中的"凭"介引"去胡闹"的施事"胡雪生一个人"，表示事件对"胡雪生"的依赖。

从语义认知角度分析，"凭"或"凭着"介引的施事实施的行为是说话者期望在事件中实现的。这与同样介引施事的表被动意义的"被""拿跟"等是对立的。"被"和"拿跟"等介引的施事所实施的行为一般不是说话者期望的，或未在期望范围。

一般而言，说到介引施事的介词，都很容易想到整句表示被动意义，由以上分析可见，其实不然，介引施事，既可表被动，也可表依赖。

以上所述介引施事表依赖意义的介词"凭"和"凭着"在本书所及的当代西南官话语料中暂未发现用例，由于语料量还十分有限，且覆盖面还未涵盖整个西南官话分布地区，故暂不确定这两词在当代西南官话中是否存续。

"凭着"在清朝北京官话文献《歧路灯》《红楼梦》《儿女英雄传》

《官话类编》四部文献中共有16条用例，表达"凭借某种工具材料"的工具介词义和"任由某对象实施某行为"的任凭使役义，未见到有介引施事表示依赖意义的用法。

二 受事介词

受事介词是指介引受事角色的介词。清末民初西南官话文献中，用来介引受事对象的介词主要有"把"和"拿"。"把"与普通话一致，本书不作讨论。以下分析"拿"。

现在来看看文献中"拿"作为介引受事对象的用例：

(30) <u>拿你</u>来供起。(《汉法》)

(31) <u>拿强盗</u>捆倒送官。(《汉法》)

(32) <u>拿船</u>崴开吓子。(《汉法》)

(33) <u>拿菜</u>来搛酱油。(《汉法》)

(34) 就<u>拿川边</u>来说罢，当个管带，统领四哨人，一见了师爷，就比矮了，还不要说大人身边的文官。(《波》)

由以上例子可见，受事介词应用的基本构式为"拿＋O＋VP"，其中的VP也是动词的复杂结构，O是VP行为的支配对象。值得注意的是例(33)，"搛酱油"不是动补结构，而是动宾结构，从形式上看似乎"菜"是"搛酱油"的材料，但从实际应用来看，"拿菜来搛酱油"是用酱油来搛菜，即让酱油粘到菜上，"菜"才是行为"搛"的支配对象，而"酱油"才是"搛"所凭借的材料。总体上看，"拿＋O＋VP"结构中VP，大多都是动词复杂结构。

当代西南官话中，受事介词"拿"仍较常用，如：

(35) 你<u>拿阿屯口头</u>扫一下。【你把那院坝扫一下。】（贵州毕节大方）

(36) 兹饭怅会<u>拿它</u>盖倒！热天家要盖，烫很。【兹：这。怅：怎么。】（贵州毕节大方）

可见，清末以来，西南官话中的"拿"作为受事介词已是普遍现象。

三 与事介词

与事介词是介引行为事件的施事和受事之外的参与对象（简称"与

事")的介词。李炜、王琳(2011)认为,与事介词表达受益、相与、指涉三种关系,而每种关系下又可细分为不同的小类,具体如表6-2所示:

表6-2　　　　　　　与事介词表达的3种关系8种意义

受益关系	服务义
	意志义
相与关系	交互义
	协同义
	等比义
	关联义
指涉关系	顺指义
	逆指义

结合语言事实来分析,介词"照"也可以介引与事对象,表达的是一种比照义,这种比照义属于比较的范畴。李炜、王琳(2011)提出的"相与关系"中有"等比义",也是属于比较的范畴。综合考虑,本书认为可以增加"比较关系"范畴,其下包括"等比义"和"比照义"。因此,以李炜、王琳(2011)的分类为基础,本书将与事介词的语义范畴类别修订如表6-3:

表6-3　　　　　　　与事介词关系意义修订版

受益关系	服务义
	意志义
相与关系	交互义
	协同义
	关联义
指涉关系	顺指义
	逆指义
比较关系	等比义
	比照义

即与事介词表达受益、相与、指涉、比较四种关系，和服务、意志、交互、协同、关联、顺指、逆指、等比、比照九种范畴意义。以下就分别从受益、相与、指涉、比较四大关系类型角度入手考察清末民初西南官话文献中的与事介词。

（一）受益关系介词

清末民初西南官话文献中的受益关系介词主要包括"为""跟""帮""给"等。

1. 表示服务义的"为"

"为"接人物或事物名词作宾语时，一般表示受益关系中的服务义，如：

（37）为你们我费了多少心！（《汉法》）

（38）为你方便。（《汉法》）

例（37）中，介词"为"的宾语"你们"是"我费了多少心"的受益对象，体现的是"我费了多少心"这件事对"你们"的服务性。例（38）中，介词"为"的宾语"你"是"方便"这个行为实施的受益对象，或者说"方便"这个行为的实施，具有对"你"的服务性。

2. 表示服务义的和意志义的"跟"

介词"跟"可表达受益关系的服务义，如：

（39）要跟你儿子看一个姑娘。（《汉法》）

（40）我跟你开一条路。（《汉法》）

（41）此项账目跟你收好了。（《跻》）

（42）招弟来，我跟你梳。（《死水》）

（43）可怜老吴运气不好，此番又是空手走回来，没跟你们带一点玩意儿，真对不住……（《波》）

以上例句中的"跟"都可以替换为介词"为"，而"为"表示的就是服务义，可知，这些例句中的"跟"也属于表达服务义的介词，其所介引的宾语就是行为的受益者。

当代西南官话中，表示服务义的"跟"仍然常用，如：

（44）平常跟你买的阿苹果搁烂去你都不吃。【阿：那。】（贵州毕节纳雍）

（45）阿天我爸跟我买手机了，阿阵嘞阿个烂了。【那天我爸给我买

手机了,那时候的那个坏了。】(贵州毕节纳雍)

在清末民初西南官话文献中,"跟"也可以表达意志义,表示"顺某人之意而为之",如:

(46)好好歹歹要跟我做完。(《汉法》)

(47)这个事要跟我弄清楚。(《汉法》)

(48)一宗一宗的要跟我数出来。(《汉法》)

以上三个例句中的"跟我"表达的意义较虚,强调后面的行为是介词宾语"我"的意志内容。整个句子因此带有强烈的命令语气。表意志义的介词"跟"的宾语通常是第一人称单数的"我"。

李炜、刘亚男(2015)指出,与北京官话和南方官话相比,只有西南官话在用"跟"表达受益关系,说明这个受益关系介词"跟"是清末民初西南官话的特征词。

3. 表示服务义的"帮"

清末民初西南官话文献中,"帮"也有介词用法,主要用来表达受益关系的服务义,如:

(49)你帮我努力一下。(《汉法》)

(50)帮人做庄稼。(《汉法》)

(51)帮我带书信。(《汉法》)

(52)请你帮我指个路。(《西蜀》)

(53)请你帮我画个策。(《西蜀》)

介词"帮"构成的小句与动词"帮"构成的连谓结构容易混淆。先看动词"帮"构成的连谓结构实例:

(54)你帮他缴缠。(《汉法》)

(55)帮我搂一把。(《西蜀》)

对比后不难发现,在形式上,以上例(49)至例(55)核心结构都可以抽象为如下的格式:

$$NP_1 + 帮 + NP_2 + VP$$

可见,形式上介词"帮"和动词"帮"所在小句没有差别,但在意义上存在差异。如果"帮"为受益介词，VP 的施事只有 NP_1，没有 NP_2，且"帮"可以用介词"为"或"跟"来替换，如"帮我带书信"可以说成"为我带书信""跟我带书信"；如果"帮"为动词，则 NP_1 和 NP_2 同为 VP 的施事，而且以 NP_2 为主要施事，即整句表示 NP_1 对 NP_2 的 VP 行为提供协助，此时的"帮"不能替换为介词"为"或"跟"。例（55）这样的句子一般指未出现的 NP_1 协助"我"实施"搂"的行为，如果把"帮"改为"为"或"跟"，则意思就变了。

由以上可见，判断"NP_1 + 帮 + NP_2 + VP"中的"帮"是否为受益介词，主要就看其可否等价替换为介词"为"或"跟"，如果能在确保意义不变的情况下替换，则"帮"是受益介词，否则就是动词。

"帮"表达受益关系的服务义，这在当代西南官话口语中较为常见，如：

（56）我<u>帮</u>你寄本口才书来。（贵州黔东南镇远）

（57）身份证上年纪<u>帮</u>我错掉几岁了。（贵州黔东南镇远）

（58）你看啊回想倒他一个人转去造孽得很，走嘚正还不是样行样什都<u>帮</u>他买起去。（贵州毕节纳雍）

（59）他妈<u>帮</u>他穿得蛮厚墥。（贵州黔东南岑巩）

可见，从当代回溯至少到清朝中后期，"帮"就已经具备了受益介词的功能。

4. 表示服务义的"给"

"给"可作为介词，表达受益关系中的服务义，如：

（60）回回有错，都请先生<u>给</u>我改一下。（《课程》）

（61）我们<u>给</u>他多买一点。（《课程》）

（62）<u>给</u>各人倒一杯冰水。（《课程》）

（63）吴国的人就<u>给</u>他开城。（《联珠》）

（64）才<u>给</u>他讲明礼字的意思。（《联珠》）

从以上用例可见，"给"后面的宾语都是后面 VP 行为实施后的受益者，"给"显示了让介词宾语受益的服务义。

根据李炜、刘亚男（2015）的研究，用"给"表受益关系主要是北京官话和西北方言的用法，这说明西南官话中出现的这个"给"很可能来自北京官话或西北方言。这个"给"在南方官话中并不存在。

(二) 相与关系介词

清末民初西南官话文献中，表示相与关系的介词有"和、跟、与、同、同倒、和同（伙同）"等，其中"和、跟、与、同"与共同语一致，"同倒、和同"是西南官话特有的，但意义和前述三个一致。以下仅各举一例予以说明。

（65） 我<u>跟</u>你改个交。(《汉法》)

（66） 我要<u>和</u>他讲理。(《汉法》)

（67） 你莫<u>同</u>我结勾。(《西蜀》)

（68） <u>与</u>人不同。(《西蜀》)

（69） 你<u>同倒</u>他去。(《汉法》)

（70） <u>和同</u>他一路。(《汉法》)

"同倒"与"和同"两个词在当代当代西南官话中仍然在使用，如：

（71） 你<u>和同</u>人家婆娘跑哪里去了来？（贵州毕节大方）

（72） 你以为我<u>同倒</u>你开玩笑不是？（贵州毕节金沙）

在清朝至民国时期的北京官话和南方官话文献中均未发现介词"同倒"与"和同"的用例。

(三) 指涉关系介词

清末民初西南官话文献中的指涉关系介词主要是"跟"。指涉具体又包括逆指义和顺指义①两种（李炜、王琳，2011），而"跟"对这两种意义都能表达，如：

1. 表示顺指和逆指的"跟"

清末民初西南官话文献显示，"跟"可以表达指涉关系，并且兼表指涉关系下的顺指和逆指两种意义。

A. "跟"表达顺指义，如：

（73） 他们下人，莫打坏胡二爷的手，不如我<u>跟</u>你赔罪。(《跻》)

（74） 我早<u>跟</u>你说过，要零卖就正明光大的零卖，不要<u>跟</u>老子做这些过场！(《死水》)

---

① 李炜、王琳《琉球写本〈人中画〉的与事介词及其相关问题——兼论南北与事介词的类型差异》以介词"替"为例分析指出，顺指义"即动作的方向从主语指向介词宾语，是一种顺向指涉"，逆指义"即动作的方向从介词宾语指向主语，是一种逆向的指涉"。

例（73）中的动作行为是"赔罪"，动作方向由主语到介词宾语，为顺向指涉关系，故句中的"跟"表达的是顺指义。例（74）中的动作行为是"说"，行为方向由主语到介词宾语，也是一种顺向指涉，故句中的"跟"表达的也是顺指义。

值得注意的是，表示顺指义的介词"跟"可以换成介词"对"，句子意义不会受到影响。

B. "跟"表达逆指义，如：

（75）我要跟你赊货。（《汉法》）

（76）我的牛是跟人家令的。（《汉法》）【我的牛是向人家租的。】

例（75）中的动作行为"赊货"的动作方向从介词宾语"你"到主语"我"，例（76）中的动作行为"令（租赁）"的动作方向也是从介词宾语到主语。两例的介词"跟"都是逆向指涉，表达的是逆指义。

表示逆指义的"跟"一般可替换为介词"向"，句子意义不会受到影响。

本书在当代西南官话口语调查中发现，"帮"也可以表达指涉关系，如：

（77）我帮你说，贵州人都喜欢吃折耳根。（贵州毕节纳雍）

例（77）中与介词"帮"有关的动作行为是"说"，"说"的动作行为方向由主语"我"到介词宾语"你"，是一种顺向指涉。这种用法在语料中未曾发现，或许是口语中新发展出来的新用法。

根据李炜、刘亚男（2015）的研究，在清朝南方官话文献及南方方言中，表达指涉义一般用"搭/共/同"等，在北京官话中则用"给"表"顺指"，用"跟"表"逆指"，据此可断，兼表"顺指"和"逆指"的"跟"是西南官话的特征词。

2. 表逆指义的"问"

清末民初西南官话文献语料中，"问"也是一个表逆指义的指涉介词，主要是构成"问 NP"结构前置于中心动词前作状语，中心动词一般是索要义类的动词，如"要、赔"等，动作方向由介词宾语到主语。《汉法》《西蜀》和《跻春台》中各有一个用例，如：

（78）你问他要。（《汉法》）

（79）你去问他要。（《西蜀》）

（80）倒了我的螺蛳，未问你赔，还说伤惨咧！（《跻》）

由以上例子可见，与事介词"问"的基本应用结构为"问 NP + V"，NP 一般是指人名词或名词短语，而 V 一般是索要义类动词。"问他走、问他送人"之类可接受度低，就缘于中心动词不是索要义动词。

当代西南官话中，指涉介词"问"也仍然在部分地方使用，如毕节大方方言中的用例：

（81）要他有，他没得你问他要哪样嘛。（贵州毕节大方）

在清朝至民国时期北京官话和其他南方官话文献中均有"问"作指涉介词的用例，如：

（82）如今保结，那有问他要银子的道理？（《人》）

（83）原差问他要鞋钱，分文没有。（《类》）

可见，指涉介词"问"当时清末民初汉语官话的共性成分。

（四）比较关系介词

比较关系包括等比较义和比照义两种。

1. 表示比较义的"跟"

"跟"可用以引入比较对象，与"一样"搭配构成等比结构，与"不一样"或"不同"等搭配构成差比结构。如：

（84）老彭跟我一样，有好大的本事？（《波》）

（85）人还不是跟东西一样，单是一件，用久了，总不免要讨厌的，再好，也没多大趣味。（《死水》）

（86）你跟我打伙，我这生意跟他们的不同，不要本钱，又能得利，你做不做？（《跻》）

以上例（84）和例（85）中的"一样"都是形容词，但有时候"一样"也会以副词的形式出现，如：

（87）跟雪一样白。（《汉法》）

不管"一样"是形容词还是副词，都是与介词"跟"配合构成等比句，表达等比意义。例（86）中的"跟……不同"构成差比句，表达差比意义。等比和差比，都是比较的范畴，所以可称这个"跟"为比较介词。

当代西南官话中，比较介词"跟"仍然常用，如：

（88）跟个胎神一样，神起爪子？【爪子：做啥子；"爪"为"做啥"

的合音。】(四川宜宾江安)

(89) 拉水果那些卡卡头啊,还要野蛮,跟贼一样。(四川宜宾江安)

比较介词"跟"在清朝其他南方官话文献中没有相关用例,但在北京官话文献中有相关用例,如:

(90) 那一份举止动作,跟王先生可不一样,很有点儿京堂的气度。(《额》)

由上可见,在比较介词"跟"的应用上,西南官话与北京官话表现一致,与其他南方官话相异。

2. 表示比照义的"照、照倒、照着"

比照义是指以介词宾语为比较和参照对象来实施相应的行为。清末民初西南官话文献中,表示比照义的介词主要是"照""照倒"和"照着",如:

(91) 照实说。(《汉法》)

(92) 这股地方我照买价让跟你。(《汉法》)

(93) 今见桐树中空,即知有物,案情在此,故命王氏照前设食,蛇见辛香,必思喷泄。(《跻》)

(94) 余大爷照规矩每天有五个银子的进项,不要说别的,联封几十个码头,谁不得他的好处?(《死水》)

(95) 照倒样子做。(《汉法》)

(96) 照倒书写下来。(《汉法》)

(97) 照倒这样做就好。(《西蜀》)

(98) 照倒这个话说。(《西蜀》)

(99) 照倒样子做。(《汉法》)

(100) 照倒这个样子做。(《西蜀》)

(101) 照着书上的话而行。(《西蜀》)

在当代西南官话口语中,"跟"也可以表示比照义,即表示主语实施行为时以介词宾语对象为参照,有时也表现为"跟着",如:

(102) 跟老师做动作。/跟着老师做动作。

(103) 跟妈妈做这个动作。/跟着妈妈做这个动作。

结合实例来看,"照、照着、照倒"所介引的比照对象宾语一般是事物类,而"跟、跟着"所介引的比照对象宾语语义上一般是人物类。

"照着"在当代西南官话中几乎不用,"照"和"照倒"则仍然常见,如:

(104) 你不晓得龙个整嘛就照他的整嘛。(贵州毕节金沙)

(105) 哎哟,我太笨了,我照倒他画的那个来画都画不来。(贵州毕节大方)

在清朝至民国时期的北京官话和其他南方官话文献中,"照倒"没有相关用例,"照"在南北官话文献中均有用例,如:

(106) 再把昨儿个破的那个灯罩子找出来,交给他,叫他明天照样儿配一个来。(《指》)

(107) 我也不叫他只照原价,亏负于你,也不照时价,难为于他。(《类》)

(108) 元公子的金珠首饰,照数追赃入官。(《人》)

例(106)、例(107)都取自北京官话文献,例(108)取自其他南方官话文献。

"照着"只在北京官话文献中有用例,如:

(109) 规矩是这等的,要东家批定了报多少钱粮,晚生才好照着那钱粮的数目核算工料的。(《儿》)

(110) 于是又照着昨天似的,下了一回神。(《额》)

以上查检比较结果说明,"照倒"当属于清末民初西南官话的特色方言词之一。而在"照着"的使用上,西南官话与北京官话一致,与其他南方官话相异。而"照"当属于当时汉语官话普遍存在的介词。

四 工具介词

清末民初西南官话文献中,介引行为实施时所凭借的工具的介词主要有"以、过、用、拿"。以下分别予以例析。

(一) 工具介词"以"

"以"作为工具介词,在清末民初西南官话文献中的表现与共同语一致,常用于偏书面特色的表达句中,基本结构模式为"以 NP + VP",如:

(111) 以伪作真。(《汉法》)

(112) 以声押韵。(《汉法》)

(113) 以凶器为凭据。(《西蜀》)

(114) 才敢以身阻挡。(《联珠》)

"以"的宾语 NP 可以是指称具体事物的名词或名词短语，也可以是指称抽象事物的名词或名词短语。

"以"比较书面化，在当代西南官话口语中几乎不用。

（二）工具介词"过"

"过"作为工具介词，基本应用结构模式为"过 N + V"，即"过"的宾语通常是表示可供人使用的具体事物的光杆名词，所修饰的动词一般为光杆动词。如：

(115) 吊落的，偷的东西要过钱取。(《汉法》)

(116) 过钱买的。(《汉法》)

(117) 啥子东西都要过钱买。(《汉法》)

(118) 要过斗印。(《汉法》)【要用斗来量取。】

工具介词"过"在当代西南官话中仍然常见，如：

(119) 样都要过钱来买。(贵州黔东南岑巩)

(120) 这件衣服是我过热水洗的。(林华勇、肖棱丹 2015)

例（119）来自本书自建的西南官话语料库，采录自贵州省岑巩县。例（120）取自林华勇、肖棱丹（2015）所举的资中方言的用例。

在清代至民国北京官话和其他南方官话文献中，未曾发现"过"作为介词的用法，故工具介词"过"当属于清末民初西南官话的特色方言词之一。

（三）工具介词"用"

"用"作为工具介词，基本应用结构模式为"用 NP + VP"，NP 指称的对象可以是具体的，也可以是抽象的，如：

(121) 用手招。(《汉法》)

(122) 用脚挠过来。(《汉法》)

(123) 用手捧尽千江水，难洗今朝满面羞。(《西蜀》)

(124) 用剪刀把心子剪匀。(《联珠》)

(125) 用车钉从顶心打进。(《跻》)

可以看到，"用 NP"所修饰的 VP，可以是光杆动词，也可以是动宾、动补甚至是"把"字结构等动词短语。NP 表示 VP 行为实施时所凭借的工具。

"用"作为工具介词，在当代西南官话属于常用词，在清代至民国时期北京官话和其他南方官话中都有不少用例，故该词属于汉语官话的共性成分。

（四）工具介词"拿"

"拿"作为工具介词，基本应用结构模式为"拿 NP + VP"，NP 表示的对象可以是抽象的，也可以是具体的，只要是实现 VP 所凭借的工具即可。如：

（126）<u>拿</u>手揪一下。(《西蜀》)

（127）夫子们<u>拿</u>钱串子把钱穿起。(《联珠》)

（128）你过来，我<u>拿</u>手臂护着你，就好了。(《死水》)

（129）你们没见忽然讲起食虫草时，满脸通红，又惶恐，又忸怩，时时<u>拿</u>眼睛扫着土端公的那样子，真说不出的可怜！(《波》)

工具介词"拿"在当代西南官话中较常见，如：

（130）好似玉龙过大江，又<u>拿</u>金斧一砍。(贵州黔东南岑巩)

（131）<u>拿</u>两个角角粑来和你拜个节。(贵州黔东南天柱)

不过，当"拿"后的名词所指对象是实际可以被拿的事物时，"拿"可理解为介词，也可理解为动词，如例（130）、例（131）即如此。而例（126）、例（128）、例（129）中"拿"后的宾语所指对象不可能真正被"拿"这个行为支配，所以一般理解为介词不会有争议。

作为工具介词的"拿"在清朝至民国时期的北京官话和其他南方官话文献均有用例，如：

（132）后来老爷子生了气啦，要管教他，他<u>拿</u>手这们一搪，碰了他（音贪）一下儿，后来他倒吓的了不得。(《额》)

（133）我们先伯就见他，不住的<u>拿</u>眼睛瞧炕上的行李。(《指》)

（134）茶冲好了，留些开水，往那茶罐上淋一淋，<u>拿</u>洗脸布，把茶罐擦擦。(《学》)

（135）那老人家，正对着酒家插瓶的那多菊花，<u>拿</u>杯自酌。(《人》)

由以上可见，工具介词"拿"在清朝至民国时期汉语官话中有广泛分布。

第三节　行为时空类介词

时间范畴的表达一般由空间范畴隐喻实现，所以空间和时间范畴共享一系列介词。根据语义，本书将表达时空范畴的介词分为起点、终点、方向、所在、经由五个小类。

一　起点介词

起点介词是用以表示时间或空间起点的介词，清末民初西南官话文献中主要有"自、从、自从、在"四个。

（一）起点介词"自"

介词"自"可带方位名词或处所名词表示空间的起点，如：

（1）自东至西。（《汉法》）

（2）你看孤当初统领八千子弟过江，自东而西，威振天下，名播九州岛，是何等威风！（《黄吉安》）

"自"更常见的搭配是带时间名词表示时间的起点，如：

（3）自八月到腊月。（《汉法》）

（4）自古闹房乃是蛮夷之俗，为其地多阴瘴，故新人进房使人喧闹，以阳气压其阴气耳。（《跻》）

"自"还常与"以来"或"以后"搭配使用，其间可以是时间名词，也可以是表示事件意义的谓词性结构，同样表示时间起点，如：

（5）你看自古以来，那些贪淫的都遭了报应。（《跻》）

（6）自我朝定鼎以来，匈奴为害朔方。（《黄吉安》）

（7）自今以后再不吃酒。（《汉法》）

以上三例中，"自古以来"和"自今以后"中的"古"和"今"就是时间名词，"自我朝定鼎以来"中的"我朝定鼎"则是一个表达事件的谓词性的主谓短语。"古、今、我朝定鼎"等虽然性质和结构形式不同，但在"自……以来"或"自……以后"结构中都表示时间起点意义。

起点介词"自"偏书面色彩，在当代西南官话口语中未见使用，但在清代北京官话和其他南方官话文献中均有其用例，如：

（8）小额自得病以来，恶心发冷，饮食不香，昼轻夜重，疙瘩是平

陷不起，六脉沈细，简直的七恶都占全啦。(《额》)

(9) 小额这个疙瘩，<u>自打脓塞子出来以后</u>，疼的可就好多了，吃东西也吃的多了。(《额》)

(10) <u>自运天来泊村</u>，建造广厦以安身，俟随贡艘以还乡，病者命医药治，死者赐棺衾埋葬。(《白》)

(11) 闲常我这里的风气，是<u>自上</u>吹下来，纸鹞不得升高。(《答》)

由以上可见，起点介词"自"当为清末民初汉语官话的共性成分。

(二) 起点介词"从"

"从"可以带方所名词表示空间起点，如：

(12) 界址<u>从这里</u>起齐那里止。(《汉法》)

(13) 患难大祸就<u>从那里</u>起。(《汉法》)

(14) 我<u>从叙府</u>来。(《汉法》)

(15) 这座山<u>从那里</u>发脉。(《西蜀》)

(16) <u>从底下</u>上来的。(《西蜀》)

(17) 才<u>从成都</u>领兵起身。(《联珠》)

(18) 我不免扭开铁炼跳下窗台，<u>从后园狗洞</u>逃出。(《黄吉安》)

(19) 老爷还没吃过，不如<u>从天津</u>做一点儿好拿的菜带着。(《波》)

(20) 他是乡下人<u>从门头村</u>来的。(《波》)

"从"可以带时间名词表示时间起点，如：

(21) <u>从二月</u>到八月。(《汉法》)

表示时间起点时，"从"还常与"以后"组合使用，形成一个构式，如：

(22) <u>从今以后</u>，我有啥子，全拿来孝敬你一个人。(《死水》)

(23) 我就是吃亏这一点，记得<u>从破身以后</u>，月经总是乱的。(《死水》)

(24) <u>从那天我说他以后</u>他总没有来。(《波》)

从例(22)到例(24)可见，"从……以后"结构中的介词宾语可以是时间名词，也可以是表达事件的谓词性结构，如例(23)中"破身"是动宾短语，例(24)中的"我说他"是主谓短语。

起点介词"从"在当代西南官话口语中比较常用，如：

(25) 沟头水弄个大，你<u>从哪里</u>蹚过来的？【弄个：这么。】(贵州毕

节金沙)

(26) 从那边土当头挨之一二地割起过来。【当头：事物的一端。挨之一二：逐一。】(贵州毕节金沙)

在清代北京官话和其他南方官话文献中，均有起点介词"从"的用例，如：

(27) 刚才有小的一个本家的哥哥，从乡下来，找小的，说是小的的母亲病得很重，他把小的搭出去说了会子话，所以耽误了这么半天，没得禀知老爷。(《指》)

(28) 不但是有人笑坏我呀，从这以后只怕底些的留唎（例）的意思呢。(《清》)

(29) 从他死后，不想他女儿孝顺，日夜总是哭，把双眼睛都哭瞎了！(《人》)

(30) 岂敢，这话从那里说起。(《白》)

(31) 我从今改了，吃醉了，我总不开口，不则声，半句话都不讲，君君子子，老老实实的，看这些人，还说我什么。(《学》)

由以上可知，起点介词是清末民初汉语官话中的普遍存在的一个词。

(三) 起点介词"自从"

"自从"显然是由介词"自"与介词"从"合并而成的双音节词，伍海燕（2015）考察历史语料后指出，"自从"始于汉朝，表示范围、时间等的起点。西南官话"自从"继承了古汉语中"自从"的功能，但意义主要表示时间起点，已看不到空间、范围等起点义。"自从"后的宾语一般是时间名词或表示事件的谓词性短语，如：

(32) 自从去年一起到如今。(《汉法》)

(33) 自从逼死大老爷夫妻，尚不知悔。(《跻》)

"自从"往往和"以来、以后"等构成介词框架，如：

(34) 自从婚配以后……(《西蜀》)

(35) 自从过年以来，他还走了甚么差使么？(《语》)

"自从"在当代西南官话口语中较少使用。而在清代北京官话和其他南方官话文献中，"自从"的用例并不少，如：

(36) 自从过年以来，他还走了甚么差使么？(《语》)

(37) 我没作过外任，自从癸未那年侥幸之后，就在翰林院供职，后

来放过一次学差，又派过一次试差。(《指》)

(38) 原来李春荣，自从见了那傅氏少年生得好，口里虽不敢乱讲，心里头到有些爱他。(《人》)

(39) 你们列位，自从这里起身往来，大家一路平安么？(《学》)

由以上可见，起点介词"自从"也是清末民初汉语官话中广泛存在的一个词。

（四）起点介词"在"

"在"在清末民初西南官话文献及当代西南官话口语中均有表示起点的用例，如：

(40) 你在哪里起身？(《汉法》)

(41) 你在哪里来？(《汉法》)

以上两例中的"在"都表示行为动作的起点，可以用"从"来替换。这类用例在清末民初西南官话文献中不多，在当代西南官话口语中也不常用，只是能被接受。说明"在"表起点在清末以来的西南官话中可能并非是典型的用法。

（五）起点介词"由"

"由"可以作为介引施事对象的施事介词，也可以作为介引空间或时间起点的介词。作为起点介词时，"由"的基本应用结构为"由 NP（地点或时点义）+VP"，其中 NP 表达的是地点或时点意义。如：

(42) 由叙府下重庆。(《汉法》)

(43) 由嘉定下叙府。(《汉法》)

以上两例中的"由"介引的都是空间上的起点。"由"也可以介引时间上的起点，如：

(44) 由宋传到今时。(《联珠》)

总体上看，"由"可以构成"由 NP_1（时间或地点）+VP"的结构，表示行为过程所的空间起点或时间起点。

从句法位置上看，起点介词"由"都只有前置用法，没有后置用法。

起点介词"由"偏书面化，在当代西南官话口语中暂未见到相关用例。

在清代北京官话文献中，起点介词"由"介引空间起点和时间起点用例均存在，如：

(45) 我由桐口岔路到此，完了这桩事体，今晚还要赶到店中相见。(《儿》)

(46) 由正月初一到初五过五天年。(《燕》)

不难看出，例（45）中的"由"介引空间起点；例（46）中的"由"介引时间起点。

在清代南方官话文献中，未看到起点介词"由"的用例。

综合以上可见，清末民初，在起点介词"由"的应用上，西南官话与北京官话一致，与其他南方官话相异。

(六) 起点介词小结

综上可见，"自、从、自从"三个成为一个系列，"自"和"从"均可以兼表空间和时间的起点，但两者合成的介词"自从"则只能表示时间起点。从句法位置来看，"自、从、自从"三者都是位于动词前，不能置于动词后，属于前置性介词。

"在"一般表示所在，但在西南官话中也可以表示起点，意义范畴发生了扩展。

"由"作为起点介词，只有前置用法，没有后置用法，且在当代西南官话口语中较少应用。

对比清代民国时期西南官话、北京官话和其他南方官话文献可见，"自、从、自从"三个起点介词在三类官话文献中都有相关用例，"由"在西南官话和北京官话文献中有用例，起点介词"在"只存在于西南官话文献。总体而言，"自、从、自从"三个起点介词都是清末民初汉语官话的共性成分，而起点介词"在"则是西南官话不常用的方言特色词。在"由"的应用上，西南官话与北京官话一致，与其他南方官话相异。

二　终点介词

清末民初西南官话文献中，"到"是一个高频出现的词，一共出现了2433次，有动词用法，也有介词用法。林华勇、吴雪钰（2013）归纳了普通话"到"的9项功能，将"V＋到＋NP（处所）"结构中"到"的功能表述为"介引动作趋向的地点，做趋向补语"，将"V＋到＋NP（时点）"中的"到"表述为"表示动作持续到某时点"。本书认为，可以将这两个功能合并表述为"表示终点"，即"到"是表示终点意义的介词，主要带地点名词或时点名词跟在动词后，表示时间终点或空间终点。终点也蕴含动作行为的方向，所以"V到NP（地点或时点）"结构中，"到NP（地点或时点）"可定性为趋向补语。清末民初西南官话文献中，"到"也可以作为表示终点意义的介词，以下分别讨论其句法特点和语义表现。

（一）终点介词"到"的句法特点

终点介词"到"在句法上主要是构成介宾短语充当动词补语，中心动词通常是位移义动词，如：

(47) 回到故乡。（《西蜀》）

(48) 端到外头去倒。（《课程》）

(49) 把灶抬到厨房头来。（《课程》）

(50) 走到灶跟前。（《联珠》）

(51) 没吃卯时酒，昏昏醉到酉。（《汉法》）

(52) 看钟走到六点了。（《联珠》）

(53) 由宋传到今时。（《联珠》）

由以上例句可见，"到"后所接的宾语可以是处所名词，也可以是时间名词，前面的中心动词则都是有位移义的动词。

大多数介词构成的介宾短语都可以放在动词前作状语，但"到"构成的表示终点意义的介宾短语只能充当行为动词补语。

（二）终点介词"到"的语义表现

终点介词"到"可以介引空间终点，也可以介引时间终点。

1. 介引空间终点

"到"介引空间终点时，后接宾语是表示处所意义的名词结构，所构成的介宾短语大多作为位移性动词的补语，如：

(54) 走到灶跟前。（《联珠》）

(55) 先前也是这样，果能上天，我把妈背到神仙府去，将一双眼睛拿来医好，也不枉盘儿一番苦楚。（《跻》）

(56) 四川那一股贼散了，一个个儿窜到云南去了。（《波》）

"到"的宾语也可能是抽象的名词，"到NP"表示至达一个抽象的终点，前面动词泛化到非位移动词，如：

(57) 要说到底吗？（《西蜀》）

例（57）的"到底"不是副词，而是一个介宾短语，表示"说"这个行为的终点，是对空间终点意义的隐喻性用法。

表示空间终点的介词"到"在当代西南官话中较为常用，如：

（58）你看你这么远讨个婆娘回来，几千里人家嫁到这里来容易吗？（四川南充阆中）

（59）我说捡几个鸡蛋跟他带到贵阳跟小的些吃，他生死都不要。（贵州毕节金沙）

2. 介引时间终点

"到"介引时间终点时，宾语多为时点意义的时间名词，所构成的介宾短语附着于位移性动词之后，构成"V＋到NP"结构，表示行动动作朝 NP 方向移动或以 NP 为终点。如：

（60）我情愿一天做到黑了！（《跻》）

"到"后宾语 NP 也可以是表达事件意义的谓词性短语，如：

（61）等到灰定了，才抹灰。（《课程》）

例（61）中"到"的宾语"灰定"，是一个主谓短语，表示以灰落定的那个时间点作为"等"这个行为时间终点。

表示时间终点的"到"在当代西南官话中仍然较常用，如：

（62）天天睡到老卵暗才起。【老卵暗：很晚的时间】（贵州黔东南天柱）

（63）等到开春看你栽喃子。【喃子："哪样子"合音，相当于普通话的"什么"。】（贵州毕节纳雍）

（三）终点介词余论

从以上讨论可见，终点介词"到"都位于动词之后，表示动作行为达至的空间或时间终点，属于后置性介词。

在当代西南官话中，部分地方用"通"表达终点介词"到"的意义，如：

（64）从你家阿点走通阳长嘞正鞋都拿整脏了。【从你家那点走到阳长呢，正鞋都拿弄脏了。】（贵州毕节纳雍）

（65）寄通阿点去哦也差不多了蛮？【寄到那点去了，也差不多了吧？】（贵州毕节纳雍）

（66）昨天我们等他等通下午五点去。【昨天我们等他等到下午五

点。】(贵州毕节大方)

例(64)中的"通阳长",例(65)中的"通阿点"都表示空间终点;例(66)中的"通下午五点"表示时间终点。这些"通"的终点介词的功能在本书掌握的西南官话文献中未曾发现,应当是文献未曾记录或反映的语言现象。

三 方向介词

清末民初西南官话文献中,表示动作行为方向的介词主要有"往、向、朝"三个。

(一)方向介词"往"

表示动作行为方向的介词"往"有前置用法和后置用法两种,两种用法后面所带的宾语都是地点意义的名词或名词短语。

1. 前置用法

前置用法的结构模式为"往 NP + VP",即"往 NP"作动词状语,如:

(67) 你往哪里去?(《汉法》)

(68) 引路要往亮处引。(《西蜀》)

(69) 还须往内廷走走。(《黄吉安》)

(70) 老院明日再往狱中清问清问。(《黄吉安》)

(71) 听说皇上明早要往社稷坛行香。(《黄吉安》)

(72) 往下讲!(《跻》)

(73) 那时来索命,我往何处钻?(《跻》)

(74) 命差带一能识新郎之人,往玉门关去找,自然可得。(《跻》)

2. 后置用法

后置用法的结构模式为"V + 往 NP","往 NP"作动词 V 的趋向补语,NP 一般是表地点意义的名词或名词短语。如:

(75) 奴不免随侍父亲去往京华。(《黄吉安》)

(76) 羁钦使不放还送往北塞,半途中蒙侥幸鱼脱钓台。(《黄吉安》)

(77) 赶往狱中,报与老爷这道。(《黄吉安》)

(78) 既杀熊氏,银子盗往何处去了?(《跻》)

（二）方向介词"向"

方向介词"向"也有前置和后置两种用法。

1. 前置用法

"向"的前置用法的基本结构模式为"向 NP + VP"，"向 NP"作动词或动词短语的状语，其中"NP"可以是地点名词或表示地点的代词，也可以是一个对象名词。如：

(79) 明知山有虎，莫<u>向虎山</u>行。(《西蜀》)

(80) 门<u>向里头</u>转。(《联珠》)

(81) 五姑娘不用悲啼，同着老奴，<u>向这里</u>走呀！(《黄吉安》)

(82) 李郎，<u>向这里</u>来。(《黄吉安》)

(83) 我<u>向他</u>说。(《汉法》)

(84) <u>向人</u>求借。(《汉法》)

(85) 原差又<u>向他们两家</u>要点喜钱。(《联珠》)

(86) 程婴跟倒就<u>向屠岸贾</u>报假信。(《联珠》)

以上例（79）、例（80）中"向"的宾语是表示地点的名词，例（81）、例（82）中"向"的宾语是表示地点意义的代词，而例（83）至例（86）中"向"的宾语都是对象名词。

2. 后置用法

"向"的后置用法的基本结构模式为"V + 向 NP"，"向 NP"作动词 V 的趋向补语，其中"NP"可以是表处所意义的名词或代词，也可以是表对象的名词。如：

(87) 公子昭逃<u>向外廷</u>。(《黄吉安》)

(88) 我同寅故旧甚多，似汝这番忠义，不拘投<u>向何处</u>，他们呀……(《黄吉安》)

(89) 临危一掬思亲泪，滴<u>向胸前</u>点点红！(《黄吉安》)

(90) 叫船夫推<u>向崖山洞</u>，敌船破浪乘长风。(《黄吉安》)

(91) 走<u>向门</u>去。(《联珠》)

(92) 幺姑，你还要偏<u>向他</u>呀！(《死水》)

(93) 归<u>向天主</u>。(《汉法》)

例（87）至例（90）中"向"的宾语都是表示地点意义的名词或代词，而例（91）中"向"的宾语"门"既可看作地点，也可看作对象。

例（92）和例（93）中"向"的宾语都是表示对象意义的体词。

（三）方向介词"朝"

在清末民初语料中，方向介词"朝"只有前置用法，基本结构模式为"朝 NP + VP"，其中 NP 一般是表处所、方位或对象意义的名词或名词短语，VP 可以是光杆动词，也可以是动补结构［如例（98）］。如：

（94）朝外头搬。(《汉法》)

（95）朝山走。(《汉法》)

（96）朝左边走。(《汉法》)

（97）朝上头推。(《汉法》)

（98）朝右手拉一下。(《课程》)

（99）朝后头掀一下。(《课程》)

（100）才出门就朝死巷走，才上船就遇浪翻舟。(《黄吉安》)

（101）那倒是的，再朝大公馆里一送，永远不得出大门，要找也没处找了！(《死水》)

当代西南官话口语中，介词"朝"大多是前置用法，但也有一些后置用法，所带宾语也多是表示地点或对象的名词或名词短语，如：

（102）不晓得你要犟朝哪点！【不晓得你要犟起往哪里！】（贵州毕节金沙）

（103）不要跑朝阿边，有钉子！【不要跑向那边，有钉子！】（贵州毕节金沙）

清代北京官话和其他南方官话文献中都有方向介词"朝"的少量用例，都是前置用法，未见到后置用法，如：

（104）这个当儿，安老爷已经走进房门，朝上打躬，说道："安学海特来谢步。"(《儿》)

（105）花小姐见元晏上床，就翻身朝里睡，凭元晏百般亲爱，总不肯转身来。(《人》)

由上可见，方向介词"朝"当是清末民初汉语官话的共有介词之一。

（四）方向介词小结

结合文献语料和当代现实口语材料可见，表示方向的介词"往、朝、向"等均有前置和后置的用法，但总体而言，前置用法频度高于后置用法。以方向介词"向"为例，本书从清末民初西南官话文献中穷尽性地搜索到了116句用例，其中前置用法95例，占比约82%，而后置用法仅有21例，占比约18%。

方向介词构成的介宾短语前置于中心谓词时作方向状语，后置于中心谓词时作趋向补语。具体应用时该前置还是该后置，取决于一定的句子环境条件。

一般而言，当方向介词所构成的介词宾语修饰的中心谓词是动作类光杆动词时，方向介词可以前置，也可以后置，如：

（106）叫船夫推向崖山洞。→叫船夫向崖山洞推。

（107）走向门去。→向门走去。

中心动词如果是"说""讲""宣讲"之类言说动词，并且方向介词所带宾语为对象宾语，则方向介词短语一般采用前置用法①。如：

（108）我向他说。→＊我说向他。

（109）就登台坐倒向众人宣讲。→＊就登台坐倒宣讲向众人。

在西南官话母语者的语感中，以上例句中的"向他说"不能等价变换为"说向他"，"向众人宣讲"不能等价变换为"宣讲向众人"。

只有方向介词带处所宾语时，才能后置于言说类动词，如：

（110）说向哪里去了？（《黄吉安》）

如果中心动词带有补语或宾语成分，可能是动词后面位置被占据以及动词前后平衡需求等原因，致使方向介词一般不能后置，只能前置，如：

（111）原差又向他们两家要点喜钱。（《联珠》）→＊原差又要点喜钱向他们两家。

（112）你君臣在鲁国生衅，死于公子偃之手，冤家自有对头，怎么来向寡人索命呀？（《黄吉安》）→＊你君臣在鲁国生衅，死于公子偃之手，冤家自有对头，怎么来索命向寡人呀？

（113）倘若穷了，向娘家多借几回还要受气。（《跻春台》）→＊倘若穷了，多借几回向娘家还要受气。

以上例句中的"向NP"介宾短语都不能后置于动词中心。

一些光杆动词V带上方向介宾结构，形成"V+向NP"结构，可能

---

① 文艺性的表达不受此限。

是受韵律影响的缘故,"V"有和"向"跨层融合为一个词的倾向,即"V+向 NP"结构可能演化为"V 向+NP",如:

(114) 又叫过洋枪队来,当着御前,装上弹药,指向大师兄尽放,却放不响。(《死水》)

(115) 幺姑,你还要偏向他呀!(《死水》)

例(114)中的"指向",例(115)中的"偏向",都可以看作是一个动词了,其中的"向 NP"由介宾短语的后置用法发展到介宾分离,介词语义前移,与前面的中心动词跨层联系发生词汇化。这种情况下的"向 NP"已不存在,不可能再有整体前置。

此外,方向介词前置用法中,介宾短语和中心动词之间可以插入别的状语,如:

(116) 我向我门前人也是这样嘱咐的。(《死水》)

例(116)中,"向我门前人"与中心成分"嘱咐"之间插入了副词"也是"和"这样"等充当的状语。由此可见,前置的方向介词短语和中心动词之间关系比较松散。

四 所在介词

所在介词是指附着于名词或名词短语之前表示存在于某个空间、时间或事件范围的虚词。清末民初西南官话文献中,所在介词主要是"在",有独立前置、独立后置和与其他词组成框架三种用法。

(一) 独立前置用法

独立前置的"在"所在的小句基本结构模式一般为"在 NP+VP",其中 NP 表示一个范围,可以是空间地点、时间、事件等意义的名词或名词短语,如:

(117) 在头船过河。(《汉法》)

(118) 在壁头上撞脑壳。(《汉法》)

(119) 叙府的银子在泸州要出四分平。(《汉法》)

(120) 我在叙府住。(《汉法》)

(121) 就是他在中间顶起。(《汉法》)

(122) 在前害过这个病。(《汉法》)

例(117)至例(120)中"在 NP"都表示空间方位意义,例

(121）的"在NP"则既可表示具体的空间方位意义，也可以表示在抽象的事件内部，例（122）的"在前"则表示处于以前的时间范围中。

（二）独立后置用法

"在"的独立后置用法的基本结构为"V+在NP"，NP一般是表示空间地点意义的名词或名词短语，"在NP"在意义上对前面的动词V形成补充，句法上作补语。如：

（123）鱼卡在喉咙。(《汉法》)

（124）把床撂在那边。(《汉法》)

（125）晓得他藏在那里。(《汉法》)

（126）丢在后头。(《汉法》)

（127）嘉定丢在右手。(《汉法》)

（128）线缠在板板上。(《汉法》)

（129）我们就好好的把这点喜欢留在心头，将来也有个好见面的日子。(《死水》)

以上例（123）到例（128）中的"在NP"都表示空间上的地点，例（129）中的"在心头"表示的则是隐喻性的空间范围意义。

（三）框架用法

"在"可以和"中、之中、中间、里头、当中、之前"等方位词组成介词框架表示所在范围，本书把这些与"在"搭配使用的方位词标记为"L"，则"在"的框架用法基本结构有两种，一是"在+NP+L"，二是"在+SP/VP+L"（即介词的宾语为小句或动词短语）。如：

（130）何母也同住在衙中。(《联珠》)

（131）那时他在众蛮中自称为王。(《联珠》)

（132）家主将我锁在冷房之中，说是病愈之后才来处治于我，难道我坐以待毙吗？(《黄吉安》)

（133）只因同乡李子先，不听责善之道，困在藕花院之中。(《黄吉安》)

（134）在你我中间当个保人。(《西蜀》)

（135）在山里头藏倒。(《汉法》)

（136）那外国公馆都是在海岱门里头，御河桥一带，在我说，是进东便门方便些儿。(《波》)

(137) 不错，<u>在玩家当中</u>，她要算是好看的，能干的，也比别一些精灵有心胸。(《死水》)

(138) 他女儿<u>在他没有去世之前</u>就都死了，儿子单生了一个，就是这个撒谎的。(《波》)

例（130）至例（137）都是"在＋NP＋L"结构，例（138）则是"在＋SP/VP＋L"结构，其中"他没有去世"是一个小句结构（主谓短语）。一般而言，"在＋NP＋L"结构表示空间方位存在意义，而"在＋SP/VP＋L"结构往往表示时间范围存在意义。

另外，表示空间方位存在范围的"在＋NP＋L"也可以用以表示隐喻性的存在范围，如：

(139) 陆丞相<u>在忙中</u>计有所用。(《黄吉安》)

(140) 大哥之意不<u>在酒中</u>，不消说定<u>在菜中</u>。(《黄吉安》)

很显然，例（139）中的"忙"和例（140）中的"酒、菜"等，都被隐喻成了一种空间范畴，借以实现说话者的表达目的。

表示所在的介词"在"是当代汉语中的常用词，经查检清代至民国时期的官话文献，可发现"在"也是清代到民国时期的汉语官话中的常用词，为汉语官话的共性成分。

五　经由介词

经由介词是指附着于名词或名词短语表示动作行为实施过程中所经由的路径的虚词。清末民初西南官话文献中的经由介词主要是"顺着"。

"顺着"主要出现于民国初期的《波》中，都是构成"顺着NP"介宾结构前置于中心动词作状语，如：

(141) 闹出事来是这么着，那柴火船<u>顺着水</u>放下去，抽冷子有巡船来抓住了。(《波》)

(142) 当天夜里出了门，<u>顺着墙根儿</u>溜。(《波》)

(143) 往后是这么着，离了摆渡口儿还是<u>顺着大道</u>走，到离天津三十多里的那个镇店，叫浦口，就是头段儿。(《波》)

(144) 慢慢儿的撑着船，<u>顺着水儿</u>往下走，转过了山嘴儿一瞧，那水和天的颜色儿上下一样，浩浩如银，竟无所分别，实在是水清山静。(《波》)

（145）忽然听见庙里的钟声儿，顺着风儿悠悠扬扬的来了。(《波》)

由以上例句可见，"顺着 NP"都表示所修饰的动作行为实施过程中所经由的路径，所修饰的动作行为往往是延续性的；非延续性的动词一般不受"顺着 NP"修饰，如"顺着街道开始"之类说法可接受度就很低。

在当代西南官话口语中，表示上述经由义时，一般用"顺倒"，而不用"顺着"，如：

（146）顺倒边边上走过去，小心点哈，不要踩到水了。(贵州毕节金沙)

（147）顺倒那沟沟走过去，没得好一下儿就可以到了。(贵州毕节金沙)

（148）你就顺倒那边那条路走上来就是了。(贵州毕节金沙)

经由介词"顺着"在清代北京官话文献中有不少用例，如：

（149）安老爷无心细看，顺着那条甬路上了月台。(《儿》)

（150）老爷进了南门，顺着大街过了河，就出北门。(《语》)

而在同期其他南方官话文献中，未见到"顺着"的用例。

由上可见，在清末民初，介词"顺着"的应用上，西南官话与北京官话一致，与其他南方官话相异。

第四节　行为因凭类介词

行为因凭类介词是介引行为原因、理据或遵从方式的介词，具体包括原因、理据、遵从三个小类。

一　原因介词

原因介词又称因由介词，是用以介引行为发生原因的介词。清末民初西南官话文献中，原因介词主要有"因、为、因为、为着"四个。本书用字母 P 代表这类介词，则其基本应用结构模式为"P + NP + VP"，这与它们作为连词时的应用结构有明显不同。"因、为、因为"等作为连词时，后面所带的成分一般是分句，而作为介词时，后面所带的成分是表达指称意义的词或短语。如：

（1）紫英请民妇约杜青云来接，那夜又叫民妇送他出墙，不知因何事把他杀死。(《跻》)

（2）大老爷为这件事受罚降三级。(《汉法》)

（3）不知他为着何事死了，也要怪我何来？(《跻》)

（4）因为鄙事有劳诸位。(《黄吉安》)

（5）是不是因为鸡，着她打了，才叫我看你的脸？(《死水》)

原因介词一般只能前置于中心动词，偶尔因语用表达的需要可以后置于中心动词，但与中心动词之间需有停顿，如：

（6）大老爷受罚降三级，为这件事。

介词的后置用法一般为"V+介词+NP"，动词V和介词之间没有停顿。很显然，以上"为这件事"的后置其实是一种基于语用需要的位置调整，属于状语后置，不是介词的后置用法。

当代西南官话中，表因由的"因"和"为着"可能是偏书面语的原因，没有相关用例出现。只有"因为"和"为"有相关用例，如：

（7）为芝麻大点儿事就要干架，你家两口子是搞啷嘛？(贵州毕节金沙)

（8）为点点儿事情就和人家打一架，划球不来。(贵州毕节金沙)

（9）因为别家的事情把自家搞得乌烟瘴气的，像哪样话嘛？(贵州毕节金沙)

（10）两家因为边界打得头破血流的。(贵州毕节金沙)

表因由的"为着"在清代其他南方官话文献中没有见到相关用例，但在北京官话文献中却有不少用例，如：

（11）这一翻，安老爷、安太太为着自己的事自然不好说话。(《儿》)

（12）却讲那个娄主政见那神道说也为着那本卷子而来，他便立刻反插了两只眼睛说道："这事又与神道何涉？"(《儿》)

（13）为着暂时的荣耀，人还费事去求，何况为天下永远的荣耀呢，岂不更当求吗？(《类》)

以上说明，在"为着"的应用上，西南官话与北京官话一致，与其他南方官话相异。

在清代北京官话和其他南方官话文献中，"因"表原因时，多以连词身份出现，只有琉球官话文献《学官话》中出现了 1 例介词的用法，如：

（14）刚才你托我对某人说的事情，我去了一遭，他因公事到程大夫楼上去了，等他下楼来，停一会，我再去看看。（《学官话》）

由于只有 1 条孤例，一定程度上可以说"因"的因由介词用法在清朝其他南方官话中也不常见。这说明，作为因由介词的"因"可算是清末民初西南官话的特征词。

原因介词"为"在清代南北官话文献中均有一定量的用例，如：

（15）今日事已清白，咱一毫没事，就把他忘了，人情上如何过得去？即如不为咱的事挨打，朋情上也该周济他。（《歧路灯》）

（16）李春荣不顾自家衣裳烂，就叫那女子进舱里去，又叫船家点起灯来，才把自家衣裳换了，替那女子说道："姐姐为何事，寻短见投水呢？"那女子一时说不出，总是哭。（《人中画》）

由上可见，原因介词"为"当是晚清及民国时期汉语官话的共性成分。

"因为"在清代南北官话文献中多为原因连词用法，也有少量因由介词的用法，但只存在于北京官话中，如：

（17）车价还罢了，是因为这个打架来着么？（《语言自迩集》）

南方官话文献《官话问答便语》《人中画》《白姓官话》三部文献中"因为"出现了 15 次，全部都是原因连词的用法。由此可见，原因介词"因为"的使用上，西南官话与北京官话一致，与其他南方官话相异。

二　理据介词

理据介词是用以介引行为理据的介词。清末民初西南官话文献中表示理据的介词主要是"论"。"论"在西南官话中一般读为 [len^{35}]，用以介引行为动作的理据，基本结构模式为"论 NP + VP"。如：

（18）论天主的道理做不得。（《汉法》）

（19）论件数开脚钱。（《汉法》）

例（18）中名词短语"天主的道理"是介词"论"所介引的宾语，是"做不得"这个行为的理据；例（19）中"件数"是介词"论"介引的宾语，是"开脚钱"行为实施的理据。

理据介词"论"在当代西南官话中仍然在使用,如:

(20) 那张桌子是要<u>论</u>辈分来坐的,我不敢去。(贵州毕节金沙)

(21) 我们那边帮人做活路都是<u>论</u>天开钱。(贵州毕节金沙)

本书查检了清代北京官话和其他南方官话文献,未发现作为理据介词的"论"的用例。可见,这个理据介词"论"当是清末民初西南官话的特色方言词。

三 遵从介词

遵从介词是介引行为实施时所遵从的原则内容的介词。清末民初西南官话文献中表示遵从的介词有"依倒、按、按照"三个。三个介词都用于介引行为事件所遵从的原则、法则、规则等,用 P 代表遵从介词,则它们在应用中的基本结构模式为"P + NP + VP"。以下举例简析。

(22) 但凡什么事总是要<u>依倒</u>良心去做。(《汉法》)

(23) 台帕要<u>依倒</u>原来的绉绉折起。(《课程》)

(24) 请先生<u>依倒</u>钟点来。(《课程》)

(25) <u>按</u>律法定罪。(《西蜀》)

(26) 你好好招了,本县与你笔下超生,你祖母本县<u>按</u>月给发官粮。(《跻》)

(27) 那大官就叫我那朋友把丢了的银子<u>按</u>原数儿补还,我那朋友那儿有那么些个现银子呢?(《波》)

(28) <u>按照</u>公道办。(《波》)

例(22)中"依倒"介引的名词"良心"就是行为"去做"所要遵从的原则;例(23)中"依倒"介词的名词短语"原来的绉绉"就是动"折"实施时要遵坐的规则;例(24)表示行为"来"要遵从"钟点"规则;例(25)表示"定罪"要遵从律法所定的规则;例(26)表示"给发官粮"的规则是介词"按"所介词的"月",即每月执行一次;例(28)表示"办"要遵从"公道"的规则。

在当代西南官话中,"依倒、按、按照"三个词都仍然在使用,"依倒"口语色彩最重,"按"居其次,而"按照"一般用在较严肃的表达中,偏书面色彩。另外还出现了一个同义同功能的"按倒"。以下是部分用例。

(29) 依倒邬家的关系我要喊你老表呢。（贵州毕节金沙）

(30) 剔肉要依倒骨头走，这样剔起来才不费力。（贵州毕节金沙）

(31) 按时间吃饭，一天三顿吃的饱噜噜的。（四川宜宾江安）

(32) 是按天数个数，两百块钱一个先生。（贵州毕节大方）

(33) 按照规定，我没在伙食团吃饭，可以要求单位给我退伙。（四川成都新津）

(34) 大家一个一个的按倒次序走。（贵州遵义凤冈）

在清代北京官话和其他南方官话文献中，没有"依倒"的用例，有"按"的用例。

(35) 你的文章，我已经托莫友士先生合吴侍郎给你批阅，可按期取了题目来作了，分头送去。（《儿》）

(36) 那大官就叫我那朋友把丢了的银子按原数儿补还。（《语》）

(37) 那亭中塑一只大土牛，头脚身尾，腹下四蹄，按本年天干地支所属，妆成各色，放在亭中。（《答》）

(38) 在庙中，糊一驾大大的纸身，按海船样修造，也有桅篷，也有椗舵，船中器具一一齐全。（《答》）

"按照"在其他南方官话文献中没有出现用例，只在北京官话文献中有相关用例①，如：

(39) 按照公道办。（《语》）

(40) 日后若有洋人，到各地方游历去，总要按照条约，加意保护，倘或有不肯尽力保护的，一定要指名奏参的。（《指》）

以上说明，"依倒"是清末民初西南官话的特征词；在"按照"的应用上，西南官话与北京官话一致，而与其他南方官话相异；在介词"按"的应用上，三类官话具有一致性，说明这个词是当时汉语官话的共性成分。

第五节 行为关涉类介词

行为关涉类介词是指介引行为事件实施过程中所涉及对象的介词，

---

① 北京官话文献中还有同义同功能的"按照"，因为在西南官话文献中没有该词，故未纳入比较范围。

根据所涉对象与行为事件的关系，可分为论涉、旁涉和免涉三个小类。

一　论涉介词

清末民初西南官话文献中，介引论涉对象表示论涉意义的介词有"论"和"至于"两个。

（一）论涉介词"论"

论涉介词"论"在应用中的基本结构模式为"论 NP/SP（,）+ VP/SP"，即"论 NP/SP"与中心成分之间可以有明显的停顿（书面上表现为逗号），而"论"的宾语可以是名词或名词短语，也可以是主谓短语；中心成分可以是动词短语，也可以是主谓短语。论涉介词"论"有两个变体形式"论到"和"若论"。以下看一些用例。

（1）论我倒没来头。(《汉法》)

（2）论他这件事易得安排。(《汉法》)

（3）论到三国都以蜀为后汉正统。(《联珠》)

（4）若论此虫，在人心窝里一拱一拱的，此为螬气虫。(《黄吉安》)

（5）论平素我非忤逆种，为行大事且把权从。(《黄吉安》)

（6）论爹爹作事是该悠久，逢凶化吉德行广修。(《黄吉安》)

（7）论出身两相同大魁大拜，遵圣谕尽交情再走一差。(《黄吉安》)

（8）论天时四季首推孟，讲人伦诸弟合让兄。(《黄吉安》)

（9）论他的事，罪过多端，将他跪链都是从轻发落。(《跻》)

（10）若论雷打，先要从你打起，那有许多猪尿，还不与我快滚！(《跻》)

从以上用例可见，"论"介引的论涉对象往往是后续评述内容的话题，所以这个"论"从语用的角度可以界定为话题标记。例（1）中"我"是"倒没来头"陈述的对象，是典型的话题对象，在题元角色上也是行为的施事；例（2）中"他这件事"从论元角色上看是动词"安排"的受事，但从语用角度看，"易得安排"是在陈述"他这件事"，所以"他这件事"和"易得安排"也是话题与述题的关系。同理，例（3）至例（9）中的"论""论到"或"若论"所介引的名词或名词短语都与后续的 VP 或 SP 构成话题与述题的关系。例（10）中"论"介引的是主谓短语"雷打"，这同样可以理解为后续内容的话题。

"论""论到""若论"三词在目前本书所及的当代西南官话语料中都未见到相关用例。

"论""论到""若论"三个词虽然可看作同一个词的变体形式①，但在清代至民国北京官话和其他南方官话文献中的分布却并不平衡。其中"论"和"若论"在南北官话文献中均有相关用例，而"论到"仅在北京官话中存在相关用例。这说明，"论"和"若论"可算是当时汉语官话的共性成分，而"论到"的应用上，西南官话同于北京官话，异于其他南方官话。

（二）论涉介词"至于"

论涉介词"至于"应用的基本结构模式为"至于 NP/VP，VP/SP"，即"至于"一般介引名词或名词短语，也可介引动词短语，所介引的内容一般是后续 VP 或 SP 陈述的话题。"至于 NP/VP"后一般有停顿。如：

(11) 至于淫欲，切不可犯，从此回家务要改过自新，忽负为读书人可也。(《跻》)

(12) 至于文天祥，究应如何处置，哎！(《黄吉安》)

(13) 至于贼寇所破诸陵，我已遣令修治。(《黄吉安》)

(14) 至于富贵都不要紧。(《黄吉安》)

(15) 至于朝廷，又为什么怕洋人呢？(《死水》)

(16) 至于大家，那更用不着提说，一伙没出息的老酸，经得啥子事变！(《波》)

(17) 至于其他的人，兄弟敢担保，从此再没有那天那种事情了。(《波》)

(18) 至于向着百姓自称名字，也为的这样说起来才觉亲切有味，要在《通鉴》上找，也一定有例的，并不算咋个失格。(《波》)

例（11）至例（17）中的"至于"介引的都是名词或名词短语，例（18）中的"至于"介引的是动词短语。以上八个例句显示，不管"至于"介引的是什么结构类型的成分，所介引的内容都是后续 VP 结构陈述的对象，即是后续成分的话题。所以"至于"和"论"一样，在清末民

---

① 琉球官话文献《学官话》《人中画》中还有同义同功能的"论起"，因西南官话文献中没有这个词形，故未纳入讨论范围。

初西南官话文献中都是话题标记。

论涉介词"至于"在本书所及的当代西南官话口语语料中暂未见到有关用例。

"至于"在清代至民国时期的北京官话和其他南方官话文献中均有相关用例，当是这时期汉语官话的共性成分。

二　旁涉介词

旁涉介词是用以介引行为事件连带涉及对象的介词，这类介词在有关论著中被归为范围介词。和共同语一样，清末民初西南官话文献中的旁涉介词主要是"连"。旁涉介词"连"常和副词"一起、也、都"等在句子内共现，构成一种具有特定语用价值的构式。

（一）连……一起……

"连"与"一起"共现于一个句子中，形成"连 NP 一起 VP"的结构，表示执行主要角色对象相关行为时附加其他对象或内容，介词"连"的宾语就是附加的对象或内容，如：

（19）房子<u>连家具</u>一起卖。（《汉法》）

以上例句的意义为：卖房子时家具也包含在其中，也就是房子和家具一起卖，但主体是卖房子，家具只是附加上去的内容。

（二）连……也/都……

"连……也……"和"连……都……"两个构式意义一致，可以互换使用，在应用中的基本结构模式一般为"连 NP 也/都 VP"，具体表达意义分两种情况：

第一种，如果 VP 为否定意义的结构，整句表示应该具备 NP 而实际不具备，实现对句子主语的强烈否定。如：

（20）不说男子汉，就<u>连婆娘的见识</u>，他都没有。（《死水》）

（21）庙里<u>连厨房</u>都没有。（《波》）

（22）这儿也漏了，那儿也湿了，<u>连个睡觉的地方儿</u>都没有！（《波》）

（23）<u>连茶</u>也不能喝。（《波》）

（24）<u>连一个人</u>也看不见。（《波》）

仔细分析以上例句不难看出，句子通过"连……也……"或

"连……都……"实现了对句子的主语的主观评注性的强烈否定。

第二种，如果 VP 为肯定意义的结构，整句表示不应该涉及 NP 而实际涉及了 NP，往往用以表达一种强烈的不满情绪。如：

（25）不知是哪个没良心的，丢个脑壳在我灶内，<u>连锅也打烂了</u>！（《跻》）

（26）我偌大官职，<u>连香烟都断绝了</u>。（《跻》）

（27）我又不是你的小老婆，野老婆，<u>连你女儿的脚，也要劳起我来</u>！（《死水》）

（28）他们议论他，<u>连咱们也捎上了</u>，你不拦着，反倒随着他们的口气儿说，这是甚么意思？（《波》）

例（25）至例（28）中介词"连"构成的介宾语短修饰的 VP 都是肯定意义的，整句表示"连"的宾语表示的对象不该成为 VP 的相关角色，进而强烈地传达出说话者主观上的不满情绪。

值得注意的是，"连……也/都……"作为一种构式，"连"和"也/都"实际上处于不同的语法层次，具体如图 6-1 所示：

连NP → 也/都 → V

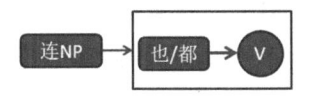

图 6-1 "连……也/都……"语法层次示意图

从上图可看出，"也/都"实际上是 VP 的一部分，是 V 的前置修饰成分，"连 NP"又是整个 VP 的前置性修饰成分。只不过在表达上述两类意义时，"连"与"也/都"常常共现，所以就形成了一种构式。

三 免涉介词

免涉介词又叫排除介词，表示所介引的宾语对象不在所修饰行为影响的范围。清末民初西南官话文献中的免涉介词和共同语一致，主要是"除了"。"除了"的基本应用结构模式为"除了 + X + （外/之外,）+ VP"，其中 X 可以是体词性结构，也可以是谓词性结构。如果是谓词性结构，一般表示的是某种被排除的情况。后面有时会附带"外"或"之外",形成"除了……外/之外"的框架,后面还可能有停顿。清末民初西南官话文献中"除了"的宾语以体词性结构居多,以下举例说明。

(29) 除了他我不得行。(《汉法》)

(30) 除了那些事,教他做啥子咧?(《跻》)

(31) 我们那个,一天到晚,除了算盘帐薄外,只晓得吃饭睡觉。(《波》)

(32) 你难道不晓得天回镇上除了你还有第二个不成?(《死水》)

(33) 若除了我,不拘是谁,也肯让你么!(《波》)

(34) 除了惠明,有敢给白马将军送信的快来见我!(《波》)

例(29)中"除了他"修饰的中心成分"我不得行",例(34)中的中心成分"有敢给白马将军送信的快来见我"都是主谓短语;例(30)中"除了那些事"所修饰的中心成分是动词短语"教他做啥子",例(31)的中心成分"只晓得吃饭睡觉",例(32)的中心成分"还有第二个"等都是动词短语;例(33)中"除了我"修饰的中心成分"不拘是谁,也肯让你么"则是一个复句结构。

从以上例子可以看到,和其他介词相比,免涉介词"除了"与中心成分之间的关系相对松散,所以"除了 X"后往往需要有停顿,特别是当中心成分是主谓语短或复句结构等小句结构时,这个停顿会越加明显。

"除了"在当代西南官话中较为常用,如:

(35) 除了数学作业,还有语文的手抄报做了没?(贵州毕节大方)

(36) 除了你没得哪个会来。(贵州毕节金沙)

在清代至民国时期的北京官话和其他南方官话文献中,"除了"的用例并不少,如:

(37) 怎说得"不求人"三个字?你只看世界上除了父子、弟兄、夫妻讲不到个"求"字之外,那乡党之间不求人,何以有朋友一伦?(《儿》)

(38) 我如今暮年,单身流落他乡,到这个田地,除了衣食之外,实实没有别的想了。(《人》)

可见,"除了"是清代至民国时期汉语官话中的共性成分。

第六节　介词研究小结

清末民初西南官话文献中出现的介词，可分为行为角色、行为时空、行为因凭、行为关涉四大类。行为角色类介词包括施事介词、受事介词、与事介词、工具介词四个次类；行为时空类介词包括起点介词、终点介词、方向介词、所在介词、经由介词五个次类；行为因凭类介词包括原因介词、理据介词、遵从介词三个次类；行为关涉类介词包括论涉介词、旁涉介词、免涉介词三个次类。

本章对重点研究的介词都进行了纵横比较分析。

纵的方面，主要看相关介词在当代西南官话中是否仍然存续使用。基于有限的当代西南官话口语语料进行查检和参考有关研究成果，发现"凭着""凭""照着""以""自""自从""由""顺着""为着""因""至于"等介词在当代西南官话中没有相关用例，根据西南官话母语者语感判断，这些词由于书面特色明显，实际生活口语中一般不会使用。

横的方面，主要看清末民初西南官话文献语料中出现的介词在清代至民国时期的北京官话和其他南方官话文献中的应用情况。本书将每一个介词在西南官话和北京官话文献中的应用情况汇总成了一张表，具体详见附录二《清末民初西南官话与北京官话介词对照表》。对比分析这张表后得出两点结论：

（一）"着（被动介词）""拿跟""凭着""凭""跟（受益关系）""帮""和同""同倒""跟（指涉关系）""照倒""过""在（起点）""论（理据）""依倒"等介词为清末民初西南官话的特色方言词。

（二）52个介词项目中，清末民初西南官话与清代北京官话有36个项目相同，同项率为69.23%；与清代南方官话有27个项目相同，同项率为51.92%。仅就介词的同项率来看，清末民初西南官话和清代北京官话相似度更高。具体如表6-4所示：

表6-4　北京官话、其他南方官话与西南官话52个介词同项情况

同项比较对象	同项数	同项率
北京官话	36	69.23%
其他南方官话	27	51.92%

总体上看，这些介词一形多能的兼类现象较多，比如"跟、着、在、到"等都兼具多种介词小类功能。

第七章

助　词

第一节　助词概说

张谊生（2002：5）指出，助词是"附着在词、短语或句子上的，粘着、定位的，表示一定附加意义的虚词"。学界对"助词是虚词"的定性无争议，但对助词具体表示的语法意义暂无统一的认识，总体上是"虚词中归不进介词、连词、语气词的就归进助词"（郭锐 2002：235）。所以冯春田等（2012：743）指出，"自马建忠提出'助字'这一类别后，学界对助词的研究范围和类别就存在着争议"。参照前辈时贤的界说，本书对助词的认知是：助词就是附着在词、短语或句子上用以表达某种语法意义、表示动作行为情貌状态、显化语气、传情达意等的一种虚词。

清末民初西南官话文献中助词共有 45 个，分为结构助词、动态助词、事态助词、表数助词、评价助词、比况助词、方式助词、状态助词、列举助词 9 类，具体如表 7-1 所示。

表 7-1　　　　清末民初西南官话文献助词分类表

一级分类	二级分类	词例
结构助词	定中关系	之、的
	状中关系	的（地）
	中补关系	得、个

续表

一级分类	二级分类	词例
动态助词	先行态	着$_1$
	起始态	起$_1$、起来
	进行/持续态	着$_2$、倒、起、在
	达成态	倒、着$_3$、倒起
	完成态	过
	实现态	了$_1$
事态助词	曾然事态助词	来$_1$、来的$_1$
	已然事态助词	了$_2$、了来、的$_4$
	未然事态助词	来$_2$
表数助词	连续量表数助词	来$_3$、以来、
	离散量表数助词	把、多、开外、上下
	主观量表数助词	打
评价助词	可行评价	得$_2$
	价值评定	头、场、法$_1$
比况助词		一样、一般、似的
方式助词		法$_2$、家$_1$、过$_2$
状态助词	情状程度	法$_3$
	存在状态	家$_2$
列举助词		等等、等

第二节 结构助词

清末民初西南官话中的结构助词,包括表偏正修饰关系的"之""的",表述补关系的"得""个"等。"之""的""得"与共同语一致,"个"在共同语中少见。以下着重讨论表述补关系的"个"。

作为述补结构助词的"个"主要用于"V(了)(O)个VP"结构之中。其中的助词"了"可能有,也可能没有;宾语O可能出现,也可能不出现。这类用例在清末民初语料中不少,如:

(1)只剩了几件旧家具,都打了个稀烂!(《死水》)

(2)莫不是失了着微服过宋,事不成做了个劳而无功。(《黄吉安》)

(3) 南打金街杀猪巷口子上，打死了几个，说是巡防兵叫把先皇台拆了，街坊上不肯，他就开枪打人，并把先皇牌位拿刀砍了个稀烂。(《波》)

(4) 忙了个不得开交，直到开大会前，才把午饭吃到肚里。(《波》)

(5) 我还是得回家去，你大姐的胆子，你是知道的，恐怕这时候已经骇了个半死了！(《波》)

(6) 今天没风没雨的，只要他们敢出来，掀他妈牝十几抬炮，不把他舅子们送终个干净，老子不姓陈了！(《波》)

(7) 只是我不懂，革命就革命，为啥要把满人杀个干净？(《波》)

(8) 所以讲革命的便要讲排满，替我们祖宗报仇，也得把满巴儿杀一个干净。(《波》)

(9) 爽性些，给你个一枪下马！(《黄吉安》)

(10) 某先以百人混进，夜间五百攻城，千人救援，城头火起，里应外合，杀他个措手不及。(《黄吉安》)

(11) 红颜女多薄命言不虚谬，奴纵死要杀他个血水行舟。(《黄吉安》)

(12) 我当此贼有甚妙计，乃是因我粮草不济，借水为寨，以老为师，我兵不能久持，势必退回，杀我个措手不及。(《黄吉安》)

(13) 不招承打他个三下锅。(《黄吉安》)

(14) 我们身任封疆大臣，只有公忠体国，子抚下民，凡有不安本分，迹近叛逆者，倒不管他是什么人，在籍京官也好，议绅学绅也好，总给他个依律严惩，决不姑宽！(《波》)

以上语例中的这种"V（了）个VP"结构在现代汉语中并不少见，张谊生（2002：130-136）基于其内部结构关系，将这类结构细分为五个小类，五个小类之间存在着连续序列关系。具体如下。

图个新鲜/凑个热闹＞洗个干净/烧个精光＞围了个严严实实/打了个落花流水＞喝他个痛快/闹它个人仰马翻＞说个不停/闹个没完没了

张谊生认为，"图个新鲜/凑个热闹"的V和VP之间存在着一定的支配关系，其中的"个"应当理解为量词。而另外的四个小类中，"V个VP"应理解为以"V"为中心的述补结构，其中的"个"就是显化述补关系的结构助词。

张谊生先生的分析很有道理，不过没有给出一个明确的可操作的判断方式。本书在其分析基础上给出操作标准——"V个VP"需为述补关系，应当具备如下条件：

A. 如果"V"与"个"之间没有宾语O，可以借助语境补出宾语O，比如例（1）中"打了个稀烂"，根据语境可以补出"打"的宾语"几件旧家具"。

B. 如果用S代表"V个VP"的主语，则"SV（了）（O）个VP"可以析解为"SV（了）（O），（O）VP"，如"打了个稀烂"，可以析解为"（某人）打了（几件旧家具），（几件旧家具）稀烂"。

如果不具备以上两个特征条件，"V个VP"就应当为述宾结构，其中的"个"当为量词。用以上A和B两条标准逐一核实例（1）到例（14），不难发现，例（14）中的"给他个依律严惩"就是一个述宾结构，其中"个"就属于量词的范畴。而其余的用例都符合条件，故其中的"V（了）（O）个VP"应当都是述补结构，其中的"个"就是述补结构助词。

第三节　事态助词

一　事态助词概说

从字面上看，"事态"是事件的状态、情貌，但具体有哪些内容呢？有关前辈和时贤均未给予明确解释。不过，冯春田等（2012）在描写"了、来、的"等事态助词的功能时，用到了"曾然、将然"两个术语，用以代表"事态"的不同内容。行文中虽未明确解释两个术语的内涵，但从字面上大体可以推知其意。这对深入探究"事态"有较大的启发。

本书认为，事态主要关注事件的影响情况和存在状态。在人的认知中，事件是与时间相关的。人们对时间的感知总是借助于一些生活事件，这也就使得事件以时间流的方式存在于人的认知记忆中。在这样的事件时间流上，会有两个参照时段：一个是当下时段，可能是说话者正在说话的时段，也可能是语境中明确的某个特定时段；另一个是当下仍然以某种形式存在着的事件的起始时段。两个参照时段的起点和终点就把事件时间流分割成了模糊的四个段：曾经、过去、当下、将来，具体如图

7-1所示：

```
           曾经    过去    当下    将来
事件时间流  ┈┈┈┈ ╌╌╌╌ ━━━━ ╌╌╌╌▶
```

图7-1　事件时间流分段示意图

图中时间流线条的虚实表示事件在人的认知记忆中的影响程度。就一般认知而言，当下发生的事件在认知记忆中影响最大，所以线条最清晰和连贯；过去和将来的事件都相对当下有了一定的距离，所以影响变弱，线条处于半虚状态；而曾经发生的事件离当下最远，影响最弱，线条也就最虚。

"事态"就是事件相对当下时段的存在状态和影响程度。事件在时间流上的具体存在位置决定了事件的"事态"。在曾经段发生的事件，相对当下来说影响较弱，其事态为曾然态；在将来段发生的事件，相对当下来说还未产生影响，其事态为未然态；而当下正在存在的事件，其发生时间点都在过去，是一种既存事实，对当下影响最强，其事态就为已然态。也就是说，就事件的"事态"而言，过去和当下两个时段合并对应已然态。本书将事件的三种态加到事件时间流示意图上，就得到了事件的事态示意图如图7-2所示：

```
                曾经    过去    当下    将来
事件时间流分段  ┈┈┈┈ ╌╌╌╌ ━━━━ ╌╌╌╌▶
事件的"事态"
                曾然态    已然态      未然态
```

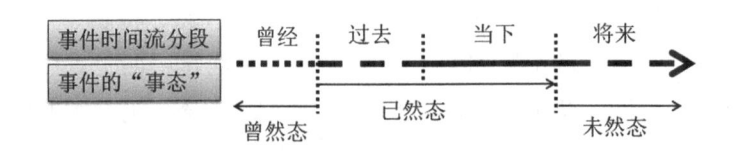

图7-2　事件的"事态"与时间流分段对应示意图

由图7-2可知，事件的"事态"就是事件相对于当下时段的三种存在状态和影响程度，分别为曾然态、已然态和未然态。对三种事态的表达，可以通过词汇手段、语法手段或词汇语法并用手段来表达。比如词汇手段表达"曾然态"时，常用"曾、曾经"等副词；词汇手段表达

"已然态"时，常用"已、已经"等副词；词汇手段表达"未然态"时，常用"将、将要"等副词。而用语法手段来表示事态时，主要通过助词的应用来实现。在清末民初西南官话文献中，三种事态对应的助词如表7-2所示。

表7-2　　　　　　清末民初西南官话事态助词分类表

曾然事态助词	来$_1$、来的
已然事态助词	了、了来、的
未然事态助词	来$_2$

二　曾然事态助词

曾然事态助词用以表示事件发生于相对"当下"来说遥远的"曾经"时段且对当下影响较弱。清末民初西南官话文献中，曾然事态助词主要是"来$_1$""来的"等。

（一）来$_1$

根据楚艳芳（2017：199-212）的研究，中古汉语中已经出现曾然事态助词"来"，刘坚（1992：121-128）、冯春田（2012：774-776）、曹广顺（2014：120-131）等研究显示，曾然事态助词"来"在近代汉语中有更广泛的应用。清末民初西南官话承自近代汉语，按理说也应当有曾然事态助词"来"。考察语料，本书的确发现了曾然事态助词"来"的用例，但只有两例，都是与含过去义的时间副词"曾"共现的，如：

（1）吴老表，我问你，你带了几年兵，可曾杀过人来？（《波》）

（2）试问大清行外鬼，可曾凶扑督辕来？（《波》）

林华勇、肖棱丹（2016）报道了四川资中方言中"来"的曾然事态用法，指出"来""黏附于句末"，"表示相对于某参照点不久前，曾经发生过某种行为或事情"，如[①]：

（3）那本书我昨天还看了来，今天就找不到了。【那本书我昨天还看来着，今天就找不到了。】

---

① 例句从林华勇、肖棱丹（2016）原文中转引。

(4) 我刚刚才吃了一堆东西来，现在不想吃了。【我刚才才吃了一堆东西来着，现在不想吃了。】

(5) 我昨天才看了电影来。【我昨天才看了电影来着。】

以上说明，从晚清到当代，西南官话中曾然事态助词"来"一直存在着。

（二）来的

清末民初西南官话文献中，曾然事态助词"来的"用例相对多一些。在有限的用例中，本书发现，曾然事态助词"来的"一般位于复句分句的句末或整句的句末，具体应用时有两种情况：

1. 与含过去义的时间副词"曾、才"等共现

根据《现代汉语词典》（第7版），"曾"即曾经，"表示从前有过某种行为或情况"，这里的"从前"是过去的时间段，而且也就是上文所说的"曾经"时段，所以用"曾"来修饰表达事件的谓词性结构，可以作为表达曾然态事件的词汇手段之一。曾然事态助词"来的"因此可与"曾"共现于同一个句子中。如：

(6) 小弟曾与贱妾商量来的。（《黄吉安》）

(7) 赵屠户也曾当过大任来的，这回何以如此的不行，连一篇自辩的文章都做不通，真就可怪了！（《波》）

《现代汉语词典》（第7版）中副词"才"的第一个义项为"表示以前不久"，也即表示在离当下很近的已经过去的一个时段内发生某种行为或情况。所以这个"才"是一个含过去义的时间副词，曾然事态助词"来的"也可与之同现于一个句子中，如：

(8) 你不信去看，我才问了来的！（《跻》）

当然，除了时间副词，其他表示过去时间意义的短语也可以和曾然事态助词共现，如：

(9) 主上赐袍之时，还提及丞相来的。（《黄吉安》）

2. 与动态助词"过"共现

动态助词"过"表示动作完成，而动作本身就是事件的重要内容。所以，就表达事件的句子预设的当下时段来说，动作的完成也就意味着事件已完成，说明事件至少发生在过去。曾然事态助词"来的"因此可与动态助词共现。如：

(10) 我与你劫李大人是盟过誓来的，难道你不认就把此案滚脱了吗？（《跻》）

(11) 不错不错，太医吉平与某医过病来的，丞相太费心了。（《黄吉安》）

(12) 就说王文炳不是地道革命党，但他在同志总会也是着过劳绩来的，将来局面倘有变动，不见得不会出头，那吗，于我也有好处。（《波》）

(13) 乖儿子，你是我心尖尖上的人，我不瞒你，我确是经历过来的！（《波》）

(14) 何况官兵又这们多，陆军再说不行，守城是绰绰有余，巡防兵又都是打过硬仗火来的，只要上头的饷够，管严点，军队不变，省城是安若泰山的。（《波》）

(15) 我是打过仗火来的，不说你们使的这些家伙，打不过快枪，就是夷匪的叉子枪，打得又准又远，还打不过我们哩。（《波》）

(16) 不定你还哭过来的，是不是？（《波》）

(17) 他别的不行，但是我所吩咐他的，他是可以不要命的非做到不可，这却是我试过来的。（《波》）

(18) 我是打过仗来的，巡防兵并不好凶。（《波》）

(19) 年轻时候，又是当过花花公爷来的，就如今说起韩二李老幺那些烂婊子屁股虫，还在恋恋不舍哩。（《波》）

(20) 太后那时只是念佛，不晓得咋个吩咐，倒是端王爷是见过来的，遂叫过虎神营的兵丁来。（《死水》）

三 已然事态助词

已然事态助词表示事件在当下之前已经发生，并且在当下还以某种状态存续着，对当下产生着较强的影响。清末民初语料中的已然事态助词主要有"了$_2$""了来""的$_4$"等。

（一）已然事态助词"了"

已然事态助词"了"也就是一般所说的句尾"了"，记作"了$_2$"。吕叔湘（2002：351）指出，已然事态助词"了""用在句末，主要肯定事态出现了变化或即将出现变化,有成句的作用"。这其实可解释为是对已发生的事件的肯定,这就和动态助词中的实现态助词"了"的语法功能(表示动作行为的实现)具有了一致性。

冯春田(2012:771-774)对具有山东方言背景的《金瓶梅》《醒世恒言》《聊斋志异》等文献中的已然事态助词"了₂"进行了详细归类分析。本书核查清末民初西南官话文献语料后发现,其中的已然事态助词"了₂"与冯春田(2012:771-774)所讨论的"了"具有高度的一致性,说明在已然事态"了₂"的应用上,清末民初西南官话较完整地继承和保留了近代汉语的事态助词"了"。以下仅简单举一些用例来证明。

(21) 二次不要这样做了。(《汉法》)

(22) 箱子遭虫打了。(《汉法》)

(23) 自己烂了。(《汉法》)

(24) 顺手把刀夺过来了。(《汉法》)

从以上用例可见,已然事态助词一般用于句末,其语义管辖范围应当是其前面的整体。如以上四例的语义结构可标示如下:

(21a) [二次不要这样做] 了。(《汉法》)

(22a) [箱子遭虫打] 了。(《汉法》)

(23a) [自己烂] 了。(《汉法》)

(24a) [顺手把刀夺过来] 了。(《汉法》)

如果把以上的"了"看作是相邻动词的词尾,整个句子的意义就不太能通了。

(二) 已然事态助词"了来"

"了来"是实现体动态助词"了"与曾然事态助词"来"的跨层连续非短语结构的词汇化结果,用以表示前面谓词结构表达的事件已然存在。如:

(25) 我今天在你们走后,仔细想了来,把你生生留在这里,实在是不对。(《波》)

(26) 路上我已想了来,编一标人的队伍,没有多大难事。(《波》)

(27) 爹爹说了来,你哥哥告诉我的。(《波》)

不过要注意的是,并非"了"和"来"连在一起的都要定性为已然事态助词,比如下面这一例:

(28) 可以把这五块钱拿去，换了来。(《课程》)

这例 (28) 中的"了"和"来"就不能看作是一个整体，它们处于不同的结构层次，其语义结构如下：

换了/来

也就是例 (28) 中的"换了来"是一个连谓短语，包含"换了"和"来"两个具有先后顺序关系的动作行为，"换了"中的"了"是一个实现体动态助词。所以，在句子中看到"了来"时，不能简单定性为已然事态助词，而要注意根据语境意义来判断其真实的身份。

（三）已然事态助词"的$_4$"

"的"也往往附着于表达事件内容的整个谓词结构之后，记作"的$_4$"，表示事件已然存在。如：

(29) 妈，你从哪里弄来的？(《死水》)

(30) 这不比曾家，虽然打开窗子，却烧着火的。(《死水》)

(31) 曾经和伯勤口角过，一直到前五年先严去世了，又有往来的。(《波》)

例 (29) 表示"弄来XX"是已然的事件，如果去掉"的"，则这种已然意义就不再明显。例 (30) 表示"烧着火"是已然的事件，如果去掉"的"，这种已然意义变得模糊。例 (31) 中的"的"去掉后，不影响"又有往来"的已然性，这是因为句子中有"曾经""前五年"等词汇显化了时间段，从词汇上显化了已然意义。

冯春田等（2012：776）将这个"的"的语法意义归为"曾然"，或许从他们观察的角度有道理。但就本书所看到的用例来看，含"的"的句子，都是说话人立足于当下表达已然发生并在当下仍然存在着影响的事件，所以本书将其归入已然事态助词。

四 未然事态助词

"来"有时也可表示未然的事件，本书标记为"来$_2$"。如：

(32) 钱到有些，不知我妈锁了未曾，待我看来。(《跻》)

(33) 小时摸针大来偷金。(《汉法》)

不难看出，以上两例表达的事件都是未然的。这样的用例在明清山东方言背景的文献《金瓶梅》《聊斋志异》《醒世恒言》中也有。据冯春田等（2012：775）统计，表示未然（将然）的"来"，在《金瓶梅》中有 24 例，在《聊斋志异》中有 8 例，在《醒世恒言》中有 13 例。总体上看用例并不算少，反映出未然事态助词"来"在近代汉语中已经存在。晚清时期的西南官话和明清山东方言同属北方方言，有极大的同源性，所以未然事态助词"来"并非是偶然出现的，而是从近代汉语继承来的。

第四节　评价助词

评价助词是用以表达说话人对动作行为或事件可行性及价值的评价及态度倾向的助词。这类助词在前辈时贤研究中未见有所提及，本书结合清末民初西南官话文献以及当代西南官话语料分析后，觉得这类助词有其独特特点，应当单列为一类进行研究。具体而言，评价助词包括可行性评价助词和价值评定助词两小类。

一　可行性评价助词

清末民初语料中的可行性评价助词主要是"得"，附着于动词 V 后，表示"可 V""应当 V""值得 V"等意义，如：

（1）这宗的价钱<u>屯得</u>。（《汉法》）

（2）随时都<u>看得</u>。（《汉法》）

（3）那个样子<u>使得</u>。（《汉法》）

（4）这个猪肥得好，<u>杀得</u>了。（《汉法》）

（5）夜深了，<u>回去得</u>了。（《汉法》）

（6）是人都<u>看得</u>。（《汉法》）

（7）这样都还好，都<u>使得</u>。（《汉法》）

（8）这件事<u>干得</u>。（《汉法》）

（9）随时都<u>来得</u>。（《西蜀》）

（10）朋友，你不清楚边上的情形，若遇见蛮家，你不用顾忌，奸淫占霸，样样都<u>干得</u>。（《波》）

（11）帽子<u>换得</u>朝了。（《汉法》）

从以上语例可见，句中的"V 得"都表示"可 V""应当 V""值得

V"等意义，动词 V 的支配对象一般是句子的主语或前语境中讨论的话题对象。动词 V 后偶尔也会有宾语出现，但这个宾语往往是支配对象的某方向属性内容，如例（11）。

以上这类表可行性评价的"V 得"结构的否定结构一般是"V 不得"，可释为"不应该/可以 V"或"不值得 V"，如：

（12）等不得了。(《汉法》)

（13）打过春砍不得竹子。(《汉法》)

（14）敞不得风。(《汉法》)

（15）这宗病补不得。(《汉法》)

（16）油闭不得气。(《汉法》)

（17）病人吹不得风。(《汉法》)

（18）这个生意干不得。(《汉法》)

以上例句中的"V 不得"都表示实施行为 V 不可行，是对可行义的"V 得"的否定。

二 价值性评定助词

价值性评定助词，又叫价值评定助词，是用以表示行为价值的助词。清末民初西南官话中的价值评定助词有"头、场、法"三个，且三个词可以等值替换。如：

（19）有什么好看法?!(《汉法》)【有什么值得看的?】

（20）没得啥子看法。(《汉法》)【没得什么值得看的。】

（21）没得什么看场。(《汉法》)【没得什么值得看的。】

（22）没啥子看场。(《汉法》)【没有什么值得看的。】

（23）没啥子吃场。(《汉法》)【没有什么值得吃的。】

（24）没得什么看头。(《汉法》)【没得什么值得看的。】

根据张一舟、张清源（2001）、邓英树、张一舟（2010）、邓红燕等（2020）、陈雪东等（2020）、杨曼曼等（2020）的调查研究，以上例句中表价值评定的"法、场、头"在当代西南官话中仍然很活跃，如：

（25）这种活路有做法，做一年就可以修房子了。【这种活儿有做的价值，做一年就可以修房子了。】

（26）娃儿些都读书出去了，你也要不了几年就要去跟娃儿些住的，

这老房子还有啷修法嘛。【孩子们都读书出去了，你要用不了几年就要去跟孩子们住的，这老房子还有什么修的价值嘛。】

（27）他这种人，牯头得很，跟他没有商量法得。【他这种人，固执得很，跟他没有商量的价值/必要。】

（28）这种猪，喂不喂一个铁疙瘩，简直没得哪样喂法得。【这种猪，喂不喂一个铁疙瘩，简直没有什么喂的价值。】

（29）在那儿上班的人过年都不回来，肯定有搞头。

（30）在那儿上班的人都上得不长久，肯定没有搞头。

（31）你们一天抬头不见低头见，还有哪样看头嘛。

（32）这个东西超难吃，有啥吃法嘛？

（33）这种事你都有哭法？

（34）这个球有哪样玩场嘛！脏兮兮的。

（35）还有必要去提亲们，我觉得这个婚没有啥子结场得。

根据本书的调查，以上例句中的"法、场、头"相互替换对句子意义毫无影响，说明三个词是等值的。

根据语例可知，表价值评定的"法、场、头"需与存现动词"有/没有"搭配使用，构成"X+有/没有+（疑问代词）+V+法/场/头"的结构，表达"X值得V"或"X不值得V"的价值评定意义。

张超（2008）对价值评定助词"法"进行过讨论，指出了其出现的条件为：第一，前面必须是动词，且动词的语义特征为［+自主，+自愿，+行为］，即"法"前面的动词必须同时具备［+自主］［+自愿］［+行为］三种语义特征。第二，必须与存现动词"有"或"没有"同现，并配合疑问代词使用。第三，所在句子必须有前提语境，即整个句子本身语义上并不能自足，一般不能作为始发句，往往作为后续句。第四，"法"后面除了陈述、疑问、感叹三类语气词之外，不能跟其他成分。价值评定助词"法"的出现条件也适用于价值评定助词"场"和"头"。

价值评定助词"法、场、头"等并不能独立表达价值评定意义，它们必须在"有/没有+（疑问代词）+V+法/场/头"的框架结构中才具有价值评定的语义功能。"有/没有+（疑问代词）+V+法/场/头"去掉"法/场/头"后，剩下的结构都变得意义不完整或与原意义不一致，如例（27）去掉"法"后剩下的"没有商量"和原结构意思大不一样。Goldberg 曾指出，假如 C 是一个独立的构式，当且仅当 C 是一个形式（Fi）和意义（Si）的对应体，而形式或意义的某些特征不能完全从 C 这个构式的组成成分或另外先前的构式中推知（转引自刘国辉，2007）。"有/没有 +（疑问代词）+ V + 法"所表达的"值得 V"或"不值得 V"的意义不能从结构中的任何一个成分推知，必须由整个结构表达，因此，"有/没有 +（疑问代词）+ V + 法/场/头"当属于一种构式。而其中的"法/场/头"则是这个构式中不可或缺的一个价值评定助词。

第五节　方式助词

一　方式助词"法"

"法"可作为方式助词，与询问方式的疑问代词"怎样、如何、哪们"或指代方式的指示代词"这样、那样"等共现，附着于动词 V 后形成"疑问代词/指示代词 + V + 法"的结构应用于句子中，记作"法$_2$"如：

(1) 看<u>怎样安置法</u>。（《汉法》）

(2) 这把秤<u>怎样认法</u>？（《汉法》）

(3) 没钱叫我<u>怎样去法</u>？（《汉法》）

(4) 这是<u>怎么样做法</u>。（《西蜀》）

(5) 你又<u>如何转移法</u>咧？（《跻》）

(6) 胡大爷，猛财<u>如何发法</u>？（《跻》）

(7) 又<u>哪们替法</u>？（《跻》）

(8) 土地是泥塑的，<u>如何问法</u>？（《跻》）

(9) 这样无头无绪，教我<u>如何审法</u>？（《跻》）

(10) 步一定是让的，只看<u>咋个让法</u>，于面子上才好看点。（《波》）

(11) 你的脚不能<u>那们洗法</u>，恐怕受寒，我叫人提热水出来。（《波》）

(12) 他说，绅士们没有一定的主意，有的只管赞成独立，却不晓得<u>咋样独立法</u>。（《波》）

由以上语例可见，"疑问代词/指示代词 + V + 法"的结构通常独立成句或作谓语，其中的"法"主要用于显化实施 V 的方式。

二 方式助词"家"

"家"也可以表示方式意义,主要附着于描状行为方式的短语之后,整体修饰后面的动作行为,显化具体的行为动作方式,如:

(13) 一个一个家数。(《汉法》)

(14) 他的钱是一个一个家凑起的。(《汉法》)

(15) 一阵一阵家(痛)。(《汉法》)

(16) 一步一步家趤。(《汉法》)【趤:即趤,擦着地面挪动。】

以上用例中的"一个一个""一阵一阵""一步一步"等都表示具体的实施所修饰行为的方式。其中的"家"换成结构助词"地",整个句子的意义不受影响。是否可依此将这个"家"定性为结构助词呢?本书认为,结构助词的语法化程度更高,可附着的对象范围更宽泛,比如"地",可以附着于形容词"轻"的重叠式,说成"轻轻地",而"家"则不能有"轻轻家"的说法。所以这里的"家"与结构助词"地"相比,语法化程度还不够高,不宜定性为结构助词。这个"家"主要就是用以显化行为动作的实施方式,故称之为方式助词。

三 方式助词"过"

方式助词"过"前附于动词V,构成"过V"结构,表示以V的方式来完成某种事件或行为。如:

(17) 这回要过称,不过印①。(《汉法》)

(18) 要过数。(《汉法》)

(19) 他们分家都是过抢。(《汉法》)

(20) 买梨子过择。(《汉法》)

(21) 说不赢我们过整。(《西蜀》)

(22) 尽都要过吊。(《课程》)

(23) 我们全在黑处,革命党的为人行事,全是在过猜,到底猜得对猜得不对,全不晓得。(《波》)

---

① "印"字在原文献中写作"扌焉",由于原字无法输出,根据西南官话口语读音改为"印",是指用一种叫"印子"的工具盛量粒状类事物的过程。

从以上例子可见,"过V"都表示实现或完成某事件或行为时所采用的方式,V一般为光杆动词,不能带宾语。语料中有"过V"带宾语的用例,但不可释为方式意义,如:

(24)到他进了四川,我这里正在棘手时,他忽然变了,一次电两次电,叫我不要操切,不要任性,不要过听金壬之言。(《波》)

例(24)中的"过"只能解释为"过分、过度"等意义,不是本书要讨论的方式助词"过"。

这个方式助词"过"表达的意义与工具介词"过"表达的意义高度相关也相近,如:

(25)啥子东西都要过钱买。(《汉法》)

例(25)中的"过"是一个介词,介引实施行为时所使用的工具,使用工具就是实施行为的一种方式,所以"过NP+V"语义上与"过V"很相近,两者都可以理解为方式意义。林华勇、肖棱丹(2011)就将方式助词"过"与工具介词"过"综合考虑,认为例(25)中的这类"过NP+V"的"过"是介词,而例(17)至例(23)中"过V"的"过"为"方式介词化用法",意味其正在向介词方向发展。这在一定程度上揭示了"过V"与"过NP+V"在语义上的类同性。

本书认为,以上用例中的"过V"和"过NP+V"整体上确实都含有方式意义,但着眼于"过"上其实有一定的差别。"过NP+V"的方式在"过NP"中,这种方式针对的行为就是所修饰的V,而"过V"中,行为V本身就是一种行为方式,所针对的是另外的行为或事件。而且"过NP"中的NP可理解为实现行为所凭借的工具,而"过V"中的V不能理解为工具。基于这样的认识,本书认为"过V"中的"过"和"过NP+V"中的"过"是两个同源但不同功能的词,将"过NP+V"中的"过"定性为工具介词,将"过V"中的"过"定性为方式助词。郭锐(2002:236)根据助词在组合中的位置将助词分为后置、前置和中置三类,本书这里讨论的"过V"中的"过"由于是前置于动词V的,所以称为前置助词。这样的前置助词在汉语中还有"连、所、被[①]"等。

[①] 周健(2011)认为,"把'被'视为一个功能助词之说,与'被'字的其他词性说相比,似乎更具合理性"。

贵阳话中的"把"有"把V"的用法,如"我把搞忘了、灯把熄了"(本了,1983)等,这个"把"也属于前置助词。可见,西南官话中"过V"中的"过"作为前置助词,并不显得孤单。

第六节 状态助词

一 强化情状程度的"法"

"法"可以附着于形容词之后,和疑问代词、描状性的指示代词等搭配,构成"疑问代词/指示代词+A+法",用以强调情状程度,记作"法$_3$",如:

(1) 哭得啥子惨法。(《汉法》)

(2) 啥子皮法一个人!(《汉法》)

(3) 他的儿子死了是什么伤心法?(《汉法》)

(4) 这个娃娃什么繁(烦)法。(《西蜀》)

(5) 我该同巡防营一道来,别的不说,她就挨打,或者也不至于挨得这样凶法。(《死水》)

(6) 我正耽心你受寒哩,天气变得这样的冷法!(《波》)

(7) 楚子材这个东西,如其不是我,像他那样的笨法,那能得到女人的好处?(《波》)

(8) 我劝你把思家的念头丢冷点,慢慢打听消息,不要这样的急法!(《波》)

就清末民初西南官话文献实例来看,"疑问代词/指示代词+A+法"结构可以充当补语〔如例(1)、例(5)〕、定语〔如例(2)〕、判断宾语〔如例(3)〕、谓语〔如例(4)〕等句法成分。充当补语、宾语、谓语等句法成分时,还可以在形容词A前加助词"的",使结构变成"疑问代词/指示代词+的+A+法",例(6)、例(7)、例(8)就是这种变式用法。

在以上这些语例中,"法"都附着于形容词A,对A的程度义有加强突显的作用,所以本书定性"法"为强化情状程度的助词,也可称为程度助词,属于状态助词的范畴。

二 强调存在状态的"家"

本书认为"家"可以作为强调存在状态的状态助词，基于以下两类"X家"结构用例。

"A家"类："家"的附着对象是表达时间段或天气状态的名词，如"白天家、晚些（西）家、春天家、夏天家、早晨家、晴天家、雨天家"等。清末民初西南官话中的用例如：

（9）清天白日，白天家。（《汉法》）

"B家"类："家"的附着对象是显示人的某方面属性特征的指人名词，如"女儿家、女子家、姑娘家、妇人家、妇女家、婆娘家、娃儿家、男人家"等，这类"X家"中的"家"有时会重叠，如"妇道人家家"，清末民初西南官话中的用例如：

（10）女儿家不待出阁，跟夫逃走，莫把先人羞了！（《跻》）

（11）妇人家也要收拾，容貌才好看。（《跻》）

（12）就是抢的，孩子家，官也不究，须往他爹自身上一看，从宽免治。（《跻》）

（13）我想她们妇道人家家，晓得什么，不免上前用言语支吾于她，少时升帐，投不投降还任随于我。（《黄吉安》）

（14）我们女子家以名节为贵，段师以后不要乱说，恐旁人听着不雅。（《跻》）

（15）挨刀的男人家，都不是他妈的一个好东西！（《死水》）

（16）难怪男人家都喜欢盯着我不转眼！（《死水》）

（17）娃儿家，见了妈妈是要闹的。（《死水》）

（18）我真不懂得，婆娘家为啥子见了当娘子的这样看不起！（《死水》）

（19）妇女家真值不得，偷了人就要着人耻笑，说是失了节。（《波》）

（20）你年轻姑娘家，懂得啥？（《波》）

（21）姑娘家哩，倒不要紧，着人调戏下子，还有想头，像我们有儿有女的妇人家，何犯着去受那些难过呢？（《波》）

（22）丈母是六十开外的老太太，幺妹又是一个大成人的姑娘家，设

或有点风吹草动，二弟在重庆，他将来岂不要怪我们这些当女婿的都是自私自利之徒，切己亲戚全没一点顾盼了？(《波》)

和"兵家、作家"等以"家"为后缀构成的名词相比，"A 家"和"B 家"都不能作为静态单位而存在，都是在句子应用中动态地构建生成的。可见，"A 家"和"B 家"中的"家"都具有后附性、意义虚化、动态性等助词特点，所以本书将之定为助词。但是说它是用以强调存在状态的助词，需结合已有的研究作一下分析。

胡光斌（2006）对以上"A 家"和"B 家"均作了细致的研究，主要从语义角度对两类中的"家"进行了描写，认为"A 家"中的"家""用于时间名词或名素之后，泛指某类时间"，"B 家"中的"家""用于指人名词或名素之后，强调某一类人"，"A 家"和"B 家"两类中的"家"都是表类别义。

很显然，胡光斌（2006）的研究对进一步深入地科学地认识这两类"X 家"中的"家"的本质有很大帮助，不过将这个"家"的意义描写为"表类别"，本书认为值得商榷，主要有以下理由：

第一，如果说一个结构表类别，这个结构的所指范畴往往有多个成员，本书用 M 代表成员，用 N 代表类别的表达形式，于是可以构成"M 是 N 之一"的表达结构，如："蔬菜"表类别，就有"白菜是蔬菜之一"表达结构；"古代文学作品"是用词汇手段构成的表达类别的一个结构，于是就有"《水浒传》是古代文学作品之一"的表达结构。那么，如果以上的"X 家"是表达类别的结构，那么"X 家"所指范畴下就应当有成员 M，于是应当有"M 是 X 家之一"的说法：

(23) *今天白天是白天家之一。

(24) *我老公是男人家之一。

在西南地区群众的语感中，以上例（23）、例（24）的句子可接受度都很低，正确的说法应当是：

(23') 今天白天是白天。

(24') 我老公是男人。

第二，表示类别的结构可以泛指也可以特指。比如西南官话中"婆娘"指男人的配偶，在语境中可以特指某个男人的配偶，如：

(25) 那女的是我婆娘。

如果说"婆娘家"表类别,那么相应地可以说成:

(25') *那女的是我婆娘家。

但是调查发现,例(25')这样的说法可接受度非常低。

第三,"A家"类中的A所指对象是单一的,可以说是个体范畴名词,说这类"A家"表示类别,不符合常理。

基于以上三点分析可见,说"A家""B家"表示类别显然不准确。事实上,只有"B家"才含有类别义(注意:本书认为是"含有",不是"表达"),而所含有的这个类别义,并非"家"表达的,而是其中的B本身就具有的;而当"A家"中的A为个体范畴对象,"A家"就不含有类别义。

实际上,"家"作为词缀构成的名词,如"兵家、官家、婆家、娘家、贫家、富家、寒家、亲家、人家、冤家、奴家、皇家、民家、老人家、主人家、玩家、自家、别人家、身家、东家、蛮家、便家、阴谋家、作家"等,才是真正具有类别义的结构,其中的词缀"家"才真正可描写为表达类别义。而"A家"和"B家"中的"家"具有临时动态性的特征,与词缀"家"不是一回事。

"A家"和"B家"中的"家"不是表达类别义,那表达的是什么意义呢?胡光斌(2006)研究指出,"指人名词/名素+家"结构所在的句子"一般都带有评论意味,表示'论身份(作为一个XX)应该或不应该怎样',并且往往带有规劝、训斥、抱怨、鄙视之类语气"。本书认为这个描述大体符合实际。对于"白天家、夜晚家、春天家"之类"A家",胡光斌(2006)未对其具体意义进行描写。本书调查发现,"A家"所在的句子并没有"B家"类的评价意义,如:

(26)兹冰柜<u>晚些家</u>叫得呜呜呜的。(贵州毕节大方)

(27)他们<u>晚些家</u>生意好不?(四川家宾江安)

(28)意思是拿个做<u>白天家</u>,一个做<u>晚些家</u>。(贵州毕节大方)

例(26)整句是描述冰柜在晚上的表现情况;例(27)是询问,不存在评价;例(28)是分工描述,也不存在评价。其实这三例都在强调在某个时段的状态下的情况:例(26)强调在晚上这个时段的状态下"冰柜叫得呜呜呜的";例(27)询问在晚上这个时段的状态下的生意情况;例(28)叙述在白天和晚上两种时段状态下的分工。也就是说,"A

家"中的"家"主要在于强调 A 的某种属性存在状态，比如，"白天家"的"家"用以强调"白天"的属性存在状态；"雨天家"的"家"，用以强调"雨天"的属性存在状态。

那么，"A 家"和"B 家"中的"家"有什么共性呢？仔细考察"B 家"类用例，发现其隐含的语义内容可以这样来描述："基于 B 的特点，B 应该（或不应该）/适合（或不适合）……"也就是说，"B 家"所在的句子中的"家"也是在着力于显化 B 的某方面的特点，比如，"婆娘家"中的"家"，就是用以在句子中强调"婆娘"的身份存在状态；"男人家"的"家"用以在句子中强调作为"男人"的身份状态。

综上，"A 家"和"B 家"中的"家"，具有临时后附性的特点，语义上强调附着对象所指的存在状态，因此，本书将之定性为强调存在状态的助词。

结合当代西南官话口语用例来看，强调存在状态的助词"家"不仅附着于指称性的名词，也可附着于描状性的短语结构。如：

（29）三四个家的小姑娘，天天跑出去玩。【三四人在一起的小姑娘，天天跑出去玩。】

（30）树上的梨才不多大个家。【树上的梨还没有多大。】

（31）硬是不得了的个家。【简直是每一个都了不起。】

（32）你们那点的人害怕要大个家点。【你们那里的人怕是要了不起一点。】

例（29）"家"的附着对象是"三四个"，是一个表约数的数量短语，强调小姑娘出去玩时"三四个"在一起的存在状态；例（30）中的"家"的附着对象是具有描状功能的名词短语"不多大个"，强调树上的梨的存在状态是"不多大个"；例（31）中的"家"附着对象是"不得了的"，强调被省略的主语对象的存在状态是"不得了的"；例（32）中"家"的附着对象是"大个"，这个"大个"在西南官话口语中可解释为"了不起"，带贬义色彩，"大个家"就强调"你们那点的人"的存在状态是"大个"。针对这些附着对象是描状态的短语结构的"X 家"，本书认为其中的"家"是强调存在状态的助词，大概不会再有争议。

第七节 列举助词

列举助词是附着于一个或多个词语之后表示列举结束的词,是列举结束标记。清末民初西南官话文献中表示列举的助词主要有"等"和"等等"。

一 列举助词"等"

"等"是最常见的列举助词,主要有如下两种用法。

(一) 体词 + 等 + (量/类名)

"等"附着于名词或代词等体词性结构形成"X 等"表列举省略,后面有时会有量词或类指名词出现。如:

(1) 臣等拜请新主。(《黄吉安》)

(2) 二公乃吾契友,不用尔等服侍,各自下去。(《黄吉安》)

(3) 衣物等件。(《汉法》)

(4) 我也不想做官,我也做不来官,你要是当真做了官,只求你把罗歪嘴等人鸩治了后,放我去当天回镇的乡约。(《死水》)

以上用例中,"等"都附着于单个名词,表示对其他同类实例对象的省略。表示对其他同类实例对象的省略。例(1)、例(2)中"X 等"后未带量词或类名词;例(3)中"X 等"后带了量词"件";例(4)中"X 等"后带了类名词"人"。当代口语中还有"名词1,……名词n 等"这样的列举省略形式,但在清末民初西南官话文献中未曾发现相似用例。

(二) 体词性联合短语 + 等 + (量)/(数量)

"等"附着于体词性的联合短语之后表达列举省略或完成,有时后面会再带量词或数量短语,如:

(5) 朝臣甲、乙、丙、丁和王子服、种辑、吴硕、吴子兰等各分上。(《黄吉安》)

(6) 钱米衣服等件要顾惜点用。(《汉法》)

(7) 是童生的长兄俞大明,他未同去,实童生与某某等八人去的。(《跻》)

例（5）中"朝臣甲、乙、丙、丁和王子服、种辑、吴硕、吴子兰"是一个体词性的联合短语，带上"等"后表列举完成或省略。例（6）中"钱米衣服"为名词性联合短语，带"等"后再等量词"件"，整体表达列举完成或省略。例（7）中"童生与某某"是名词和代词构成的体词性联合短语，后附"等"，再带数量短语"八人"，"等"就表示列举省略。

二　列举助词"等等"

"等等"是"等"的重叠式，一般附着于代词、名词或联合式体词性短语之后表示列举省略或完成。该词在清末民初语料中仅出现了两例，如：

（8）一切等等。（《西蜀》）

（9）大路只那们宽，八人轿四人轿那们多，不消说，还要加上总督部堂的全堂执事，将军都统司道们的执事，亲兵，卫队，统制标统率领的新兵等等，你算算有多少人！（《波》）

例（8）中的"一切"为代词，附带"等等"表示列举总结；例（9）中"亲兵，卫队，统制标统率领的新兵等等"是名词性联合短语附带"等等"表示列举完成。

第 八 章

句　　式

黄伯荣、廖序东（2010 b：90）指出，句式是根据句子的局部特点分出来的句子的下位类名。本书的"句式"，专指含特定标记形式的句子，从意义范畴上分为被动句、处置句、使役句、比较句、测度句、疑问句、致有句等。每一类型下都有一种或多种含特定句法标记的句式小类。

第一节　被动句

清末民初西南官话文献中的被动句式包括"着"字被动句、"遭"字被动句、"被"字被动句、"拿跟"被动句等。

一　"着"字被动句

表被动意义的"着"在文献中有"潮、著"等异体写法，本书统一写作"着"。清末民初西南官话文献语料中，"着"字被动句共有 150 例，包括"着+施事+VP""着+VP""着+（他）+数量短语""着+（他）+NP"四种句式类型。具体用例情况如表 8-1 所示：

表 8-1　　清末民初西南官话文献中"着"字被动句用例情况

文献	着+施事+VP	着+VP	着+（他）+数量短语	着+（他）+NP	合计
《跻》	0	0	0	0	**0**
《黄吉安》	0	0	0	2	**2**

续表

文献	着+施事+VP	着+VP	着+（他）+数量短语	着+（他）+NP	合计
《汉法》	4	2	1	4	11
《西蜀》	0	0	0	0	0
《联珠》	0	0	0	0	0
《课程》	0	0	0	0	0
《死水》	18	2	0	2	22
《波》	74	34	2	5	115
合计	96	38	3	13	150

由表8-1可见，"着"字被动句主要出现于口语化程度较高的《汉法》和晚近一些的文人作品《死水》和《波》之中，四种句式类型中，"着+施事+VP"句式出现频次最高。以下就四种句式类型进行简要分析。

（一）着+施事+VP

"着"字被动句中，以"着+施事+VP"这种句式最为常见，在八部文献中共出现了96例，在总用例中占比约为63%。其中《汉法》中有4例，《死水》中有18例，《波》中有74例。

"着+施事+VP"主要表达主语代表对象遭受施事发出的VP行为的影响，如：

(1) 着虫吃了。(《汉法》)

(2) 着强盗偷。(《汉法》)

(3) 进山着蛮子抢。(《汉法》)

(4) 说起来，郝大小姐在青羊宫着人如何如何的调戏，你们不说了，我有脸见人吗？(《死水》)

(5) 小的叫王洪顺，是成都正府街卖布的，前次到资阳县贩布，不晓得为啥子着巡防营拿了去的！(《死水》)

(6) 这样气冲冲的，又着啥子鬼祟起了？(《死水》)

(7) 末后，还着一个滥婊子欺负了，挨了这一顿！(《死水》)

(8) 我们的蒲先生、罗先生，着赵制台捆绑去了！(《波》)

(9) 说是路广钟出来查夜，<u>着狗咬了一口</u>，所以他把狗恨死了。(《波》)

(10) 蒲先生罗先生为我们四川的铁路，<u>着赵屠户抓去了</u>！(《波》)

(11) 不想事一落到头上，反而就像<u>着炸雷轰憨了</u>似的，只凭胡雪生一个人去胡闹。(《波》)

(12) 尤铁民运动的陆军，<u>着赵屠户把军官们传去</u>，扣留在衙门里。(《波》)

(13) 就赵大公祖他也出奏了两次，虽未<u>着严旨申斥</u>，却也没发生半点儿好影响。(《波》)

(14) 本来是文明的举动，这可<u>着人家抓住短处</u>了。(《波》)

(15) 妇女家真值不得，偷了人就要<u>着人耻笑</u>，说是失了节。(《波》)

（二）着 + VP

"着 + VP"句式共有 37 例，表示主体遭受 VP 行为影响，如：

(16) <u>着打了</u>，<u>着告了</u>。(《汉法》)

(17) <u>着黑打</u>。(《汉法》)

(18) 他不怕传到上头耳朵里去，<u>着撤差</u>吗？(《死水》)

(19) 你还不晓得蔡大嫂为护她的男人，着巡防兵打得半死，铺子也<u>着抢光了</u>？(《死水》)

(20) 东西哩，关锁了就是，要<u>着抢</u>，要<u>着偷</u>，也顾不得了。(《波》)

(21) 并且听说连朱统制都<u>着扣留</u>了，传谕陆军，如其要变，先就枪毙朱统制等。(《波》)

(22) 还有胡二舅家，陶二表哥家，我已问过，他们幸而没有<u>着抢</u>，都是可以通融的。(《波》)

(23) 只看见周法司上端午帅的禀稿遍街贴着，晓得周法司是<u>着参</u>了，关于赵季帅的上谕，却不知道。(《波》)

"着 + VP"句式中的"VP"可以是光杆动词［如例 (16)］，可以是动词为中心的状中结构［如例 (17)］，可以是动宾短语［如例 (18)］，也可以是动补短语［如例 (19)］。

(三)着+(他)+数量短语

"着"为动词,直接带数量短语充当的宾语,表达遭受的负面行为的量,如:

(24)他们总要着一回,背了时,才肯相信的。(《波》)

(25)周秃子一辈子尖酸刻薄,到底也着了端方这一下!(《波》)

以上两例都表达主体遭受的某负面行为的量。数量短语有时表达指称功能,前面可以出现限制性定语,如例(25)中的加点部分。

有时在"着"的后面会加一个虚指代词"他",形成"着+他+数量短语"的双宾被动句式,如:

(26)我着他几回。(《汉法》)

这种"着+他+数量短语"的双宾被动句式也同样用于表达主体遭受的某种负面行为的量,语气比不带虚指代词"他"的句式要强烈一些。

(四)着+(他)+NP

"着"为动词,后面可以跟名词短语NP构成"着+NP"动宾结构被动句式,或跟虚指代词"他"和名词短语NP两个宾语构成"着+他+NP"双宾结构被动句式,表达主体被动地遭遇NP产生的影响。

1. 着+NP

"着+NP"中的NP的构成有两种情形:

第一,NP由数量短语和名词构成。

当"着+NP"动宾结构中的NP为数量短语作定语的偏正结构名词短语时,句子往往强调主体遭受某种事物的被动影响的量,如:

(27)着了几吊钱。(《汉法》)

(28)着几百板子。(《汉法》)

以上两例在特定的语境中名词中心"钱"和"板子"均可以省略,但作为修饰成分的数量短语"几吊"和"几百"则不能省略,因为两个例句着重表达的都是主体遭受的被动影响的量。

第二,NP由不带数量修饰成分的名词短语构成。

当"着+NP"动宾结构中的NP为不含数量修饰成分的名词或名词短语时,句子往往强调某事物对主体产生的被动影响,如:

(29)着了湿气。(《汉法》)

(30) 未必孤不许你们的儿子承位，你们就着了气吗？（《黄吉安》）

(31) 他究竟在与谁斗殴，我正在着气又添忧。（《黄吉安》）

(32) 这都是命中注定的，该她要着这个灾。（《死水》）

(33) 着了凉，要害病，要吃药的。（《死水》）

(34) 你在川边辛苦了两年，既着了这冤枉，把差事搞掉，说不定还是你的运气，现在，就借此休息一下不好吗？（《波》）

(35) 我怕着凉！（《波》）

(36) 我那娃儿便是这样着了寒，病了。（《波》）

(37) 不想走到离场五里，就着了他杀刀队的埋伏。（《波》）

(38) 你不要害我，我这场病，就是上回在路上着了暑热，一回家就倒了床，现在还没有复原哩！（《波》）

2. 着 + 他 + NP

"着 + 他 + NP"结构中的 NP 一般需要数量定语，常用以表达经济上蒙受的损失，如：

(39) 我着他一百银子。（《汉法》）

清末民初西南官话文献中仅以上一例，但在当代西南官话口语中类似表达却较多，如贵州金沙方言中有以下说法：

(40) 阿种烟花，去年都才六十，昨天我去买，就着他八十块钱。【那种烟花，去年都才卖六十元，昨天我去买，就花了八十元。】（贵州毕节金沙）

(五)"着"字被动句小结

清末民初西南官话文献语料中，由"着"构成的表被动意义的句子包括"着 + 施事 + VP""着 + VP""着 + （他）+ 数量短语""着 + （他）+ NP"四种句式类型。这些句式中的"着"有的属于介词，有的属于助词，有的则属于动词。"着 + 施事 + VP"句式中的"着"可看作介词，而"着 + VP"中的"着"则宜看作助词，"着 + （他）+ 数量短语"和"着 + （他）+ NP"中的"着"则应当定性为动词。可见，清末民初西南官话中，"着"具有明显的多功能性，集动词、助词、介词三大功能于一体，并没有完全虚化。三种词性功能的"着"，都在句中表达被动遭遇义，构成被动句。

二 "被"字被动句

(一) 概述

本书用 NP 代表"被"字句中的施事,用 VP 代表"被"字句的核心动词部分,则"被"字句可分为三种基本句式类型,一是"被 + NP + VP",二是"被 + VP",三是"被 + 所 VP"。三种类型句式在清末民初西南官话文献中的出现情况如表 8-2 所示。

表 8-2 "被"字被动句在清末民初西南官话文献中的出现情况

文献	被 + NP + VP	被 + VP	被 + 所 VP	合计用例数
《跻》	73	16	4	93
《黄吉安》	44	50	1	94
《汉法》	5	2	0	7
《西蜀》	3	0	0	3
《联珠》	21	6	0	27
《课程》	0	0	0	0
《死水》	10	1	0	11
《波》	25	10	1	36
合计	**181**	**85**	**6**	**272**

总结表 8-2 数据可知:第一,口语特色浓厚的《汉法》《西蜀》《课程》等被字句较少,而带书面特色的《联珠》《跻》《黄吉安》《死水》《波》等包含的被字句较多;第二,就本土文人文献来看,偏早一点的《跻》《黄吉安》等"被"字句用例较多,而《死水》《波》等偏晚一些的文献"被"字句用例较少。综上可见,清末民初西南官话"被"字句继承自近代汉语,是偏书面的表达。在应用上,"被 + NP + VP"格式为最常用格式。以下分别就"被"字被动句的三个小类进行简要例析。

(二) 被 + NP + VP

"被 + NP + VP"句式被字句在清末民初西南官话中共出现 182 例,其中 NP 为 VP 行为的施事,整句表达对主体的被动行为。其中的 VP 可以是光杆动词、动宾短语、动补短语等不同的类型。

1. VP 为光杆动词

VP 为不带状语，也不带宾语或补语的光杆动词，如：

（41）我被你雇工毒打就算了吗？（《跻》）

（42）义状上七个人被我瞒过，我一人结仇怼死有何说。（《黄吉安》）

（43）被狗咬了。（《汉法》）

（44）赵母亦被贼杀。（《联珠》）

2. VP 为动宾短语

VP 为动宾短语，即其中的动词 V 支配的对象除了句子的主语成分外，还有后面所带的宾语成分，如：

（45）枪放楼下，四月蜈蚣正多，闻香放毒，钻入枪内，被烟胶沾足，不能出外，故在内而泄毒。（《跻》）

（46）我不该替人打样相亲，误人终身，所以我也被人打样，误我终身。（《跻》）

（47）我听喊往救，行快撞息灯光，绊物跌地，被血污衣，亲翁不要乱说！（《跻》）

从以上用例可见，VP 中的宾语成分代表的对象大多领属于句子主语成分代表的对象。

3. VP 为动补语短语

VP 中的补语可能是结果补语、趋向补语、程度补语、数量补语、处所补语等，如：

（48）再要发狠，怕被舅子打死。（《跻》）

（49）陈汤、甘延寿有若大功劳，这矫命二字，就被匡衡说坏了。（《黄吉安》）

（50）被人打伤了。（《汉法》）

（51）曹操的船和兵被火烧尽。（《联珠》）

（52）只是蔡家的被我勾引动了，一块肥肉，终不会是蔡傻子一个人尽吃得了的！（《死水》）

（53）夫人不知，武乡侯亡故，早被黄皓撤去了。（《黄吉安》）

（54）招弟已经那么大了，不是全不懂事的，长相也还不坏，说不定被那家稀儿少女的有钱人抢去了，那就比在你家里还好哩！（《死水》）

（55）她的青年时好吃的鲜味，和成年时刚熟的滋味，全<u>被别的人吃去了</u>，剩下的残汤剩水，自己还当成不易得的鲜鱼羹在看待，也未免太把我的青春糟蹋了！(《波》)

（56）端王爷信服得很，才奏明太后，说这般人都是天爷可怜清朝太<u>被洋人欺负狠</u>了，才特地遣下来为清朝报仇，要将洋人杀尽的。(《死水》)

（57）董承便说，是某在功臣阁上领受锦袍玉带而归，行至青锁门前<u>被曹贼盘问一番</u>，好不险煞人也！(《黄吉安》)

（58）东汉末年，国舅董承谋诛曹操事败，同谋五人（连承在内）及其家族，都<u>被曹操分斩于市</u>。(《黄吉安》)

（59）如今我们<u>被汉兵困在这里</u>，明天杀得出去，就是福，一下杀不出去啥，还不晓得死在哪里。(《黄吉安》)

就 VP 的补语来看，例（48）至例（52）中均为结果补语，例（53）至例（55）中为趋向补语，例（56）中为程度补语，例（57）中为数量补语，例（58）、例（59）中为处所补语。

4. VP 为状中短语

VP 为含有修饰性状语的动词短语，如：

（60）虽<u>被曹兵处处围困</u>(《联珠》)

（61）却<u>被余大爷一把提上檐阶</u>。(《死水》)

（62）前天<u>被人在江口住</u>了，已经押在军政府，只怕老赵的事情一过，就要算他的帐了。(《波》)

（63）但是首先<u>被周鸿勋一阵冲杀</u>，打死了不少的人。(《波》)

VP 中的状语一般只有一个，但也少量存在多个状语的情况，如：

（64）到底只<u>被朱统制十几大炮就把城池克复</u>，变兵四溃。(《波》)

（三）被 + VP

"被"后不出现施事成分，以被动助词的身份直接附着于动词短语之前表达被动意义，如：

（65）你既<u>被盗</u>，怎不报案？(《跻》)

（66）偷衣<u>被捉</u>，释放已是万幸，焉有百金打发贫儿？(《跻》)

（67）代司徒<u>被困</u>！(《黄吉安》)

（68）想下官<u>被逮</u>之时，迭次奉文催逼至京，我再再隐秘不宣，就怕

家中格外生出事来。(《黄吉安》)

(69) 被钉十字架。(《汉法》)

(70) 忽得关羽被杀的信。(《联珠》)

(71) 有一被押的将叫胡典。(《联珠》)

(72) 我晓得,李大爷就是这一件事被栽培出来了!(《死水》)

(73) 这也因为老周为人太直了,在雅州时带了一点过失,害怕被调上省,着赵尔丰鸩治他,不得已才加入同志会。(《波》)

(74) 旧县的陆军营房,花了十几万两才修好,已着周鸿勋的巡防兵踏成平地,存储的快枪几百支,过山炮几尊,连同枪弹炮弹,全被抢了。(《波》)

值得注意的是,"被+VP"结构可以作谓语,也可以作定语,如例(68)、例(70)、例(71)中的"被VP"均充当句子的定语。

(四) 被 + 所 VP

清末民初西南官话文献中的"被 + 所VP"应当是书面表达上对近代汉语被动句的继承,即便出现在口语对话中,也显得比较文雅,所以相对另外两种句式来说,用例数少得可怜,总共只有6例,如:

(75) 尔夫毙命之故,定是被烟所害。(《跻》)

(76) 如今浙江温州府被贼所占,尔可领兵三千前去剿捕,如能平复,本帅启奏皇上,保尔作温州府正堂。(《跻》)

(77) 今被本府所擒,可将平生恶迹从头实诉!(《跻》)

(78) 我儿怕他被虎所食,因此背回,寻药调治。(《跻》)

(79) 纵然被贼所困,所幸不会损折人马。(《黄吉安》)

(80) 我与汝妹均好,汝姊家亦无恙,亲友都好,只外公不幸被乱兵所杀,令人悲伤!(《波》)

(五)"被"字被动句小结

表8-2的语料查检统计结果显示,"被"字被动句在本书所掌握的清末民初7部文献(不含《课程》)中均有一定量的分布,说明应用得比较普遍。从结构形式上看,"被"字被动句可分为"被+NP+VP""被+VP""被+所VP"三种句式小类,"被+NP+VP"这种出现施事角色的完整"被"字句式使用频次最高,而"被+所VP"这样的句式主要继承于近代汉语,书面化色彩浓厚,所以在口语中出现得较少。

在当代西南官话中,"被"字被动句也仍然活跃,如:

(81) 他<u>被</u>说得个钱都不值。(贵州遵义凤冈)

(82) 日子都<u>被</u>他卡得死死的。(贵州遵义凤冈)

(83) 一个月里头她就<u>被</u>班主任喊去了三次。(贵州遵义仁怀)

不过,当代西南官话口语中的"被"字被动句用例多出自接受过一定程度教育的人,文化层次低的人用"着"字句的情况多于用"被"字句。

翟赟(2018:79-83)研究发现,南北官话在"被"字被动句的使用上存在很强的倾向性,南方官话倾向使用"被"字被动句,所以"在一定程度上,也可以把'被'字被动句看作是南方官话的一项区别特征"。前述研究显示,清末民初的西南官话也同样倾向于使用"被"字被动句。

三 "拿跟"被动句

"拿跟"在清末民初西南官话文献中有被动用法,构成"(S)+拿跟+NP+VP"结构模式的被动句,如:

(84) 箧箱<u>拿跟</u>虫蛀了。(《汉法》)

(85) 这田<u>拿跟</u>竹子燃狠了。(《汉法》)【这田被竹子吸收营养太多了。】

(86) <u>拿跟</u>人家哄倒了。(《汉法》)

(87) <u>拿跟</u>鬼买死的。(《汉法》)

(88) <u>拿跟</u>贼偷了。(《汉法》)

(89) 我<u>拿跟</u>强盗偷了(《汉法》)

(90) 这地花生<u>拿跟</u>猪拱。(《汉法》)

(91) 我<u>拿跟</u>他揉很了。(《汉法》)

(92) 一百银子都<u>拿跟</u>他揉脱了。(《汉法》)

以上九例都表达主语对象被"拿跟"后面的名词对象VP了,意义上都表达主语S所代表对象的蒙受性遭遇。

基于以上用例,很容易误认为"(S)+拿跟+NP+VP"结构都表达被动意义,事实却并非如此。这种结构也可能是兼语短语,如:

(93) <u>拿跟</u>我眇一下。(《汉法》)

（94）我不<u>拿跟他做</u>。（《汉法》）

（95）<u>拿跟他吃</u>。（《汉法》）

（96）你在家里闲耍，你父亲能不能一年百多块钱<u>拿跟你随便使用</u>？（《波》）

（97）铁路又不是他一个人的，就说光绪皇帝老早答应了<u>拿跟我们修</u>，宣统皇帝不该再要回去。（《波》）

以上例（93）至例（97）中的"拿跟 + NP + VP"只能理解为兼语短语，不能理解为被动结构。

所以，表层形式"拿跟 + NP + VP"在深层上可能是兼语结构，也可能是被动结构。

"拿跟 + NP + VP"要表达被动意义，需要具备三个条件：

条件1："拿跟"可用"被"或"着"进行替换。

条件2：语义上 NP 对主语对象实施 VP 行为后，会对主语对象造成某种损失或损害。

条件3："拿跟"不具有明显事物所有权的转移的意义。

条件 1 是必备的，条件 2 和条件 3 则是参考性的。

以例（86）来看以上条件的应用。例（86）"拿跟人家哄倒了"可以变成"被人家哄倒了"或"着人家哄倒了"。原式和变换式之间语义基本等价。可见，例（86）整句具备了条件 1。同时，"人家"实施的"哄"会对句子潜在的主语对象产生影响，"拿跟"的所有权转移义也明显弱化。据此可判定：例（86）是一个被动句。

再以例（95）来看，按上述条件 1 处理后，句子变成：

（95'）＊<u>着他吃</u>。／＊<u>被他吃</u>。

不难看出，"着他吃""被他吃"等两个被动句与原句"拿跟他吃"意义并不一致，所以"拿跟他吃"就不是一个被动结构。

在当代西南官话中，"拿跟"被动句仍然较常见，如：

（98）你那点钱，不兴揣好，<u>拿跟别个骗了去</u>就没得了哦。

（99）小猪（人名）太没出息了，<u>拿跟人家弄个日诀法</u>，他都不还一句嘴。

第二节 处置句

王力（1984：116-117）指出，"中国语里有一种特殊形式，就是用助动词'把'（或'将'）字，把目的语提到叙述语的前面"，王力（1989：266）进一步指出，这种特殊形式的主要作用"在于表示一种有目的行为，一种处置"。后来学界就将用介词"把"或"将"介引动词宾语构成的句式称为处置句式。清末民初西南官话文献中两种处置句式均存在，以下分别介绍。

一 "把"字句

清末民初西南官话文献中"把"字句的出现频率较高，每一部文献都有超过100条的用例。综合文献中的用例来看，清末民初西南官话中的"把"字句有9种应用格式。

（一）把+处置对象+处置动词

语料中有不少"把+处置对象+处置动词"的应用格式，即处置动词不带宾语，也不带补语，多数也不带状语，是一个光杆动词。如：

（1）他虽贫穷，你若把他周济，自然要翻身的。（《跻》）

（2）好好与我把庚拿转，万事干休！（《跻》）

（3）不如把李女子开销，使他另投别处。（《跻》）

（4）非义之财把祸招，得者喜欢失者焦。（《跻》）

（5）打个啥主意，把他收拾，免得签眼。（《跻》）

（6）谅必是你吃了刘天生，见他母亲把雷镇远枉告，今日处决，你心不忍，故来法堂与他伸冤，救他性命，是也不是？（《跻》）

（7）舅父不要乱说，把甥冤枉！（《跻》）

（8）你为甚把他头割？（《跻》）

（9）此事难怪小人，实饶氏做女之时把小人勾引，及逼嫁李素娥，乃饶氏所为，小人不过帮忙而已。（《跻》）

也有少量动词不带宾语或补语，但带状语，如：

（10）伍家穷了，意欲把儿另放。（《跻》）

部分形容词也可作为处置动词来使用，并且也同样以光杆形式进入

"把"字句，如：

(11) 你出此题目，未免把人难，要当新郎公也要从（宽）些说。(《跻》)

（二）把+处置对象+处置动词+了

处置动词不带宾语或补语，但带动态助词"了"，形成"把+处置对象+处置动词+了"的格式，如：

(12) 不要把正事误了。(《汉法》)
(13) 你乱说我把你牙齿挺了。(《汉法》)
(14) 这点活路把我累了。(《汉法》)
(15) 贼把房子烧了。(《汉法》)
(16) 把他的秀才革了。(《汉法》)
(17) 不要说破，把他暗地卖了，乘夜连儿逼抢进轿，量他插翅难飞。(《跻》)

例（12）至例（16）中处置动词前不带修饰成分，例（17）处置动词前带状语。

（三）把+处置对象+处置动词+宾语

部分"把"字句的处置动词将处置对象作为宾语的同时，另外还带一个宾语，具体包括两种情况：

1. 处置动词为连动式动词

连动式动词含有表示两个连续行为的动词语素 V_1 和 V_2，"把"后的处置对象是 V_1 的支配对象，而处置动词后面的宾语是 V_2 的支配对象，如：

(18) 把中国字翻成拉丁字。(《汉法》)
(19) 你们做些诡计，把我当作傀儡，这还了得！(《跻》)
(20) 为娘当日眼瞎，把我如花似玉之女，放与那似鬼似怪之穷乞，如何下台？(《跻》)
(21) 先年瞎了眼，把女儿放与常家。(《跻》)
(22) 为娘把你当作珠宝，弹都未弹一下，平常点泪未滴，今日到底为啥？(《跻》)

例（18）可理解为"翻中国字成拉丁字"，例（19）"把我当作傀儡"可理解为"当我作傀儡"。例（20）中"把我如花似玉之女，放与那似鬼似怪之穷乞"可理解为"放我如花似玉之女与那似鬼似怪之穷乞"。例（21）中"把女儿放与常家"可理解为"放女儿与常家"。例（22）中"把你当作珠宝"可理解为"当你作珠宝"。

2. 处置动词含致使义

处置动词 V 含有致使义，整个结构"把 + O_1 + V + O_2"可理解为"使O_1VO_2"，如：

（23）<u>把船靠拢岸</u>。（《西蜀》）

（24）<u>把你们破费</u>了。（《黄吉安》）

例（23）可理解为"使船靠拢岸"；例（24）可理解为"使你们破费"。

3. 处置动词为双宾动词

处置动词为双宾动词，"把"后的处置对象为直接宾语，处置动词后的宾语为间接宾语，如：

（25）既然如此，<u>把螺卖我</u>，拿去放生。（《跻》）

（26）<u>把盛家湾那股地方打发他</u>，就不穷了！（《跻》）

（27）今<u>把女儿配你</u>！（《跻》）

（28）你<u>把钱拿我</u>，好回去了。（《跻》）

（29）他既悔亲，<u>把庚退他</u>就是！（《跻》）

以上例句中的"把"字句结构可记为"把 + O_1 + V + O_2"，则都可以理解为"VO_2O_1"。

（四）把 + 处置对象 + 处置动词 + 补语

处置动词后面带补语，表示对处置对象的处置结果。从意义上看，补语有方所、趋向、结果、数量、程度等不同的类型。

1. 方所补语表达处置结果

处置动词后的补语补充说明针对处置对象实施处置行为后所处的方所，如：

（30）<u>把床撂在那边</u>。（《汉法》）

（31）不要<u>把这个事放在心头</u>。（《汉法》）

（32）<u>把他的故事放在一边</u>。（《汉法》）

（33）<u>把包袱捎在轿子后头</u>。（《汉法》）

（34）<u>把衣裳挂在那钉钉上</u>。（《汉法》）

（35）把钱子消在哪里去了（《西蜀》）

（36）先前也是这样，果能上天，我把妈背到神仙府去，将一双眼睛拿来医好，也不枉盘儿一番苦楚。（《跻》）

以上用例中，处置动词后面的补语由介词"在"或"到"等构成的介宾短语充当，表示针对处置对象实施处置行为后处置对象所在的方位或处所。

2. 趋向补语表达处置结果

处置动词后面的补语补充说明针对处置对象实施的行为的方向，补语一般由趋向动词或"给/跟"等有方向含义的动词短语充当，如：

（37）把自己的心收回来。（《汉法》）

（38）顺手把刀夺过来了。（《汉法》）

（39）把帘子卷起来。（《汉法》）

（40）父母之恩，杀身难报，古有黄香十岁打虎救亲，曹娥五岁临江哭父，我比他年纪更长，就不能把父救回吗？（《跻》）

（41）把书递跟我。（《汉法》）

（42）你把这个根由说跟我听。（《汉法》）

（43）把你履历说给我听。（《西蜀》）

（44）把银子交给他。（《西蜀》）

例（37）至例（40）处置动词后均有趋向动词，表示行为方向。例（41）至例（42）由动词短语"跟我"表示处置行为方向。例（43）、例（44）中由动词短语"给我"和"给他"表示处置行为方向。

3. 结果补语表达处置结果

处置动词后面的补语补充说明针对处置对象实施处置行为后的结果，如：

（45）耗子把索索嗾断了。（《汉法》）

（46）树子把菜园阴倒了。（《汉法》）

（47）他进了三百银子的水，才把官司打赢了。（《汉法》）

（48）这把戥子打得十两零点。（《汉法》）

（49）他把我待得重。（《汉法》）

（50）把手脚烫得起疱。（《汉法》）

（51）把眼睛揉得绯红。（《汉法》）

(52) 他把我掐得精叫唤。(《汉法》)

(53) 要把他降伏得住。(《西蜀》)

(54) 告上悾把官都害惨了。(《汉法》)

(55) 把心要拴倒。(《西蜀》)

(56) 把债账一笔勾销。(《西蜀》)

例（45）至例（47）处置动词的补语由动词或助词充当，例（48）至例（53）中的补语有结构助词"得"引出。例（54）至例（56）中处置动词前还带有状语。

语料中还出现了否定结构充当处置动词结果补语的用例，如：

(57) 他把我盘不翻。(《汉法》)

4. 数量补语表达处置结果

处置动词带数量补语，补充说明针对处置对象实施处置行为的量，如：

(58) 把他砍一刀。(《西蜀》)

(59) 把我很跑了几遍子。(《西蜀》)

(60) 把我吓一跳。(《西蜀》)

(61) 马把我踢一脚。(《西蜀》)

(62) 老伯恭喜，侄儿把老伯寻了三月，今日幸遇。(《跻》)

(63) 内伴当，把葡萄酒与三老子煨两壶来！(《黄吉安》)

例（58）至例（62）均是处置动词单独带数量补语，例（63）处置动词除了数量补语，前面还有状语。

5. 程度补语表达处置结果

处置动词带程度补语，补充说明针对处置对象实施处置行为达及的程度，如：

(64) 莫把精神耗散很了。(《西蜀》)

(65) 你把他放松很了。(《汉法》)

（五）把＋处置对象＋跟/给/与＋代词＋处置动词短语

"把"构成的介宾短语和处置动词短语之间出现与事介词"跟""给""与"等构成的与事介宾短语，构成"把＋处置对象＋跟/给/与＋代词＋处置动词短语"结构，附带表达与事宾语与处置对象之间的关系。

1. 强化说话者的处置意志

与事宾语为第一人称时，可以强化表达说话者针对处置对象的强烈的处置意志义，如：

（66）把脚给我拴倒了。(《西蜀》)

（67）把手给我擎倒了。(《西蜀》)

（68）把手掌与孤剁了。(《黄吉安》)

（69）你可带领侍卫百人，今夜三更时分，去住他家，把美人与孤抢来。(《黄吉安》)

（70）把美人与孤宣上殿来。(《黄吉安》)

例（66）和例（67）实际上有歧义。例（66）中"脚"如果是"我的脚"，例（67）中"手"如果是"我的手"，则两句都为是化处置结果承受人的用法。如果两例中的"脚"和"手"和与事宾语"我"没有领属关系，则两句都在强化说话者的处置意志。由于《西蜀》中没有充分的前后文，例（66）和例（67）无法通过语境来消除歧义。结合西南官话母语者语感，联系生活实际应用来看，"把 O 给我 VP"这样的结构往往表达的是一种处置意志义，所以本书认为，例（66）和例（78）都是强化说话者处置意志的用法。

例（68）至例（70）中的与事宾语是"孤"，三例均出自《黄吉安》，是舞台剧本对话语句，其中的"孤"是古代诸候王角色自称的代词，为第一人称。所在句子中的处置对象和"孤"之间不存在关系，所以这三例都是典型的强化说话者处置意志的句子。

2. 显化处置结果承受人

与事宾语为第二人称或第三人称时，往往是处置行为发生后的结果承受人。如：

（71）把衣裳跟他剐下来。(《汉法》)

（72）把衣裳给他抢夺了。(《汉法》)

（73）把房子跟他燸了。(《汉法》)

（74）把账给他悬出来。(《西蜀》)

（75）把舌与他割了。(《黄吉安》)

（76）待我把狱门与你开了。(《黄吉安》)

例（71）至例（75）中的与事宾语都是第三人称，而且"把"后的处置对象是领属于与事宾语，针对处置对象的处置行为发生后，结果直接对与事宾语产生影响，这种结果一般为非与事宾语主观意愿的结果。例（76）中的与事宾语为第二人称，处置对象和与事宾语之间不存在关系，但处置行为发生后，直接让与事宾语对象受益，所以例（76）中的与事介宾结构表达的是一种服务义，处置结果往往是与事宾语对象意愿性的结果。

（六）把＋处置对象＋拿/来/拿来＋处置动词短语

"把"字介词结构和处置动词短语之间有时插入"拿""来""拿来"等动词，有强化处置意味的作用，如：

（77）把这个人来款倒。（《汉法》）

（78）你不要把这件事拿来悬起。（《汉法》）

（79）把门闩拿来闩起。（《汉法》）

（80）把铺门拿来上起。（《汉法》）

（81）左右与爷把他拿来夹起！（《跻》）

（82）以此看来，最善是忍，不特别的事事当忍，就是婆娘偷人，也要把气来忍。（《跻》）

（83）看了带子，又看袍子，把我两个就拿来晾起。（《黄吉安》）

（84）奴不免先结果了她的性命，把这条肠子拿来割断，也好一心死节。（《黄吉安》）

不难看出，以上用例中加点的"来"或"拿来"省略后，原句意义基本不受影响，但如果有"来"或"拿来"，整个"把"字结构的处置意味得以增强。

（七）把＋处置对象＋疑问代词

"把"字句中，"把"构成的介宾结构后面一般接续的是处置动词短语，但有时处置动词短语也可能替换为"怎样、怎么样"等疑问代词，如：

（85）我不要他读，看哪个又把我怎样！（《跻》）

（86）朝廷也未必能把我怎么样！（《波》）

（87）没有钱，没有力，它敢把我们怎样？（《波》）

（88）你把我怎么样？（《汉法》）

例（85）中的"怎样"和例（86）中的"怎么样"都表示任指，例

(87) 是反问句，其中的"怎样"也表示任指，例 (88) 中的"怎么样"表示疑问。当疑问代词表达任指意义时，整句表达就处置对象而言的强烈的情感。

（八）把+处置对象+形容词短语

部分表达状态义的形容词也可以进入"把"字句占据处置动词的位置，构成"把 + O + AP"结构，整句含有致使义，解释为"让/使 OAP"，如：

(89) 把他忙了，明天会送来！(《黄吉安》)

(90) 就把你不得了！(《黄吉安》)

(91) 以我今日之事观之，假使不有我儿，急都会把老子急死了，我还想出得来呀！(《黄吉安》)

(92) 太把你累了！(《死水》)

例 (89) 中的"把他忙"可理解为"让他忙"或"使他忙"；例 (90) 中的"把你不得了"，可理解为"让他不得了"或"使他不得了"；例 (91) 中的"把老子急死"可理解为"让老子急死"或"使老子急死"；例 (92) 中的"把你累"可理解为"让你累"或"使你累"。总体而言，当处置动词的位置换成形容词后，整句处置意义被弱化，变成了含致使义的结构。

（九）非处置义的把字句

清末民初西南官话文献中存在着一些并不表示处置义的"把"字句，如：

(93) 掸了那股气色就把病惹倒了。(《汉法》)

(94) 把我儿等久了。(《黄吉安》)

(95) 妾把你受急了，行个常礼罢。(《黄吉安》)

(96) 尔辈在此出力，助我非小，真是把你们辛苦了。(《黄吉安》)

(97) 把此贼死便宜了。(《黄吉安》)

(98) 把这两个东西比较。(《西蜀》)

(99) 把他太容易了。(《西蜀》)

(100) 把我很作难。(《西蜀》)

(101) 莫把你跪坏了，快快请起来。(《黄吉安》)

(102) 从军报道，前面不远，扎有营盘土垒，倒把本帅大大吃了一

惊！(《黄吉安》)

以上十一个用例从形式上看都是典型的"把+处置对象+动词短语"的"把"字结构，但实际上都没有表达处置义。例（93）的"把"字结构含有被动义，而例（94）至例（102）中的"把"字结构都含有致使义。

二 "将"字句

据有关研究，表处置义的"将"字句最早出现于魏晋时期，到了唐代获得较大的发展，至宋代已发展为通常使用的句式（蒋绍愚、曹广顺主编，2005：357），但宋以后在口语中又逐渐淡出（冯春田，2000/2003：561）。本书考察清末民初西南官话文献中表处置的将字句的用例后发现，表处置的"将"字句主要集中于文学性的文人作品中，其中《跻春台》140例，《黄吉安》107例，《死水》9例，《波》16例。而记录生活口语的传教士文献中表处置的"将"字句用例较少，《汉法》5例，《西蜀》1例，《联珠》1例，《课程》0例。据此可以推断，清末民初西南官话文献中，文人作品中表处置的"将"字句很可能是文人的书面表达习惯的体现，而实际口语中表处置的句子当以"把"字句为主。

考虑到文人作品中人物对话仍然有不少表处置的"将"字句，故以下对表处置的"将"字句进行简要分析。

（一）将+处置对象+处置动词

处置动词前不带修饰成分，后不带宾语和补语，以光杆动词身份出现于句中。这类句式常出现于文艺性的整句①中，如：

（103）非怪我行凶将子纵，霸君自讨马氍封。(《黄吉安》)

（104）怕二竖定将老命送，厄年太岁在蛇龙。(《黄吉安》)

（105）若非牝狗将尾摆，牙狗焉敢把身挨。(《黄吉安》)

以上用例都含有字数一致的两个分句，是典型的整句。

一些只含一个分句的句子也有"将+处置对象+处置动词"的句式，但句子多出现于舞台对话中，如：

（106）迎主人尚将尾摆。(《黄吉安》)

---

① "整句"与"散句"相对，是指前后分句字数一致、排列整齐的句子。

(107) 贼卫姬母子莫非将你害?(《黄吉安》)

(108) 如将楚灭，西北属郡，亦归三王均分刘邦。(《黄吉安》)

(109) 叫士卒尔先、先、先将这一箭拔，我忍不得心看他。(《黄吉安》)

生活化的口语中，"将+处置对象+处置动词"的句式中的处置动词多为双音节，或带动态助词"了"，如：

(110) 我又无兄弟姊妹，爹爹路上莫人事奉，故将家财收拾，父女各乘马匹出门。(《跻春台》)

(111) 我家原在湖北，贸易在此，我又不善生意，不如回至原郡，将田产赎取，贤妻理料家务，我才好安心读书。(《跻》)

(112) 不如将他杀了，出口恶气！(《跻》)

(113) 此非娘之功，乃儿与娘解冤，使娘怨气消散，一片孝心感格上帝，将尔父罪案除了，复儿功名。(《跻》)

(二) 将+处置对象+处置动词+补语

处置动词带补语，形成"将+处置对象+处置动词+补语"的句式，这样的用例在语料中较多。其中补语表达处置结果，有结果补语、方所补语、数量补语、趋向补语等。

1. 结果补语表达处置结果

补语补充说明针对处置对象实施处置行为后的结果，如：

(114) 忽遇他的仇人将他们杀死。(《联珠》)

(115) 将前日所买的公服，快快用包袱包好，交与老院哥，叫他放在轿子里面。(《黄吉安》)

(116) 我何不再进帐去，将此苦情禀明，或者立刻就要升我的官职也未可知。(《黄吉安》)

(117) 将等已将项羽围困，不料闪出虞姬，随带八千子第，杀入重围，救出项羽，兵扎会垓，候元帅定夺。(《黄吉安》)

(118) 可将要紧物件收拾停妥，少时奏明太后，自有道理。(《黄吉安》)

(119) 将妻谋死，又是罪上加罪了，到底如何谋死的咧？(《跻》)

2. 方所补语表达处置结果

补语补充说明针对处置对象实施处置行为后处置对象所处的方位或

处所，一般用介词"于"或"在"等介引的介宾短语作补语，如：

（120）只要老爷应允，即将小女留在衙中，老身自去。(《跻》)

（121）莫非史银匠被仇人杀死，将尸丢在深山，被你吃了，得了首饰？(《跻》)

（122）幸得大雨将作，轰雷一阵，兄故将匙箸失落于弟。(《黄吉安》)

（123）就将你娘娘权且葬于此地，这柄宝剑 以作殉葬之物，将尸身快掩埋了。(《黄吉安》)

（124）将小姑娘抱在外面玩耍去。(《黄吉安》)

（125）想从前息氏殉节之时，留下血书一封，来孤合冢而葬，孤偏将他夫妻葬在两处，可望而不可即。(《黄吉安》)

（126）愿将某一腔血洒在枪头。(《黄吉安》)

（127）解下来，将他锁在后花园中，不许外面知道。(《黄吉安》)

（128）奴将女儿抱在怀中，真是万分难过；(《黄吉安》)

（129）若非夫人讲情，定将你二人置于死地。(《黄吉安》)

（130）将相国拘于兵马司中，杀双不杀。(《黄吉安》)

3. 数量补语表达处置结果

补语补充说明针对处置对象实施处置行为后产生的数量结果，一般由数词、数量短语或其他表量词语充当补语，如：

（131）我观今日，时候尚早，不如将前后之事，略说些须，权当促膝谈心之举。(《黄吉安》)

（132）好匹夫，我非将尔碎尸万段不可。(《黄吉安》)

（133）拴在马桩上去，将粗柳条折几枝下来。(《黄吉安》)

（134）将银两带上二百，随同公爷前往藕花院一行。(《黄吉安》)

（135）假如当着千人百众，将我等挖苦几句，未免难过。(《黄吉安》)

（136）不劳老爷费心，明日晨早，妻将云英杖责四十，再不准她擅出堂门，待事冷之后，再叫她娘家领去。(《黄吉安》)

3. 趋向补语表达处置结果

由趋向动词或含方向意义的动词短语充当补语，补充说明针对处置对象实施的行为动作的运行方向，如：

（137）谅必还有从凶，<u>将衣饰拿去</u>了，何须强辩？（《跻》）

（138）如此嘴硬，左右拿拶子来，<u>将他十指拶起</u>！（《跻》）

（138）可<u>将原情说来</u>，不要隐瞒。（《跻》）

（140）来呀，<u>将董贵妃抓来</u>！（《黄吉安》）

（141）<u>将尸移下去</u>。（《黄吉安》）

（142）小弟容他不过，<u>将狗官抓下来</u>！（《黄吉安》）

（143）再<u>将锦袍解下</u>一观！（《黄吉安》）

（144）只说五更时分，混出关去，哪知昏君先防一着，预下毒手，不等五鼓，<u>将我妻搂进宫去</u>。（《黄吉安》）

（145）前者水淹下邳，奏凯回朝，孤<u>将刘备带回许昌</u>，明为保举，暗是羁留，此乃调虎离山之计。（《黄吉安》）

（146）遵严命<u>将遗象推往前走</u>，五丈原会惊得司马摸头。（《黄吉安》）

（三）将＋处置对象＋处置动词否定结构

针对处置行为的否定一般应在处置介词"将"之前，如：

（147）就与我儿有气，也<u>不该将他打死</u>。（《黄吉安》）

但语料中也出现了处置动词前带否定词的情况，形成"将＋处置对象＋处置动词否定结构"的句式，如：

（148）听孤吩示，<u>将他夫妻尸首不必埋远</u>。（《黄吉安》）

（149）侍卫听着，<u>将韩冯尸身不用掩埋</u>，丢在荒郊，等那狐狸食之，蝇蚋噆之，剩下的零碎骨骸，拿进宫来，孤还有妙用。（《黄吉安》）

总体上看，这种对处置动词进行否定的用例不多。

（四）将＋处置对象＋处置动词＋宾语

部分处置动词可以再带宾语，形成"将＋处置对象＋处置动词＋宾语"的句式。具体包括两种情形：

1. 处置动词为双宾动词

处置动词为双宾动词，位于其前面的处置对象一般为直接宾语，而位于后面的宾语则一般为间接宾语，如：

（150）老爷何不<u>将媳嫁他</u>，他与官说，放你儿子出来。（《跻》）

（151）王成真好见识，好缘法，待我<u>将下法授你</u>。（《跻》）

（152）娘子，你不用生气，我<u>将银子退他</u>可使得不？（《黄吉安》）

（153）定将大位传武孟，隔绝内外不许通。(《黄吉安》)

（154）家务事一点全不懂，才将内政托后宫。(《黄吉安》)

2. 处置动词后省略介词"于"

处置动词与后面的处所名词之间应当有一个介词"于"，但被省略了，所以形式上就成了处置动词直接和处所名词构成动宾关系，如：

（155）可将老狗高吊辕门，有女则可，无女定将老狗碎剐！(《跻》)

（156）秦桧主和弃百姓，忍将二圣困番廷。(《黄吉安》)

（157）将吉平仍收原处，今天还不叫他死哩。(《黄吉安》)

（158）将秦庆童藏匿府中，不要使人知道。(《黄吉安》)

（159）将革员监收大理狱。(《黄吉安》)

这类用例中的处所名词宾语实际上表达的是针对处置对象实施处置行为后处置对象所在的处所。

3. 处置动词为具有连动型双音节动词

一些处置动词 V 由两个动词性语素 V_1 和 V_2 构成，代表两个连续出现的行为动作，是一个连动式的动词，前面的处置对象一般是 V_1 的支配对象，而处于 V 后的宾语则是 V_2 的支配对象。本书把这类处置句符号化为"将 + O_1 + V（V_1 + V_2）+ O_2"，则其语义结构可表示为"$V_1 O_1 + V_2 O_2$"。如：

（160）惟有梳头挽髻，穿耳束腰，熏体搽面，又把脚包，可怜熬痛忍疼，将那一尺鱼舟裹成三寸莲瓣，受了无限辛苦，方才修成。(《跻》)

（161）你动说要顾名节，如今将你嫁与富家，遂你从良之愿，你该也喜欢了。(《跻》)

（162）国君老病昏愦，忘却前言，另将公子昭立为世子，我儿无亏已无份了！(《黄吉安》)

（163）众弟子，将他夫妻灵魂带上赤绳台来。(《黄吉安》)

以上用例中的处置动词都是双音节连动式动词，其中的两个动词性语素在语义上分别支配前面的处置对象和后面的宾语。例（160）中"将那一尺鱼舟裹成三寸莲瓣"语义结构为"裹那一尺鱼舟成三寸莲瓣"，例（161）中"将你嫁与富家"语义结构为"嫁你与富家"，例（162）中"将公子昭立为世子"语义结构为"立公子昭为世子"，例（163）中"将他夫妻灵魂带上赤绳台"语义结构为"带他夫妻灵魂上赤绳台"。

（六）将+处置对象+方式状语+处置动词短语

有时处置动词短语之前会带方式状语，表达实施处置行为的方式，如：

（164）再将蒉城一带芦苇，用火烧尽，以免藏奸。(《黄吉安》)

（165）将韩冯尸首以大夫之礼葬之，抬出宫去。(《黄吉安》)

（166）葵丘之会，吾主会将世子面托宋公，以作外援。(《黄吉安》)

（167）是孤不解其意，并将太翁、吕后以礼送还。(《黄吉安》)

以上用例中加点部分就是方式状语，表示针对处置对象实施处置行为的具体方式。

（七）致使义的"将"字句

部分"将"字句表达的并不是处置义，而是致使义，如：

（168）看看要将赵氏孤儿赶上，却遇张世杰一场混战，竟将他母子走脱。(《黄吉安》)

（169）你可将此马渡过江去，使江东父老见了此马，犹如见孤一般。(《黄吉安》)

以上两例中的"将"都可以用动词"让"来替代，划线部分都可理解为使某对象完成某行为。

（八）工具义的"将"字句

部分"将"字句不表示处置义，而是表示工具义，其中的"将"可以用"用"字替代，如：

（170）本帅为尔保奏皇上，赦已往之罪过，成日后之功名，将功折罪，而挂印封侯，那些不美？(《跻》)

（171）儿蒙哥嫂打发有了，不必另办，何不将那些钱跟我佃点田土，我夫妻才好过活。(《跻》)

（172）不敢以告人，事到其间，我闻有命（诗）蒙古欲降信国公，屡将富贵动英雄。(《黄吉安》)

（173）你这狂生把姑娘当作烟花下贱，待我将琴回他一曲，把我玉洁冰清会于琴上，也使狂生知我才华节烈！(《跻》)

（174）抬尸江岸，用火焚化，将灰洒道，以泄吾恨！(《跻》)

（175）喂呀，奴还死不得，奴想横竖一死，何分早迟，但恐不知者，不说郎君将奴卖钱，反说奴行为不正羞忿而亡。(《黄吉安》)

以上例句中的划线部分都可码化为"将＋O＋VP",其中的"将"都可替换为介引工具的介词"用",整个结构表示用宾语对象实施行为VP。

（九）其他类型"将"字句

"将"字句中还有一些特殊用法,比如处置动词前加动词"拿来",强化处置意义：

（176）先前也是这样,果能上天,我把妈背到神仙府去,<u>将一双眼睛拿来医好</u>,也不枉盘儿一番苦楚。(《跻》)

再比如处置动词位置由疑问代词占据：

（177）不如为兄执帖禀见,看他<u>将兄怎样</u>。(《黄吉安》)

再如在处置动词前加"与孤"这样的与事介词短语,附加处置意志义：

（178）<u>将韩冯尸首与孤扛上殿来</u>。(《黄吉安》)

以上这些用例分别代表"将"字句的不同句式小类,由于用例较少,甚至都是孤例,故汇于此处集中简介。

第三节　使役句

李炜（2015）根据江蓝生（2000：221）,洪波、赵茗（2005）等,按使役者对被使役者的控制强弱度将使役分为两个下位范畴：一个是由使令和致使构成的、使役者对被使役者控制度较强的使役,简称为"致令类"使役；另一个是由容许和任凭构成的、使役者对被使役者控制度较弱的使役,简称为"容任类"使役。结合西南官话的实际,为更清楚地观察到西南官话的使役表达特点,本书将"容任类"分解为"容许类"和"任凭类",即将"使役"分为致令、容许、任凭三个下位范畴。相应地,将使役句分为致令类使役句、容许类使役句、任凭类使役句,以下就清末民初西南官话中的三类使役句分别结合例子进行分析。

一　致令类使役句

致令为使役句是指核心结构表示"致令某人或某物实施某行为或保持某状态"意义的使役句。清末民初西南官话文献中的致令类使役句有四种句式："喊"字致令使役句、"叫"字致令使役句、"着"字致令使役句、"支"字致令使役句。四种句式的用例出现量并不平衡,具体数据见表8-3。

表8-3　　　　　　　　致令类使役句用例情况表

文献	"喊"字致令使役句	"叫/教"字致令使役句	"着"字致令使役句	"支"字致令使役句
《汉法》	7	4	1	2
《西蜀》	2	0	1	0
《联珠》	12	26	0	0
《课程》	10	0	0	0
《跻》	32	75	1	0
《黄吉安》	4	93	6	0
《死水》	11	35	0	0
《波》	21	193	1	0
合计	99	427	10	2

由表8-3可见,"叫"字致令使役句用例数量多,其次是"喊"字致令使役句。这两类句式在八部文献中均有分布。"着"字致令使役句用例总数不多,但在多部文献中有分布。"支"字致令使役句用例数最少,且仅在《汉法》中出现。调查发现,在当代西南官话口语中,"喊"字致令使役句、"叫"字致令使役句、"着"字致令使役句、"支"字致令使役句四种句式类型均在使用,故以下对四种句式类型均作简要分析。

(一)"喊"字致令使役句

"喊"字致令使役句在清末民初西南官话文献中共出现99例,共有两种结构形式:一是"喊+NP+VP",二是"喊+VP"。

1. 喊+NP+VP

"喊+NP+VP"是"喊"字致令使役句最常用的结构类型。其中NP一般为指代有生命和有行动能力的人或事物的词或短语。VP部分一般是动词或动宾、动补、状中等动词短语。请看相关语例。

A. VP为简单动词

(1)侧边人喊我管,我不敢拢边。(《汉法》)

(2) 喊他走。(《汉法》)

(3) 喊堂官来。(《西蜀》)

(4) 既是这样讲，我就不喊他做，看害了哪个。(《跻》)

B. VP 为动宾短语

(5) 喊他出一张字。(《汉法》)

(6) 喊他赌咒。(《汉法》)

(7) 喊耶稣救我。(《汉法》)

(8) 喊几个挑夫挑挑子。(《西蜀》)

(9) 喊老李拣一个瓦片，刮他的颈项。(《课程》)

(10) 先前一人买我线子，喊你出钱。(《跻》)

C. VP 为动补短语

(11) 喊他出来。(《汉法》)

(12) 可以喊他们担挑子的进来。(《课程》)

(13) 喊火房拿行李出来。(《联珠》)

(14) 闻府里烟涨，我拿四碗去看行市，如果涨了写信回家，你喊脚夫送来。(《跻》)

(15) 招娃子，硬喊不起来吗？(《死水》)

D. VP 为连谓短语

(16) 先喊幺师傅倒水来洗脸。(《课程》)

(17) 嗯，想是父侯喊她去侍候的。(《黄吉安》)

(18) 你回去喊你参买本书来。(《跻》)

(19) 你忙把众狼喊回山去，休要逞凶！(《跻》)

(20) 现在汪大老爷仍叫他进学堂去当小工，他说，街道也跑厌了，息息脚也好，又舍不得他那底子，所以才喊我去顶替。(《波》)

E. VP 为"把"字结构

(21) 喊打杂的把东西收拾好。(《联珠》)

(22) 他才喊原差把铺堂钱三吊送上来。(《联珠》)

F. VP 为状中结构

(23) 喊多人去跟我拉来！(《跻》)

(24) 你去喊生童客人不要打牌烧烟，那些人来得稀奇，看要却拐。(《跻》)

（25）鸡鱼羊肉，一半都未吃完，今早鸡蛋和面，几大斗碗，<u>喊我快吃</u>，肚皮装满。(《跻》)

（26）你说进府，我一人害怕，<u>喊他相伴</u>。(《跻》)

（27）爹爹！那个<u>喊我们快走的女人</u>，正同着那三个男的从墙外走过去！(《死水》)

G. VP 为其他复杂动词短语

（28）他要娶我，<u>喊他再拿一千银子与我</u>，不然决不嫁他！(《跻》)

（29）来了就在这里，爹爹没有领我转过街，么爷爷<u>喊他领我走</u>，他不领。(《死水》)

（30）你要晓得，我与别的嫖客不同，虽是包了你，你仍可以做零碎生意的，只是夜里不准离开我，除非我<u>喊你去陪人睡</u>。(《死水》)

2. 喊 + VP

"喊"字致令使役句中，"喊"字后面有时也不出现使役对象，具体有两种情况：

A. 语境省略使役对象

由于对话语境中使役对象是双方共知的，使役对象被省略，如：

（31）师母<u>喊做啥子</u>，就做啥子。(《课程》)

（32）李国志父死做道场，<u>喊送豆芽</u>，挑进城来，一头忽重，也不觉得。(《跻》)

（33）招娃子，硬<u>喊不起来</u>吗？(《死水》)

（34）只听见大家<u>喊打</u>，又在喊：这婆娘疯了，咬人！(《死水》)

（35）上午<u>喊罢市</u>时，我就关了的。(《波》)

（36）打杂的<u>喊把轿子提上来</u>。(《联珠》)

以上例句中的使役动词"喊"后面的使役对象宾语都没有出现，但可以在语境中得到还原。比如例（31）中"喊"的使役对象宾语就是"你"。其他用例中的使役对象也可以在具体的语境中得到还原。

B. 处置介词"把"将使役对象提前

"喊"字前出现处置介词"把"，把动词"喊"的宾语位上的使役对象作为处置对象移至"把"后，使"喊"的宾语位空缺，形成了"喊 + VP"结构为核心的使役句式。如：

（37）你把田长子<u>喊来</u>，我交代他去办好了！(《跻》)

(38) 原差就把原告喊上来跪倒。(《联珠》)

(39) 你忙把众狼喊回山去，休要逞凶！(《跻》)

(40) 把那般人喊进来，一个双孝祠的人，岂不都晓得了？(《死水》)

(41) 是我趁你们出头时，就把他们喊走了的，免得那小姐跟你们道谢时，你看了难过。(《死水》)

(42) 如今反把那般人喊进来，你们想想看。(《死水》)

(43) 老子喊了恁久的拢门，还没有把魂喊回来吗？(《死水》)

(44) 从前在营盘里当哨官当管带时，常有这回事，把弟兄伙喊来，演说一篇，粮子上叫做训话。(《波》)

(45) 因此师傅在做热点心时，便特意把徒弟喊去，让他先吃一个饱。(《波》)

(46) 原差又把他们喊上来一起跪倒。(《联珠》)

以上例句中的加点部分既是处置介词"把"的处置对象，又是使役动词"喊"的使役对象。

(二) "叫/教"字致令使役句

"叫"字致令使役句在清末民初西南官话文献中共出现了427例（其中"叫"字411例，"教"字16例），具体有"叫/教 + NP + VP"和"叫 + VP"两种基本结构为核心的句式。

1. 叫 + NP + VP

在"叫"字致令使役句中，"叫 + NP + VP"结构为核心的句式最为常见，其中的NP一般为以人为所指对象的词语，VP可以是动词或动词短语、形容词或形容词短语、主谓短语等。本书按VP的不同类型简要举例如下。

A. VP 为动词性结构

VP为动词性结构时，具体表现为以下七种情况。

第一，VP为简单动词，即VP为不带状语、补语、宾语等的光杆动词，如：

(47) 哪个叫你去？(《汉法》)

(48) 不如趁我在时叫他改嫁，放他一条生路，又免债逼。(《跻》)

(49) 但此钏关系甚大，你叫个保来，才跟你当。(《跻》)

（50）叫我来我就来。(《黄吉安》)

（51）总教我忍，你做这事叫我怎忍？(《跻》)

第二，VP为动补短语，如：

（52）既然如此，叫他进来。(《跻》)

（53）将前日所买的公服，快快用包袱包好，交与老院哥，叫他放在轿子里面。(《黄吉安》)

（54）你是来此养病，不是来此添病，若是我们不管，叫人听见了，岂不要议论我们的不对？(《死水》)

（55）怎不叫人痛断肠！(《跻》)

（56）蒙君王雨露恩情深义重，奴岂教儿女情累及英雄。(《黄吉安》)

（57）我不过爱惜他，教他做惯，免得后来败家。(《跻》)

第三，VP为动宾短语，如：

（58）叫人到案。(《汉法》)

（59）叫文囚升官！(《黄吉安》)

（60）怕元酋追赶来狼威虎猛，叫仆夫催车马，丞相呀！(《黄吉安》)

（61）是不是因为鸡，着她打了，才叫我看你的脸？(《死水》)

（62）洋人可杀，但也不必杀完，只须跟他们一个杀着，叫他们知道我们中国还是不好惹的，以后不准那样横豪！(《死水》)

（63）难逢难遇，得一天空，不这样混下的去，还叫我做事吗？(《波》)

（64）想到将年百战死，悔教夫婿觅封侯。(《黄吉安》)

（65）你诱我赌钱，使我卖产当物，今又教我嫁妻，幸我改悔得早，不至嫁成。(《跻》)

（66）尔为何教人杀夫？(《跻》)

第四，VP为普通状中短语，如：

（67）感他痴情，准他一见，叫他不要妄想！(《跻》)

（68）贫就不讲，那样麻丑，叫我儿如何匹配？(《跻》)

（69）叫我们赶快逃跑，迟一点，都不行，信写得太潦草！(《死水》)

（70）安心叫老子在堂屋里过夜么？(《死水》)

（71）教他先接，他又贫无聘金。(《跻》)

第五，VP为"把"字结构，如：

(72) 叫你把药箱带上，赶快去。(《黄吉安》)

(73) 莫非要叫傻子把罗大老表供出来吗？(《死水》)

(74) 他们大概晓得你喜欢女人，才故意叫刘三金把你缠着，他们才好做你的手脚。(《死水》)

(75) 大高二爷，太太叫你把大少爷找来！(《死水》)

(76) 就叫他把差钱承担起来。(《联珠》)

(77) 并调巡防兵围住，勒逼着叫两队人把军械缴了，一齐看押在东校场的营房里。(《波》)

(78) 趁他吃鸦片烟去了，叫人把他包裹打开一看，天理昭彰，老赵的信，着搜出了。(《波》)

第六，VP为连谓短语，如：

(79) 快叫人捆绑送官！(《跻》)

(80) 设若忘了什么东西，叫大班头回来取得的！(《黄吉安》)

(81) 叫人看了真伤心！(《死水》)

(82) 叫菊花来把小姐也招呼去睡了。(《波》)

(83) 街上没事，不如叫王嫂去把黄姑老爷请来一道吃。(《波》)

(84) 莫非我们目下有大祸事，教我回家去躲吗？(《跻》)

第七，VP为其他复杂短语，如：

(85) 看，这下叫我何以见人？(《跻》)

(86) 只把郑八字喊来，叫他恭恭敬敬去把红庚要回，不然活活将他打死！(《跻》)

(87) 原说无钱，你要去读，叫我哪里去办？(《跻》)

(88) 这一顶乌纱无恙在，叫他们从容些把香案排！(《黄吉安》)

(89) 就叫次子用法把怪除灭。(《联珠》)

(90) 叫他派人去收邓艾。(《联珠》)

(91) 他又带着李老九飞跑回正府街，叫轿子一直抬进元通寺顶后面围墙旁边一道小门侧。(《死水》)

(92) 没得记性教他半天记不到。(《汉法》)

(93) 见娘行花颜云鬓，好教我落魄销魂。(《黄吉安》)

(94) 我今朝不但罢官，且而被逮，到了这时，教人好不矜持！(《黄

吉安》）

（95）你倒死了，<u>教娘</u>如何想得过！（《跻》）

B. VP 为其他谓词性结构

VP 位置可能为形容词性的结构或主谓结构等。

部分形容词也能占据"叫 + NP + VP"结构中的 VP 位置，表达一种被动性的使役，即形容词表达的状态并非是使役者针对使役对象的致令目标，而是使役对象基于自身的原因而受到使役者影响的结果。如：

（96）这样闹官派，看了，真<u>叫人肉麻</u>，亏你学！（《死水》）

（97）说起那般强盗，真<u>叫人伤心</u>！（《死水》）

（98）两个牛卵子眼睛就撑起了，一脸的不高兴，真<u>叫人难看</u>。（《波》）

一些主谓短语也能占据 VP 位置，表达使役者致令使役对象实施一种长期性的行为态势，如：

（99）<u>叫他事事依从诸葛亮</u>。（《联珠》）

（100）苦苦守节，无非望着此子，倘有不测，<u>叫我身靠何人</u>？（《跻》）

2. 叫 + VP

"叫"字致令使役句中，使役动词"叫"的后面有时也不出现使役对象，具体有两种情况：一是语境省略，二是使役对象被作为处置对象前置。

A. 语境省略使役对象

在一些语境中，"叫 + NP + VP"结构中的使役对象被省略，形成"叫 + VP"结构，如：

（101）官含恨在心，因近处有土豪作乱，被官拿获，官<u>叫咬扳爹爹</u>主谋，拿至法堂三拷六问，蒙众绅粮邀恩力作，充罪发配福建兴化当军。（《跻》）

（102）管氏反拿酒菜与先生讲好话，<u>叫莫打骂</u>，他是一子之家，读不得书莫啥来头。（《跻》）

（103）真可惜昨天的五桌席，不<u>叫担走</u>，不是够吃多久了吗？（《波》）

（104）把火头姓饶的，送到警局，<u>叫严追党羽</u>。（《波》）

语境原因省略的使役对象都可以根据语境进行还原，以上用例中被省略的使役对象都可以在其相应的语境中还原。比如例（102）中"叫莫打骂"可还原为"叫先生莫打骂"。

B. 使役对象被作为处置对象前置

使役对象可以作为处置对象变成处置介词"把"的宾语被前置，变成"把＋NP＋叫＋VP"结构，如：

（105）你既有才，我即把人犯叫进内衙，你去审讯。（《跻》）

（106）若把人叫倒，吃饭又开灯。（《跻》）

（107）颜老太爷也很维新，认为女婿的话是对的，每逢女婿走去，总要把小姐叫出来见见。（《波》）

（三）"着"字致令使役句

表致令使役的"着"读音为［tsuo²¹］①，其句式核心结构有"着＋NP＋VP"和"着＋VP"两种形式，在清末民初西南官话文献中两种句式共出现11例。

1. 着＋NP＋VP

"着＋NP＋VP"共有7例，其中NP所指一般为指有生命且有自主行为能力的人或事物。就实际用例来看，NP一般都为指人名词或名词短语。如：

（108）着人说信。（《汉法》）

（109）着一个人去。（《西蜀》）

（110）张大怒曰："这还了得！他敢嫌吾女吗？着人喊来！"《跻》）

（111）将他四人押在后花园中，每人着十人看守，明日晨早再行收监。（《黄吉安》）

（112）着竖刁紧守宫门，雍巫率领宫甲巡逻。（《黄吉安》）

（113）岑春煊未到任前，四川总督即着端方署理。（《波》）

2. 着＋VP

有时由于语境中可以明确使役对象，或不必明示使役对象，"着"的使役对象NP也可能被省略，形成"着＋VP"结构，共出现4例，如：

---

① 对于表致令使役的"着"，《西蜀方言》第418页注音为CHO⁵，《华西官话汉法词典》第539页注音为Tchǒ，根据两文献的音系原理，两个注音都对应当代西南官话的读音［tsuo²¹］。

（114）<u>着即另立文天祥神主</u>，改书故宋少保右丞 相信国公祀之。（《黄吉安》）

（115）感动天地，真忠臣也！<u>着将柴市口改为教忠坊</u>，以志不朽。（《黄吉安》）

（116）万古流芳，为宋室养土之报！传朕口诏，<u>着命地方官亲行掩殓</u>，一切从厚。（《黄吉安》）

（117）除另旨删除肉刑外，已革齐太仓令淳于意，<u>着赦免不罪</u>，开复原官，饬回本任。（《黄吉安》）

（四）"支"字致令使役句

"支"字致令使役句在清末民初西南官话中一共只出现了两例，如：

（118）<u>支他去</u>。（《汉法》）

（119）<u>莫支瞎子跳崖</u>。（《汉法》）

由以上两例可见，"支"字致令使役句的核心结构都是"支＋NP＋VP"。使役动词"支"有时也用作"支使"，如：

（120）是不是因为三道堰的案子，你便<u>支使洋人出来指名告他</u>，好借刀杀人？（《死水》）

二　容许类使役句

容许类使役句是指核心结构表达"容许某人或某物实施某行为或保持某状态"意义的使役句。清末民初西南官话文献中出现的容许类使役句主要是"等"字句和"让"字句。

（一）"等"字容许使役句

清末民初西南官话文献中表容许意义的"等"字句共有 41 例，基本结构形式为"等＋NP＋VP"，意为"容许 NP 实施 VP 行为"，是一个兼语结构，兼语成分 NP 所指一般为人或其他有自主行为能力的事物。

"等＋NP＋VP"这个结构形式其实是一个歧义结构，一方面表示"容许 NP 实施 VP 行为"，所在句子多为祈使句，称为容许类"等＋NP＋VP"；另一方面表示"等待 NP 实施 VP 行为"，往往表达执行后面所述行为的时间，所在句子多为陈述句，称为等待类"等＋NP＋VP"。两者之间的基本区别在于：容许类"等＋NP＋VP"中的"等"可以替换为"让、允许、容许"等祈使性的动词；等待类"等＋NP＋VP"中的

"等"只能替换为"等待、等候"等。且看如下两例：

(121) 不等他告我们，我们先下手。(《汉法》)

(122) 众文武且奔丧不说好歹，等父侯葬下土我们又来。(《黄吉安》)

以上两例中的"等"都可以替换为"等待、等候"等，并且表达的是执行后面所述行为的时间。例(121)"不等他告我们"表达的是"我们先下手"的时间，例(122)"等父侯葬下土"表达的是"我们又来"的时间。所以这两例中的"等 + NP + VP"都是等待类"等 + NP + VP"。

以下用例中的"等 + NP + VP"应理解为容许类"等 + NP + VP"，如：

(123) 等我去看。(《汉法》)

(124) 等我出下气。(《汉法》)

(125) 等我松一口气。(《汉法》)

(126) 押倒一个人不等他走。(《汉法》)

(127) 等他去做。(《西蜀》)

(128) 不等他哭。(《西蜀》)

(129) 你来医治孤，如今等孤来医治你。(《黄吉安》)

(130) 等我来抱奶娃，给爹爹磕头。(《黄吉安》)

(131) 等我将这奴才打死！(《跻》)

(132) 众人快快拿下，莫等他走了！(《跻》)

(133) 那么，等她跑！(《死水》)

(134) 不要等爹爹晓得就得了。(《死水》)

(135) 妈！你等我死了算了！(《死水》)

(136) 等我出去看看。(《波》)

(137) 等我上房子去看看，到底是哪里放了火。(《波》)

(138) 二姐姐有些见解和我一样，等她同你说，她比我懂得多，看你说得赢她不？(《波》)

(139) 及至朱统制派人来接头，他们答应了，还不等老周晓得。(《波》)

(140) 与其等他来做人情，自己不如抢个先。(《波》)

(141) 等我放手做了，他也一次电两次电，叫我不要放松，他自会极力在内中代我帮忙，非把嚣张的民气压下，好事的议绅严惩不可。(《波》)

(142) 如其早点告诉我，等我跟他接个头，他也不得失败跑了。(《波》)

(143) 等我进去看看，牌打完了不曾？(《波》)

以上用例所含的"等+NP+VP"中的"等"都可以替换为"让""容许""允许"等祈使义动词，因此都是容许类"等+NP+VP"，所在句子都是容许类使役句。

不过也应该注意到，以上部分用例所含的"等+NP+VP"中的"等"也可以替换为"等待""等候""等着"等，如例（130）和（137），变换为如下两例意义也通：

(130') 等待我来抱奶娃，给爹爹磕头。(《黄吉安》)

(137') 等待我上房子去看看，到底是哪里放了火。(《波》)

同一个"等+NP+VP"，既可理解为等待义，也可理解为容许义，或许显示的是等待义"等+NP+VP"演化为容许类"等+NP+VP"的重新分析现象。

另外，清末民初西南官话文献仅有"等+NP+VP"结构，但当今西南官话口语中存在"等+NP+VP+他的"结构，如"等他家婆娘日诀他的""等他哭他的""等你笑你的""等小兵买他的"。这种"等+NP+VP+他的"结构只能理解为容许义结构，应当是容许类使役句在当代西南官话中的发展结果。

（二）"让"字容许使役句

"让"字容许使役句核心结构的基本格式为"让+NP+VP"，意为容许（或安排、派遣、驱使）NP实施VP行为，如：

(144) 像这样，这个都督我真不愿意当了，哪个愿意，就让哪个来罢！(《波》)

(145) 是让水打不倒房子。(《汉法》)

(146) 何不让有德者来坐此位。(《联珠》)

(147) 就让你去挨刀。(《黄吉安》)

(148) 你让我把鸡拿回去后，再慢慢跟你说，说起来话真长哩！

(《死水》)

(149）把衣裳解开，让我看你身上有没有暗伤。(《死水》)

(150）是不是好让你去把蔡大嫂弄上手？(《死水》)

(151）你就不想到她的男人哩，肯让你霸占他的老婆吗？(《死水》)

(152）让他狗日的眼红，哪个还去睬他！(《死水》)

(153）将军也不答应了，说皇帝家的人民，不能让你姓赵的这样屠杀。(《波》)

总体上看，在容许类使役句中，"让"字句比"等"字句容易带致令意味，实际用例中，大部分用例表示"容许"，但也有部分表示"致令"。以上语例中，部分"让"字句就具有致令意味，如例（147）和例（148）中的"让"解释为"安排、驱使"等更合适。

三 任凭类使役句

任凭类使役句是核心结构表达"任凭某人或某物实施某行为或保持某状态"意义的使役句，包括"侭"字任凭使役句（简称"侭"字句）、"由在"任凭使役句（简称"由在"句）、"在随"任凭使役句（简称"在随"句）等。

（一）"侭"字任凭使役句

"侭"其实是"尽"的异体写法。"尽"在《汉语大词典》中有一解释为"一任、听凭"，此义异体写法之一是"侭"，该义在清末民初西南官话中得到保留，并构成使役句。

"侭"在清末民初西南官话文献中有"紧""尽"等不同写法，本书统一写作"侭"。"侭"是一个多功能词，可以作为副词，修饰动词，表示"行为状态长时间持续"，如：

(154）快把银子拿给我，不要与我侭罗嗦。(《黄吉安》)

(155）他侭拖不还账。(《汉法》)

(156）莫在后面侭捱。(《西蜀》)

(157）我不好求她侭帮忙。(《死水》)

(158）你为啥子守在人家跟前，老是贼眉贼眼的侭盯？(《死水》)

(159）我们不留你侭住，使你伤心，你倒是回去将养的好。(《死水》)

"佯"也可以作动词,表示"保持某事件或状态的连续性",具体应用时一般带动态助词"着",后面带动词性宾语,如:

(160)佯着这么等,妈牝哟!(《波》)
(161)佯着同他说些空话做啥!(《波》)

"佯"作为动词,还可以构成任凭使役句,形成"佯 + NP + VP"的结构,表示"任凭 NP 实施 VP 行为或持续 VP 状态",如:

(162)佯他走。(《汉法》)
(163)佯他搅。(《汉法》)
(164)佯他诀骂不要答应。(《汉法》)
(165)佯他做。(《西蜀》)
(166)包包散包包散,莫佯婆婆看。(《西蜀》)
(167)佯油麦慢慢煮。(《联珠》)
(168)佯他在那里,慢慢煮。(《课程》)

例(162)至例(168)中的"佯"都可以替换为表任凭义的"任由、任凭、由在"等,所以例句都是任凭类使役句。这种使役句中的"佯"的任凭义与其"保持某事件或状态的连续性"的动词义密切相关。

根据王春玲(2011:183)的研究①,"佯"字使役句在当代西南官话中仍然比较活跃,如:

(169)来迟了,佯你们等久了,不好意思哟。
(170)佯他耍下儿着。【让他们耍一会儿再说。】
(171)我们屋头还有,佯他拿起去。

可见,"佯"字使役句从晚清至今百多年时间中一直在西南官话中活跃着。

在17世纪到19世纪的北京官话文献中都有"尽着"表示任凭使役的用例,如:

(172)疾快将草料来,拌上着,尽着他吃着,咱睡去来。(《老》)
(173)有一日老太太高兴了,又尽着他吃,什么日子又不许他吃,何苦我白赔在里面。(《红》)
(174)阿呀母亲!阿呀父亲!你二位老人家怎的尽着你女孩儿这等

---

① 王春玲(2011)称为"尽"字使役句,本书统称为"佯"字使役句。

叫，答应都不答应一声儿价！(《儿》)

西南官话中"伈（尽）"单独表示凭凭使役的用法虽然在北京官话文献中未曾发现，但应当与北京官话中的"尽着"有联系，或许是对"尽着"的简省用法。

(二)"由在"任凭使役句

"由在"在清末民初西南官话文献中是一个动词，有两种用法：一是直接带宾语，表示放任宾语对象，如"由在你、由在他、由在别人"；二是构成"由在 + NP + VP"结构为核心的任凭使役句，表示放任 NP 实施 VP 行为或持续 VP 状态。

"由在 + NP + VP"结构为核心的任凭使役句中，NP 所指一般为具有自主行为能力的人或事物，VP 所指一般为可持续性的行为，如：

(175) 由在他吵。(《汉法》)

(176) 这个娃娃没得教诏，由在他做。(《汉法》)

以上例（175）意为放任他实施"吵"的行为；例（176）意为放任他（这个娃娃）实施"做"的行为。类似用法在当代西南官话中仍较为常见，如：

(177) 要哪样还要由在你指哦。(贵州毕节金沙)

(178) 由在你想搞哪样就搞哪样，那还了得。(贵州毕节金沙)

(179) 做哪样都要由在他高兴，那有那起好事嘛？(贵州毕节金沙)

从以上用例可见，"由在"任凭使役句的"由在 + NP + VP"结构中，形容词、可持续性的动词以及其他表示行为状态的复杂短语等均可占据 VP 位置。如例（179）中 VP 位置的"高兴"是形容词，例（175）和例（176）中 VP 位置的"吵"和"做"都是可持续性的动词，例（178）中 VP 位置的"想搞哪样就搞哪样"是一个表达行为状态的紧缩短语。

"由在"有一个变体形式"由"，具体应用格式为"由 + NP + VP"，如：

(180) 由他作主。(《汉法》)

(181) 水晶宫岂由你鱼虾作乱？(《西蜀》)

(182) 你怎不告我，岂由他骂吗？(《跻》)

(183) 跌一窖已伤人可不问马，倒一排便失事由我斩杀。(《黄吉安》)

（184）算来贫富<u>由</u>命定，表兄说来也枉然。(《跻》)

以上例（180）至例（184）中的"由+NP+VP"中的NP都是有生命的人或事物对应的名词或代词等，能发出后面的行为动作，其所指代的人或事物是其后的动词所表示的动作行为的实际发出者和执行者。例（184）"由命"中的"命"似乎没有生命特征可言，但实际上这个例句中的"由命定"是一种拟人化的表达，把"命"看作是可以执行"定"这个行为的人，所以这个句子中的"命"也当看作有生命特征的NP。

可见，"由在"任凭使役句其实也可以称作"由"字任凭使役句。不过，在当代西南官话中，这类使役句一般用"由在"[如例（177）至例（179）]，较少用"由"，所以本书最终将名称定为"由在"任凭使役句。

（三）"在随"任凭使役句

"在随"与"由在"同义，也可以构成任凭使役句，以"在随+NP+VP"为核心结构，其中NP所指为具有自主行为能力的人或事物，VP所指一般为可持续性的动作行为或状态。这样的用例口语特色明显，仅在《汉法》中出现了3例，如：

（185）<u>在随</u>你选哪个。(《汉法》)

（186）<u>在随</u>他来。(《汉法》)

（187）<u>在随</u>官发落。(《汉法》)

以上三例中的"在随"都可以替换为"由在、任凭"等词，意义保持不变。

第四节　比较句

李蓝（2003）认为，比较句就是由相关的比较参项构成的表示比较关系的句子。比较"是语言中一种重要的语义范畴"（汪国胜 2000），所以比较句式的研究是语法研究的重要内容之一。

马建忠（1987:135）把古代汉语的比较句分为平比、差比、极比三类。后世学者基本上沿用了马氏的分类，或在此基础上根据实际进行增补分类。结合清末民初西南官话文献来看，"一天比一天歪"之类用例虽然不多，但有一定特殊性，本书归之为"递比类"。于是本书所讨论的比较句就包括了平比、差比、极比、递比四类。

关于比较句的构成，汪国胜（2000）指出，"从构成上看，比较句通常包含比较项（比较的对象）、比较值（比较的结论，或称结论项）和比较词。比较项包括比项（A）和被比项（B）；A项和B项可以是体词性成分（如名词、代词等），也可以是谓词性成分（如动词、形容词或动词、形容词性短语等）。比较值有时只是一种笼统值（或称基本值，W），有时则还带有一种量化值（或称附加值，Z）"，"比较句中有时还出现比较点（比较的方面）。比较点有时作为主语（大主语或小主语），有时处在谓语的位置"。以下对比较句的分析基于汪国胜（2000）的这个观点，在展示各比较句格式时，用相应的字母代码表示比较句中的相关项。为看得更清晰，现将有关代码和对应项列示如下：

A——比项，即需要比较得出结果的对象

B——被比项，即比较参照项

W——比较值，又称比较结果、结论项等

Z——量化值

比较词按实际记录。比如：张三比李四高，码化记录为：A＋比＋B＋W。如果某项在应用中可以省略，外加圆括号表示。如"（A）＋比＋B＋W"表示比项A可以省略。

一　平比句

平比句又叫等比句，用来"比较事物的异同，表示相比的事物在某一方面一致"（汪国胜，2000），是"比较两个比较对象的性状、程度等方面是否相等"（吴晓红，2009）的句式。清末民初西南官话文献中的平比句主要有8种格式。

（一）（A）＋与事介词＋B＋一样/差不多

"A＋与事介词＋B＋一样/差不多"这种比较句格式在清末民初西南官话文献中共有59例，其中"A＋和＋B＋一样/差不多"有10例，"A＋跟＋B＋一样/差不多"有11例，"A＋与＋B＋一样/差不多"有7例，"A＋同＋B＋一样/差不多"有31例。这类格式中的"一样"或"差不多"都是谓词性的成分，是比较词。"一样"表示比项A和被比项B相同，"差不多"表示比项A接近被比项B。实际应用时，比项A常被省略。以下按不同的与事介词分别举例。

1. A + 和 + B + 一样/差不多

"A + 和 + B + 一样"格式有9例,"A + 和 + B + 差不多"格式1例。略举数例如下:

(1) 那自然也和百姓一样,被朝廷压着,不能不怕。(《死水》)

(2) 二姐姐有些见解和我一样,等她同你说,她比我懂得多,看你说得赢她不?(《波》)

(3) 你虽然是一个候补县的前程,既没署过缺,又没得过啥子红差事,在官场中也没出过啥子名,只要不再上局去,还不是和土生土长的绅粮们一样。(《波》)

(4) 罗先生他们虽没有坐监坐牢,但是着兵看守了七十天,也和坐监坐牢差不多了,我们照老规矩是应该这样做的。(《波》)

2. A + 跟 + B + 一样/差不多

"A + 跟 + B + 一样"格式10例,"A + 跟 + B + 差不多"格式1例。略举数例如下:

(5) 人还不是跟东西一样,单是一件,用久了,总不免要讨厌的,再好,也没多大趣味。(《死水》)

(6) 董军门是啥样的人,跟我们四川的鲍爵爷一样,是打拼命仗火的,洋兵行吗?(《死水》)

(7) 几高,几大,不很胖,白白净净的,硬跟洋婆子一样。(《死水》)

(8) 样子首先就不逗人爱,一双岩眼睛,呆钝得就跟死鱼眼睛一样,比徐独清取了眼镜的近视眼还难看。(《波》)

(9) 几天了,他妈的,还不是跟老子一样!(《波》)

(10) 现在这个世道,也跟乱离年间差不多了,还躲避啥子生人?(《波》)

3. A + 与 + B + 一样/差不多

"A + 与 + B + 一样"格式6例,"A + 与 + B + 差不多"格式1例。略举数例如下:

(11) 将来你与他一样(《汉法》)

(12) 如此说来,还是与老庚一样,真是责人则明,责己则暗了。(《跻》)

(13) 咸权与曹操一样。(《联珠》)

(14) 你也与李矮子一样了!(《波》)

(15) 说资格,都与老赵差不多,而端午帅还是满洲旗人,玉将军一定都他的忙,你老赵敢不交事吗!(《波》)

4. A+同+B+一样/差不多

"A+同+B+一样"格式30例,"A+同+B+差不多"格式1例。略举数例如下:

(16) 这或者是官场礼节,才是小丧摆在堂屋正中,丈夫穿着重孝,见人就磕头,同死了父母一样。(《死水》)

(17) 你们看,真同演戏一样,大师兄叩首起来,便把上下衣裳脱得精光……(《死水》)

(18) 她的洋话,说得同洋人一样,打扮得也差不多,男洋人女洋人都喜欢她。(《死水》)

(19) 我就胆大了,可是也只好偷偷摸摸的,敢同男人家一样。(《波》)

(20) 直到上次在妈那里,还是亲热得同十五年前大家才动手相爱时一样,这不是缘法未尽吗?(《波》)

(21) 不过我是上月二十八起的身,初一成都罢市以后,这几天却不晓得是啥光景,想来也同成都差不多罢?(《波》)

综上可见,表示比项A和被比项B相同的"A+与事介词+B+一样"用例较多,而表示比项A接近被比项B的"A+与事介词+B+差不多"用例较少,每个与事介词只对应1个用例。

"A+与事介词+B+一样"格式在清末民初语料中没有对应的否定形式,结合当代西南官话口语实际来看,这种格式的否定形式有三种:

一是用否定词"不"否定,格式为"A+与事介词+B+不一样"。如:和百姓一样→和百姓不一样;跟洋婆子一样→跟洋婆子不一样;与他一样→与他不一样;同演戏一样→同演戏不一样。

二是用否定词"没有"否定,格式为"A+没有+与事介词+B+一样"。如:和百姓一样→没有和百姓一样;跟洋婆子一样→没有跟洋婆子一样;与他一样→没有与他一样;同演戏一样→没有同演戏一样。

三是用"不会""不必"等"不+能愿动词"格式的否定词否定时,

否定词可以在与事介词前，也可以在与事介词后，"A+与事介词+B+不+能愿动词+一样"和"A+不+能愿动词+与事介词+B+一样"两种格式均可，只是两种格式意义有所差别。如：和百姓一样→不会和百姓一样，和百姓不会一样；跟洋婆子一样→不会跟洋婆子一样，跟洋婆子不会一样；与他一样→不会与他一样，与他不会一样；同演戏一样→不会同演戏一样，同演戏不会一样。

（二）（A）+与事介词+B+一样（的）+W

这种格式中的W一般是形容词，"一样"的后面有时会有助词"的"。其中比项A常被省略。清末民初西南官话中此类格式用例不多，总共只有4例，具体如下：

（22）跟雪一样白。(《汉法》)

（23）大概跟少爷一样大罢？(《死水》)

（24）像你这蠢东西，你就立时立刻拿出六百两银子，我也不会同你一样的蠢，跟着你去受活罪啦！(《死水》)

（25）管他妈的，试试看，想来也同《天雨花》《再生缘》那般传子书一样的深浅罢？(《波》)

以上例句中的"白""大""蠢""深浅"等为比较值W，除了"深浅"以外都是形容词。"深浅"不是形容词，而是形容词并列结构。

（三）（A）+比喻词+B+一样/一般

这类格式以比喻词"如""如同""像""好像"等作比较词，"一样"或"一般"为比况助词，用以显化等比意义。其中比项A常被省略，但可以根据语境予以还原。这类格式在清末民初西南官话文献中一共有66例，其中作为比较词的比喻词包括"像"和"如"两类。

1. （A）+像/好像+B+一样/一般

"A+像/好像+B+一样/一般"共有41例，比况助词以"一样"居多。以下略举数例：

（26）活像闹丧一样。(《西蜀》)

（27）像清白衣裳一样。(《课程》)

（28）就像手掌上的珍珠一样(《联珠》)

（29）像他的父刘备一样(《联珠》)

（30）不是，不是，只是惊惊慌慌的，像有啥子撵了来的一般。

(《波》)

(31) 你好像催命鬼一样。(《汉法》)

(32) 一个个骇得连人形都变了，好像刀就架在他们颈项上一样，比女人家还没出息！(《波》)

(33) 他总要先会一下罗先生，好像罗先生就是一位孔明先生，见了面便有啥子锦囊妙计一般，却不晓得罗先生的锦囊妙计，还向着许多人在要呢。(《波》)

"(A) +像+B+一样/一般"格式的否定形式一般是在"像"前加否定词，如：像闹丧一样→不像闹丧一样，没有像闹丧一样，不会像闹丧一样；"(A) +好像+B+一样/一般"格式的否定形式一般是将"好像"替换为"像"，再加相应的否定词，如：好像催命鬼一样→不像催命鬼一样，没有像催命鬼一样，不会像催命鬼一样。

2. (A) +如/犹如/如同+B+一样/一般

"(A) +如/犹如/如同+B+一样/一般"格式共有25例，比况助词以"一样"为最多。其中比项A也常被省略。以下略举数例：

(34) 挤得如蚂蚁包一样 (《汉法》)

(35) 如刀割一样。(《汉法》)

(36) 办事就如姓宋的在铺内一样 (《联珠》)

(37) 我们就插起顺民旗子，到底有一官半职之故，未见得就能如寻常百姓一样？(《死水》)

(38) 犹如没得钱一样。(《汉法》)

(39) 那旁有窗槅两扇，奴不免取将下来，权且掩复尸身，犹如棺盖一样。(《黄吉安》)

(40) 严嵩欺君罔上，结党营私，犹如冰山一样，岂可附以婚姻？(《死水》)

(41) 你可将此马渡过江去，使江东父老见了此马，犹如见孤一般。(《黄吉安》)

(42) 看看汉兵，犹如潮水一般，杀进御营来了，还不上马逃走！(《黄吉安》)

(43) 如同我们一样。(《西蜀》)

(44) 如同他在时一样。(《联珠》)

"（A）+如/犹如/如同+B+一样/一般"的否定形式一般不用否定词"不"，而是用"不会、没有"等双音节否定词，如：没有如蚂蚁一样，不会犹如没得钱一样，没有如同我们一样。

（四）A+犹如/如+B

这类格式的比较词是动词"犹如"或"如"，一般A项和B项同现。清末民初西南官话文献中此类用例不多，共发现4例，具体如下：

（45）世事如棋局局新。（《汉法》）

（46）养子不教如养驴，养女不教如养猪。（《汉法》）

（47）弟兄如手足。（《汉法》）

（48）公人见钱如苍蝇见血。（《汉法》）

此类格式的否定式一般是在"犹如"或"如"的前面加否定词。

（五）（A）+有+B+（那么）+W

这种格式中，比较词是存现动词"有"，比项A可以省略，被比项B和结论项W为必有项，结论项W前有时会出现"那么"之类修饰词。如：

（49）心有天高命纸薄。（《西蜀》）

（50）有两个那么大。（《西蜀》）

（51）方才你妻在桑园门首，得见一人，面容丑陋，须有这样长，人有这样高，穿的锦锈花灰，跨骑银褐骏焉。（《黄吉安》）

（52）眉毛有我的清秀吗？（《波》）

（53）嘴有我的小吗？（《波》）

（54）再说到好耍，你也不要太把成都凑合过火了，光拿嫖婊子来说，成都有我们内江方便吗？（《波》）

（55）有没有城门结实？（《波》）

例（55）为"（A）+有+B+（那么）+W"格式的正反问形式。"（A）+有+B+（那么）+W"格式的否定形式很简单，将"有"变成否定词"没有"即可。否定形式构成差比句。

（六）A+敌得住+B

这种格式的比较词为动补短语"敌得住"，比项A和B一般至少要出现一项。这种格式在清末民初西南官话文献中仅有两例，具体如下：

（56）血肉之躯怎能敌得住洋枪？（《死水》）

(57) 并且他又没有五虎大将,他咋个敌得住?(《波》)

例(56)中比项 A 为"血肉之躯",被比项 B 为"洋枪",两个比较项均在。例(57)有比项 A,语境原因省略了被比项 B,句子为反问句,意义上实际是差比。

当代西南官话口语中,"A + 敌得住 + B"这种格式的用例较为常见,如:

(58) 两个猪才敌得住一头牛的钱。

(59) 今年子一窝猪儿敌得住你在外面打一年工。

"A + 敌得住 + B"的否定格式为"A + 敌不住 + B",构成差比句。

(七)(A) + 赶得上 + (B) + (W)

这种格式以动补短语"赶得上"为比较词,比项 A 常在语境中被省略,被比项 B 有时也可以省略,但 A 和 B 不能同时被省略。结论项 W 可以出现,也可以不出现。

清末民初西南官话文献中,没有这种格式的平比句,但有这种格式以反问或否定形式构成的差比句,如:

(60) 说句良心话,成都省里多少太太奶奶,哪里赶得上你一根脚指拇?(《死水》)

(61) 怕眼前还在挣一两银子一个月,未必赶得上我们这些庄稼汉哩!(《死水》)

(62) 还不要说我们外州县又哪能赶得上成都省方便好耍?(《波》)

(63) 革命党大概都是杀人不眨眼的代王们,我们咋个赶得上!(《波》)

例(60)中的比项 A 是"成都省里多少太太奶奶",被比项 B 是"你一根脚指拇";例(61)比项 A 是"挣一两银子一个月"的人,被比项 B 是"我们这些庄稼汉";例(62)比项 A 是"我们外州县",被比项 B 是"成都省",后面还出现了结论项 W"好耍";例(63)比项 A 是"我们",比较项"B"是"革命党",但在比较分句中被省略。

"(A) + 赶得上 + B + (W)"格式平比句在当西南官话口语中也较常见,如:

(64) 今年子的苞谷还是赶得上去年子的。

(65) 那媳妇赶得上坎上家的不?

"（A）+赶得上+B+（W）"格式的否定格式有两种：一是用"没有""未必""不会"等来否定，格式为"（A）+否定词+赶得上+B+（W）"；二是用"不"否定，格式为"（A）+赶不上+B+（W）"。两种否定格式都可以构成差比句。

（八）（A）+比得上+（B）+（W）

这种格式与第七种格式相似，比项 A 和 B 可以根据语境省略其中一个，结论项 W 可有可无。这种格式的用例不多，在清末民初西南官话文献中仅有以这种格式为基础构成的 3 例差比句，如：

（66）那是寿老神仙，你马家怎么比得上？（《跻》）

（67）倒是洗沙圆筊那个丑东西，庶可与之颉颃，但是圆筊儿太粗，太野，太俗，哪里比得上李老幺的蕴藉。（《波》）

（68）依我看，口头行的倒多，真正做起事来，未见得比得上你我踏实罢？（《波》）

二 差比句

差比句"用来比较事物的高下"（汪国胜，2000），"就是两个（或多个）比较对象在程度、数量或性状等语义关系上有差别的句子"（李蓝，2003），简言之，差比句就是用来显示比较项之间差异性的句子。清末民初西南官话文献中的差比句共有 9 种格式。

（一）A+W+B+Z

这种格式中，比较值 W 兼比较词功能，比较结果是数量值 Z，常用于比较辈分、年龄。虽然应用范围窄，但清末民初西南官话文献中此类用例却不算少，如：

（69）我长他一辈。（《汉法》）

（70）我长他两辈。（《汉法》）

（71）他是长的，长我一岁。（《汉法》）

（72）他小我一岁。（《汉法》）

（73）他小我一辈。（《汉法》）

（74）他长我两岁。（《西蜀》）

（75）他大我一岁。（《西蜀》）

（76）你比他大三岁，大我十二岁。（《死水》）

例（69）、例（70）、例（73）比的是辈分，例（71）、例（72）、例（74）、例（75）、例（76）比的是年龄。其中的 W 由"大、小、长"等与年龄或辈分有关的形容词为充当。Z 以数量短语形式出现。

（二）（A）＋比＋B＋（还/更）＋W＋（Z）

这种格式的比较词是动词"比"，比项 A 可以根据语境省略，被比项 B 一般不能省略。比较值 W 一般为谓词性结构，前面有时可以带程度副词"还""更"等。W 后有时会带量化值 Z，量化值 Z 一般由数量短语、形容词"多"、助词"些"等来充当。以下是清末民初西南官话文献中的部分用例。

（77）衫子比褂子背料。（《汉法》）

（78）有比这个好。（《汉法》）

（79）他的胃口比我强。（《西蜀》）

（80）他比我好过。（《西蜀》）

（81）你说话做事比醋还酸。（《汉法》）

（82）他比我还尖。（《西蜀》）

（83）他的父母比往日更加爱惜。（《联珠》）

（84）他得了银钱比往日更放纵。（《联珠》）

（85）我的儿真不愧琅琊世胄，有万夫不当勇比父还优。（《黄吉安》）

（86）看明天我做些，比他更好！（《跻》）

（87）他原是我请的，况又比我更穷，卖力盘家，今陷他在卡中，他家怎能过活？（《跻》）

（88）若是男妇一样，你看刘老爷那副才貌，那宗品德，那样温和，比令先夫还高百倍！（《跻》）

（89）结亲攀高门，况是大家人女，规矩礼法比人好些，这亲结成，就是眉毛也长三寸，你还好高吗？（《跻》）

（90）二天说些你听，比他还好多了！（《跻》）

（91）况且当官许嫁，怕比童婚还贵重些吗。（《跻》）

（92）你比他大三岁。（《死水》）

（93）也有比你风骚几倍的，却不及你有情趣。（《死水》）

例（77）至例（80）只出现了比项 A、被比项 B 和比较值 W；例

（81）至例（87）与前述用例相比，在 W 前加了程度副词"还"或"更"；例（88）至例（93）又在前面用例基础上多了比较结果量化值 Z，具体由"百倍""些""三岁""几倍"等词语来表达。

（三）（A） +比不得/比不上/不比+B

这种格式中，比较词是"比不得""比不上"或"不比"等动词短语，比项 A 可以根据语境省略，被比项 B 通常要出现。如：

（94）救灵魂比不得别样的事。(《汉法》)

（95）你病了比不得好。(《汉法》)

（96）神父比不得别人。(《汉法》)

（97）不比前头，比不得前头，(《汉法》)

（98）比不上他。(《汉法》)

（99）不怕是捐班子，他的肚才好，就是翰林官都比不上他。(《汉法》)

（100）这时节不比那时节。(《西蜀》)

（101）他家不比往昔，也要将就留些后人。(《跻》)

例（97）、例（98）就省略了比项 A，其余例则 A 和 B 两个比较项都有。

（四）（A） +X 得过+B

这种格式中，比较词由表达比较（或比赛）结果的形容词或动词构成的"X 得过"结构充当，常见的是"强得过""胜得过""说得过"等。比项 A 常根据语境省略，被比项 B 一般不能省略。这种格式的用例不多，在清末民初西南官话文献中仅发现了 4 例，具体如下：

（102）胜得过他。(《汉法》)

（103）我说得过他(《汉法》)

（104）这是胡陆氏口称与你传言递信，你还强得过吗？(《跻》)

（105）漫说木刻遗象，即使孔明复生，噫，他又未必胜得过某(《黄吉安》)

例（102）省略了比项 A，例（103）至例（105）则 A 和 B 两个比较项齐全。

（五）（A） +不如+（B）

这种格式的比较词是否定式动词结构"不如"，比项 A 和 B 多数情况是同时出现，有时也可以根据语境省略其中一个。在清末民初西南官话文献中，此类用例不算少，如：

(106) 尤人<u>不如</u>自责。(《汉法》)

(107) 摇扇子<u>不如</u>自来风。(《汉法》)

(108) 耳闻<u>不如</u>目见。(《汉法》)

(109) 远亲<u>不如</u>近邻。(《汉法》)

(110) 宽田宽地<u>不如</u>宽量为人。(《西蜀》)

(111) 这们大的人，反<u>不如</u>小儿，看你羞不羞！(《跻》)

(112) 以她待我的样子来看，我一定不如自己所想的那样不行，我一定有令妇女见了就爱的地方。(《波》)

(113) 倒<u>不如</u>乡坝里，一鞍一马，过得多舒服！(《死水》)

例(106)至例(112)中比项 A 和被比项 B 均存在，而例(113)则省略了比项 A。

(六) (A) + 没得/没有 + (B) + (那么/这样) + W

这种格式以否定词"没得"或"没有"作比较词，比项 A 和 B 可以根据语境省略其中一个，一般不能同时省略。比较值 W 前有时有"那么""这样""那样"等程度修饰词。如：

(114) <u>今天没得昨天热</u>。(《汉法》)

(115) 这是超过人的才，<u>人没得那样大的才</u>。(《汉法》)

(116) 革命党总<u>没有</u>西藏蛮子<u>那么</u>难平？(《波》)

(117) 以前，我手上经过的女人，的确有比你好的，但是<u>没有你这样精灵</u>；(《死水》)

(118) 大概你那令亲家的起居饮食，一定还<u>没有</u>学堂里好。(《波》)

(七) (A) + 不像/不象 + B + (那么/这样) + W

这种格式以"不像/不象"为比较词，比项 A 可根据语境省略，比较值 W 一般要出现，其前可以有程度修饰词"那么""这样""那样"等。表达比较值 W 的成分可能是词、短语，也可能是分句。如：

(119) 那婆娘也大变了，再<u>不象</u>从前<u>那样</u>死板板的，见了人，多亲热！(《死水》)

(120) 他若是出来，自然也免不了是个头子，虽说<u>不像</u>侯外公<u>那么</u>出名，新津县城有好大呢？(《波》)

（121）朱大爷的家也毁了，不过不凶，男的先躲了，女的没拉走，只他那小老婆受了点糟蹋，也不象我们幺姑娘吃这大的亏！(《波》)

（122）这一下，乱将下去，那就不像七月十五以后了，前途的希望实在太少。(《波》)

（123）他们是本地方的人，自然会留心本地方的事，家里又有钱，这便不像以前那些外省来的贪官，他管你百姓是死是活，他只晓得任用师爷差狗，欺压善良，把我们的地皮刮去享福。(《波》)

（124）我倒说句良心话，只要不杀人，可以照常过日子，路上通了，东西来得到，不像目前又贵又买不出，任凭咋个都好，不说革命，就是着外国人占了，也只那们一回事！(《波》)

（125）关在城外，他一定会想办法，断不像我们城里住惯的人，一旦跑到乡坝里，那就手足无所措了。(《波》)

（126）自然听不见说些啥子，只看见队伍忽然就乱了，不像刚才那样一堆一堆的，有一些还站在原地方，有一些便向将台这面奔去。(《波》)

（127）他若是出来，自然也免不了是个头子，虽说不像侯外公那么出名，新津县城有好大呢？

（128）不过，我也不像那般只图淫荡的妇女，或是爱的男子长得像小旦，或是爱的男子有钱，我一概不要，我要的是男子的情，以及爱到命肝心里的爱。(《波》)

（129）我们这等人家，又不像那般小家人户的妇女，身份是失不得的。(《波》)

（130）我们且不管他像不像王护院那样和易听话，我们仍旧在文明范围之内据理力争，誓不达到收回成命的目的，不甘罢休。(《波》)

以上例（123）和例（124）中的比较值W就由较长的分句表达。这在其他格式的比较句中较为少见。

（八）A + 敌不住 + B

"敌不住"在《汉法》中也写作"抵不住"，本书统一规范为"敌不住"。在这种格式中，"敌不住"是比较词，比项A和被比项B一般都不省略，不出现比较值W。如：

（131）洋布敌不住棉布。(《汉法》)

（132）蛮子敌不住汉兵。(《汉法》)

（133）我敌不住他。(《汉法》)

（134）十个说客敌不住一个口夺客。(《西蜀》)

（135）世界上的国真多，那个数得清楚，据说只有中国顶大了，有些国还敌不住我们一县大，人也不多。(《死水》)

（九）A＋赶不到/赶不倒/赶不得/赶不上＋B

这种格式中，比较词是"赶不到""赶不倒""赶不得""赶不上"等，比项A可以根据语境省略，被比项B一般不会省略，比较值W一般不出现。如：

（136）在外面做生意的女人，到底赶不到正经人家的女人有情有义。(《死水》)

（137）你自己还不很觉得，你今年已赶不到去年了，再经这回病痛，你人一定要吃大亏。(《死水》)

（138）下辈赶不倒上辈。(《汉法》)

（139）今年的庄稼赶不倒去年的。(《汉法》)

（140）今年赶不倒往年。(《西蜀》)

（141）拿来对起，你的货赶不得他的。(《汉法》)

（142）说老实话，有多少还赶不上我们！(《死水》)

（143）也没有啥子精彩，我看，还赶不上我们那位假痈革命党人的王文炳。(《波》)

三　极比句

汪国胜（2000）指出，极比句"表示某一事物在某种性状上胜过或不及同类的其他事物。其实，极比也是比较事物的高下，是一种特殊的差比。它跟一般差比的不同在于比较的范围：一般差比的求比或被比对象是特指的，而极比的求比或被比对象往往是任指（或遍指）的"。根据语料，清末民初西南官话中的极比句有6种格式。

（一）A＋（是）＋最/最为＋W

这种格式中，被比项B被省略，但依赖语境往往可以补出。一般A所在范畴的其他所有成员都是被比项B。比较值W一般为形容词。比较词是判断动词"是"，但该比较词不是必有项，往往可以省略。如：

(144) 房圈是最黑的。(《汉法》)

(145) 天地间人最灵。(《汉法》)

(146) 圣体是最尊贵的。(《汉法》)

(147) 家法最为严肃。(《联珠》)

(148) 不料丈夫去世最早。(《联珠》)

(149) 他母湛氏最贤。(《联珠》)

(150) 老师说暗室欺心，神目如电，惟有邪淫最不可犯；(《跻》)

(151) 军人资格最高，诸君幸各自重！(《波》)

(152) 这一般人里头，王寅伯最油滑，说不上恩怨，只算是一个会做官的人。(《波》)

（二）（A） +比/比起+B（集合或极性成员） +都+W

这种格式中，比项 A 一般为特指，可以根据语境省略。被比项 B 有两种情况：第一，一个 A 所在范畴除 A 以外的所有成员的集合，一般由表任指的结构充当，也可以是周遍性列举成员的一个联合短语；第二，A 所在范畴中一般情况下往比较值 W 方向的极性成员。比较值 W 一般为形容词性的结构，其前面的副词"都"一般不能省略。清末民初西南官话文献中，此格式的用例仅发现了 3 例，具体如下：

(153) 这真比啥子衙门都烦了，为啥不多做几个招牌来悬挂呢？(《波》)

(154) 我辈军人，原来比任何人都可自由些啦！(《波》)

(155) 那样子比起陶二表哥徐独清来都难看，还有一脸的骚疙瘩！(《波》)

例（153）、例（154）中的被比项 B 是集合，由表任指的"啥子衙门"和"任何人"充当。例（155）中的被比项 B 是极性成员，由复指短语"陶二表哥徐独清"充当。

（三）（A） +比+B+都不如

这种格式中，比较词是"比"，比项 A 可以根据语境省略。被比项 B 一般不能省略，往往是说话者主观上认定的在比较范畴内的极性对象。如：

(156) 我只说他是好人，比牛马都不如了！(《跻》)

(157) 他并未曾怜念一声，得的财喜反退别人，是爹妈比路人都不

如了，要他何用？（《跻》）

(158) 这样看来，比野兽都不如了！（《跻》）

（四）（A）+连+B+都+不如/赶不到

这种格式中，比较词是后面的"不如"或"赶不到"，比项A可以根据语境省略，而被比项B往往是说话者主观上认定的比较范畴中的极性成员。如：

(159) 你龟儿东西，连狗都不如，声气都听不出了吗？（《死水》）

(160) 三哥也是读过书的人，难道他当真连我们妇道人家的见识都赶不到吗？（《死水》）

（五）B+都+敌不过+A

这种格式中，比项A被后置，被比项B是所比范畴中除A以外的其他全部成员，是一个集合对象。如：

(161) 龙虎大王 杨再兴欺人太甚，未必一两万的营头都敌不过他一个。（《黄吉安》）

(162) 我们场上孙幺贡爷就封赠过，抬炮是炮火里的王，任凭啥子军器，都敌不过它！（《波》）

（六）（A）+无/非/并非+B+可比

这种格式中，比较词为"比"，比项A可以根据语境省略，被比项B不能省略，具体应用时有两种情况：第一，当B前面的否定词为"无"时，B一般是A的上位范畴词；第二，当B前面的否定词为"非"或"并非"时，B一般为A所在范畴内其他被主观认定为普通成员的表达词。如：

(163) 恩宠无人可比。（《联珠》）

(164) 大老爷免虑，彼既知请医治病，以银谢医，是已晓得报恩，固非寻常之狼可比。（《跻》）

(165) 他虽富豪，乃大利起家，非世族可比，有甚规矩礼法？（《跻》）

(166) 小女守节数年，足不履地，被刘有仪三番两次勾引坏事，并非淫奔可比。（《跻》）

(167) 从良之事，非淡淡寻常可比，也要两下同心，百折不回，然后才讲得从良二字。（《黄吉安》）

(168）果使策非过举，院局皆表同情，则议策悉据法律，非邮传部私擅专断可比，股东等虽被损失，固应俯贴顺受。(《波》)

四　递比句

汪国胜（2000）指出，"所谓递比句，是表示程度逐次递加或递减的比较句，也有人称为渐进比较句。递比也是一种特殊的差比，表示多个事物的逐次比较，而程度逐次加深或减轻；从形式上看，比较的A项和B项都是'一+量'短语"。清末民初西南官话文献中的递比句不多，总共只有两例，格式可概括为"一+量+（更）比+一+量+W"。用例如下：

(169）这搭儿五心皆震动，一回更比一回凶。(《黄吉安》)

(170）自从中东战后，不晓得个的，洋人一天比一天歪，越到近来，越歪得不成话。(《死水》)

第五节　测度句

测度即揣测，在句子中是一种语气表现。刘永康（1991：137）认为，测度就是说话者在句子中表现出来的"将信将疑的语气"，处于"直陈和疑问之间"，"不要求对方予以证实"。吕叔湘（1942：301）的界定也类似，认为测度是介于"直陈和询问"之间的、"将信将疑"的一种语气。张超（2021：247）认为，测度语气就是"说话人在句子中体现出来的对情况作出一种推断，但又不很确定的一种将信将疑的语气"，本书认同这一观点。相应地，测度句就是用以表示对事件和情况进行推断测度的句式，是一种含有测度语气的句子。

关于测度句的形式手段，吕叔湘（1942：301）认为是句末借助语气词"罢（吧）"，句中借助"大概""别是""只怕"之类副词。王力（1947：403）认为是用语气词"罢（吧）"。胡力文（1986：114）认为古汉语中"其（殆、岂、或）……乎（欤、邪）""得无（无乃）……乎（耶）""抑亦……乎"都是表达测度语气的手段。本书要讨论的清末民初西南官话文献中的测度句，形式手段主要有两种：一是在句中用表揣测义的"怕"，二是在句中用表揣测义的"该"。据此，清末民初西南官话文献中的测度句可以分为"怕"字句和"该"字句两类。王玲（2012）将测度句分为自忖和求证两类，本书讨论的"怕"字句大概就属于自忖类，"该"字句大概就属于求证类。

一 "怕"字测度句

"怕"字测度句，简称"怕"字句，是以表揣测义的"怕"来构建的表推测判断且不十分肯定语气的句子，以下分别看看其句法特点和语义表现。

（一）"怕"字句的句法特点

基于大部分实例来看，"怕"字测度句的格式可概括为"（S）+怕+VP"，主语S是被推测判断的对象，但在特定语境中，也可以不出现。如：

（1）谷子怕要生芽。（《汉法》）

（2）今晚怕要涨水。（《汉法》）

（3）怕要成大毛病。（《汉法》）

以上例（1）和例（2）都是完整形式，被推测判断的对象是主语"谷子""今晚"；例（3）中没有出现主语，也就是被推测判断的对象在语境中被省略。

"怕"另有两个变体形式存在，一个是"恐怕"，另一个是"只怕"。以西南官话母语者的语感来看，这三个词可以等义替换。如：

（4）我平生行为多欺天害理之事，谅必罪大，所以越搞越穷，若不改悔，只怕要要脱人皮。（《跻》）

（5）是我今天有这宗伙计，又车轻，又标致，我只怕坐到楼高上去了。（《黄吉安》）

（6）要是这样下去，恐怕不到一个月，不死，也不成人样了！（《死水》）

（7）先生，这一回吃了药，恐怕也不会再吃了哟！（《黄吉安》）

以上例（4）和例（5）中的"只怕"换成"怕"或"恐怕"，句子意义不变；例（6）和例（7）中的"恐怕"换成"只怕"或"怕"，句子意义不变。同样，例（1）至例（3）中的"怕"换成"只怕"或"恐怕"，意义也不变。

综上，"怕"字测度句的句型格式可以码化为"（S）+怕/只怕/恐

怕 + VP"，其中的"怕/只怕/恐怕"可称为测度标记。

在西南官话母语者的语感中，"怕"字测度句的测度标记可以放到句首，如"怕谷子要生芽""怕今晚要涨水""只怕我坐到楼高上去了"等说法在西南官话中都是能被普遍接受的。

由于测度的内容是未然的，所以"怕"字测度句 VP 部分可以含表将然体的"要"之类。

(二)"怕"字句的语义表现

从语义上看，"怕"字测度句主要用于表达对未然事件的一种主观推测，但对这种推测又不十分确定。再看以下例句：

(8) 你们惊醒点今晚怕有贼。(《汉法》)

(9) 这个事怕要出笨。(《汉法》)

(10) 这个怕没得啥子大发变。(《汉法》)

(11) 两军胜负未知，纵令孤注一掷，恐怕也赢不转来，孤怕要先走才好。(《黄吉安》)

(12) 嗯，蚂蚁子搬家，怕要下雨了。(《黄吉安》)

(13) 若不痛悔，牢底怕要坐穿。(《跻春台》)

(14) 要是这样下去，恐怕不到一个月，不死，也不成人样了！(《死水》)

(15) 陆哥，你放心，打教堂的话，只怕是乱说的。(《死水》)

分析以上例句不难看到，句子中主观推测的事件或状态都是未然的，主观上不十分确定，但推测又往往有一定的依据。比如例(12)，就列出了主观推测的依据"蚂蚁子搬家"。

所以准确地说，"怕"字测度句表达的是主观上的有理据而又不十分确定的推测。

(三)"怕"字句的语用功能

"怕"字测度句含有的不确定语气决定了它可以被用于一些委婉表达中，比如可用于委婉否定：

(16) 哪有这个事，怕你听错了，没得这们多罢？(《黄吉安》)

上例中，说话者都用"怕"字测度句委婉地否定了"这个事"。不过这种否定显得比较弱，往往能显示说话者不愿承认某事件，或不愿听话者相信某事件的心理活动。

"怕"字测度句也可用于试探性的意见表达，如：

（17）两军胜负未知，纵令孤注一掷，恐怕也赢不转来，孤怕要先走才好。（《黄吉安》）

例（17）中的"孤怕要先走才好"就是说话者对主观行动策略的一种试探性表达，用以探测听话方的态度等。

（四）"怕"字测度句小结

综合以上分析来看，"怕"字测度句的特点为：

第一，基本格式为"S+怕/只怕/恐怕+VP"。

第二，"怕"字后的 VP 表达的是未然事件，通常会以能愿动词"要"开头。

第三，整句表达对事件情况的推断测度，表示可能会出现某种事件或情况，"怕"可用"可能"来进行替换。

第四，句子表达的是说话者主观自忖的语气内容，一般不需要回答。

第五，可用于委婉否定或试探性意见表达中。

二 "该"字测度句

"该"字测度句是以"该"字为特征构建的表测度语气的句式。以下分别考察其句法特点、语义表现和语用功能。

（一）"该"字测度句的句法特点

据文献语料来看，"该"字测度句的基本句型格式为"（S）+该+否定词+VP"，主语 S 在语境中可以省略，否定词通常为"不""没得""不会""不得""不是"等，如：

（18）该没得凶险。（《汉法》）

（19）粒饷一事，想该不驳回了！（《黄吉安》）

（20）他四人该不得牵扯我，等天明再探事如何。（《黄吉安》）

例（18）和例（10）中的主语都省略了，例（20）形式齐备。三个例句分别用到了"没得""不""不得"三个否定词。

考察清末民初西南官话文献全部语料，未发现不带否定词的"该"字测度句。语料中出现的"该 VP"结构之"该"，只能理解为"应该"，是典型的能愿动词，没有"（S）+该+否定词+VP"句式中的测度义。所以，基于文献语料来看，"该"字测度句只能带否定性的结构。

（二）"该"字测度句的语义表现

"该"字测度句语义上主要表达没有某状态或不会发生某事件，比如，例（18）表示对"没有凶险状态"的推测，例（19）表示对"不驳回"的推测，例（20）表示对"不得牵扯我"的推测。这与"怕"字测度句刚好相反。"怕"字测度句是推测事件或状态会发生，而"该"字测度句则是推测事件或状态不会发生。

（三）"该"字测度句的语用功能

据语料来看，"该"字测度句主要用于陈述句和疑问句两种语气句类。两种类型都表达求证性的测度语气，一般都需要听话方回答确认。

1. 陈述性的"该"字句

"该"字测度句为陈述句时，通常用以表达一种不完全确定的测度，如：

（21）该没得这样憨。(《汉法》)

（22）该也不得垮。(《汉法》)

（23）已经喂过两天，不怕得，该不得踢人。(《课程》)

（24）护卫军，就从临颍而败，此是一条小路，杨再兴该不得来穷追了。(《黄吉安》)

（25）后来听吴老爷说你病了，太太很耽心你，说你们乡坝里头没啥子好医生，有点钱的人又爱吃补药，你该不得把药吃错了呀。(《波》)

此类用例虽然是陈述句，也具有求证需要，在交际应用中，往往需要听话者进行回应。比如例（25）"你该不得把药吃错了呀"，表达了说话者的担心，话出口后一般就期待听话者作出回应以解除担心。

2. 疑问性的"该"字句

"该"字测度句为疑问句时，通常用以表达对测度内容的求证性询问，可带语气词"嘛、罢、呀、啦"等①，其中"罢"的出现频次最高。如：

（26）鬼女子，我就坐着守你，你该不害人了？(《死水》)

（27）幺妹都这样说，该不是我一个人的过场大？(《波》)

---

① 《汉法》和《西蜀》中常把"嘛"写作"吗"，凡求证性询问句后的"吗"，本书均校改为"嘛"。

（28）她该不疑心我在追究她？（《波》）

（29）该不怕的嘛？（《西蜀》）

（30）该没有甚么变故嘛？（《黄吉安》）

由以上例句可见，疑问性的"该"字句有明显的求证需要，说话者有较强的期待听话方给予确认性的回答的期待。

第六节　疑问句

一　选择疑问句

（一）选择疑问句概述

根据语料，清末民初西南官话中的选择疑问句没有普通话的"A还是B"的结构模式，而是以"A吗（,）B"为核心的结构模式，句末一般不用语气词。结构中间的"吗"后可以有停顿，也可以没有停顿。"吗"在《汉法》中注音为mà，为上声，与当代所用的"嘛"同音，对应国际音标为[ma^{41}]。调查当代西南官话口语发现，"A吗B"中的"吗"实际至少有两种读音，一是读为[ma^{41}]，二是读为[mɛ^{44}]，两个音与普通话的是非问语气词"吗"不相同。

清末民初西南官话中的选择疑问句中的"A吗B"，A和B具体应用组合上有两种情况，以下分别阐述。

（二）正反项选择问

选择问中的供选项A和B互为反义词，或为肯否对立形式，如：

（1）贵吗相因？（《汉法》）

（2）这个月大吗小？（《汉法》）

（3）倒拐吗，端走？（《课程》）

（4）重吗轻？（《课程》）

（5）单边吗来回？（《课程》）

（6）今天走得拢吗，走不拢（《课程》）

（7）先生帮我找一个好人，找得倒吗，找不倒？（《课程》）

这种正反项选择问在当代西南官话中也仍然在用，如：

（8）那桌子好久没有用了，晓得干净吗烦躁哦。（贵州毕节金沙）

（9）你看倒的那个人是高吗矮？（贵州毕节金沙）

(三) 平行项选择问

选择问中的供选项 A 和 B 为平行的不同项目，A 和 B 之外可能还有其他平行项目存在，如：

（10）步行吗坐轿子？（《西蜀》）

（11）说的是铜元吗小钱？（《课程》）

（12）先生要买二孤辂吗三丁拐？（《课程》）

这种平行项选择问在当代西南官话中仍然在使用，如：

（13）吗之哈你是在图书馆吗在哪里？（贵州毕节纳雍）

（14）又不是定倒要我去将行，不得我怕他们认不倒路吗灿些嗯？【又不是必须要我去才行，不得我怕他们会认不倒路呢还是会怎么样的？】（贵州毕节纳雍）

(四) 选择问小结

清末民初西南官话文献中出现的"A 吗（，）B"选择问句式在当代西南官话口语中仍然存续使用。那么这种句式结构在清代北京官话和其他南方官话文献中是否也存在呢？本书查检了所掌握的 17 世纪末期到 20 世纪初期的北京官话语料和南方官话语料，未见到有"A 吗（，）B"这样结构的选择问句。这说明，这种选择问句是清末民初西南官话的特色方言句式。

二 反复问句

反复问句即正反问句，"在形式上，将谓语部分的肯定项和否定面并列在一起"（翟赟 2018：51），在内容上，"让对方在 X 与非 X 里选择一项作回答"（朱德熙 1985）。

翟赟（2018：51）指出，反复问句有"V（O）+ Neg + V（O）""VP + Neg""K - VP"三大类，考虑变体形式的话就有"V - neg - V""VO + Neg + VO""VO + Neg + V""V + Neg + VO""VP + Neg""K - VP"六种类型。查检语料后我们发现，清末民初西南官话中的反复问句类型与上述六种类型不完全对应。六种类型中，清末民初西南官话有"V - neg - V""V + Neg + VO""VP + Neg""K - VP"等四种类型，另外还有三类是前述六种类型未涉及的：第一，动补式和联合式的双音节动词（统一用 VC 表示），在北京话中可归在"V - neg - V"类型中，但在清末民初西南官话中其格式为"V + Neg + VC";第二,"V 也不 V"式;第三,"V 吗不 V"式。总的看来,清末民初西南官话中的反复问句可分成七种类型,以下分别举例说明,并与当代西南官话、北京官话、南方官话等对比。

(一)"V – neg – V"式

"V – neg – V"中的 V 一般为光杆动词或形容词,以单音节动词或形容词为主,neg 否定词一般为"不",如:

(15)你的钱够不够?少少子的。(《汉法》)

(16)杀人之事,你知不知?(《跻》)

(17)表少爷,轿夫来问,今天到底走不走?(《波》)

(18)请你帮个忙,好不好?(《死水》)

(19)若果把北京使馆打破以后,不晓得洋人还来不来,不来,那才糟哩!(《死水》)

(20)父母在不在?(《西蜀》)

也有少量 V 为双音节的情况,如:

(21)她喜欢不喜欢?(《波》)

通过查检语料和调查当代西南官话口语发现,双音节动词构成"V – neg – V"式正反问的情况很少,更多的还是构成"V + Neg + VC"式,比如例(21)中的"喜欢不喜欢",以西南官话为母语的人通常还是说成"喜不喜欢",而且清末民初语料中就有"喜不喜欢"的用例〔你喜不喜欢?(《汉法》)〕。可见,清末民初西南官话文献中少量出现的双音节动词构成"V + Neg + VC"式反复问的用例可能是受北京话影响的结果。西南官话"V + Neg + VC"式中的 V 应当是以单音节动词为主。

(二)"V + Neg + VO"式

动宾短语或动宾式双音节动词,构成反复问时,可构成"V + Neg + VO"格式,其中否定词 Neg 一般为"不",如:

(22)看不看脉?(《西蜀》)

(23)想不想她?(《死水》)

(24)你吃不吃点稀饭?(《死水》)

(25)先生吃不吃米饭?(《课程》)

(26)那时你想不想我们呢?(《波》)

（27）且不忙说人家，只问你爱不爱她？（《死水》）

（28）你读不读书？（《跻》）

（29）只不晓得尹昌衡到底听不听他的话？（《波》）

（30）大娘，你说忧不忧人？（《跻》）

（31）但不知开不开花？（《西蜀》）

（32）吉先生，你还评不评脉？（《黄吉安》）

（33）我对那些人，你只看我留不留他们的意？（《波》）

（34）送不送礼不追究，要求你放我回定州。（《黄吉安》）

（35）到底出了银子还填不填命咧？（《跻》）

（36）你做不做工了？（《跻》）

（37）老陆来了，缠着人不要走，跟离不开娘的奶娃儿一样，说着说着，都要哭了，你说笑不笑人？（《死水》）

（38）客官娘子，你办不办菜？（《跻》）

（三）"V + Neg + VC"式

动补式、联合式等结构的双音节动词，构成反复问时，通常是"V + Neg + VC"格式，其中 Neg 否定词通常是"不"。如：

（39）你沾我的光，晓不晓得？《跻》

（40）到底你晓不晓得？（《西蜀》）

（41）我们白白劳苦了三个多月，值不值得？（《波》）

（42）你记不记得？（《西蜀》）

（43）懂不懂得？（《波》）

（44）起不起走？（《汉法》）

（45）侯大爷出不出来，没有好大关系，只是找他出个名字，事情不要他办。（《波》）

（46）你喜不喜欢？（《汉法》）

（47）你喜不喜悦？（《西蜀》）

（48）你想想他喜不喜欢我？（《死水》）

（49）只看军队来了，警察兵指不指示跟他们？（《波》）

例（39）至例（45）中的动词"晓得、值得、记得、懂得、起走、出来"都是动补式，例（46）至例（49）中的动词"喜欢、喜悦、指示"都是联合式，它们的反复问格式都是"V + Neg + VC"格式。值得注意的是例（48）中的"喜欢"，本身还带着一个宾语，变成正反问时不是变成"喜欢不喜欢我"，而是变成"喜不喜欢我"。这说明西南官话中动词的反复问格式着眼于动词本身的结构特点，而不考虑动词外带的成分。

本书选择了一些动补式和联合式的双音节动词在贵州贵阳和毕节、四川成都和宜宾等地进行调查，发现都倾向于接受"V + Neg + VC"格式，如：

孝顺——孝不孝顺　　开除——开不开除
考试——考不考试　　开始——开不开始
介绍——介不介绍　　理解——理不理解
提高——提不提高　　纠正——纠不纠正
靠近——靠不靠近　　扩大——扩不扩大

由以上可见，清末民初西南官话文献中出现的"V + Neg + VC"格式并不是偶然现象，而是实实在在地反映了清末民初西南官话的实际特点。

（四）"VP – neg"式

语料显示，清末民初西南官话中的"VP – neg 式"反复问较为常见，其中的 neg 否定词有"不曾、没得、没有、不、否"等。

1. VP 不曾

"VP 不曾"类反复问句用于询问 VP 行为是否已经完成，VP 中可以有动态助词"了"和"过"，如：

（50）你到底摸清楚了不曾？（《死水》）

（51）既被奸污，你儿还从他不曾？（《跻》）

（52）你不要装疯，臭绷啥子革命党，你入过同盟会不曾？（《波》）

（53）我才瞒了你一回，你便不自在了，你瞒我的地方多哩，你看我追问过你不曾？（《波》）

2. VP 没得

"VP 没得"类反复问句用于询问 VP 行为在当下是否已实现，如：

（54）有妨碍没得？（《西蜀》）

（55）还有解没得？（《西蜀》）

（56）有个响动没得？（《西蜀》）

（57）有多的没得？（《汉法》）

（58）还有别样没得？（《汉法》）

3. VP 没有

"VP 没有"的功能与"VP 没得"一致，也是用于询问 VP 行为在当下是否已实现，如：

（59）水涨没有？（《汉法》）

（60）这个姑娘放了人户没有？（《汉法》）

（61）这笔账上了簿子没有？（《汉法》）

4. VP 不

"VP 不"反复问一般用于对 VP 表述的情况进行确定，行为状态可以是当正存续的，也可以是未然的，如：

（62）这匹马儿你夺得着不？（《汉法》）

（63）你晓得我现在是啥子人不？（《死水》）

（64）朝廷命官认得不？（《黄吉安》）

（65）念来听听，看我懂得不？（《波》）

5. VP 否

"VP 否"反复问与"VP 不"反复问功能相同，也是用于对 VP 表述的现实或未然情况进行确定，如：

（66）小弟特来造访，老爷从否？（《跻》）

（67）曾娶妻否？（《跻》）

（68）不但爱他，而且心想，不知他肯嫁我否？（《跻》）

（69）你家失物否？（《跻》）

（70）奴家便是如此，但不知夫君能始终如一否？（《跻》）

（71）邻船孙兄有人否？（《黄吉安》）

（72）贤弟可知兄深夜叩府的来意否？（《黄吉安》）

（73）还加有别的病否？（《黄吉安》）

综合看来，否定词除了上述五种格式提及的之外，还有"不是、未、没"等。清末民初西南官话中没有"VP 不是""VP 未""VP 没"等格式。同期北京话语料《语言自迩集》中则有"VP 不是"，当代西南官话口语中有"VP 没"，而"VP 未"在本书掌握的所有语料中都未曾发现。

（五）"K－VP"式

"K－VP"式即"可＋动词短语"式，是指"可"附着于动词短语前构成的问句形式。翟赟（2018：60）指出，"K-VP"单从形式来看反映不出反复问句的特点，可是从语义上来看还是具有反复问的特点，所以朱德熙（1985）将这种格式的问句归为反复问句。为了更系统地掌握清末民初西南官话反复问的特点，并方便和同期北京官话和其他南方官话进行对比，本书也把"K-VP"式问句归在反复问句中。

张敏（1990）认为，从东汉起，表示反诘语气的"岂"开始被"可"替换，唐五代时中性询问的"岂"逐渐减少甚至消失，"可"相应站上舞台，以"可VP"格式表示询问，这种格式在明代大量出现，在现代各方言中仍然被使用。清末民初西南官话与明清汉语官话接近，自然也少不了这种格式的反复问句。有关用例如下。

（74）要我去拿，尔等<u>可知规矩</u>么？（《跻》）

（75）胆敢买嘱衙门，谋婿性命，欺蒙本县，<u>可知罪</u>么？（《跻》）

（76）此案皆是老狗姑息养奸，酿成逆伦之案，又诬告罗云开颠倒伦常，<u>可知罪</u>么？（《跻春台》）

（77）王毛子<u>可有亲人</u>么？（《跻》）

（78）你父亲<u>可有同胞同堂</u>呀？（《黄吉安》）

（79）告诉你，我已经身兼二职，还要代林傻子拟东西，<u>可有什么空闲</u>，你想想？（《波》）

（80）爹妈近日<u>可好</u>？（《跻》）

（81）请问爹爹，别后一向<u>可好</u>？（《黄吉安》）

（82）我们找个馆子去吃两样菜，吃一壶酒，<u>可好</u>？（《波》）

（六）"V也不V"式

"V也不V"式反复问中的V一般是单音节动词或形容词，如：

（83）我老庚不知撞着啥鬼，去惹胡痞子，弄得遭凶坐卡，不知他<u>悔也不悔</u>？（《跻》）

（84）你妻<u>好也不好</u>？（《跻》）

（85）我儿捡得一个乞婆，不知<u>是也不是</u>？（《跻》）

（86）媳妇何必哭，你夫被狗子陷害，身坐卡中，要你嫁去才得回来，你到底<u>嫁也不嫁</u>？（《跻》）

（87）既然你吃了他的儿，你可与他当儿，你<u>愿也不愿</u>？（《跻》）

（88）看你<u>招也不招</u>？（《跻》）

（89）嫩姐，生适才说的柳云卿他来会我，到底<u>会也不会</u>？（《黄吉安》）

（90）事到如今，你<u>悔也不悔</u>？（《黄吉安》）

"V也不V"式中的"也"在语料中没有注音，在清末民初西南官话中实际读音不得而知。在当代西南官话中这种格式广泛存在，其中的"也"一般读作[iɛ⁴⁴]，阴平调，以下略举一些例子：

来也不来　去也不去　吃也不吃　做也不做　写也不写

由以上可见，清末民初西南官话文献中"V也不V"格式用例反映的应当是当时西南官话的实际特点之一。

（七）"V吗不V"式

"V吗不V"式与"V也不V"式功能和构成特点都很相似，其中的V也是单音节动词或形容词，如：

（91）如其再这样因循下去，四川的大乱是要引动的，弄到那样，你们的良心<u>安吗不安</u>？（《波》）

（92）一家大小的穿吃，和亲友间少不了的人情应酬，都要靠这三元钱八升米来支应，诸君试想，<u>能吗不能</u>？（《波》）

（93）铁路是关于一省人民生死存亡的，纵有改革，也应先交谘议局议一下，看看人民的公意，到底<u>愿吗不愿</u>？（《波》）

"V吗不V"式在当代西南官话口语中也同样存在，其中的"吗"实际发音一般是[mɛ⁴⁴]。据此可知，语料中的"V吗不V"式也应当反映了清末民初西南官话的反复问实际特点之一。

上文探讨的选择问是"A吗B"格式，其中有一类是正反项选择问，与这里所讨论的"V吗不V"很像。事实上，可以把"V吗不V"看成是一种特殊的选择问。不过为了对比研究方便，本书还是将"V吗不V"归入反复问，而把"走得拢吗走不拢"这类意义上也是肯否对立但形式上否定词在VP短语内部的这种格式归入选择问。

（八）反复问句小结

本书将清末民初西南官话的反复问句与差不多同时代的北京官话、其他南方官话进行对比，可以看到清末民初西南官话如下一些特点。

1. VO动词构成反复问句情况

根据翟赟（2018：64）研究，就VO动词构成反复问句的方式而言，北京官话使用"VO + Neg + V"式，南方官话使用"V + Neg + VO"式，而根据前述研究可知，清末民初西南官话采用"V + Neg + VO"式。这一点上，西南官话与南方官话一致。翟赟（2018：64）认为"VO + Neg + V"式和"V + Neg + VO"式可以看作区别南北官话的特征。如果这一论断是正确的，那么西南官话据此可判断为南方官话。

2. 可 VP 使用情况

翟赟（2018：65 – 66）统计了北京官话文献《语言自迩集》《小额》《官话指南》《学官话》《官话问答便语》和南方官话文献《人中画》《白姓官话》《春阿氏》等使用"可 VP"的情况，最终得出结论：南方官话使用"可 VP"式，北京官话不使用"可 VP"式。清末民初西南官话中使用"可 VP"式，与南方官话特点一致。

3. 动补式和联合式动词构成反复问句情况

由前文讨论可知，清末民初西南官话中动补式和联合式动词构成反复问句时，采用的是"V + Neg + VC"格式，与"V + Neg + VO"式具有类型上的一致性。

北京官话中，VO 动词采用"VO + Neg + V"式，而 VC 式动词（动补式和联合式）则采用"VC + Neg + VC"式，如"明白不明白""喜欢不喜欢"等。

南方官话 VO 动词和西南官话一样采用"V + Neg + VO"式，但 VC 式动词（动补式和联合式）构成反复问时却与西南官话不同，并不是和西南官话一样采用"V + Neg + VC"式，而是和北京官话一样采用"VC + Neg + VC"式，如：

（94）冷汤倒吊，叫他再放热汤进来，重新再洗，你想快活不快活呢？（《答》）

同样是"快活"，在西南官话中构成反复问则要说成"快不快活"，如：

（95）你看把牛宰倒，先把腿割煎来吃了，然后去剥（皮），有吃有利，快不快活？（《跻》）

可见，就动补式和联合式动词构成反复问句情况来看，西南官话显得有点"不南不北"。

4. "V 也不 V"和"V 吗不 V"使用情况

查检北京官话语料《语言自迩集》《小额》《官话指南》以及南方官话语料《人中画》《学官话》《官话问答便语》《白姓官话》等,均未发现"V 也不 V"和"V 吗不 V"两种格式。这说明这两种格式是西南官话的独特用法。这一点也说明了西南官话不南不北的特性。

综合而言,就反复问句的构成类型来看,清末民初西南官话与南方官话在"可 VP"式和"V + Neg + VO"式上一致,但在"V + Neg + VC""V 也不 V"和"V 吗不 V"等格式上,西南官话则比较独特,显示了不南不北的特色。

第七节 致有句

致有句即西南官话中普遍存在的"V 得有"句式。以下就这种句式的性质、语法意义、分类等具体讨论。

一 致有句的性质范围

《汉法》中一共出现了 63 例以"V 得有"为核心的句式,如:
(1) 我<u>置得有</u>一点地方。【我买有一些土地。】(《汉法》)
(2) 我<u>丢得有</u>三百银子。【那个生意我折了三百两银子。】(《汉法》)
(3) 颈子上<u>生得有</u>痒子。【颈子上长有发痒的疙瘩。】(《汉法》)
(4) (墙上)<u>少得有</u>几个字。【(墙上)少了几个字。】(《汉法》)

这样的句式在晚清四川中江文人刘省三所写的《跻春台》中也有十余例,在《西蜀方言》(1900)、《华西联珠分类集成》(1908)、《华西官话初级教程》(1917)等传教士文献中也有少量出现,在当今西南官话口语中则较为常见。这说明,从 19 世纪末期至今,西南官话就一直广泛存在着以"V 得有"为核心的句式。

将例(1)到例(4)与下面这个句子进行对比:
a. 他说得有道理。

不难发现,例 a 中的"有道理"是动词"说"的补语,"得"是引出补语的结构助词。用层次分析法分析如下:

```
他  说得  有道理
主   谓
    ─────────
    动    补
```

例（1）到例（4）中的"有 X"则不能理解为前面动词"V"的补语，其中 X 应为"V 得有"结构的宾语，用层次分析法分析如下：

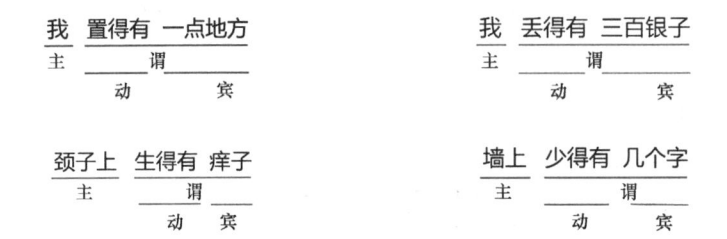

```
我  置得有  一点地方          我  丢得有  三百银子
主    谓                     主    谓
     ─────────                    ─────────
     动    宾                     动    宾

颈子上  生得有  痒子          墙上  少得有  几个字
主      谓                    主     谓
       ─────────                    ─────────
       动    宾                     动    宾
```

从以上分析可见，例（1）到例（4）和例 a 虽然表面序列都是"名词（主语）+动词+得+有+名词（宾语）"，但是在内部结构层次关系有较大差别。用字母 S 代表主语，用字母 V 代表"得"前面的动词，用 X 代表"有"后的宾语，则例 a 的序列应表示为"S + V 得 + 有 X"，而例（1）到例（4）的序列应表示为"S + V 得有 + X"。"致有句"就指例（1）到例（4）所代表的"S + V 得有 + X"这种类型的句式。以下再列示《汉法》中的部分语例：

（5）你犯得有什么罪？

（6）他沾得有一点寒。

（7）（我）又赢得有几个转来。

（8）（他）买得有些。

（9）我预备得有（一点钱）。

（10）他赚得有三个对本。

（11）我喂得有一匹马。

（12）我还该得有人家的数。

（13）他存得有一千银子。

（14）他除得有几块田。

（15）他捐得有一个知府。

（16）我长用得有五百钱。

（17）他的酒掺得有水。
（18）乡里头才出得有一个抢案。
（19）菜溇得有盐。
（20）书上说得有（打仗的事）。
（21）（灶台上）搕得有饮食。
（22）（地上）印得有脚步。
（23）胯胯上生得有一个疮。
（24）（手上）擦得有药。
（25）一身都抹得有泥巴。
（26）我眼睛上生得有蒙蒙。
（27）这件事沾得有异端。
（28）（这个菜）差得有点（盐）。

结合实例来看，"S＋V得有＋X"句式中的主语S和X均有省略的情况。本书把S或X被省略的语句看作语用临时变化形式，将完整的"S＋V得有＋X"看作句式原型。后续相关考察研究均基于句式原型。

二 致有句的句法特点

"V得有"致有句基本结构式为"S＋V得有＋X"，其中"得有"两字为常量，而主语S、动词V、宾语X为变量。本书抓住以下三个变量来考察这种句式的句法语义特点。

（一）主语S的特点

充任主语S的词主要有三类：一是人称代词，如例（1）、例（5）至例（16）等；二是事物名词，如例（17）中的"他的酒"、例（19）中的"菜"；三是名词带方位词构成的方位短语，如例（18）的"乡里头"、例（20）的"书上"、例（26）的"我眼睛上"等。

（二）动词V的特点

就《汉法》中的致有句来看，出现的动词有"掺""操""置""沾""丢""出""除""捐""少""该（指欠别人的钱款之类，相当于普通话的'欠'）""溇""赢""买""说""搕（读为 $[k^ho^{35}]$，意义相当于普通话的'搁'）""印""用""赚""捡""剩""带""生""存""擦""抹""喂""留""争""打""谈（有 $[t^han^{35}]$ 和 $[tan^{21}]$ 两读)""犯""分""听""安""扎""撒""散（读作［san³⁵］）""差""做""拿""预备"等，除了"预备"之外，其余都是单音节动词。《汉法》63例致有句中，一共用到41个单音节动词，1个双音节动词。可见，在致有句中，单音节动词占有明显的优势。

从配价角度看，《汉法》致有句用到的42个动词均为二价动词。结合当代口语来看，三价动词"给"也可以构成致有句，如"孩子的零花钱我昨天给得有"。一价动词能否构成致有句呢？本书用典型的一价动词"游泳"找了成都、宜宾、毕节、贵阳、重庆等地的西南官话母语者进行调查，调查对象均觉得"我游泳得有一个小时"不能接受，应当说成"我游得有一个小时"。由此可知，致有句中的动词V必须是二价及以上动词。

（三）宾语X的特点

从具体的应用实例表层形式上看，宾语X包括两种情况：一是名词或名词短语，二是数量短语。但是数量短语后往往可以补出中心语，如"（他）买得有些"就可以补出中心成分而变成"他买得有些（书）"。可见，充任宾语X的数量短语在表量的同时，也起着指称的作用。所以从深层意义上看，宾语X其实都是具有指称功能的名词性结构。和名词同属体词范畴的代词不能充任宾语X。

三 致有句的语义表现

（一）致有句主宾语义关系

"V得有"致有句主语S和宾语X间有四种语义关系，以下分别说明。

1. 语义关系一：S是X出现后的领有者

即动词"有"的宾语X所指对象产生后被主语S所指对象领有。如"我置得有一点地方"，"我"是"一点地方"的取得并领有者；"他赚得有三个对本"，"他"是"三个对本"的制造并领有者。例（1）、例（5）至例（15）中的S和X都是这类语义关系。

2. 语义关系二：S是X离失后的受损者

即主语S原本为X所指对象的领有者，X发生离失，S对X的领有状态不复存在。如"我用得有五百钱"，"五百钱"原本为"我"所领有，但"用"之后,"五百钱"离失,"我"也就不再领有这"五百钱"。例(2)和例(16)中 S 和 X 都是这类语义关系。

3. 语义关系三:S 是 X 的出现场所

即宾语 X 所指对象出现后,以主语 S 所指对象为存在场所。如"乡里头才出得有一个抢案","一个抢案"出现后,存在于"乡里头"。这种语义关系下,主语 S 一般为表处所意义的名词或名词短语,V 一般为存现类动词。例(17)至例(27)中的 S 和 X 都是这类语义关系。

4. 语义关系四:S 是 X 的缺失场所

即说话人主观意识中,宾语 X 应当在主语 S 所指场所中出现,但实际却处于缺失状态。如例(4)"墙上少得有几个字","几个字"在"墙上"这个场所中不存在,"墙上"为"几个字"的缺失场所。例(28)"菜差得有点盐","有点盐"在"菜"中缺失,"菜"为"有点盐"的缺失场所。

(二)致有句动词对主宾关系的影响

对应上述四种语义关系,致有句中动词 V 对主语 S 和宾语 X 关系的影响体现为四种语法意义,以下分别说明。

1. 行为 V 致使 S 领有 X

在"语义关系一"中,V 发生前,S 并不领有 X;V 发生后,X 出现并被 S 领有。如例(1)"我置得有一点地方","置"这个行为发生前,"我"并不领有"一点地方";"置"这个行为发生后,"一点地方"对"我"来说出现并被"我"领有。例(5)至例(15)的句子也可以按这样的方式进行解析。也就是说,在"语义关系一"类句子中,存在着"S 未领有 X→行为 V 发生→X 出现并被 S 领有"的认知过程。据此可知,"S 领有 X"是行为 V 发生后引发的结果,这类句子的语法意义可以表述为"行为 V 致使 S 领有 X 出现并被 S 领有",或"行为 V 致使 S 领有 X"。

2. 行为 V 致使 S 失去 X

在"语义关系二"中,V 发生前,S 领有 X;行为 V 发生后,X 离失并且不再被 S 领有,即 S 失去 X。如例(2)"我丢得有三百银子","丢"这个行为发生前,"我"领有"三百银子";而"丢"发生后,"我"失去"三百银子"。例(16)也可进行这样的解析。也就是说,在"语义关系二"类句子中,存在着"S 领有 X→行为 V 发生→S 失去 X"的认知过程,这类句子的语法意义可以表述为"行为 V 致使 X 失去而不再被 S 领有",或"行为 V 致使 S 失去 X"。

3. 行为 V 致使 S 存在 X

在"语义关系三"中,V 发生前,S 并不存在 X;V 发生后,S 存在 X。如例(3)"颈子上生得有痒子","生"发生前,"颈子上"不存在"痒子";"生"发生后,"痒子"出现并存在于"颈子上"。例(17)至例(27)均可作类似的解析。可见,在"语义关系三"类句子中,存在着"S 不存在 X→行为 V 发生→S 存在 X"认知过程。这类句子的语法意义可以表述为"行为 V 致使 X 存在于 S",或"行为 V 致使 S 存在 X"。

4. 行为 V 致使 S 缺失 X

"语义关系四"主观色彩较浓,说话者主观上认为 S 应当存在 X,而实际却不存在,往往用缺少类动词"少""缺""差"等构成"V 得有"结构进行表达。对这类句子,也可以参照上面三种语义关系模式,用类似的表述方式进行解析,即 V 发生前,S 存在 X;V 发生后,S 缺失 X。如例(4)"(墙上)少得有几个字"表示"少"发生前,"墙上"存在"几个字";"少"发生后,"墙上"缺失"几个字"。例(28)也可进行类似解析。也就是"语义关系四"这类句子中,存在着"S 存在 X→行为 V 发生→S 缺失 X"的认知过程。这类句子的语法意义可以表述为"行为 V 致使 X 缺失于 S",或"行为 V 致使 S 缺失 X"。

现将上述四种语法意义及 V 行为发生前后语义内容汇总如表 8-4 所示。

表 8-4　　　　　　　　致有句的四种语法意义

类型	语法意义	"S + V 得有 + X" 实例	V 前	V 后
A	行为 V 致使 S 领有 X	我置得有一点地方。	"我"未领有"一点地方"(S 未领有 X)	"我"领有"一点地方"(S 领有 X)

续表

类型	语法意义	"S+V得有+X" 实例	V 前	V 后
B	行为 V 致使 S 失去 X	我丢得有三百银子。	"我"领有"三百银子"（S 领有 X）	"我"失去"三百银子"（S 失去 X）
C	行为 V 致使 S 存在 X	颈子上生得有痒子。	"颈子上"不存在"痒子"（S 不存在 X）	"颈子上"存在"痒子"（S 出现 X）
D	行为 V 致使 S 缺失 X	墙上少得有几个字。	"墙上"存在"几个字"（S 存在 X）	"墙上"缺失"几个字"（S 缺失 X）

从以上分析可以看出，在"V 得有"句式中，主语 S 和宾语 X 的四种语义关系都是 V 的致使结果，而四种结果可以归纳为领有和存在两个方面。A 和 B 两类可概括为 V 致使 S 是否领有 X，该语法意义可模型化地表示为"V {S±领有 X}"；C 和 D 两类可概括 V 致使 S 是否存在 X，该语法意义可模型化地表示为"V {S±存在 X}"。邵敬敏（2000：7）指出，语法意义必须具有"三性"，即概括性、可证性、客观性。综合上述各小类的语法意义，可以将"V 得有"句式的语法意义进一步概括为"V 致使 S 是否领有或存在 X"，语法意义模型可表示为：

V {S± [领有/存在] X}（[领有/存在] 表示两种情况只出现一种）

"领有"和"存在"刚好都是动词"有"的语义范畴，所以我们把"V 得有"为核心的这类句式统称为"致有句"。

四　致有句的分类

根据上文分析，本书所称的"致有句"就指以"V 得有"结构为核心，表示某行为致使主语对象是否领有宾语对象或主语处所是否存在宾语对象的句式，其语法意义模型为"V {S± [领有/存在] X}"。这种致有句主宾间存在四种语义关系，相应地，动词对主宾关系的影响也表现为 A、B、C、D 四种语法意义。据此，本书将致有句分为"致得""致失""致现""致缺"四个小类。"致得"和"致失"两小类可进一步归并为"得失"大类；"致现"和"致缺"两小类可进一步归并为"存缺"

大类。现将致有句分类系统列表如8-5。

表8-5　　　　　　　　　致有句分类系统

一级分类		二级分类		例句
大类名	语法意义模型	小类名	语法意义模型	
得失类	V{S±领有X}	致得	V{S领有X}	我置得有一点地方。
		致失	V{S失去X}	我丢得有三百银子。
存缺类	V{S±存在X}	致现	V{S存在X}	颈子上生得有痒子。
		致缺	V{S缺失X}	墙上少得有几个字。

上述"致得""致失""致现""致缺"四个小类之间的差异还可以通过变换分析法进一步显化。以下具体说明。

（一）致得类：S+V得有+X→有X+被S+V得

致得类表示"行为V致使S领有X"，其中V主要是获得类（如"买、置、赚"等）、制造类（如"写、喂"等）等二价动词。这类致有句可以变换为"有X+被S+V得"句式。如：

（29）a1. 我置得有一点地方。→a2. 有一点地方被我置得。

　　　b1. 他赚得有三个对本。→b2. 有三个对本被他赚得。

（二）致失类：S+V得有+X→有X+被S+V掉

致失类致有句表示"行为V致使S丢失X"，其中的V一般为损耗类二价动词（如"丢、用、擦、削"等）或转移类三价动词（如"给、送"等）。这类致有句可以变换为"有X+被S+V掉"句式。如：

（30）a1. 我丢得有三百银子。→a2. 有三百银子被我丢掉。

　　　b1. 我长用得有五百钱。→b2. 有五百钱被我长用掉。

（三）致现类：S+V得有+X→有X+V在+S（+方位词）

致现类致有句表示"行为V致使S存在X"，其中V多为存现类动词（如"出、生"等）或制造类动词（如"掺、溇"等）。这类致有句可以变换为"有X+V在+S（+方位词）"句式。如：

（31）a1. 颈子上生得有痒子。　　→　a2. 有痒子生在颈子上。

　　　b1. 乡里头才出得有一个抢案。→　b2. 有一个抢案才出在乡里头。

　　　c1. 他的酒掺得有水。　　　→　c2. 有水掺在他的酒（中）。

需要注意的是，致现类致有句的主语如果是普通对象名词，变换后一般需要添加相应的方位词以使句子更符合习惯，如（30）c1 变成 c2 时，在"他的酒"后加方位词"中"。

（四）致缺类：S+V 得有+X → 有 X+在 S（+方位词）+V 了

致缺类致有句表示"行为 V 致使 S 缺失 X"，其中的 V 多为缺失类动词（如"缺、少、差、掉"等）。这类致有句可以变换为"有 X+在 S（+方位词）+V 了"。如：

(32) a1. 墙上少得有几个字。→ a2. 有几个字在墙上少了。

　　　b1. 这个菜差得有点盐。→ b2. 有点盐在这个菜（中）差了。

当 S 为普通对象名词时，变换句中 S 后加上方位词会使句子更符合习惯，如 b1 变成 b2 时，"这个菜"后加"中"。

由以上分析可见，通过变换分析法可以进一步显化"致得""致失""致现""致缺"四个小类间的差异。这也说明，对一个"V 得有"致有句实例，可以通过变换分析手段快速判断其类属。比如可以用变换分析法快速判断"我喂得有一匹马"这个致有句所属的小类。

(33) 我喂得有一匹马。

　　　a. 有一匹马被我喂得。【致得类：有 X+被 S+V 得】

　　　b. *有一匹马被我喂掉。【致失类：有 X+被 S+V 掉】

　　　c. *有一匹马喂在我（中）。【致现类：有 X+V 在+S（+方位词）】

　　　d. *有一匹马在我（中）喂了。【致缺类：有 X+在 S（+方位词）+V 了】

在例（33）中，按四种致有句的变换式列出"我喂得有一匹马"的 a、b、c、d 四个变换式，根据西南官话语感习惯，只有 a 式成立，b、c、d 三式都不成立，所以可确定"我喂得有一匹马"为致得类致有句。由此可见，以上所列四种变换式，可以用来检测判断致有句实例的类属。

五　致有句小结

已知"V 得有"致有句表达"行为 V 致使主语 S 是否领有或存在宾语 X"的语法意义，其中含有"致使""领有""存在"等句式分类关键词，如何确定其上位范畴归属呢？

首先,要确定"V得有"致有句的语义重心。"V得有"致有句"致使"部分由行为V承担,表达的是"因";"领有"或"存在"部分由后面的"有X"承担,表达的是"果"。在人们的因果逻辑认知中,"果"是"正","因"是"偏"(因果关系复句就是偏正类型复句),所以致有句表达的重心应当在"果"。故定位其上位范畴归属当以"果"的部分为基准。

其次,"领有"可归入"存在"。"V得有"致有句中"致得"类表达"领有"结果,所谓"领有",无非是被领有物存在于领有者,所以,"领有"也可看作一种特殊的"存在"。相应地,"致失"类表达"不领有",也就是"不存在"。

综上,"V得有"致有句的上位范畴当为存现句,是一种带致因的存现句。

第九章

结　　语

本书聚焦于清末民初这一特殊历史时期的西南官话文献，综合运用多种研究方法，对西南官话语法展开了系统且深入的探究。本书不仅丰富了汉语方言语法研究的内容，更为汉语史的研究提供了独特视角。

一　研究成果总结

（一）语法系统全面梳理

通过对清末民初传教士西南官话文献和西南文人白话作品的细致分析，本书全面梳理了西南官话的语法系统，涵盖构词法、语法范畴、代词、副词、介词、助词和句式多个方面。在构词法上，详细探讨了复合式、重叠式和附加式构词的特点和规律，揭示了西南官话在构词方面的独特之处。例如，同素异序复合词的存在体现了西南官话在词汇构成上的灵活性。

（二）语法范畴深入分析

在语法范畴的研究中，对名词的小称、复数标记、动词的体貌、形容词生动形式、程度表达的句法手段以及模糊数量和主观数量等方面进行了深入分析。发现名词小称有多种形式，如变音式、重叠式和附加式，反映了西南官话在名词形态变化上的丰富性。动词体貌的研究则清晰地展现了西南官话在表达时间和动作状态上的特点，将然体、起始体等多种体貌形式的存在，为汉语体貌系统的研究增添了新的内容。

（三）虚词和句式研究突破

在虚词研究方面，对代词、副词、介词和助词做了全面考察，明确了各类虚词的语法功能和使用特点。例如，在副词研究中，详细分析了时间、范围、频率、语气和情状等不同类型副词的语义和用法，"一下""跟倒"等具有西南官话特色的副词的研究，为了解西南官话的表达习惯提供了重要线索。在句式研究上，对被动句、处置句、使役句、比较句、测度句、疑问句和致有句进行了细致分析，揭示了西南官话在句式结构和表达功能上的特点和差异。

二 研究意义与价值

（一）学术理论贡献

本书丰富了汉语方言语法的研究内容，为汉语语法学的发展提供了新的语料和视角。清末民初是中国社会发生巨大变革的时期，西南官话在这一时期的语法特点反映了语言与社会、文化的相互影响。通过对这一时期西南官话语法的研究，可以深入了解汉语方言的演变规律和发展趋势，为汉语史的研究提供重要的参考依据。

（二）文化传承价值

西南官话是西南地区人民交流的重要工具，承载着丰富的地域文化和历史信息。对清末民初西南官话语法的研究，有助于保护和传承西南地区的文化遗产。通过挖掘和整理西南官话的语法特点，可以更好地理解西南地区的民俗风情、社会生活和思维方式，促进地域文化的传承和发展。

（三）语言应用启示

本书对于语言教学、语言翻译和语言规划等领域也具有一定的启示意义。在语言教学中，了解西南官话的语法特点可以帮助教师更好地指导学生学习和掌握汉语。在语言翻译中，准确把握西南官话的语法结构和表达习惯，可以提高翻译的质量和准确性。在语言规划方面，本书成果可以为制定合理的语言政策和推广普通话提供参考。

三 研究不足与展望

（一）研究不足

尽管本书取得了一定的成果，但仍存在一些不足之处。在语料方面，虽然选用了清末民初的传教士文献和文人白话作品，但语料的数量和覆盖面仍有一定的局限性。未来可以进一步扩大语料的来源，包括民间口语记录、地方文献特别是明清及民国方志文献等，以更全面地了解西南官话的语法面貌。在研究方法上，虽然综合运用了多种方法，但仍可以借鉴更多先进的语言学理论和方法，如认知语言学、社会语言学等，从不同角度对西南官话语法进行深入研究。在语法分析维度上，句法、语义和语用三个维度着力较多，但认知阐释维度则用力不足。

（二）未来展望

未来的研究可以在以下三个方面展开。

一是加强对西南官话语法演变的研究，通过对比不同历史时期的语料，揭示西南官话语法的演变规律和机制。

二是开展西南官话与其他方言的比较研究，探讨方言之间的差异和联系，进一步丰富汉语方言语法的研究内容。

三是结合社会语言学的方法，研究西南官话在不同社会群体和语境中的使用情况，了解语言与社会的相互关系。

本书对清末民初西南官话语法的研究具有重要的学术意义和实践价值。通过对语法系统的全面梳理和深入分析，揭示了西南官话的语法特点和规律。尽管研究存在一定的不足，但为后续的研究提供了基础和方向。相信在未来的研究中，西南官话语法的研究将取得更加丰硕的成果。

四　致谢

本书是2020年教育部课题"基于百年前西南文人白话作品和传教士文献的清末民初西南官话语法研究"的研究成果，研究过程中得到了中山大学中文系林华勇教授的诸多指导。我妻子对本书的成形功不可没，她在忙碌的工作之余主动承担了诸多家务，为我腾出了大量时间用于研究。中国社会科学出版社责任编辑王越及其他老师为本书印刷前的质量提升也付出了不少精力。我的学生杨曼曼参与了书稿的校对，为书稿质量的提升发挥了助力作用。在此对所有为本书提供支持的人员致以诚挚的感谢！

参考文献

[德] Bernd Heine、Tania Kuteva，2012，《语法化的世界词库》，龙海平、谷峰、肖小平译，洪波、谷峰注释，世界图书出版公司。

[德] 贝因德·海涅、乌尔丽克·克劳迪、弗里德里克·许内迈尔，2018，《语法化：概念框架》，龙海平等译，吴福祥审校，世界图书出版公司。

[法] 荣振华等，2010，《16-20世纪入华天主教传教士列传》，耿昇译，广西师范大学出版社。

[日] 太田辰夫，2003，《中国语历史文法》（修订译本），蒋绍愚，徐昌华译，北京大学出版社。

本了，1983，《贵阳方言"把"的实词虚化》，《贵州民族学院学报》（社会科学版）第00期。

蔡黎雯，2021，《岳池方言多功能语法形式研究》，博士学位论文，中山大学。

曹广顺，2014，《近代汉语助词》，商务印书馆。

曹志耘，2001，《南部吴语的小称》，《语言研究》第3期。

曾传禄，2008，《"V你的N！"句式探析》，《云南师范大学学报》（对外汉语教学与研究版）第1期。

曾小鹏，2012，《四川木里汉语方言的词缀"家"》，《方言语法论丛》（第六辑）。

陈婵娟，2015，《基于〈川剧喜剧集〉的四川方言"体"研究》，硕士学位论文，四川师范大学。

陈德忠，1999，《歧见异说难定评——川剧作家黄吉安籍贯问题琐议》，

《四川戏剧》第 2 期。

陈健，2008，《绵阳方言语气词研究》，硕士学位论文，西南大学。

陈珊，2010，《"V + 起"在贵阳方言中的成句情况初探》，《大家》第 6 期。

陈望道，1921，《〈标准国语文法〉和疑问句式》，《民国日报·觉悟》4 月 16 日。

陈伟，2016，《〈华西官话汉法词典〉与 19 世纪后期川南方音》，《方言》第 1 期。

陈伟，2018，《〈华西官话汉法词典〉的语言学研究》，博士学位论文，中山大学。

陈曦，2012，《〈跻春台〉助词研究》，硕士学位论文，西南交通大学。

陈晓，2018，《基于清后期至民国初期北京话文献语料的个案研究》，北京大学出版社。

陈雪东等，2020，《贵州方言价值评定助词"场"的语法功能及地理分布研究》，《文化创新比较研究》第 18 期。

陈燕，2012，《四川西昌方言的程度表达形式》，《语文研究》第 3 期。

陈云香，2007，《汉语"个"的语法化研究》，硕士学位论文，四川师范大学。

楚艳芳，2017，《中古汉语助词研究》，中华书局。

崔荣昌，1985，《四川方言的形成》，《方言》第 1 期。

崔荣昌，1996，《四川方言与巴蜀文化》，四川大学出版社。

崔应贤，2013，《"V 到 N"中"到"的重新分析归属问题》，《河南师范大学学报》（哲学社会科学版）第 40 卷第 4 期。

戴庆厦、汪锋主编，2014，《语言类型学的基本方法与理论框架》，商务印书馆。

邓红燕等，2020，《贵州方言价值评定助词"头"的语法功能及地理分布研究》，《文化创新比较研究》第 17 期。

邓诗悦，2016，《谈谈"走你"与"走啊你"、"V 你的"》，《荆楚学术》第 2 期。

邓彦，2017，《贵州屯堡话与明代官话比较研究》，南京师范大学出版社。

邓瑶，2012，《昆明方言"格 VP"句式的话语功能探析》，《西南学刊》

第 2 期。

邓瑶、冯佳，2011，《昆明方言中的话语标记"了嘛"》，《西南学刊》第 00 期。

邓英树，1996，《仁寿话的语气词"哆"和"喔"》，《四川师范大学学报》第 3 期。

邓章应，2011，《传教士所编〈西蜀方言〉及其在四川方言研究中的价值》，《汉语史研究集刊》第十四辑。

翟赟，2018，《晚清民国时期南北官话语法差异研究》，北京大学出版社。

丁崇明，1992，《大理方言中与动词"给"相关的句式》，《中国语文》第 1 期。

丁崇明，2004，《昆明方言的特殊"V 得"及其句式》，《汉语方言语法研究——第二届国际汉语方言语法学术研讨会论文集》。

丁崇明、荣晶，1994，《昆明方言的"着"字》，《方言》第 4 期。

丁崇明、荣晶，2009，《云南方言"K – VP"问句来源及其相关问题探讨》，《云南民族大学学报》（哲学社会科学版）第 6 期。

丁崇明，2010，《昆明方言"X 场"及其构式义分析》，《汉语方言语法研究的新视角——第五届汉语方言语法国际学术研讨会论文集》。

丁崇明，2011，《昆明方言中的特殊程度表达形式》，《中国方言学报》第 3 期。

丁加勇、沈祎，2014，《湖南凤凰话后置复数指示词——兼论方言中复数标记"些"的来源》，《中国语文》第 5 期。

丁声树等，1961，《现代汉语语法讲话》，商务印书馆。

董思聪，2013a，《重庆方言中"难怪"类词语之语法研究》，《重庆科技学院学报（社会科学版）》第 10 期。

董思聪，2013b，《重庆方言中几个含"莫"的语法现象》，《重庆第二师范学院学报》第 5 期。

董思聪，2013c，《重庆方言中几个含否定词的话语标记》，《重庆邮电大学学报（社会科学版）》第 6 期。

董思聪，2014，《重庆方言的两个零形否定结构》，《重庆理工大学学报》（社会科学）第 1 期。

董秀芳，2002，《古汉语中的"自"和"己"——现代汉语"自己"的特殊性的来源》，《古汉语研究》，第 01 期。

杜晓莉，2006，《四川苍溪话中的形容词后缀"家伙"》，《云南师范大学学报》（哲学社会科学版）第 6 期。

范晓，1995，《句模、句型和句类》，《语法研究和探索》（七），商务印书馆。

范晓，2016，《句式研究的几点思考》，徐阳春、刘小川主编《汉语句式问题探索——汉语句式国际学术研讨会论文集》，中国社会科学出版社。

方梅，1994，《北京话句中语气词的功能研究》，《中国语文》第 2 期。

方梅，2007，《北京话儿化的形态句法功能》，《世界汉语教学》第 2 期。

冯春田等，2012，《明清山东方言语法研究》，山东教育出版社。

冯雪，2016，《遵义方言"V 得/不成"能性述补结构语义探讨》，《遵义师范学院学报》第 1 期。

付丽娟，2015，《〈死水微澜〉四川方言词研究》，硕士学位论文，四川师范大学。

傅定淼，1984，《〈贵阳方言"把"的实词虚化〉商榷》，《贵州民族学院学报》（社会科学版）第 00 期。

贵州省地方志编纂委员会编，2007，《贵州省志·宗教志》，贵州民族出版社。

［瑞典］高本汉，2003，《中国音韵学研究》，赵元任、罗常培、李方程合译，商务印书馆。

高佳琪，2018，《个体量词"个"和"条"的历时发展及表量泛化原因研究》，《现代语文》第 8 期。

高静，2018，《〈死水微澜〉的创作本末与社会史意识的自觉》，《中国现代文学研究论丛》第 03 期。

高名凯，2011，《汉语语法论》，商务印书馆。

高增霞，2003，《汉语的担心——认识情态词"怕""看""别"的语法化》，《中国社会科学院研究生院学报》第 1 期。

耿丹丹，2015，《〈黄吉安剧本选〉疑问句研究》，硕士学位论文，四川师范大学。

耿德撰，1991，《盐津方言志》，云南教育出版社。

龚珊珊，2009，《试探巫山方言中的"咩"》，《文学教育》（上）第4期。

关黑拽，2019，《现代汉语频度副词研究》，中国社会科学出版社。

郭凤霞，2020，《四川方言"X倒"类副词的句法语义分析》，《萍乡学院学报》第5期。

郭丽娜，2012，《清代中叶巴黎外方传教会在川活动研究》，学苑出版社。

郭锐，2002，《现代汉语词类研究》，商务印书馆。

韩芸，2019，《昆明方言"挨"的语法化路径研究》，《语文学刊》第2期。

郝彦，2009，《"V+你的+N"歧义的形式化考察》，硕士学位论文，江西师范大学。

何红艳，2019，《昆明方言四音格词的结构类型、构词方式及语义特征》，《吉林广播电视大学学报》第8期。

何杰，2008，《现代汉语量词研究》（增编版），北京语言大学出版社。

何睦，2010，《兴义城关方言和乌沙、敬南方言部分封闭性词类比较》，《语文学刊》第17期。

何睦，2010，《兴义城关方言和乌沙、敬南方言词缀构词的异同》，《语文学刊》第14期。

何守伦，1989，《永胜方言志》，语文出版社。

何文彬，2018，《现代汉语语气助词的主观性与主观化研究》，科学出版社。

何稀，2016，《文焕章〈华英联系分类集成〉分析》，硕士学位论文，中山大学。

何艳丽、魏晓飞，2014，《云南方言"F+VP"疑问句式的渊源探讨》，《现代语文》（语言研究版）第9期。

何元建，2011，《现代汉语生成语法》，北京大学出版社。

何月，2020，《四川遂宁方言研究》，硕士学位论文，杭州师范大学。

贺阳，1992，《试论汉语书面语的语气系统》，《中国人民大学学报》第5期。

洪云，2013，《西方传教士与近代贵州（1861－1949）》，博士学位论文，浙江大学。

胡光斌，1994，《遵义方言的儿化韵》，《方言》第3期。

胡光斌，1997，《遵义方言名词的构词重叠》，《贵州师范大学学报》（社会科学版）第 2 期。
胡光斌，2006a，《贵州遵义方言的"家"》，《方言》第 2 期。
胡光斌，2006b，《遵义方言名词的语法特点及功能》，《遵义师范学院学报》第 1 期。
胡光斌，2007，《遵义方言量词的重叠》，《遵义师范学院学报》第 1 期。
胡光斌，2008a，《遵义方言的是非问句和特指问句》，《遵义师范学院学报》第 1 期。
胡光斌，2008b，《遵义方言的助词"把"》，《西华大学学报》（哲学社会科学版）第 4 期。
胡光斌，2010，《遵义方言语法研究》，四川出版集团巴蜀书社。
胡光斌，2011a，《遵义方言的"X 都 XP 了"》，《汉语学报》第 2 期。
胡光斌，2011b，《遵义方言的助词"来"》，《遵义师范学院学报》第 1 期。
胡力文编著，1986，《实用文言文法详释》，重庆出版社。
胡明扬主编，1994，《词类问题考察》，北京语言大学出版社。
胡明扬主编，2004，《词类问题考察续集》，北京语言大学出版社。
胡琪，2019，《内江方言的时体系统研究》，硕士学位论文，华侨大学。
胡蓉，2016，《李劼人小说中的四川方言与文化内涵——重读〈死水微澜〉》，《钦州学院学报》第 9 期。
黄伯荣主编，1996，《汉语方言语法类编》，青岛出版社。
黄伯荣、廖序东主编，2011，《现代汉语》（下册），高等教育出版社。
黄金群，2019，《汉语反身代词"自己"的句法研究》，硕士学位论文，湘潭大学。
黄婧，2016，《湖北巴东方言"到"的多功能性及其语法化》，《荆楚学刊》第 5 期。
黄瑞芳，2021，《现代汉语反义复合词的数量研究》，《山西能源学院学报》第 3 期。
黄雪贞，1986，《西南官话的分区（稿）》，《方言》第 4 期。
黄中铃，2019，《资阳方言"起去"简析》，《现代语文》第 8 期。
贾改琴，2016，《现代汉语时间副词的形式语义研究》，中国社会科学出版社。

江蓝生，2000a，《古代白话说略》，语文出版社。

江蓝生，2000b，《汉语使役与被动兼用探源》，《近代汉语探源》，商务印书馆。

江蓝生，2007，《近代汉语探源》，商务印书馆。

江蓝生，2012，《汉语连——介词表处所功能的来源及其语法化的路径和类型》，《中国语文》第4期。

江蓝生，2014，《连——介词表处所功能的来源及其非同质性》，《中国语文》第6期。

姜薇，2017，《黄吉安剧本研究》，硕士学位论文，四川师范大学。

蒋海月，2018，《保山方言语气词研究》，硕士学位论文，云南师范大学。

蒋红梅，2009，《谈谈四川方言中的语气词"哈"》，《现代语文》（语言研究版）第8期。

蒋梦园，2019，《资阳方言"讲"的多功能用法研究》，硕士学位论文，西南交通大学。

金小栋，2016，《从〈华西官话汉法词典〉看19世纪末西南官话的介词系统》，《三峡论坛（三峡文学——理论版）》第5期。

赖思羽，2019，《玉溪方言"掉"的结构类型和语法性质》，《玉溪师范学院学报》第1期。

赖先刚，2006，《四川方言中几个语气词的语法化问题》，《宜宾学院学报》第3期。

兰玉英、左福光、蔡斌，2010，《攀枝花本土方言的被动"着"字句和处置"给"字句》，《西华大学学报》（哲学社会科学版）第4期。

雷丽，2009，《文山方言语气词"啦"的语法考察》，《柳州职业技术学院学报》第1期。

黎锦熙，2007，《新著国语文法》，湖南教育出版社。

李邦强，1996，《也谈贵阳方言中的"把"字——兼与王建设同志商榷》，《贵州师范大学学报》（社会科学版）第4期。

李滨钞，2015，《川剧传统剧目〈黄吉安剧本选〉否定句研究》，硕士学位论文，四川师范大学。

李丹丹，2008，《人中画》琉球写本的"自家"——兼论汉语南北双方反身代词发展轨迹，《中国语学报》第 255 期。

李丹丹，2011，《"V 你的 N"结构研究》，硕士学位论文，南京师范大学。

李丹丹，2013，《清中叶以来北京官话反身代词的演变》，《中山大学学报》（社会科学版）第 3 期。

李丹阳，2014，《四川方言"啥子"与"啥子＋N"探析》，《西昌学院学报》（社会科学版）第 2 期。

李国正，1996，《泸州话名词的特殊词缀》，《语文研究》第 4 期。

李海霞，1994，《四川方言的被动式和"着"》，《西南师范大学学报》（哲学社会科学版）第 1 期。

李科凤，2005，《重庆方言与共同语疑问句的异同》，《重庆交通学院学报》（社会科学版）第 1 期。

李蓝，1991，《毕节方言的文白异读》，《贵州大学学报》（社会科学版）第 3 期。

李蓝，1997，《六十年来西南官话的调查与研究》，《方言》第 4 期。

李蓝，1998，《贵州大方话中的"到"和"起"》，《中国语文》第 2 期。

李蓝，2003，《现代汉语方言差比句的语序类型》，《方言》第 3 期。

李蓝，2009，《西南官话的分区（稿）》，《方言》第 1 期。

李丽琴、杨育彬，2010，《云南方言词"搭"的语法化》，《云南师范大学学报》（对外汉语教学与研究版）第 1 期。

李莉，2008，《四川宜宾方言中"得"的用法》，《乐山师范学院学报》第 10 期。

李荣，1985，《官话方言的分区》，《方言》第 1 期。

李荣，1998，《现代汉语方言大词典》，江苏教育出版社。

李姝瑜，2014，《〈跻春台〉疑问句研究》，硕士学位论文，四川师范大学。

李顺军，2009，《现代汉语中时间副词"马上"的演变》，《长江师范学院学报》第 9 期。

李炜，1995，《句子给予义的表达》，《中山大学学报》（社会科学版）第 2 期。

李炜，2002a，《清中叶以来使役"给"字及其相关句式》，博士学位论文,中山大学。

李炜,2002b,《清中叶以来使役"给"的历时考察与分析》,《中山大学学报》(社会科学版)第3期。

李炜,2002c,《从〈红楼梦〉〈儿女英雄传〉看"给"对"与"的取代》,《兰州大学学报》第4期。

李炜,2004a,《加强处置/被动语势的助词"给"》,《语言教学与研究》第1期。

李炜,2004b,《清中叶以来北京话的被动"给"及其相关问题——兼及"南方官话"的被动"给"》,《中山大学》(社会科学版)第3期。

李炜,2004c,《北京话"给"字表达使役、被动义的历史与现状》,《外国语学研究》第5号。

李炜等,2015,《清代琉球官话课本语法研究》,北京大学出版社。

李炜、王琳,2011,《琉球写本〈人中画〉的与事介词及其相关问题——兼论南北与事介词的类型差异》,《中国语文》第5期。

李炜、和丹丹,2010,《清中叶以来北京话的"跟"及相关问题》,《安徽大学学报》(哲学社会科学版)第6期。

李炜、刘亚男,2015,《西南官话的"跟"——从〈华西官话汉法词典〉说起》,《中国语文》第4期。

李文贤,2018a,《玉溪方言话语标记"格是"及其功能》,《玉溪师范学院学报》第1期。

李文贤,2018b,《玉溪方言中的"格VP"问句》,《河池学院学报》第3期。

李文贤,2019,《玉溪方言程度范畴表达方式研究》,硕士学位论文,云南师范大学。

李小凡、张敏、郭锐,2015,《汉语多功能语法形式的语义地图研究》,商务印书馆。

李晓东,2011,《〈西蜀方言〉研究》,硕士学位论文,四川师范大学。

李艳,2017,《〈史记〉连词系统研究》,南开大学出版社。

梁金凤、余琴,2010,《论昆明方言特征词"格"的用法》,《法制与经济》(中旬刊)第11期。

梁银峰,2010,《论汉语持续体标记"着"和进行体标记"着"的语法化路径》,《语言研究集刊》第七辑。

林华勇、马喆,2008,《广东廉江方言的"子"义语素与小称问题》,《语言科学》第 6 期。

林华勇、吴雪钰,2013,《语义地图模型与多功能词"到"的习得顺序》,《语言教学与研究》第 5 期。

林华勇、肖棱丹,2015,《四川资中方言"过"的多功能性及其语法化》,《语言研究集刊》第十四辑。

林华勇、肖棱丹,2016,《四川资中方言"来"的多功能性及其语法化》,《中国语文》第 2 期。

林凌,2007,《成都方言语气词研究》,硕士学位论文,吉林大学。

林泉,2013,《〈死水微澜〉部分四川方言词语考释》,《中华文化论坛》第 6 期。

刘帮云,2006,《量词"盘"在四川方言中的一个较特殊用法》,《西华大学学报》(哲学社会科学版)第 4 期。

刘大伟,2022,《汉语方言的名叠式小称》,《华中学术》第 4 期。

刘丹青编著,2008,《语法调查研究手册》,上海教育出版社。

刘丹青,2013,《方言语法调查研究的两大任务：语法库藏与显赫范畴》,《方言》第 3 期。

刘丹,2003,《语序类型学与介词理论》,商务印书馆。

刘光亚,1986,《贵州省汉语方言的分区》,《方言》第 3 期。

刘坚、江蓝生、白维国、曹广顺,1992,《近代汉语虚词研究》,语文出版社。

刘街生,2006,《动量与体貌：VP 前的"一"探讨》,《中山大学学报》(社会科学版)第 4 期。

刘街生,2009,《现代汉语"得"字动补式的组构》,《汉语学报》第 2 期。

刘街生,2015,《视点与存在句动后名词性成分的信息状态》,《汉语学报》第 4 期。

刘街生,2017a,《存在句动后 NP 的分布和信息状态》,《语文研究》第 2 期。

刘街生,2017b,《存在句动后什么时候可以是旧信息》,《中山大学学报》

（社会科学版）第6期。

刘街生，2020，《双"了"连动句》，《当代语言学》第4期。

刘世儒，1965，《魏晋南北朝量词研究》，中华书局。

刘爽，2016，《浅析璧山方言存现句中的"V得有"——兼论重庆方言"得"》，《湖北科技学院学报》第6期。

刘薇，2009，《贵阳方言动态助词"嘞"的语法意义》，《青年文学家》第14期。

刘薇，2010，《贵阳方言动态助词"起"》，《成功》第1期。

刘晓南，2008，《从历史文献看宋代四川方言》，《四川大学学报》（哲学社会科学版）第2期。

刘勋宁，1988，《现代汉语词尾"了"的语法意义》，《中国语文》第5期。

刘艳梅，2012，《成都方言语气词研究》，硕士学位论文，四川师范大学。

刘燕，2015，《云南方言被动标记"着"的形成探源》，《牡丹江大学学报》第10期。

刘银姣，2012，《内江方言的能性范畴表达》，《内江师范学院学报》第9期。

刘永康，1991，《文言特殊句式归类汇析》，四川人民出版社。

刘永绥，1997，《重庆方言的实词重叠及变调》，《重庆师院学报》（哲学社会科学版）第2期。

刘月华，1980，《可能补语用法的研究》，《中国语文》第4期．

刘月华、潘文娱、故铧，1983/2001，《实用现代汉语语法》（增订本），商务印书馆。

龙异腾等，2011，《黔中屯堡方言研究》，西南交通大学出版社。

卢惠惠，2020，《明清至民国初期汉语口语句式研究》，上海财经大学出版社。

卢开廉、张莆，1988，《水富方言志》，语文出版社。

卢兴艳，2016，《铜仁方言中的"不"和"没"对留学生汉语习得的影响》，《现代语文》（语言研究版）第6期。

鲁科颖，2007，《四川方言程度副词研究》，硕士学位论文，四川大学。

陆俭明，2013，《句类、句型、句模、句式与构式》，陈忠主编《汉语句式研究》，北京语言大学出版社。

陆烁，2017，《汉语定中结构中"的"的句法语义功能——兼谈词和词组的界限》，《中国语文》第1期。

罗虞欢，2016，《贵州遵义方言中的"NP+们"》，《遵义师范学院学报》第6期。

罗虞欢，2018，《遵义方言体貌系统研究》，硕士学位论文，西南大学。

罗韵希，1990，《成都方言程度副词研究》，《四川师范学院学报》（哲学社会科学版）第2期。

吕叔湘，1942，《中国文法要略》，商务印书馆。

吕叔湘主编，1980/2002，《现代汉语八百词》，商务印书馆。

吕叔湘，1985，《疑问·否定·肯定》，《中国语文》第4期。

吕叔湘，1948，《把字用法的研究》，吕叔湘《汉语语法论文集》（增订本），商务印书馆。

马贝加，2014，《汉语动词语法化》，中华书局。

马贝加，2000，《近代汉语介词》，中华书局。

马杜娟、郑通涛，2016，《现代汉语常用介词语块研究》，世界图书出版公司。

马慧卓，2018，《重庆方言中"是不是"用法探究》，《长江丛刊》第12期。

马建忠，1983，《马氏文通》，商务印书馆。

马庆株，1990，《数词、量词的语义成分和数量结构的语法功能》，《中国语文》第3期。

马真，2004，《现代汉语虚词研究方法论》，商务印书馆。

马正玲，2012，《〈西蜀方言〉句法研究》，硕士学位论文，南京大学。

毛玉玲，1987，《云南方言的语法特点》，《玉溪师专学报》第1期。

茅维，2005，《从"有V（过）"现象看云南方言语法对留学生学习汉语的影响》，《大理学院学报》（社会科学）第6期。

茅维，2007，《云南方言"V掉"的用法与普通话的异同》，《云南师范大学学报（对外汉语教学与研究版）》第3期。

茅维，2007a，《云南方言"形+掉"用法分析》，《大理学院学报》第3期。

茅维，2007b，《云南方言程度副词"非"的用法分析及其探源》，《楚雄师范学院学报》第7期。

明生荣，2007，《毕节方言研究》，中国社会科学出版社。

明生荣，1997，《毕节方言的几种语流音变现象》，《方言》第2期。

聂敏熙，1992，《四川话的"只有"和含"只有"的一种句法形式》，《四川师范大学学报》（社会科学版）第6期。

聂志，2018a，《晚清贵阳方言研究——以法国传教士童保禄所著汉语文献为依据》，博士学位论文，厦门大学。

聂志，2018b，《19世纪中期贵阳方言语音研究——以〈西语译汉入门〉为依据》，《古汉语研究》第3期。

聂志军，2008，《副词"马上"的产生过程》，《河池学院学报》第6期。

宁柏慧，2019，《昆明方言主观高程度构式"X+了+硬是"研究》，《现代语文》第1期。

欧雪雪，2018，《四川方言多功能词"走"的用法及语法化》，《四川职业技术学院学报》第3期。

潘海华、陆烁，2021，《再谈"的"的分合及其语义功能》，《外语教学与研究》第1期。

彭春林，2008，《四川乐至方言中的"咖"》，《现代语文》（语言研究版）第7期。

彭莉，2010，《贵阳方言的名词重叠式》，《现代语文》（语言研究版）第12期。

彭文芳，2001，《元代量词研究》，硕士学位论文，广西师范大学。

齐春红、杨育彬，2010，《泰北地区云南方言语法变异情况考察》，《云南师范大学学报》（哲学社会科学版）第6期。

齐沪扬，2004，《语气词与语气系统》，安徽教育出版社。

钱曾怡主编，2010，《汉语官话方言研究》，齐鲁书社。

饶冬梅，2007，《德阳黄许方言的代词系统》，周及徐主编《语言历史论丛》（第一辑）。

邵洪亮、蔡慧云，2019，《定位语气副词的构成与特点》，张谊生主编《汉语副词研究论集》（第四辑），上海三联书店。

邵敬敏，2000，《汉语语法的立体研究》，商务印书馆。

邵敬敏，2003，《关于新世纪汉语语法研究的几点思考》，《语言科学》第4期。

邵敬敏，2014，《现代汉语疑问句研究》（增订本），商务印书馆。

邵宜，2005，《介词"往"的语法化过程考察》，《华南师范大学学报》（社会科学版）第6期。

沈明，2003，《山西方言的小称》，《方言》第4期。

沈雪瑜，2018，《贵阳方言重叠研究》，硕士学位论文，山东大学。

沈益宇，2011，《四川方言特征词研究》，硕士学位论文，东北师范大学。

盛丽春，2008，《"大概"、"也许"和"恐怕"的语义、语用分析》，《汉语学习》第1期。

施其生，2000，《闽南方言中性问句的类型及其变化》，丁邦新主编《汉语变化与汉语方言：李方桂先生纪念论文集》，台北："中央研究院"语言学研究所筹备处。

石毓智，2004，《兼表被动和处置的"给"的语法化》，《世界汉语教学》第3期。

石毓智，2006，《语法化的动因与机制》，北京大学出版社。

石毓智，2015，《汉语语法演化史》，江西教育出版社。

史金生，2011，《现代汉语副词连用顺序和同现研究》，商务印书馆。

史银岭，2003，《现代汉语"差比句"研究》，博士学位论文，中国社会科学院研究生院。

苏玲，2013，《四川宜宾落润乡方言被动句式和使役句式研究》，硕士学位论文，陕西师范大学。

苏倩，2011，《大理方言句式研究》，硕士学位论文，西南大学。

孙晓玲，2014，《〈死水微澜〉语言缺省研究》，硕士学位论文，曲阜师范大学。

覃远雄，1994，《荔浦话里的反复问句及其否定回答》，《广西民族学院学报》（哲学社会科学版）第1期。

谭静、程璐璐，2012，《从信息冗余看"你V你的NP"结构的话语功能》，《第五届现代汉语虚词研究与对外汉语教学学术研讨会论文集》。

谭伦华，2006，《四川方言动词的重叠式》，《西华大学学报》（哲学社会科学版）第2期。

谭晓钟，2008，《民国时期的四川戏剧》，《文史杂志》第3期。

唐晋先、杨睿，2015，《谈谈郭沫若文学作品中四川方言量词的运用》，《语文学刊》第17期。

唐莉瑶，2018，《认知语言学视角下重庆方言语气词的语力研究》，硕士学位论文，重庆师范大学。

唐钰明，1988，《唐至清的"被"字句》，《中国语文》第6期。

唐钰明，1991，《定量方法与古文字资料的词汇语法研究》，《海南师范学院学报》第4期。

腾竹梅，2018，《浅析重庆方言中的语气词"哈"和"哒"》，《绵阳师范学院学报》第7期。

田懋勤，1983，《四川话的"倒"和"起"》，《西南民族学院学报》（哲学社会科学版）第4期。

田永苹，2020，《近代汉语"可VP"型反复问句地域变化及其在现代汉语方言中的留存》，《宁夏大学学报》（人文社会科学版）第2期。

涂光禄，1990，《贵阳方言中表示复数的"些"》，《中国语文》第6期。

涂光禄，1993，《贵阳方言语气词初探》，《贵州大学学报》（社会科学版）第1期。

涂光禄，1997a，《贵阳方言的助词"tau^{42}"》，《中国人民大学学报》第4期。

涂光禄，1997b，《贵阳方言动词的体貌、情态、状态格式》，《贵州大学学报》（社会科学版）第4期。

涂光禄，2005，《贵阳方言的"下"xa^{13}》，《西华大学学报》（哲学社会科学版）第6期。

汪国胜，2000，《湖北大冶方言的比较句》，《方言》第3期。

汪国胜，2007，《汉语方言的语法变调》，《汉语方言语法研究》，华中师范大学出版社。

汪平，1983，《贵阳方言的语法特点》，《语言研究》第1期。

汪启明、程曾，2008，《近十年（1997-2007）四川方言市县话研究综述》，《乐山师范学院学报》第7期。

王彬，2013，《铜仁方言与普通话重叠式名词结构对比分析》，《铜仁学院学报》第3期。

王春玲，2011，《西充方言语法研究》，中华书局。

王春玲，2016，《四川西充方言的"之"字句》，《方言》第 4 期。

王春玲，2020，《汉语人称代词复数标记的类型学考察》，《西南大学学报》（社会科学版）第 5 期。

王建设，1992，《贵阳话中的叠音后缀"兮兮"》，《贵州师范大学学报》（社会科学版）第 1 期。

王建设，1995，《贵阳方言中的"把"字》，《贵州师范大学学报》（社会科学版）第 1 期。

王建设，2004，《贵阳方言句尾语气词连用的结构层次和语用功能》，《贵州师范大学学报》（社会科学版）第 4 期。

王力，1980，《汉语史稿》，中华书局。

王力，1984，《王力文集·第一卷·中国语法理论》，山东教育出版社。

王力，1985，《中国现代语法》，商务印书馆。

王力，1989，《汉语语法史》，商务印书馆。

王琳、李炜，2013，《琉球官话课本的使役标记"叫"、"给"及其相关问题》，《中国语文》第 2 期。

王玲，2012，《从语义地图模型看古代汉语测度句的产生和发展》，硕士学位论文，上海师范大学。

王玲娟、韩骏，2016，《重庆方言中只表贬义的程度副词研究》，《佳木斯职业学院学报》第 5 期。

王苗、马坤，2015，《四川方言的先时语气词"哆（着）"》，《成都大学学报》（社会科学版）第 4 期。

王倩，2017，《四川方言中"数1+打+数2+量"和"量+把+量"两种格式探析》，《广西科技师范学院学报》第 2 期。

王绍新，1989，《量词"个"在唐代前后的发展》，《语言教学与研究》第 2 期。

王世凯，2010，《现代汉语时量范畴研究》，中国社会科学出版社。

王世群，2016，《现代汉语框式介词研究》，南京大学出版社。

王亚群，2014，《"怕是""怕不是"的比较研究》，硕士学位论文，华中师范大学。

王燕、朱玲，2018，《昆明方言话语标记"格是"研究》，《齐齐哈尔大学学报》（哲学社会科学版）第 6 期。

王燕，2021，《昆明方言负面评价话语标记"（NP）硬是"研究》，《龙岩学院学报》第 6 期。

王怡瑶、王春玲，2020，《四川方言"得"的多功能用法及其语法化》，《河南科技学院学报》第 9 期。

王乙宇，2013，《〈跻春台〉方言词汇语法研究》，硕士学位论文，四川师范大学。

王蕴华，2012，《贵阳方言中的"把"字句》，《青年文学家》第 13 期。

王兆春，2011，《毕节方言词语法化倾向初探》，《毕节学院学报》第 5 期。

吴福祥，1994，《敦煌变文的人称代词"自己""自家"》，《古汉语研究》第 4 期。

吴福祥，2017，《语法化与语义图》，学林出版社。

吴璟丽、张超，2021，《贵州方言先行体助词的语法功能及地理分布研究》，《西部学刊》第 2 期。

吴晓红，2009，《安徽颍上方言中的平比句》，《安徽农业大学学报》（社会科学版）第 11 期。

伍海燕，2015，《介词"自""从""自从"比较研究》，硕士学位论文，南京林业大学。

伍和忠，2018，《广西汉语方言体范畴调查与研究》，北京师范大学出版集团、北京师范大学出版社。

向莉，2003，《重庆方言助词"起"浅析》，《涪陵师范学院学报》第 4 期。

向梦冰，2013，《万州方言疑问句中语气词、疑问语调、疑问代词的搭配》，《现代语文》（语言研究版）第 9 期。

向小娟，2020，《四川广安方言语气词研究》，硕士学位论文，吉首大学。

向学春、徐薇，2007，《〈蜀语〉所反映的明代四川方言的结构特征》，《重庆三峡学院学报》第 5 期。

肖黎明，1990，《贵州省沿河话的"些"字》，《方言》第 3 期。

肖亚丽，2007，《黔东南方言的程度表示法》，《西华大学学报》（哲学社会科学版）第 3 期。

肖亚丽，2015a，《贵州黔东南方言否定词研究》，《绥化学院学报》第8期。

肖亚丽，2015b，《贵州黔东南方言特殊语法现象举要》，《凯里学院学报》第1期。

肖亚丽，2015c，《黔东南方言"把"字的用法》，《方言》第1期。

肖亚丽，2015d，《黔东南方言"本、多、很"的特殊用法及其来源》，《现代语文》（语言研究版）第2期。

肖亚丽，2017，《贵州锦屏方言的反身代词［kuan^{21}］及其语法化》，《语文研究》第4期。

肖亚丽、关玲，2010，《贵州黔东南锦屏方言的体貌系统》，《凯里学院学报》第1期。

谢光跃，2012，《成都话疑问范畴研究》，硕士学位论文，上海交通大学。

辛永芬、施其生，2020，《汉语方言里的"V（x）有NP"结构——以河南浚县话、广东汕头话为例》，《方言》第1期。

邢福义，2000，《汉语语法学》，东北师范大学出版社。

邢向东，2011，《陕北神木话的话题标记"来"和"去"及其由来》，《中国语文》第6期。

邢向东，2017a，《晋语过去时标记"来"与经历体标记"过"的异同——晋语时制范畴研究之二》，《语文研究》第3期。

邢向东，2017b，《"下数"、"解数"同源考》，《方言》第4期。

邢向东，2020a，《西部官话中名词小称形式的分布和类型——兼及动词重叠式的分布》，《语言研究》第1期。

邢向东，2020b，《晋语的"底"系指代词及其来源》，《汉语学报》第2期。

邢向东，2020c，《晋语的时制标记及其功能与特点——晋语时制范畴研究之三》，《方言》第1期。

熊及第，2019，《泸州方言助词"来"及其语法化研究》，《遵义师范学院学报》第1期。

徐凤云，1997，《贵阳方言的语气助词》，《中国语言学报》第8期。

徐晶晶、李华兴，2014，《云南保山方言量词及其感情色彩透视——兼论与汉语普通话量词意义的比较》，《湖北函授大学学报》第15期。

许靖，2020，《綦江方言中"拿"的多功能用法及语法化》，《郑州航空工业管理学院学报》（社会科学版）第 3 期。

薛国红、马贝加，2007，《代词"人家"的来源》，《周口师范学院学报》第 1 期。

杨岸颖，2010，《重庆方言的"倒"字》，《成都大学学报》（社会科学版）第 1 期。

杨军，1992，《关于遵义话"X 的 + 量"的语法形式》，《贵州民族学院学报》（社会科学版）第 4 期。

杨曼曼等，2020，《贵州方言价值评定助词"法"的语法功能及地理分布研究》，《文化创新比较研究》第 18 期。

杨梅，1994，《四川方言与川剧》，《文史杂志》第 5 期。

杨荣祥，2007，《近代汉语副词研究》，商务印书馆。

杨容，2009，《巴中方言研究》，硕士学位论文，四川师范大学。

杨绍林，2005，《四川彭州方言副词研究》，《西华师范大学学报》（哲学社会科学版）第 2 期。

杨绍林，2007，《四川彭州方言合音词研究》，《西华大学学报》（哲学社会科学版）第 5 期。

杨绍林，2010，《四川彭州方言叹词和语气词研究》，《地方文化研究辑刊》（第三辑）。

杨时逢等，1984，《四川方言调查报告》，"中央研究院"历史语言研究所。

杨树达，2007，《高等国文法》，上海古籍出版社。

杨信川，1994，《滇南方言可能补语的否定式》，《广西大学学报》（哲学社会科学版）第 3 期。

杨永龙，2002，《汉语方言先时助词"着"的来源》，《语言研究》第 2 期。

杨育彬，2009，《论云南方言体标记"掉"》，《云南师范大学学报》（哲学社会科学版）第 4 期。

易杰，2009，《万州方言的儿化与儿尾》，《安徽文学》第 5 期。

殷润林，2005，《自贡方言语法研究》，硕士学位论文，云南师范大学。

殷润林、徐梅，2012，《四川自贡方言"得"字句的研究》，《成都电子机械高等专科学校学报》第 1 期。

尹洁，2012，《遵义方言名叠式研究》，《励耘学刊》（语言卷）第 2 期。

游黎，2002，《唐五代量词研究》，硕士学位论文，四川大学。

游汝杰，2018，《汉语方言学导论》，上海教育出版社。

俞理明、江佳慧，2022，《"硬是"的语法化及其话语标记功能构建》，《汉语史研究集刊》第 2 期。

余晓惠，2011，《四川广元方言中"打"的用法研究》，《现代语文》（语言研究版）第 4 期。

喻遂生，1990，《重庆方言的"倒"和"起"》，《方言》第 3 期。

袁莉容、邓英树，2013，《四川方言中的情态助词"得"及其否定形式》，《语言研究集刊》第 2 期。

原云，2003，《"V＋你的＋N＋吧！"语义分析》，《天中学刊》第 1 期。

原云，2005，《"V＋你的＋N！"句法语义分析》，《湖南人文科技学院学报》第 2 期。

岳岚，2017，《〈华英联珠分类集成〉的编写理念》，《海外华文教育》第 12 期。

云南省语言学会、西畴县志编纂委员会主编，1993，《西畴方言志》，语文出版社。

张斌主编，2004，《简明现代汉语》，复旦大学出版社。

张超，2008，《试析贵州话中的虚词"法"》，《贵州教育学院学报》第 5 期。

张超，2009，《"各"字指代义和指别义应当分列——从〈汉语大词典〉对"各"字的释义说起》，《辞书研究》第 3 期。

张超，2013，《"后缀"和"词尾"的重新审视》，《语文知识》第 2 期。

张超，2020，《清末以来西南官话"着"的多功能表现及其演变分析》，《现代语文》第 12 期。

张超、林华勇，2021，《西南官话"法"的虚成分用法及其语义演变路径》，《重庆师范大学学报》（社会科学版）第 4 期。

张冬梅，2020a，《对〈死水微澜〉中成都方言词汇历时发展的认知调查》，《成都理工大学学报》（社会科学版）第 2 期。

张冬梅，2020b，《〈死水微澜〉中的成都方言词汇幽默性认知》，《汉字文化》第 13 期。

张弗，1989，《永善方言志》，语文出版社。

张华文，1991，《昆明方言"得"字用法》，《方言》第 2 期。

张华文，1996，《昆明方言常见的语气词》，《方言》第 3 期。

张华文，2002，《昆明方言语气词的语音特点》，《云南师范大学学报》（哲学社会科学版）第 5 期。

张霁，2010，《贵阳方言被动标记"着"探究》，《长春理工大学学报》（高教版）第 1 期。

张敏，2008，《"怕"的历时演变》，《文教资料》第 3 期。

张清源，1991，《成都话的动态助词"倒"和"起"》，《中国语言学报》第 4 期。

张婷，2016，《遵义方言特色语法研究》，硕士学位论文，贵州大学。

张文贤，2017，《现代汉语连词的语篇连接功能研究》，北京大学出版社。

张小玲，2018，《汉语"恐怕"类词语的多角度研究》，硕士学位论文，上海师范大学。

张亚军，2002，《副词与限定描状功能》，安徽教育出版社。

张一舟，1998，《〈跻春台〉与四川中江话》，《方言》第 3 期。

张一舟，2001，《说说四川话》，《文史知识》第 7 期。

张一舟等，2001，《成都方言语法研究》，巴蜀书社。

张谊生，1996，《副词的连用类别和共现顺序》，《烟台大学学报》（哲学社会科学版）第 2 期。

张谊生，2000，《现代汉语副词的性质、范围与分类》，《语言研究》第 2 期。

张谊生，2002，《助词与相关格式》，安徽教育出版社。

张谊生，2017，《现代汉语副词阐释》，上海三联书店。

张映庚，1990，《大关方言志》，语文出版社。

张映庚，1996，《语法与思维——昆明方言构词造句的特点及其与传统思维的关系》，《云南师范大学学报》第 1 期。

张媛，2016，《现代汉语动量词层现的认知研究》，山东大学出版社。

张则顺，2015，《现代汉语确信副词研究》，中国社会科学出版社。

章可，2015，《超越历史分期概念：汉语"现代"概念的创出》，《史学理论研究》第 3 期。

赵承懿，1996，《文山方言的几种句型》，《文山师专学报》第 1 期。

赵春利，2019，《现代汉语句末助词研究》，商务印书馆。

赵葵欣、陈前瑞，1996，《武汉方言的"在"》，《江汉大学学报》第 2 期。

赵庆燕、江琳，2012，《试析昭通方言语气词》，《商品与质量》第 S2 期。

赵雪丹，2018，《昆明方言四音格词研究》，硕士学位论文，云南师范大学。

赵元任，1979，《汉语口语语法》，吕叔湘译，商务印书馆。

赵媛媛，2006，《成都方言语气词研究》，硕士学位论文，四川大学。

赵中方，1989，《宋元个体量词的发展》，《扬州师范学报》（社会科学版）第 1 期。

赵中方，1991，《唐五代个体量词的发展》，《扬州师院学报》（社会科学版）第 4 期。

郑晗、杨凡，2008，《四川方言中表示强调的方言词——以"好"、"黑"、"很要"为例》，《今日南国》（理论创新版）第 7 期。

郑剑平，2005，《试论四川方言的"V 都 Vp 了"结构》，《西昌学院学报》（人文社会科学版）第 1 期。

周红苓，2008，《万州方言词语的构词特点》，《重庆三峡学院学报》第 2 期。

周家筠，1983，《成都话的"得"》，《四川大学学报》（哲学社会科学版）第 1 期。

周健，2011，《"被"字句中"被"字的词性分析》，《徐州师范大学学报》（哲学社会科学版）第 3 期。

周玉洁，2013，《毕节方言体貌格式探微》，《兰州教育学院学报》第 6 期。

周作明、马友平，2006，《四川方言中的"各人"》，《重庆社会科学》第 11 期。

朱德熙，1961，《说"的"》，《中国语文》12 月号。

朱德熙，1979，《与动词"给"相关的句法问题》，《方言》第 2 期。

朱德熙，1980，《北京话、广州话、文水话和福州话里的"的"字》，

《方言》第 3 期。

朱德熙，1982a，《说"跟……一样"》，《汉语学习》第 1 期。

朱德熙，1982b/2002，《语法讲义》，商务印书馆。

朱德熙，1985，《汉语方言里的两种反复问句》，《中国语文》第 1 期。

朱德熙，1987，《现代汉语语法研究的对象是什么?》，《中国语文》第 4 期。

朱德熙，1991，《"V – neg – VO"与"VO – neg – V"两种反复问句在汉语方言里的分布》，《中国语文》第 5 期。

朱冠明，2007，《从中古佛典看"自己"的形成》，《中国语文》第 5 期。

祝清凯，2009，《四川方言中的一种特殊感叹句探析》，《成都航空职业技术学院学报》第 3 期。

庄初升、阳蓉，2014，《传教士西南官话文献的罗马字拼音方案》，《文化遗产》第 2 期。

宗守云，2012，《汉语量词的认知研究》，世界图书出版公司。

左福光，2005，《四川宜宾方言的被动句和处置句》，《方言》第 4 期。